部落解放論の最前線

多角的な視点からの展開

朝治　武
谷元昭信
寺木伸明
友永健三
編著

解放出版社

発刊にあたって

私たちは三年前の二〇一五年六月二六日に会合を持ち、部落解放において大きな画期となる二〇二二年の全国水平社創立一〇〇周年を射程におき、部落解放への志を同じくする仲間に呼びかけて、部落解放論研究会を設立することで意見が一致しました。そして七月一日の呼びかけ文では、部落解放論研究会の必要性を次のように説明しました。

急激なグローバル化が進行するなかで新自由主義とナショナリズムが日本を席巻し、政治や経済、社会のみならず部落問題をめぐる状況も重大な岐路に直面しています。全国水平社創立以来の部落解放運動は多くの成果を蓄積してきましたが、部落解放に向けては今日的段階をふまえて、なお整理すべき諸課題が山積しています。とりわけ歴史的視点はもとより広い視野に立って、被差別部落と部落差別の変容、部落差別の存続要因、主要な部落解放理論、部落解放運動のあり方、部落解放への道筋と展望、などについての新たな検討が求められています。

このような認識にもとづいて、部落解放論研究会は誰もが参加して報告することもできる、オープンでフラットな自主的研究会とすることにしました。また部落解放論研究会の運営は私たち四人の世話人と事務局によって企画され、期間は第一期として二〇一五年七月から三年間とし、二人の報告と議論による一年間に六回の研究会を開催することにしました。そして第一期の成果を論説集としてまとめ、二〇一八年五月からは第二期として新たに三年間の研究会を継続することも確認しました。

第一回研究会は二〇一五年七月一九日に開かれ、二〇一八年の三月二五日まで一七回の研究会を数えるまでにいたっています。これまで基本的に大阪人権博物館（リバティおおさか）で開かれた研究会では、延べ三四人の充実した報告によって、活発な議論が展開されてきました。また折しも二〇一六年一二月一六日に「部落差別の解消の推進に関する法律」（略称は「部落差別解消推進法」）が施行されたのを受けて、その意義と限界のみならず活用の課題や方法などについても喫緊の重要な論点として検討されることにもなりました。

このような経過をふまえ、部落解放論研究会として第一期の成果を公表するため、私たち四人が編者となって本書を発刊することにしました。内容的には多岐にわたるため、「歴史から探る部落問題」をはじめ、「部落と部落差別の現在」、「部落解放の多様な課題」、「部落解放と人権の展望」の四部に分類して編集することにしました。収録された二四本の論説は、部落解放をめぐる研究と現段階の認識を前提としつつ、部落解放に資する重要な課題と今後の展望を提起した貴重な成果であると自負しています。なお、述べ三四人の報告をお願いしましたが、報告者の意向で本書に原稿掲載を辞退された方、または二冊目での原稿掲載を希望された方がありました。

本書では、本来であれば各論説の用語や評価などについては統一すべきかも知れませんが、あえて各執筆者の意思にもとづいて統一しませんでした。したがって同一の対象を論じていても、異なった見解が見られるのも事実です。各執筆者とは部落解放という目的を共有しながらも、そのアプローチや方法などについては多様性を尊重し、今後の研究と議論によって深化させようとしたことにほかなりません。それゆえに、本書は結果的には同一の対象に対する多様な読み込みを可能にしたのではないかと考えています。

本書の発刊については解放出版社の理解を得ることができ、編集実務については部落解放論研究会の事務局を担っていただいている松原圭さんに担当していただいたことに、深く感謝いたします。つきましては本書が部落解放に関心を持つ多くの方々から温かく迎えられ、部落解放をめぐる今日的な状況と課題についての理解を深めることにつながれば、これに勝る喜びはありません。なお二〇一八年五月二七日の第一八回研究会からは第二期として人権に関する諸課題との関連をも展望した研究会を継続していますが、この成果についても二〇二二年の全国水平社創立一〇〇周年に向けて二冊目の論説集としてまとめる予定ですので、ご期待ください。

二〇一八年一〇月一日

部落解放論研究会世話人（五〇音順）
朝治武、谷元昭信、寺木伸明、友永健三

部落解放論の最前線　もくじ

第二部　部落と部落差別の現在

第三部　部落解放の多様な課題

第一部　歴史から探る部落問題

日本史研究から見た身分・差別および部落差別のとらえ方

寺木伸明

はじめに

本稿の課題は、身分と差別とのそれぞれの概念を戦後の日本史研究のなかでの身分と差別に関する研究史をたどりながら整理し、そのうえで日本史研究の立場から見て身分・差別そして部落差別をどう定義づけるべきか、を考えるための一素材を提供しようとすることです。

Ⅰ　戦後の日本史研究のなかで身分はどのように理解されてきたか

戦後の日本史研究において身分がどのように理解されてきたか、一部、引用するかたちで、ごく簡単に振り返っておくことにします。

まず石母田正さんは、一九六三年に「古代の身分秩序」において「身分は階級関係が政治的または国家的な秩序として固定化された階層的秩序として理解しておくこととする」（石母田、一九六三年、三五頁）と述べています。このような身分を階級関係と関連づけて「階層的秩序」として把握する考え方（身分の発生の前提として分業の存在を考えていましたが）は、一九七〇年代まで日本史学界で主流的な見解だったといっても差し支えないと思います。そのことは、たとえば一九七二年に発表され、その後の身分史、とりわけ被差別身分史研究に大きな影響を与えた黒田俊雄さんの「中世身分制と卑賤観念」において、「中世の身分は基本的には封建的身分としての本質をもち、階級支配の手段として、経済外的強制の一つの形として存在した、と私は考えている。（中略）一般に階級社会において身分を階級関係の制度的ないし法的な表現の一つとしてとらえることは、いうまでもなく問題の本質に迫るための有効かつ不可欠な視点である」（黒田、一九七二年、二五頁）と述べていることからもうかがえます。

ただ、矢木明夫さんのように、「身分は人々のもつ自然的条件の中での差異、転換しえない先天的差別により秩序だてられた人間の区別である」（矢木、一九六九年、二八頁）として、男女の自然的分業や年齢別の分業も身分とする考えなども出されていました。

一九八〇年代に入ると、朝尾直弘さんは、「近世の身分制と賤民」で「身分は、前近代における社会的秩序の中での地位を、社会的に規定するもの」（朝尾、一九八一年、三八頁）とし、さらに一九九二年の「近世身分とその変容」では、次のように述べています。「身分制度は、たしかに各時代の支配権力による政治的・法制的な規制や編成のこころみによって秩序化・制度化がはかられるが、身分そのものは、各時代の社会がそれぞれの特質に即して内在的に生み出すものので、したがって、社会構造のなかで広く人びとの存在形態、意識や感覚と切り離すことができず、それらを含めて分析することをつうじて把握され得る、との認識がこの十年間に学界共通の財産になった」と（朝尾、一九九二年、一五〜二六頁）。

朝尾さんが指摘していますように、身分制度は、政治的・法制的な規制・編成で秩序化がはかられるけれども、身分そのものは社会が内在的に生み出すもので、社会構造のなかでの人びとの存在形態や意識・感覚と緊密な関係があるという、考え方が定着していきました。

一九八五年に塚田孝さんは「近世の身分制支配と身分」で、「私は「身分」とは前近代社会における人間の存在様式であると考える。（中略）身分が身分たりうるためには個人と国家・社会全体が即自的に関係づけられていなければならないが、それを媒介するのが〝集団〟であると考えられる」（塚田、一九八五年、二六五〜二六八頁）と述べています。塚田さんは、身分を「前近代社会における人間の存在様式」として前近代固有のものと考えるところおよび集団を重視しているところに特徴があるといえます。

峯岸賢太郎さんは、一九八九年に『近世身分論』において「身分は社会関係、その一表現としての地位関係が身分関係の形態をとって存在しているもとでの、地位のとる形態である」として、その「身分関係」とは、「広義の人身的従属関係、すなわち人身に対する処分権、あるいは制裁権や裁判権をつうじて支配者が被支配者の人身を直接的に支配している関係である」（峯岸、一九八九年、一四頁）としています。峯岸さんの被差別身分論の特徴は、習俗的差別論にあります。習俗的差別とは、別火・別器・別婚・別居所・別浴・家内立ち入り拒否などの、民衆自身の風俗・習慣による差別を指します。身分は、「自然発生的なものであり、政治的作為物ではない。身分はつくられるものでも設けられるものでもなく、生まれるものである」（峯岸、一九九四年、五六頁）とされます。また、峯岸説は、近現代の部落差別を「身分遺制」と考え、「社会の構造的移行期」の問題として把握しているところに特徴があります。

一九九二年、筆者は上記の身分のとらえ方の研究史をふまえたうえで、濱島明さんの次の規定を参考にして身分の概念規定を行いました。その濱島さんの規定とは次の通りです。

①「特定の社会またはその内部の集団のなかで個人が占める地位を意味し、それに付随する役割とともに、他に対しなんらかの上下・同等の別とつながる、権利・義務関係を伴う場合をいう」

②「身分法や親族法にみられる身分とは、親子・夫婦・きょうだい・親族の間の人間関係が多少とも支配と被支配、権威と恭順の関係を特色とする場合にいわれる」

③「歴史的概念としての身分とは、とくに中世の封建社会にみられるような、世襲によって固定化された生得的な社会的地位をいう」（濵島、一九八八年、四三〇〜四三一頁）

この三つのうち、部落史など差別問題とかかわる身分とは、いうまでもなく③の概念であります。その規定をふまえて、筆者は次のように規定しました。

「身分とは、代々世襲によって継承され、固定化される生得的な社会的地位をさす」（寺木、一九九二年、二九頁）

ただし、前近代社会の身分においても一定の流動性が認められるし、特に近現代社会の身分を考えた場合、その流動性が相当見られるようになってきているので、「固定化」は必ずしも身分に随伴する基本条件ではないと考え、改めて次のように規定したいと思います。

「身分とは、代々世襲によって継承される生得的な社会的地位をさす」

つまり、身分というものは、石母田さんや黒田さんのように国家権力の階級支配とも深くかかわるものであるといっても、朝尾さんのいうように「社会構造の中での人びとの存在形態や意識・感覚と緊密な関係がある」もので、政治だけでつくられるものではないことに留意する必要があると同時に、峯岸さんのいうような、「身分はつくられるものでも設けられるものでもなく、生まれるものである」という考えは、国家権力や政治との関係を捨象するものであることに注意を払う必要があると考えました。また、塚田さんの「前近代社会における人間の存在様式」というとらえ方は、戦後の身分史研究の成果をふまえた規定とはいえず、また身分を前近代固有のものとする考え（峯岸さんの考えも同じ）は、現実に合わないと考え、上記のように規定したわけです（寺木、二〇〇九年、一六〜一九頁）。

なお、濵島さんによれば、「この地位は、生得的であるためにきわめて閉鎖的・固定的であり、それが通婚の制限とか職業の世襲あるいは一定の生活様式の遵守などのように法的な規制を受けることによって、相互に排他的・閉鎖的な性格をいっそう強めることとなる。こうして、ある社会の内部で社会的名誉とか威信の享有度に応じてくぎられた各身分は、身分的特権の有無とか血統や家格の高下・貴賤およびそれらに対応する固有の生活様式や生活態度、職業や教養によって特徴づけられ、それらを純粋培養することになる」とされています。このように身分とは、通婚の制限（内婚制）、特定の職業の世襲をともなう場合が多いのです。

上述のような身分は、日本国憲法第一四条の「社会的身分」に該当し（高野、一九八四年、一三〜一四頁。上杉、二〇一四年、二一〜二二頁）、人種差別撤廃条約第一条第一項の「世系」（descent）に該当するものと考えられます。

ところで、最近、畑中敏之さんは、「歴史研究や歴史叙述において、身分を一つの定義で捉えることは困難だと言わねばならない。そこで、すべての時代を通じての身分を、次のように広義・狭義の二つで定義しておきたい」として、次のように定義しています。

〈広義の身分〉「職業的・地域的に共通の特徴を有した、社会的な人間存在のあり方」
〈狭義の身分〉「職業的・地域的に共通の特徴を有した、出自による社会的な人間存在のあり方」（畑中、二〇一四年、二二一〜二二三頁）

この定義は、畑中さんの二〇〇九年の論文「歴史における〈身分〉をどう教えるか―社会科教科書記述の分析を中心に」ですでに行われていたものです。この考えは、二〇一七年においても継承されています（畑中、二〇一七年、一五五頁）。

この定義は、身分を前近代固有のものとする考えを排して全時代に通じて存在するものとしてとらえ、かつ塚田さんのように「人間の存在様式」というように厳密に限定されない存在様式ではなく、「職業的・地域的に共通の特徴を有した、社会的な人間存在のあり方」として規定し、かつ狭義では「出自による」という限定が入っています。この点で、いままでの身分研究の成果をふまえたものとなっていると評価されます。

しかし、そもそも出自によらない近世の「遊女」などを身分ととらえる考えに立脚するゆえにわざわざ広狭二つの身分の定義が必要になったのでありますから、むしろ筆者は、「出自による」ものだけに限定して身分をとらえることが重要で、かつ生産的だと思います。さらにいえば、「職業的・地域的に共通の特徴を有した」とありますが、特に現在の身分を考慮しますと、たとえば被差別部落出身者の場合、前近代のような特定の職業との結びつきが薄れてきているのが現状で、したがって「職業的」という文言を入れると実態に合わないケースが多いと思います。もちろん、身分が特定の職業と緊密な関係にあったことは明らかな史実ですし、その関係を重視することも大事なことだと思いますが。また、「社会的な人間存在のあり方」というのも一般的すぎるので、「社会的地位」としたほうがより適切であると考えます。

なお、前述のように身分は前近代の一定の段階から近現代にいたるまで存在するものではありますが、その基本特徴（代々世襲によって継承される生得的な社会的地位）は変わらないにしても、その存在形態は時代や社会によって変化が見られることは言うまでもありません。特に身分（差別）の存在が当然とされていた前近代社会と建前上ではあれ、あるいは法制的には身分（差別）が不当であるとされる近現代社会とでは、そのあり方がかなり違います。たとえば先にもふれたように、近現代になると、とりわけ現代になると職業の自由化にもとづいて身分と特定の職業の結びつきは次第に薄まり、地域によってはほとんど見られなくなります。

今後、こうした時代や地域による身分（差別）のあり方の違い・特徴、そしてそうした違いや特徴を生み出した社会的背景などを明らかにしていきたいと考えています。

Ⅱ　戦後の日本史研究のなかで差別はどのように理解されてきたか

前章で見たように日本史研究において「身分」についての定義（概念規定）の検討については、かなりの蓄積があります。しかし、身分差別、職業差別、地域的差別、習俗的（風俗的）差別、差別法令、差別規制などといった表現は実に多く出てきますが、「差別」の定義の検討については不思議なほど少ない、という状況です。

管見のかぎりでは、差別の定義そのものではありませんが、差別の形態について意識的に追求されたのは峯岸賢太郎さんだったと思います。峯岸さんは、「被差別民に対する差別の本来的・基底的形態」を「習俗的差別」に求め、その習俗的差別とは別火・別器・別婚・別居所・家内立ち入り拒否・別浴などを指すとされました（峯岸、一九九四年、四〇頁。峯岸、一九九六年、第四部第一章。峯岸、一九九八年、六九頁）。そして、この習俗的差別の背景あるいはそれを支えるものとして穢観念と種姓観念（血統観念）をあげておられます（峯岸、一九九四年、四二頁。峯岸、一九九八年、七〇頁）。

注目すべき指摘ではありましたが、差別の定義そのものの検討にはいたっていなかったと思います。

差別の定義そのものに初めて意識的に検討を加えたのは、畑中敏之さんでした。それは前掲「歴史における〈身分〉をどう教えるか―社会科教科書記述の分析を中心に」（畑中、二〇〇九年）という論文においてでした。この論文は、畑中著書（二〇一四年）に収録されました。以下のページ数は著書によります。畑中さんによれば、これまで差別だとされてきた事象は、「侮蔑」「排除」「迫害」の三つにまとめることができるとされ、したがって「身分差別」とは身分を口実にした「侮蔑」「排除」「迫害」であるとされます。いずれも観念ではなく行為です。この差別（行為）を支える（正当化する）のが優劣観念・異人（異種）観念・浄穢《じょうえ》観念という観念（意識）であるとされます。さらに、「忌避」という「スイッチ」によって身分差別が生じると考えておられます（二六七頁）。差別を正当化する観念として、後にもう一つ「貴賤観念」が付け加えられ、かつ「起動スイッチ」に「恐怖・憎悪・欲望」が加えられました（畑中、二〇一七年、一五六〜一五七頁）。

さらに畑中さんは、身分差別を考える場合、「差別（行為・構造）」と「被差別（状況・実態）」とに切り分けることが必要であるとし、「差別（行為・構造）」の具体的内容が先に見た「侮蔑」「排除」「迫害」であり、「被差別（状況・実態）」の具体的内容が〈格差・隔絶・危害・損害〉であるとされます。

このように畑中さんの研究により差別の定義の検討が飛躍的に進み、かつ差別と被差別の区別により加害と被害の実態が明確化されるようになり、全体として身分差別の構造・枠組みが明らかにされてきたといえると思います。

他方で、いくつか疑問点もあります。すでに指摘していることですが（寺木、二〇一七年、二二四頁）、私は、「起動スイッチ」のなかの「忌避」は、差別（行為）のなかの「排除」と対の関係にある概念で、「排除」は積極的に外へはじき出す行為で、「忌避」は避けるという行為で、ともに差別（行為）を指すと考えたほうがいいのではないかと思います。また、「被差別」の「格差・隔絶・危害・損害」のなかの「危害」と「差別」の「迫害」との区別がつきにくいと思います。より適切な表現が工夫されるべきだと考えます。

近代部落史研究の立場から、朝治武さんは、次のように述べています。「身分差別の構造に関わって、「侮蔑・排除・迫害」という概念は、近代にもつながるものがあり、私の理解とも似ています。近代の場合は、私の理解では「侮蔑・排除」と「格差」ということになります。このように抽象化した言葉で表現することも大切ですが、当時の史料に表れる歴史的な用語に置き換えないと、実は歴史論にはならないのではないかと思います」（朝治、二〇一七年、二二五頁）と。この点も、今後の検討課題になると思います。

以上が、日本史研究分野での「差別」（とくに身分差別）の定義、またはとらえ方・形態についての研究史の概略でありますが、以下で、社会学の分野や国際人権条約などの分野では差別をどうとらえているか、ごくごく簡単に見ておきたいと思います。

たとえば、社会学者の野口道彦さんは次のように述べています。差別とは、「個人の特性を無視し、所属している集団やカテゴリーに基づいて、合理的に説明できないような異なった（不利益な）取り扱いをすること。……そのような社会的差別にしても、何を差別ととらえるかについては万人が納得するような基準はない。〈本来平等であるべきもの〉という認識自体が、社会や時代とともに変化するからである」（野口、二〇〇一年、三八六頁）とし、「差別についてさまざまな概念規定が試みられているが、共通するものを取り出してみると、①個人の特性によるのではなく、ある社会的カテゴリーに属しているという理由で、②合理的に考えて状況に無関係な事柄に基づいて、③異なった（不利益な）取り扱いをすること、となる」（野口、二〇〇六年、二六頁）と。ここでは、「異なった（不利益な）取り扱いをすること」が重視されています。

次に差別に関する国際条約の規定を見ておきたいと思います。

「あらゆる形態の人種差別の撤廃に関する国際条約」（人種差別撤廃条約。一九六五年採択、六九年効力発生、九六年日本で効力発生）の第一部第一条一項で、人種差別について次のように定義づけています。

この条約において、「人種差別」とは、人種、皮膚の色、世系又は民族的若しくは種族的出身に基づくあらゆる区別、排除、制限又は優先であって、政治的、経済的、社会的、文化的その他のあらゆる公的生活の分野における平等の立場での人権及び基本的自由を認識し、享有し又は行使することを妨げ又は害する目的又は効果を有するものをいう。

また、「女子に対するあらゆる形態の差別の撤廃に関する条約」（女性差別撤廃条約。一九七九年採択、一九八一年効力発生、八五年日本で効力発生）の第一部第一条では、次のように規定されています。

この条約の適用上、「女子に対する差別」とは、性に基づく区別、排除又は制限であって、政治的、経済的、社会的、文化的、市民的その他いかなる分野においても、女子（婚姻をしているかいないかを問わない。）が男女の平等を基礎として人権及び基本的自由を認識し、享有し又は行使することを害し又は無効にする効果又は目的を有するものをいう。

こうした国際条約に見られる差別の定義は、何人も等しく基本的人権が認められるべきであるという現代社会に共通した考え方にもとづいていると考えられますので、これをそのまま歴史研究に援用するのは慎重でなければなりませんが、永年にわたる国際的議論の積み重ねのなかで定着してきた定義であるだけに、十分、検討に値する内容だと思います。

人権にかかわる国際条約では、「人権及び基本的自由を認識し、享有し又は行使することを害し又は無効にする効果又は目的を有する」ところの「区別、排除又は制限」が差別であるととらえているわけです。これらの「区別、排除又は制限」のうち「区別」「制限」が具体的にはどのような事柄を指しているのか、検討する必要もありますし、畑中さんのいうところの「侮蔑」「迫害」とどう関係するのかしないのか、あるいは前近代社会では「区別」「制限」というとらえ方では無理なのか、検証していくことが求められていると思います。

Ⅲ　部落差別をどう定義づけるか

次に、Ⅰ・Ⅱ章の内容をふまえて、部落差別をどう定義づければいいのか、従来のとらえ方を振り返りつつ、私見を述べていきたいと思います。

まず一九四七年五月三日施行の日本国憲法第一四条では、「すべて国民は、法の下に平等であつて、人種、信条、性別、社会的身分又は門地により、政治的、経済的又は社会的関係において、差別されない」とあり、前述のように部落差別は、この「社会的身分」にもとづく差別と考えられます。

一九六五年八月一一日に「同和対策審議会」が当時の首相佐藤栄作に答申した、いわゆる「同和対策審議会答申」第一部一「同和問題の本質」では、次のように述べられています。

「いわゆる同和問題とは、日本社会の歴史的発展の過程において形成された身分階層構造に基づく差別により、日本国民の一部の集団が経済的・社会的・文化的に低位の状態におかれ、現代社会においても、なおいちじるしく基本的人権を侵害され、とくに、近代社会の原理として何人にも保障されている市民的権利と自由を完全に保障されていないという、もっとも深刻にして重大な社会問題である」「同和問題は、日本民族、日本国民のなかの身分的差別を受ける少数集団の問題である」「実に部落差別は、反封建的な身分差別であり……」

このように「同和対策審議会答申」も、部落差別は「身分階層構造に基づく差別」つまり「身分差別」であると規定しています。

部落解放運動団体である部落解放同盟の綱領（二〇一一年三月四日決定）では、次のように述べられています。

現在の部落差別問題とは、……部落差別の存在によって、被差別部落に属するとみなされる人びとが、人間の尊厳や市民的権利（職業・教育・結婚・居住の自由などの基本的人権にかかわる根幹的権利）を不当に侵害されている許し難い社会問題である。

ただし、「部落民」や「被差別部落」の定義はなされているのに、「部落差別」そのものの定義づけは、綱領のなかでは明確には示されていません。

そこで、以下、部落差別の定義をどう考えるべきか、その前提となる事柄も含めて、私見の骨子を述べていきたいと思います。

（1）身分（差別）は前近代社会固有のものではなく、近現代社会にも存在するものであるということを確認することが重要です。現代の日本では天皇・皇族という身分が存在し、世界には三〇カ国ほどの王国があり（浜林、一九九〇年、一九一頁）、それぞれ国王が存在しています。イギリスには、公爵・侯爵・伯爵・子爵・男爵と日本語に翻訳される五つの貴族身分が存在していますし（山田、一九九四年）、南アジアのインド、ネパール、スリランカなどでは、カースト制度が厳存しています（インドのカースト制度の歴史や現状についてはさしあたって、小谷、一九九七年。國井、二〇一二年参照）。また、アフリカのセネガル、ナイジェリア、ケニアなどにも、世系にもとづく差別を受けているといわれている集団の存在が指摘されています（横田・鄭、二〇〇九年）。このように、身分は、決して前近代社会固有の存在物ではなく、近現代社会にも存在するものであります。この点で、封建遺制説は世界の現実の前で破綻しています。

（2）現代日本の部落差別も身分（的）差別の一種と考えられます。前記のように憲法第一四条では、「社会的身分」と規定しています。戦後の日本社会では、近世のような制度的ないしは法制的な身分ではなく、非制度的・非法制的身分として存在しています。憲法は、そのことをふまえて「社会的身分」と表現したのではないかと考えます。前掲のように「同和対策審議会答申」は「身分的差別を受ける少数集団」「実に部落差別は、反封建的な身分差別」と規定しています。

しかし、近現代社会の変化や部落解放運動の成果により、地域的偏差をともないながら、前近代の身分を特徴づけていた特定の職業との結びつきも内婚制も崩れてきています。インドのカースト制度は、かなりの変貌《へんぼう》を遂げながらも、なお強固で、現在でも特定の職業（たとえば糞尿処理業、清掃業、洗濯業、理髪業、皮革業、火葬業など）と緊密に結びついていますし、他カースト（ヴァルナ）、他サブカースト（ジャーティ）との結婚も稀《まれ》であるといわれています。

現在の日本の部落差別についていえば、食肉業にも非部落出身者の従事者も増えてきていますし、皮革産業については、かつてのような強い結びつきはなくなってきているのではないでしょうか。実際、部落出身者の多くは、食肉業・皮革業以外の職業に就いています。結婚差別はまだ存在しているし、部落出身者との婚姻を忌避する市民の意識はなお強いものがありますが、しかし内婚制は崩れてきているといえると思います。

しかし、身分においては、特定の職業に緊密に結びついていることや内婚制が随伴しているとはいえ、その基本的なところは、前述のように「身分とは、代々世襲によって継承される生得的な社会的地位」にあるのですから、肝腎のところは大きく変わっていないといえます。

したがって、部落差別を「社会的身分」（憲法）にもとづく差別といったり、「身分的差別」（同和対策審議会答申）といってもよいと考えています。

なお、部落差別の定義を行うにあたって国連人権理事会人権小委員会「職業と世系に基づく差別に関する特別報告者」横田洋三さん・鄭鎮星《チョンジンソン》さんによる「職業と世系に基づく差別の効果的撤廃のための原則および指針草案」の次の定義が重視されるべきであると考えます。

職業と世系に基づく差別とは、現在のまたは先祖伝来の職業を含むカースト、家族的、共同体的または社会的出身、姓名、出生地、居住地、方言および訛《なま》りのような世襲的地位に基づくあらゆる区別、排除、制限または優先であって、政治的、経済的、社会的、文化的その他のあらゆる公的生活の分野において平等な立場で人権および基本的自由が認められ、これを享有しまたは行使することを、妨げまたは害する目的または効果を有するものをいう。この種の差別は清浄および穢れの観念ならびに不可触制の慣行と結びついているのが一般的であり、このような差別が行なわれている社会と文化に深く根ざしたものである。（横田・鄭、二〇〇九年）

以上の検討をふまえて暫定的に部落差別の定義を行うと次のようになります。今後の議論のたたき台の一つにしていただければ幸いです。

部落差別とは、被差別部落出身という、代々世襲によって継承される生得的な社会的地位である社会的身分（世系）ないしはそのような社会的身分に属しているとみなされることにもとづくあらゆる区別、排除、制限であって、政治的、経済的、社会的、文化的その他のあらゆる公的生活の分野における平等の立場での人権および基本的自由を認識し、享有しまたは行使することを妨げまたは害する目的または効果を有するものをいう。

以上、雑駁《ざっぱく》な論述になってしまいましたが、今後、身分・差別・部落差別の定義を厳密化していくために少しでも参考になれば、という思いで書き綴ってきました。批判的検討をお願いする次第です。

参考文献

朝尾直弘「近世の身分制と賤民」『部落問題研究』第六八輯、一九八一年

「近世の身分とその変容」朝尾編『日本の近世七　身分と格式』中央公論社、一九九二年

朝治 武「座談会「〈身分〉〈差別〉の歴史研究の意義と課題」をめぐって」、『部落解放研究』二〇六号、二〇一七年

石母田 正「古代の身分秩序」『古代史講座』第七巻、学生社、一九六三年。のち『石母田正著作集』第四巻、岩波書店、一九八九年に収録、頁数は、著作集のもの。

上杉 聰「「部落」における「人」と「土地」について―「部落」とはなにか?」『人権問題研究』（大阪市立大学人権問題研究会）第一四号、二〇一四年

國井哲義『インド・カーストの旅』創言社、二〇一二年

黒田俊雄「中世身分制と卑賤観念」『部落問題研究』第三三輯、一九七二年。のち黒田『日本中世の国家と宗教』岩波書店、一九七五年に収録

小谷汪之『インドの不可触民―その歴史と現在』明石書店、一九九七年

高野真澄『日本国憲法と部落問題』解放出版社、一九八四年
塚田孝「近世の身分制支配と身分」歴史学研究会・日本史研究会編『講座　日本歴史』五、近世一、東京大学出版会、一九八五年
寺木伸明『被差別部落の起源とは何か』明石書店、一九九二年
「近世身分制」寺木伸明・中尾健次編著『部落史研究からの発信』解放出版社、二〇〇九年
「座談会「〈身分〉〈差別〉の歴史研究の意義と課題」をめぐって」『部落解放研究』二〇六号、二〇一七年
野口道彦「差別」部落解放・人権研究所編『部落問題・人権事典』解放出版社、二〇〇一年
寺木伸明・野口道彦編『部落問題論への招待　資料と解説』第二版、解放出版社、二〇〇六年
畑中敏之「歴史における「身分」どう教えるか—社会科教科書記述の分析を中心として」『立命館経済学』第五八巻第三号、二〇〇九年。のち、著書『身分を越える—差別・アイデンティティの歴史的研究』阿吽社、二〇一四年に収録。頁数は著書による。
「〈身分〉〈差別〉の歴史研究の意義と課題」『部落解放研究』二〇六号、二〇一七年
濵島明「身分」『日本大百科全書』第一二巻、小学館、一九八八年
浜林正夫他編『世界の君主制』大月書店、一九九〇年
峯岸賢太郎『近世身分論』校倉書房、一九八九年
『部落問題の歴史と国民融合』部落問題研究所、一九九四年
『近世被差別民史の研究』校倉書房、一九九六年
「部落問題の過去・現在・未来」『人文学報』第二八七号、一九九八年
矢木明夫『身分の社会史』評論社、一九六九年
山田勝『イギリスの貴族—ダンディたちの美学と生活』創元社、一九九四年
横田洋三・鄭鎮星「職業と世系に基づく差別の効果的撤廃のための原則および指針草案」（A/HRC/11/CRP.3）、二〇〇九年。李嘉永さんの第一六回部落解放論研究会（二〇一八年一月）報告「部落差別の撤廃と国際人権システム」配布資料収録の翻訳文による。

〈身分・差別・観念〉の構造
―「〈身分〉にかかわる意識調査」をもとに考える―

畑中敏之

I 〈身分・差別・観念〉について

「〈身分〉にかかわる意識調査」結果の分析を行う前提として、〈身分・差別・観念〉について私がどうとらえているか、まず説明しておきます。〈身分・差別・観念〉について、その全体の構造を示した図をもとに説明します。ここでは結論のみを述べますので、どうしてそのように考えるのか、その詳細は、拙稿「〈身分〉〈差別〉の歴史研究の意義と課題」（『部落解放研究』二〇六号、二〇一七年三月）をご覧ください。

〈部落差別は身分差別である〉と、私は考えています。〈身分〉〈身分差別〉などというと、江戸時代（近世）のことのように思われるかも知れませんが、各々の時代に、身分・身分差別は存在します。もちろん、近代以降（明治以降）においても、単なる「残りカス」としてではなく、身分・身分差別は生きています。時代によって、その特徴を異にしますが、身分・身分差別は単に過去のものではなく、現代を含むすべての時代に存在するものだととらえています。

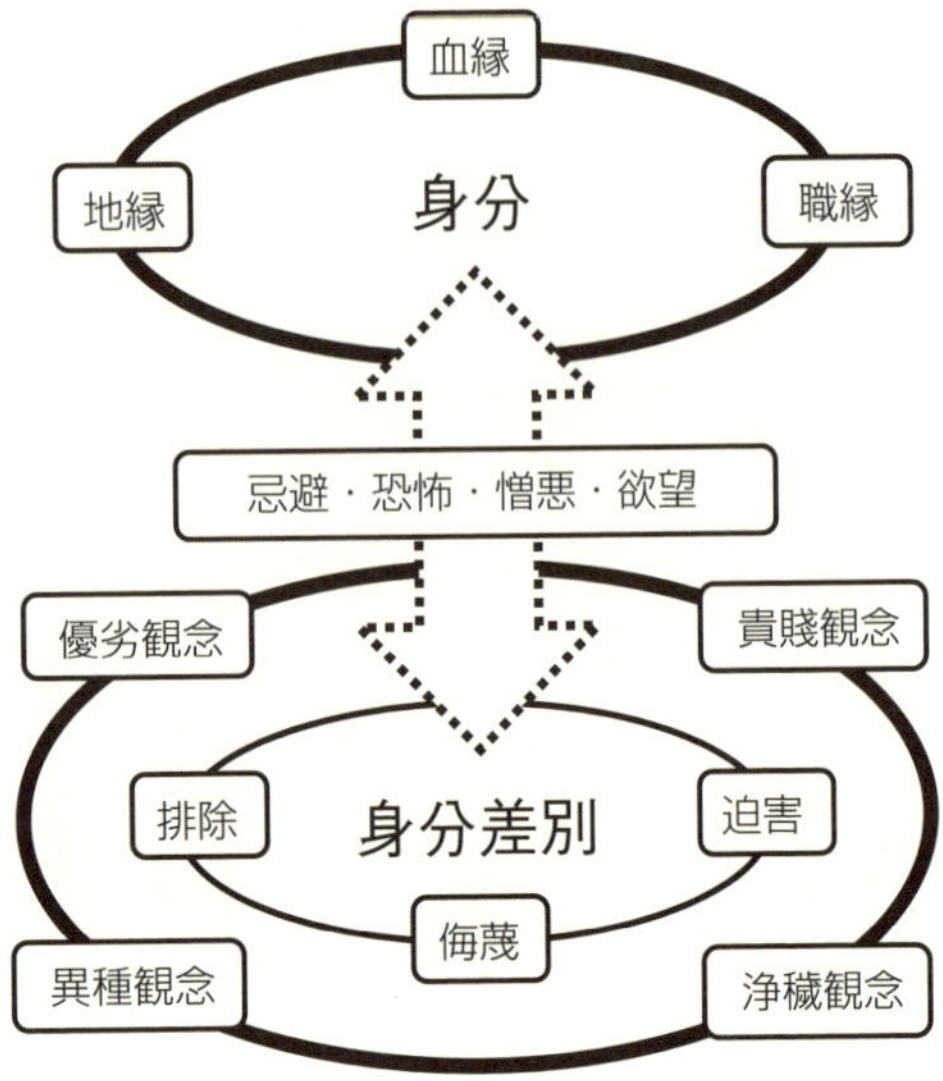

まず、身分と身分差別を分けて考えることがポイントです。身分があるから身分差別が自動的に発生するものではない、身分差別のみから身分のあり方を説明できるものでもありません。従来は、一般的に身分＝差別ととらえ、基本的に否定すべき対象として考えてきました。それは、主として身分差別の視点から投影して身分をとらえていたからです。言わば〈差別によって身分を認識していた〉ということができると思います。しかし、差別があろうがなかろうが身分は存在しています。

身分の定義は、広義と狭義でとらえます。広義の身分とは、「地域的（地縁）・職業的（職縁）に共通の特徴を有した社会的な人間存在のあり方」です。狭義の身分とは、それに「出自（血縁）による」をプラスして、「地域的（地縁）・職業的（職縁）に共通の特徴を有した、出自（血縁）による社会的な人間存在のあり方」です。「社会的な人間存在のあり方」というのはアイデンティティとほぼ同義で使っています。すなわち、アイデンティティのなかに広義の身分があり、広義の身分のなかに狭義の身分があるという関係になります。

次に身分差別について説明します。身分差別は、差別（行為・構造）と被差別（状況・実態）に分けて考えます。差別（行為・構造）の内容は、侮蔑・排除・迫害の三つです。従来、差別として語られている事例は、この三つの内容に集約することができます。被差別（状況・実態）の内容を具体的に示すと、格差・隔絶・危害・損害です。

差別と被差別は表裏一体のものですが、切り分けて考えることによって、原因（加害）と結果（被害）を峻別《しゅんべつ》して、差別（原因）のあり方をより鮮明にすることができます。図にある身分差別は、〈どうして差別されるのか〉ではなくて、〈どうして差別するのか〉という差別の視点・差別の論理から身分差別の構造を図示したものです。被差別ではなく差別のあり方を示す構造図です。

〈差別と被差別を切り分けて考えること〉の重要性、その意味について、もう少し説明します。これまでの部落差別（身分差別）にかかわる研究・叙述で、主として被差別の側にある人たちにかかわる事柄を取り上げてきたのは、差別を告発する目的であったことは言うまでもありません。しかし、そのことが、被差別の責任論（原因論）にすり替わってしまいました。被差別の責任（原因）を被差別の側に求める「被差別」責任論・「部落」責任論です。差別される側に、差別される理由（事情）を説明させようとする考え方です。たとえば、「部落の起源論」の一つに「異民族起源説」があります。〈起源が「異民族」であるから差別される〉というように、被差別の側に被差別の責任（原因）を求めます。しかし問題とすべきは、〈起源が「異民族」であるかどうか〉ではなくて、差別する側の〈どうして「異民族」を差別するのか〉という差別の視点・差別の論理です。「異民族起源説」をはじめ「部落の起源論」のほとんどは、被差別の側に起源を求めることによって、その結果、差別を正当化する落とし穴にはまっているのです。念のためにいえば、被差別の側に、差別の口実となる理由や課題は一切ない、などといっているのではありません。それは、あくまでも口実であり、被差別の責任（原因）にかかわる問題ではありません。「原因（加害）と結果（被害）を峻別して、差別（原因）のあり方をより鮮明にする」というのは、この意味です。

身分差別（侮蔑・排除・迫害）を支える（正当化する）観念には、異種観念・浄穢観念・貴賤観念・優劣観念がありま す。たとえば異種観念というのは、〈人間として異なる人たち〉〈生きている世界が異なる人たち〉などという人間認識です。時代によって、この四つの観念の表れ方には、各々強弱・濃淡があり一様ではありませんが、特に異種観念が、身分差別を支える観念のベースになっているのではないかと考えています。

この四つの観念があるからといって、即座に身分差別（侮蔑・排除・迫害）が発生するわけではありません。ではどのようなときに差別が起こるのか、それは、「忌避・恐怖・憎悪・欲望」というのが差別の起動スイッチになるのだと考えています。「忌避・恐怖・憎悪・欲望」のスイッチが入ることによって、身分と差別が結びつき、身分を口実とした差別が起こるのです。そしてそれを、異種観念・浄穢観念・貴賤観念・優劣観念が支えている（正当化している）、このような構造になります。

では次に、このような〈身分・差別・観念〉のとらえ方をもとに、実際の歴史社会における身分差別にもとづく社会構造について、概観しておきます。念のためにいえば、「身分の社会構造」ではなく「身分差別の社会構造」です。もちろん、否定・克服されるべき対象としての身分差別であり、その社会構造です。

江戸時代の場合を例示します。図をもとに説明します。私は、〈武士—平人—被差別民〉というように、三つの身分層でとらえています。

まず「武士」身分層です。この身分層は、領主及び、それに連なる身分の人びとで構成されている政治的な支配身分層です。「武士」身分層と総称しますが、ここに含まれているのは「武士」身分だけではありません。将軍・大名・旗本や天皇・公家・大寺社などの領主と、それに連なる人びと（家臣・家族）が属する身分層です。

次に、「平人」身分層です。「平人」は、出自（生まれ・血縁）による狭義の身分です。人口としては、約九割が、この身分層に属しています。この身分層の中核は、百姓、町人です。ただし、百姓、町人のすべてが、「平人」というわけではありません。百姓、町人は、地縁による身分（村に住む「百姓」・町に住む「町人」）であり、職縁では、農人、商人、職人などと呼称される広義の身分です。「百姓」は、広狭両義の身分呼称として使われていました。たとえば、後に説明する「被差別民」の「かわた」は、「百姓」でもあり、そのように主張し、公文書にもそのように肩書きしました。この場合の「百姓」は、広義の身分呼称ですが、「百姓」＝「平人」という認識での「百姓」呼称は、狭義の身分を意味しています。

「被差別民」身分層は、従来の研究・叙述では「賤民」と総称する場合が一般的でしたが、ここでは、その「賤民」という呼称を使わずに「被差別民」としました。私がここで、用語として「賤民」を使用しないのは、近世の「被差別民」と、たとえば古代の賤民などとの違いを明確にするためです。古代の賤民は政治的に編成された制度的な隷属的身分であり、近世の異種的身分（被差別身分）とは基本的に異なるという認識によります。また、貴賤観念（卑賤観）にもとづく価値づけは相対的なものですが、異種観念・浄穢観念にもとづく価値づけは絶対的なものであると考えるからです。

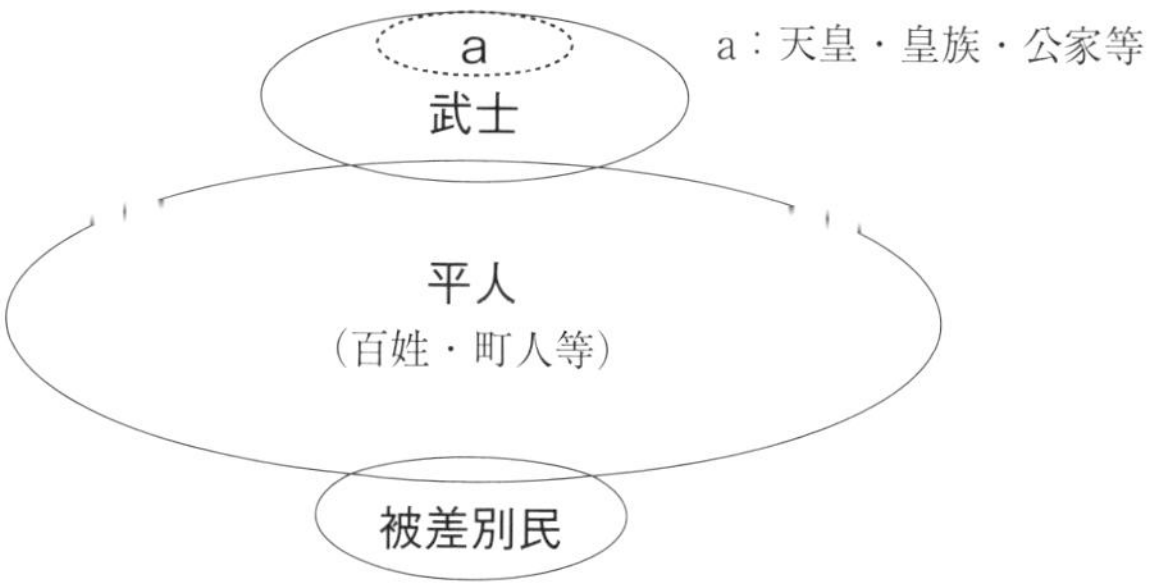

「被差別民」身分層の中核は、「穢多」と蔑称《べっしょう》された「かわた」「長吏《ちょうり》」です。さらに、この身分層には、「非人」「夙《しゅく》」「茶筅《ちゃせん》」「猿曳《さるひき》」「鉢屋《はちや》」「簓《ささら》」「おんぼう」「三《さん》昧聖《まいひじり》」などと称された勧進《かんじん》者、芸能者、宗教者が含まれます。「武士」身分層（支配身分層）に属さない被支配身分層のなかで、「平人」とは見なされない人たちが、この「被差別民」身分層に括られていました。この身分層に属する諸身分は、基本的には各々が地縁、血縁、職縁によって形成された身分（広義・狭義）なのですが、差別の視線（特に異種観念・浄穢観念）によって隔絶された被差別身分とされます。たとえば、「かわた」「長吏」が「穢多」と呼称されるのは、異種観念・浄穢観念に支えられた差別（侮蔑）の結果なのです。
近世における三つの身分層のあり方について、特に二つの特徴を指摘しておかなければなりません。一つは、三つの身分層に分けていた基準（理念）が、同じものではなかったという点です。「武士」と「平人」の境界は政治的な支配被支配（領主と

領民）の基準によって、「平人」と「被差別民」の境界は「身分差別を正当化する観念」（特に異種観念・浄穢観念）によって画されていました。もう一つの特徴は、この三つの身分層は、その境界部分において一部が重なり合っていたということです。すなわち、「武士」と「平人」、「平人」と「被差別民」の各々の境界には、両属の身分が存在しました。たとえば、「平人」と「被差別民」の境界の重なりには「非人」「乞胸《ごうむね》」「猿曳」などが位置づけられます。

Ⅱ 〈身分〉にかかわる意識調査

この意識調査は、二〇の項目（左記①〜⑳）の各項目の考え方に対する回答者の立場（肯定・否定）を答えてもらう調査です。

①「身分」が存在したのは江戸時代以前の前近代社会であり、明治時代以降の近現代社会には「身分」は一般的には存在せず、存在するのはその残滓《ざんし》（残りカス）である。
②身分社会では、高い身分に属している人びとは他の身分の人びとよりも高い資質や能力を有しており、身分の上下関係は人間としての資質や能力の優劣関係を一般的に示している。
③みずからの祖先（血縁）に歴史上の「偉人」や身分の高い人物がいた場合、そのことを誇りに思う。
④人間としてのさまざまな資質や能力は、出自（生まれ・血縁など）と関係がある。
⑤みずからの祖先を敬う気持ちは、人間として当然のことである。
⑥結婚を決める際には、相手の出自（生まれ・血縁など）を考慮する。
⑦人物を評価（優劣・善悪等）する際には、出自（生まれ・血縁など）を考慮する。

⑧職業（仕事）には、質的な差異（「いい仕事」「きれいな仕事」など）がある。

⑨職業や社会的地位の「世襲」は合理的な面もあるので尊重されなければならない。

⑩生き物の「死」や「血」などの「穢れ」にふれることを忌み嫌うのは、人間の自然な感情である。

⑪女性の天皇が認められていない（皇位継承は「皇室典範」で天皇の男系男子のみに限定）のは、天皇家の家筋・血筋を守るためのしくみであり、女性差別とはいえない。

⑫天皇家の人びとは、一般の国民とは異なる固有の文化・資質・能力を持ち、国民から敬愛されるべき特別に尊い身分の人たちである。

⑬日本国憲法に規定された象徴天皇制は今後も維持していく必要がある。

⑭日本人には、民族としての誇り（優秀性などの確信）を自覚した生き方が求められている。

⑮部落問題においては、「被差別部落」（差別されてきた地域）に居住している（もしくは血縁的につながる）人たちの側にも、差別される何らかの理由（事情）がある。

⑯「被差別部落」（差別されてきた地域）に居住している（もしくは血縁的につながる）人たちは、資質や能力等の面において、他の一般的地域の居住者とは異なる克服すべき特徴（課題）を持つ人たちである。

⑰部落問題において「被差別部落」（差別されてきた地域）に居住することは被差別のおそれがあるので、そのような地域に居住することを避けたいと思うのは自然な感情である。

⑱「どこが被差別部落か？」を明らかにしない（隠す）ことによって、「どこが被差別部落か？」がわからなくなれば部落問題は解決（解消）する。

⑲部落問題については、若い人たちはほとんど知らないのだから、学校で「同和教育」などは行わずに、そっとしておけば自然に解決（解消）する。

⑳部落差別・部落問題は、すでに過去の差別問題であり、現在はほとんど解決（解消）している。

各項目で述べられている考え方に対して、1：肯定（賛成）、2：どちらかといえば肯定（賛成）、3：どちらかといえば否定（反対）、4：否定（反対）の四択での回答です。1と2に回答した割合（％）を合計して肯定率としています。

私の担当した立命館大学の教職科目（「道徳教育の研究」）の授業において、二〇一六年四月に実施したアンケート（回答者は一〇〇名、受講生のほとんどが二回生）のデータをもとに考えます。アンケートは、一回目の授業の最初に実施しましたので、私の授業の影響はありません。アンケートの結果を示すグラフは、各項目ごとに、1（肯定）、2（どちらかといえば肯定）、3（どちらかといえば否定）、4（否定）、無（無回答）の割合（％）を下から順に積み上げています。

身分や出自・血縁にかかわる項目（考え方）から、まず検討していきます。

「①「身分」が存在したのは江戸時代以前の前近代社会であり、明治時代以降の近現代社会には「身分」は一般的には存在せず、存在するのはその残滓（残りカス）である」の肯定率は、五二％です。約半数が、身分を過去のものとしてとらえていることがわかります。

「②身分社会では、高い身分に属している人びとは他の身分の人びとよりも高い資質や能力を有しており、身分の上下関係は人間としての資質や能力の優劣関係を一般的に示している」の肯定率は、二七％です。約四分の一が、身分と〈人間の資質や能力〉を一体のものととらえています。

「④人間としてのさまざまな資質や能力は、出自（生まれ・血縁など）と関係がある」の肯定率は、五〇％です。半数が、出自（生まれ・血縁など）と〈人間の資質や能力〉を肯定的に結びつけているわけですが、同様に身分と〈人間の資質や能力〉を一体のものとした②の肯定率（二七％）との間には大きな差があります。この差は、「身分」のとらえ方によるものだと考えられます。①のように身分を過去のものととらえている場合には、「出自」と「身分」が、意識のなかで、すぐにはつながらなかったのではないでしょうか。

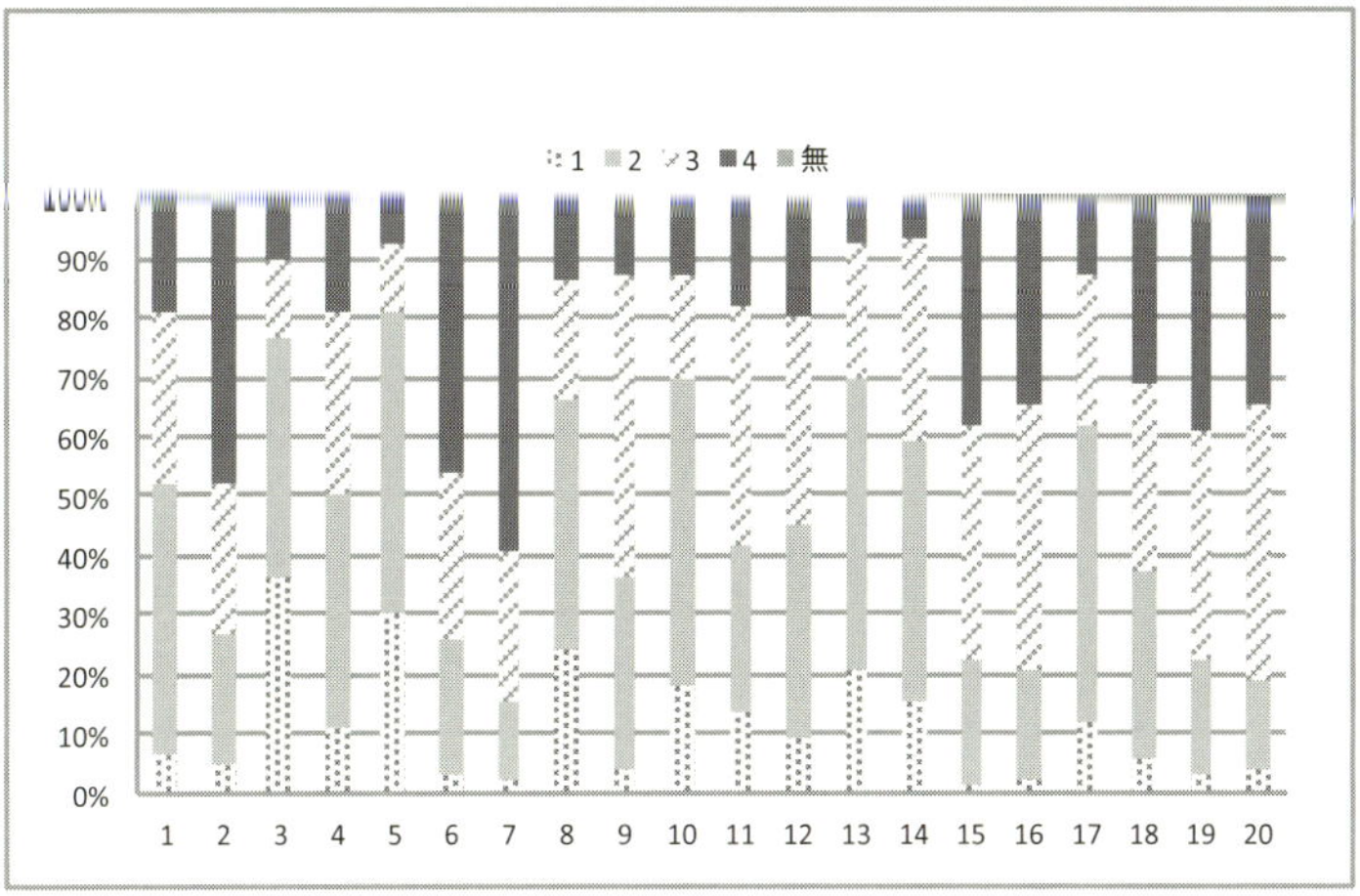

　このような「出自（生まれ・血縁など）」と認識のうえで重なる「祖先」についての項目を検討します。「③みずからの祖先（血縁）に歴史上の「偉人」や身分の高い人物がいた場合、そのことを誇りに思う」の肯定率は、七七％です。「⑤みずからの祖先を敬う気持ちは、人間として当然のことである」の肯定率は、八一％です。ともに、非常に高い肯定率です。

　③の考え方のベースには、次の二つの意識が強く働いています。一つは、祖先と自己とを一体のものととらえる意識です。④の出自への肯定的態度とも通底しています。自己と祖先を血縁でつながった一体のものと意識するからこそ、「誇りに思う」わけです。もう一つは、「身分の高い」ということを人間の評価としても「高い」ととらえる価値観です。身分と〈人間の資質や能力〉とを結びつける②の考え方とベースは共通しています。

　③及び⑤の肯定率の高さは、祖先への強い肯定的態度を示しているのですが、しかし、そもそも祖先に対する「気持ち」などというのは、みずからの体験にもとづく、親族などへの気持ちと一体化させてし

まっている幻想だと、私は考えています。たとえば、遠い祖先が目の前に現れたとして、そのときに特別の思いを持つと想定するのは、たとえば父母、祖父母などへの心情と一体化させているからです。

〈私は幻想である〉と、私は考えています。「敬う」対象である祖先というものが、実は特定できないのです。血のつながった祖先は、三代さかのぼれば八人いますが、おそらく数代以上さかのぼれば、祖先の一部に不明者が現れ、さらにさかのぼれば、祖先のほとんどは明らかにできなくなり、調査不能にいたります。このことは、祖先のほとんどが〈誰であるかを特定できない〉ということを示しています。

〈祖先は幻想である〉と考える理由は、〈誰であるかを特定できない〉というだけではなく、もう一つの根拠があります。こちらのほうが、より根本的な理由です。血のつながった祖先の数は、時代をどんどんさかのぼると計算上は、何千何万人と増えていきます。しかし、時代をさかのぼればのぼるほど人口は少なくなるわけですから、結局は、他の人たちとの共通の祖先がどんどん増えていき、言わば「人間みなきょうだい」というようなことになります。だから、個々人にとっての限定可能な特定の祖先が存在するなどと考えるのは幻想なのです。

逢《あ》ったこともない祖先への「誇り」や「敬う気持ち」が、まるで血縁によって生じているかのように錯覚しているのですが、問題は、祖先を「誇りに思う」という意識と裏腹に、「卑下する」というような意識が存在することです。祖先を「卑下する」などということの理不尽さは言うまでもありません。出自にこだわり、血縁でつながった祖先と自己を一体化させることには大きな矛盾があります。しかし、私は、〈出自・血縁による身分認識〉そのものを全否定しているわけではありません。差別の口実にされてしまう危うさを自覚することが大切だと考えています。

次に、部落問題の認識に直接かかわる項目（⑮〜⑳）について検討します。

「⑮部落問題においては、「被差別部落」（差別されてきた地域）に居住している（もしくは血縁的につながる）人たちの側にも、差別される何らかの理由（事情）がある」の肯定率は二一%、「⑯「被差別部落」（差別されてきた地域）に居住している（もしくは血縁的につながる）人たちは、資質や能力等の面において、他の一般的地域の居住者とは異なる克服すべき特徴（課題）を持つ人たちである」の肯定率は二一％です。二割を超える回答者が、部落問題においては被差別の側に原因（問題）がある、と認識していることがわかります。いわゆる「被差別」責任論・「部落」責任論（＝差別の正当化）の肯定です。

部落差別（身分差別）を成り立たせる際に、その核心的なところにあるのが「被差別」責任論・「部落」責任論（⑮⑯）ではないかと、私は考えています。〈部落問題は差別される側の問題〉とでもいうようなとらえ方であり、結果として差別を容認し正当化する考え方です。差別する側の〈どうして差別するのか〉という差別の心理・論理を問うことよりも、むしろ〈差別される側にも問題がある〉として、「被差別」側の責任をより強く問うわけです。私はこの意識が、部落差別を成り立たせている核心部分にあるのではないかと考えています。このような「被差別」責任論・「部落」責任論（⑮⑯）の肯定率が、二割を超えていることに改めて注意しておきたいと思います。

「⑱「どこが被差別部落か？」を明らかにしない（隠す）ことによって、「どこが被差別部落か？」がわからなくなれば部落問題は解決（解消）する」の肯定率は三七％、「⑲部落問題については、若い人たちはほとんど知らないのだから、学校で「同和教育」などは行わずに、そっとしておけば自然に解決（解消）する」の肯定率は二二％です。この⑱と⑲は、いわゆる「寝た子を起こすな」という考え方です。この考え方は、「被差別」責任論・「部落」責任論（⑮⑯）と通底しています。

部落差別（身分差別）を支える観念としての異種観念・浄穢観念・貴賤観念・優劣観念は、④、⑥、⑦、⑧、⑩、⑫、⑯というところに関連します。たとえば、異種観念については、出自・血縁に強く縛られた人間観ですが、そのことは、⑯を肯定する意識に表れています。⑯は「資質や能力等の面において」「克服すべき特徴（課題）を持つ人たち」というように、「部落」を否定的な意味で特別視しています。その特別視は、出自と〈人間の資質や能力〉との相関関係を肯定する考え方（④）と結びついて異種ととらえる意識につながります。

天皇制にかかわる意識は⑪、⑫、⑬です。いずれも比較的に高い肯定率です。⑪は男系男子のみの皇位継承は差別ではないという意識（肯定率四二％）、⑫は天皇というものは特別で尊い身分という天皇尊崇の意識（肯定率四五％）、⑬は象徴天皇制を維持していくことに賛成する考え方（肯定率七〇％）です。

民族意識について「⑭日本人には民族としての誇り（優秀性などの確信）を自覚した生き方が求められている」という考え方を肯定したのは五九％です。若者たちが、このような考え方を肯定する傾向は、ここ最近ますます強まってきていると私は考えています。

この意識調査の二〇項目のすべてが、必ずしも部落差別（侮蔑・排除・迫害）に直接つながるものではありません。部落差別を支える可能性は否定できませんが、直結するものではありません。しかし、特に⑥、⑦、⑮、⑯は部落差別に直接つながる可能性の高い考え方ではないかととらえています。その肯定率は、いずれも二割前後ですが、決して無視できる数字ではありません。他の項目（一六項目）は、認識のうえで、これら（⑥⑦⑮⑯）の考え方のベースになっていると位置づけています。

⑮と⑯については、すでに説明しましたので、「⑥結婚を決める際には、相手の出自（生まれ・血縁など）を考慮する」（肯定率二六％）と「⑦人物を評価（優劣・善悪等）する際には、出自（生まれ・血縁など）を考慮する」（肯定率一五％）について検討します。⑥は結婚、⑦は交際にかかわる人間観が問題になります。結婚や交際での人物評価において出自を考慮するということは、そのことを口実にした排除を正当化する考え方につながります。そこで注意したいのが⑥、⑦の数字の表れ方です。⑥の肯定率が⑦の肯定率より一一ポイントも高いのです。出自・血縁を口実にして、その人たちを、〈人間として異なる人たち〉〈生きている世界が異なる人たち〉だと認識して排除を正当化する意識、結婚という場面では、そのような人間観（異種観念）が特に大きな障壁になります。だから、⑥と⑦の肯定率（数

字）の違いは、異種観念の働く度合い（濃淡）の差を示しているのではないかと考えます。

次に、クロス集計で肯定率のデータを見ます。今まで検討してきたような意識（考え方）が、どういうかたちでリンクしているのか調べました。ここでは、部落差別（身分差別）につながる可能性の特に高い項目（⑥⑦⑮⑯）の考え方を肯定した人たちの特徴について検討します。これらの項目を肯定した人たちの各項目の肯定率と全体の各項目の肯定率の傾向を比較しました。

「結婚を決める際には、相手の出自（生まれ・血縁など）を考慮する」という〈⑥を肯定した人たち〉の傾向を見ます。〈⑥を肯定した人たち〉と〈全体〉の各項目の肯定率の比較で、〈⑥を肯定した人たち〉は、④、⑦、⑨、⑪、⑫、⑮、⑰の項目で、〈全体〉より各々一〇ポイント以上高い肯定率を示しています。

次に、「被差別」責任論・「部落」責任論の〈⑮を肯定した人たち〉に注目します。ここでは特に顕著な傾向を指摘できます。〈⑮を肯定した人たち〉と〈全体〉の各項目の肯定率との比較ですが、〈⑮を肯定した人たち〉は、①、②、④、⑥、⑦、⑧、⑩、⑪、⑫、⑯、⑰、⑳という一二の項目で〈全体〉より各々一〇ポイント以上高い肯定率を示しています。

〈⑥を肯定した人たち〉と〈⑮を肯定した人たち〉において、共通して強い相関関係が確認できるのは、一つは、出自（生まれ・血縁など）への肯定的態度を示す項目（④⑦）です。もう一つは、天皇尊崇の意識を示す項目（⑫）です。⑫の肯定率は、〈全体〉の場合でも四五％であり、決して低くはなかったにもかかわらず、さらに一〇ポイント以上も高くなっています。

このようなクロス集計の分析結果は、部落差別（身分差別）につながる可能性の高い考え方の特徴的な傾向を示しているのではないかと考えています。

以上の意識調査の分析については、まだまだ今後に多くの課題を残しているのですが、身分認識・部落問題認識の特徴、部落差別（身分差別）を正当化する観念、部落差別につながる可能性の高い考え方（意識）の特徴的傾向などについては、一定明らかにできたのではないかと考えています。

部落史研究の「学問」としての進歩と退行について

上杉 聰

はじめに

小中高の教科書のほとんどに部落問題が登場するのは、一九七〇年頃ですが、二〇〇一年から部落史の描き方が大きく変わりました。たとえば最大のシェアを誇る東京書籍の教科書を見ると、江戸時代の「士農工商」という身分表記が消え、「武士・百姓・町人」という三身分になりました。そしてもうひとつの変化が、部落の位置づけです。百姓・町人とは「別に」穢多身分・非人身分などの人びとが「いました」となりました。かつて部落は、「別」ではなく社会の「下」とされていたのですから、大きな変化です。

さらに、江戸時代に部落が「つくられた」という意味のことがそこに書かれていたのですが、それが「いました」と書かれるようになりました。理由は、部落はそれ以前からもあり、そして江戸時代にもあったので、両方に通用する言葉として「いました」という表記に変えたのです。つまり、江戸時代に「つくられた」という起源説が公教育の教科書で否定されたのです。右の東京書籍だけでなく、その後、ほとんどの教科書がこうなっていきました。このような教科書の変化を私は、「良くなった」と思っております。

この教科書の変化が私たちにとって何を意味するかというと、学校でも、部落解放運動の場でもよく使われてきた「士農工商えた非人」という図式が、もう使えなくなったということです。江戸時代にも「士農工商」という「言葉」はありましたが、これは身分ではなく職業を表したものであり、その意味も「みんな」というような四字熟語にすぎませんでした。

「穢多・非人」の身分もありましたが、それを含めてすべてを続けていえるかというとそうではなくなりました。「武士・百姓・町人」という三身分は、部落と分かれて存在し、「穢多・非人」について書いたいろいろな史料には、「外」と出てきます。だから部落は「下」ではなく、社会の「外」なのです。

ただし、娼妓《しょうぎ》など奴隷的な人たちは「下」だったわけです。この人たちに対し、一八七二（明治五）年一〇月に娼妓解放令が出されますが、部落に対しては、すでに明治四（一八七一）年八月に別の布告として出されています。わずか一年二カ月の差でもって、二つの「解放令」が出ているわけです。なぜ二つの「解放令」が必要だったのかというと、それは「外」（部落）と「下」（娼婦）の二種類の賤民がいたからです。またそれらに対応した二種類の布告が出されたわけです。そのことを当時、日本にいたイギリス人もはっきり見て、本国へ報告しています「穢多は奴隷ではない。彼らは世ののけ者で、無視された存在。だから二つの布告が出された」としています（J. R. ブラック『ヤング・ジャパン』3、平凡社、一九七〇年）。

こういう根本的な変化が、公教育の場で、ここ十数年の間に起こったことを考えるとき、私はこれまでの部落（史）研究が、果たしてどこまで「学問」たりえてきたのか、という疑問を持たざるをえません。本稿ではその点を検討したいと思います。まず、そもそも学問とは何かということから始めたいと思います。

Ⅰ 「学問」とは何か

学問の定義としてアリストテレスが築きあげた内容を、三木清が四つにまとめています。①経験が個々の知識・認

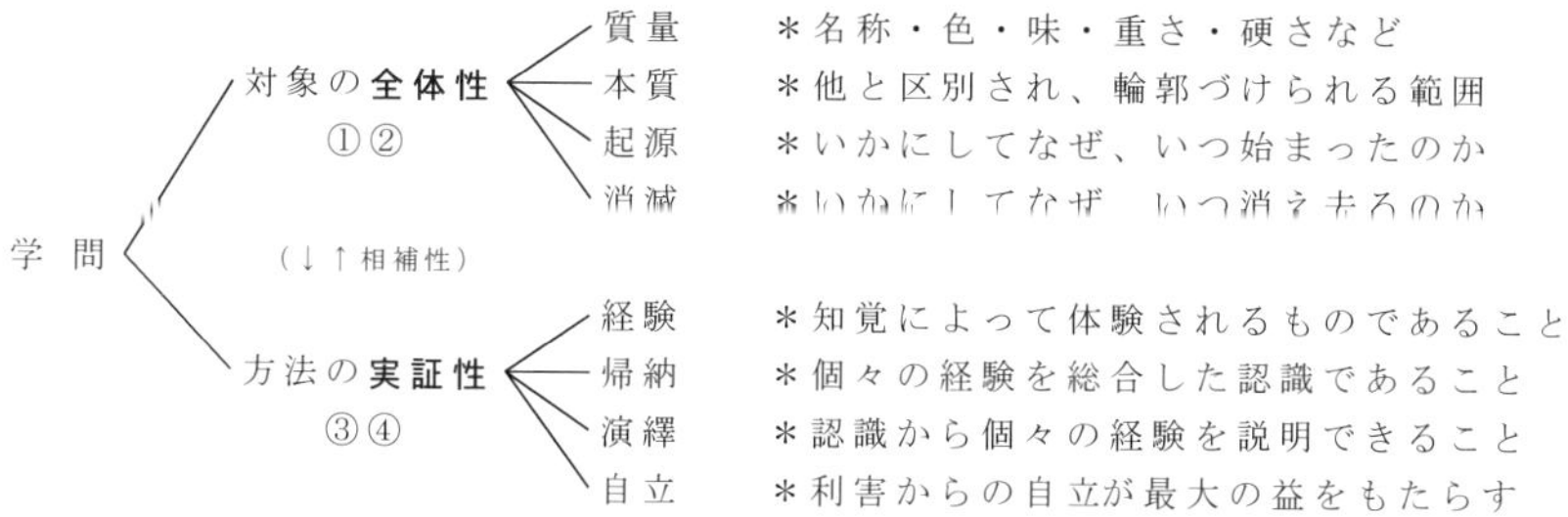

識であるのに反し、学問は普遍的な認識である、②経験はこうあるということを知らせ、学問はなぜそうあるかを示す、③学問は、教え学ぶことのできる方法的な知識である、④学問は実用のためのものでなく、それ自身のために求められる知識である（三木清「アリストテレス「形而上学」」『三木清全集』第九巻、岩波書店、一九六七年）。

これを私なりにさらに簡略化し、「対象の全体性」（右の①②）と「方法の実証性」（③④）の二つに大別したうえで、さらに具体的な側面を分類して図で表すと上のようになります。学問は、これらすべてを満たすことが求められます。

「全体性」には、質量・本質・起源・消滅が含まれます。少し難しく聞こえますが、たとえば「起源」や「消滅」は、部落問題にもただちに関係してきます。差別がなぜ発生（起源）し、そしてそれがいかに消滅（解放）させられるのかということを内に含むのが「全体性」の認識であるし、それがつまり「学問」だということなのです。また「実証性」のなかには、経験・帰納・演繹《えんえき》・自立が含まれます。そしてこの全体性と実証性は相互に補完し合う関係を持っています。

実証性に含まれる「自立」とは何かを考えると、たとえば部落問題の研究において、部落解放運動の短期的な利害のために結論が出されるような学問は、それ自身で自立しておらず、長い目から見て部落解放に役立たないということでもあります。

こうした「学問」理解のうえに、そしてこの基準に照らし合わせて、部落（史）研究というのは近代以降どのように発展し、あるいは後退したのか、ということを検証したいと思います。

Ⅱ　近代における部落（史）学の開始と退行

近代の初頭、部落問題を全体性と実証性においてとらえようとした萌芽的な試みとしてあげることができるのは、司法省が一八八〇（明治一三）年につくった『全国民事慣例類集』でしょう。それまで江戸時代の日本各地には、かなり独自性のある社会的慣習がたくさんありました。そこへ、全国で統一的な民法を新たに編纂《へんさん》しなければならないということで、全体把握が必要となり、六〇〇人の地方官を動員して全国の慣例を調べたのが、これです。この『全国民事慣例類集』のトップに出てくるのが部落問題でした。さらにその冒頭に「天子諸侯士農工商穢多非人の名称あり」と出てきます。江戸時代に「士農工商穢多非人」という表現は見えなかったのですが、ここに歴史上初めて姿を現します。江戸時代の身分制度が過去のものとなり、記憶の消滅がはじまるなか、まず名前のみを連ねたにすぎないと考えて良いでしょう。そのうえで最初の節を「農工商、穢多非人ノ別」というタイトルで括《くく》ります。ここではもう「士」が省かれ、さらに「農工商」と「穢多非人」も上下ではないと詳しく書いています。

『全国民事慣例類集』はその後、部落問題を研究するうえの重要史料となります。全国性、つまり「全体性」を持った「学問」的傾向が発生したからです。三〇〇以上の藩に分かれていた江戸時代を近代国家が全体を把握・統制するために、「学問」をここに要請したのが始まりでした。

ただ、『全国民事慣例類集』の学問性は、深められたものではありませんでした。それは、「全体性」と「実証性」のなかの「質量」や「経験」の領域に留まり、それ以外の側面の検討がきわめて弱かったからです。その意味で、部落問題が本当の意味で近代の学問として出発するのは、久米邦武の「穢多非人の由来」（『史学会雑誌』第二〇号、一八九〇（明治二三）年）から、という認識のほうが良いだろうと思います。久米邦武がどういう人物かといいますと、明治四（一八七一）年に欧米へ向けて出発した岩倉使節団に同行して広く世界を見ており、さらに記紀神話などを絶対視せず、このころすでに実証史学の先頭を走り始めた人物の一人でした（小熊英二『単一民族神話の起源』新曜社、一九九五年）。

このとき久米は、『全国民事慣例類集』の記述をふまえ、部落を社会の「別・排斥」といった「本質」につながる位置づけをしています。そのうえで、よく知られている「弾左衛門由緒書」の資料批判をしました。これを「完全なこじつけの史料とは言えないと思う」と、ある程度評価したうえで、しかし鎌倉時代に朱印はない、治承四（一一八〇）年九月に頼朝は千葉へ逃げていた、書式も後世のものだなどとして、史料の信憑性《しんぴょうせい》に疑問を投げかけます。ただ彼は、疑問だけで終わらせず、大永三（一五二三）年の「鶴岡少別当法眼良能」の史料を持ってきて、これが正しい文書の形式であること、だから「弾左衛門由緒書」の頼朝の証文は偽作である、というところまでの史料考証をすでにやっています（質量と経験の検証）。

また、「穢多」の初出（このときはまだ一三六二年の「師守記」）から明治四（一八七一）年「廃止令」以後の差別の現存までを通史的＝「全体」的に把握します。そして賤民には、「長吏《ちょうり》」「皮作」「穢多」「川原者」「犬神人《いぬじにん》」「非人」などがあり、彼らの本質把握としては「不浄物掃除人」であるとします（いわゆるキヨメ）。久米はここで「学問」としての基本である、全体性（質量・本質・起源）と実証性（経験・帰納・演繹）の認識を始めています。

これをうけて司法省は、一八九五（明治二八）年に『徳川禁令考』という江戸時代の史料集をつくりました。また久米の刺激を受けた柳瀬勁介《やなせけいすけ》という教員も、『社会外の社会　穢多非人』という本を一八九六（明治二九）年に脱稿し、一九〇一（明治三四）年に刊行します。柳瀬は膨大な史料を集め、その執筆に引用しました。いわゆる〝雑学〟的ですが、在野の強さというか、なみなみならぬエネルギーで、久米が切り拓《ひら》いた分野の史料を、さらにたくさん集めたわけです（質量と経験の拡充）。

こうした助走を経て一九一〇（明治四三）年には神宮司庁『古事類苑』に「部落」関連資料が編纂され、さらに膨大な史料が集められました。このなかには、『和名類聚抄《わみょうるいじゅしょう》』（平安中期）に「屠児」が差別を受けた者として出てきますし、『塵袋《ちりぶくろ》』（一二八〇年前後）が「穢多」の初見であるとも紹介され（以上「起源」的）、江戸時代の史料までを全体的・通史的に網羅する基礎が成立しました。以後、この『古事類苑』の「部落」関連部分は、今日まで部落史研究の基礎資料となっています。かくして、久米の刺激により、明治期に部落史研究の学的基礎の第一歩が築かれたというふうにいって良いのではないかと思います。

その後、よく知られている柳田国男が「所謂特殊部落の種類」を一九一三（大正二）年に発表します。また、あまり名前は知られていませんが山本美越乃《みおの》という研究者が「特殊部落問題」という論文を一九一六（大正五）年に発表します。山本は、ここでかなり明快に、部落のあり方（「本質」）を「人外」「社会外」と定義します。先に柳瀬が本のタイトルに『社会外の社会』と使っていましたが、実はこのタイトルは彼がつけたのではありませんでした。彼の本を読んだ出版社の主人が、本のタイトルをこうしただけです。したがって部落問題を研究者の立場から「社会外」と表現したのは、山本美越乃が最初ではないかと思われます。

そして新村出《しんむらいずる》が一九一七（大正六）年に「賤民名称考」において、『塵袋』における「穢多のゑとり転化説」を検証しますし、三浦周行《みうらひろゆき》もその二年後に江戸時代の法制的研究を行います。部落史研究が花開き始めるのが、この大正期になるわけです。喜田貞吉《きたさだきち》が部落の歴史的な研究を初めてやったと、根拠もなくいわれるわけですが、このように、その前にたくさんあるのです。喜田は一九一九（大正八）年の『民族と歴史』特殊部落研究号で初めて部落問題に関する本格的研究を発表しますが、こうした流れをふまえる必要があります。ただ喜田の優れていた点は、それまでの研究をふまえながら、まったく新しい説を、その「起源」の面で提唱したことです。

『民族と歴史』二巻一号「特殊部落研究号」において喜田は、『塵袋』の前へとさかのぼって部落問題を考えていきますが、時期的な限界をもうけます。つまり日本には古くから奴隷がいて、家人《けにん》・奴婢《ぬひ》という主人の財産として売買譲渡もできる存在だったが、それらは「穢多」や「非人」と「本質」において異なるという見解です。では「穢多」などは何かというと、屠者と皮細工人と河原者、この三つが落ち合ってできたものだとします。そしてその起源を、平安朝の半ばから、鎌倉時代の初めにかけての時であると、当初かなり幅をもって提唱しました。

その一〇年後、喜田貞吉は『賤民概説』（日本風俗史講座）において、起源の時期をさらにせばめ、「平安朝の中頃以後に輩出した浮浪民は、令制の賤民（家人・奴婢等―上杉）の代わりに生じた新賤民の起原《ママ》をなしたもの」と、平安中期説をとなえ、あいまいだった「三つの落ち合い」説からより鮮明に部落の起源を論じ、その時期も限定しました。これが戦前の起源論研究の到達点となりました（ただし、部落は「外」なのか「下」なのかという「本質」論について喜田は、またゆらぎを持っていたため、後の混乱のもとになります）。

この頃の研究の特徴として、明治四（一八七一）年の布告によって差別が解消しなかったという問題意識が共通してあり、そこから研究が始められていることです。その意味では、中世を視野に入れることは、もちろん当時の前提でしたが、近世の部落と近代の部落を切断するような、今日時々見られる荒唐《こうとう》無稽《むけい》な考えはまだなく、健康で全体性（通史性）も持った時代だったといって良いでしょう。また近代になっても「差別が解消しなかった」ことが研究動機だったことから見ても、部落史研究は「消滅」（解放）をめざすものとして出発したということでもあります。

ただ、喜田の研究以降に、日本共産党のメンバーが登場してきます。これがむしろ研究を後退させる動きへとつながります。佐野学は「特殊部落民解放論」（『解放』誌収録）を一九二一（大正一〇）年に書きます。そこに佐野は部落の起源を「古代日本の奴隷群」であると書き、喜田が部落は古代の賤民とは違うとした重要な認識を、否定するのです。そうすると、部落は奴隷制の歴史とつながりますので、今度は古代律令制のみならず卑弥呼《ひみこ》の時代以前へと、ものすごく歴史をさかのぼっていくことになります。

また部落の位置づけについても佐野は「社会階級は士農工商に分かれてゐたが…穢多は非人と共に奴隷中の奴隷となつた」と説き、「士農工商穢多非人」という言葉を奴隷制と関連させる素地をつくりました（『全国民事慣例類集』では、すでに述べたように、単なる名前の羅列に過ぎなかった）。また「解放の原則」において佐野が「特殊部落の人々は明治四年の解放令に依りて解放された」と、明治四（一八七一）年の布告を「解放令」と名づけたのも最初でした。それまで「解放令」といえば、普通は「娼妓解放令」を指していたのですが、以降、明治四（一八七一）年の布告のほうが「解放令」となっていきます。これらは、近代における部落史研究を、学問的に大きく後退させる要因となりました。

佐野が切り崩した堤防へ向けて高橋貞樹が一九二四（大正一三）年に『特殊部落一千年史』を書いて、さらに激流をぶつけます。その元となった本は『特殊部落の歴史と水平運動』（高橋、一九二三年）でしたが、それをリライトして『一千年史』を書いたため、この二冊の内容はほとんど同じでした。そこにおいても部落の起源を古代日本の奴隷群とし、「士農工商」を四大階級群といい、「穢多と非人は奴隷中の奴隷であった」としていました。部落民は発生の初めから被搾取階級であり、現在の部落民も賃労働の奴隷であると規定することで一貫させたのです。したがって、佐野と高橋は部落問題とその歴史を奴隷制の範疇《はんちゅう》で通史的に描き、部落解放運動を無産階級の革命として展望する考え方を提起したのです。

これが戦前の部落史の流れの概括ですが、ここに別方面から問いかけがなされていました。その中心となったのは、庭園史の研究者である外山英策や吉永義信でした。彼らは、中世には善阿弥《ぜんあみ》など天才的な庭師がいて、河原者（穢多）と呼ばれ差別されつつ銀閣寺や龍安寺の石庭を造ったということを、綿密な史料考証をもって明らかにしたのです。ところが、佐野学や高橋貞樹ばかりか喜田貞吉さえも、この事実を知らなかったのです。その意味では、部落史とはまったく違ったところから部落の人たちのプラスイメージを示す新事実が、独自に出てきたのです。部落史研究はこの問いかけに応えられないところに当時まだあり、そのまま敗戦を迎えます。

Ⅲ　戦後部落（史）学の進展と課題

佐野学や高橋貞樹が打ち立てた奴隷として一貫した部落通史が、戦後は運動の側からの批判を浴びます。もし古代奴隷制が部落の起源であるなら、どこまで部落差別の起源をさかのぼらねばならないのか、「解放の展望が見えない」という批判が出てくるのです。そのなかで、共産党の部落問題の指導部となっていた藤谷俊雄が一九五五年に「部落問題研究の目的と動向」（『部落』第六九号）において、原田伴彦「中世賤民の一考察」（『経済学雑誌』第三二巻三・四号）の中世起源説や林屋辰三郎「散所その発生と展開」（『史林』第六号）を取り上げ、古代起源説への道を開くものと批判し、高橋貞樹以来の研究動向を含めて――奴隷制的理解は残したままなのですが――再検討する必要性をとなえ、むりやり部落の起源を江戸時代とし、部落史を短く切断することで便宜的に「解決」しようとしたのです。

そして「部落問題研究はよりいっそう部落解放の実践と結びつかなければならない」と、共産党の立場から研究者に対し「本来のあり方」を求めました。同じく東上高志も翌年、『部落』第七二号で、部落問題の研究とは「客観主義的なものではなく、部落民を完全に解放するための理論であるとし、政治的、運動的な目標に合致しない研究は受け入れられない、と締めつけを行います。

これに対し羽仁五郎《はにごろう》は「…実践に追従する理論というようなものは、実践にとって必要な理論ではない」と『明治維新史研究』（岩波書店、一九五六年）の「まえがき」で書き、アリストテレスの学問論（「自立」）をそっくり持ってきて批判しようとした。

しかし、羽仁の論稿も奴隷制の範疇で部落を理解する考えそのものへの批判は手つかずでした。この点については脇田晴子が、佐野や高橋、藤谷などに対してではなく、林屋辰三郎の散所論を批判するかたちで進めることになります。つまり、古代の奴隷的存在の延長にあると考えられていた中世の散所が、古代につながらないということを実証的に論証したのです（脇田「散所の成立」『日本中世商業発達史の研究』御茶の水書房、一九六九年など）。ここでようやく戦前の喜田貞吉の論へ戻ったのです。

さらに横井清は、部落を社会から外れ、零落した存在として描き、黒田俊雄も「中世の身分制と卑賤観念」（『部落問題研究』第三三輯、一九七二年）において、非人は古代の「賤民」と本質的に異なる「身分外身分」であるとし、喜田のあいまいさを乗り越える研究を発表します。こうして、それまで庭造りなどが教科書では取り上げられなかった状態が克服され、中世までを部落のなかに加えることが可能となりました。原田伴彦も最後は、庭園史にふれるようになります。

おわりに

部落史研究は、ずいぶん回り道をしてきたように思います。これからもその克服は、容易ではないように思えます。研究自体を退行させる政党的な要因が研究や運動の内部から消えていないからです。部落差別解消推進法の成立に際してさえ、その人たちは抵抗しました。

しかし、長い研究史を眺めるとき、その要因を克服する動きも確実に伸張していることに感動を覚えるのもまた事実です。今後、部落（史）研究を学問としてよりいっそう伸張させることを展望するためには、この政党的な要因に対し運動的・反政党的に対応するよりも、より根本的、学問的な活動の発展をこそ先行させるべきだろうと思います。「真理がわれらを自由にする」という格言が、やはりベストなのでしょう。

近代の地域社会と部落差別の関係から考える解放論

井岡康時

Ⅰ　多様性と同一性

被差別民が周辺の人びとと取り結んできた関係や、その反映としての差別のありようは、各地域それぞれの特徴があって一様ではありません。こうしたことは部落史だけでなく、歴史的社会的に生起してきた多様な差別についても、歴史研究が深化するにつれてますます明らかとなってきました。かつては全国を一括りにした「部落史」も描かれてきましたが、近年の研究状況を見ると、そのような叙述はしだいに困難になっているように思われます。

しかし一方で、各地域の差別―被差別という人間関係のあり方には思いもよらぬ共通性があるようです。日本国内だけでなく、最近の文化人類学の成果を見ると、世界各地に部落差別と同じではないかと思えるような差別意識の発露があることが報告されており、部落差別は日本独自のもの、などとは軽々にいえないようになってきていると考えています。

つまり多様であってかつ同じなのです。昔、背伸びをして読みかじった哲学書に「絶対矛盾の自己同一」という、今もって十分に理解しているとはいえない言葉がありましたが、部落差別のありようも、きわめて多様であるとともに、その基部には国や地域・民族を超えて共通する構造があるのではないか——このようなある種のわかりにくさを、これからの部落史研究は引き受け、多様と同一を統合した像を描き出すという覚悟を持たないかぎり、さらなる深化は望めないと私は考えています。

本稿では、まず地域社会という言葉をキーワードとして論じていきます。地域社会こそが部落差別が起ちあがる現場であり、ここを解明することによって、差別という社会現象の持つ複雑さや多様さについての理解が進むと考えるからです。そのうえで、世界各地で見られる差別についての研究を紹介し、みずからの力もかえりみず大言壮語を吐きますと、部落差別をグローバルな視点から比較検討してみます。そして、以上のような作業をふまえて、これからの解放論について考えるところを述べてみたいと思います。

II 地域社会に棲息する差別意識

地域社会から考えていくために、具体的な事例として、奈良県北東域を占める奈良盆地のほぼ中央部、今の地名でいえば磯城《しき》郡田原本町にある被差別部落を取り上げます。江戸時代のこのあたりには、二つの枝郷を持つ式下郡為川村がありました。枝郷の一つは百姓村、もう一つは被差別部落、時代性にあわせて表現すると「穢多村」でした。

文禄四（一五九五）年の「式下郡為川村御検地帳」（『田原本町史』史料編第一巻、五七七頁）には「かわた」と肩書きされた耕作者が二九人記載されており、この部落は少なくとも戦国期までに集落としての歴史をさかのぼること、そのころから田畑を保有する人びとが暮らしていたことが推測されます。

享保七（一七二二）年の「為川村明細帳」（前同第一巻、七九七頁）には、「穢多」が二一軒、人口は一〇七人と記され、延享元（一七四四）年の「為川村明細帳」（前同第一巻、八一四頁）には、二八軒、一三五人となっています。太閤検地のころから江戸時代の中ごろまで戸数の増減は比較的少なく、二〇数軒で推移していますから、大きな変化のみられない比較的安定した村であったことでしょう。そして幕末には本村から独立し、以後、一村独立の村として歴史を重ね、今も田原本町の一大字を形成しています。

次に、この部落と周辺村落との関係を見ていきましょう。地域における部落差別を考えるうえで興味深い事実を見出すことができます。

先ほどふれた二つの枝郷のうちの百姓村の某家に伝わる文書のなかに寛延二（一七四九）年四月作成の願書があります。その内容は、為川村の庄屋が不正を働いたとして、本村をはじめ、枝郷の百姓村や「穢多村」の人びとが連名で領主に対して庄屋への処分を求めたものです。同じく、文化五（一八〇八）年二月作成の用水の権利にかかわる文書を見ると、為川村本村と二つの枝郷が溜池《ためいけ》の水利権を共有していたことがわかります。さらに、一八九四（明治二七）年一月の「地主同盟規約」（『田原本町史』史料編第二巻、五七一頁）を見ると、為川村と、かつての枝郷でこの時点では独立していた二カ村の地主が、小作人の要求に対処するために同盟を結んでいたこともわかります。

つまり、これらの史料からわかることは、江戸時代から明治時代の中ごろまで、この地域の百姓村と被差別部落の間には、庄屋の不正に対して連携し、共同で水を管理し、利害が一致すれば地主が同盟を結ぶという、親和的ともみえるような関係が成立する場合があったということです。

近代のこの地域で起きたできごとをさらにもう一つ取り上げます。前述の某家の文書のなかに、一八九九（明治三二）年以降の地域のできごとを記録した冊子があります。これによると、一九一三（大正二）年四月に部落で発生した火災により一〇軒が焼失するという事態が生じたというのです。某家のある百姓村ではすぐに援助に乗りだしたらしく、火事の見舞いとして玄米五俵のほかに、二斗五升の白米を用いて炊き出しを行い、握り飯を差し出したことなどが記されています。同じ地域で農業を営み、水利を共有してきた両村には共通する利害も多く、一村の壊滅的被害はただちにみずからにも影響すると予想されたために、炊き出しなどの救助活動を開始したのではないかと考えられます。

この火災の一一年前、一九〇二（明治三五）年に、この地域から四キロメートルほど離れた農村、今では磯城郡田原本町満田となっている村に住井すゑが誕生しました。ご存知のように、「小森」と名づけた奈良県内の架空の部落を舞台とした長編小説『橋のない川』の作者です。この作品の第一巻には小森で起きた火災の場面が描かれていますが、そこで住井は、「小森みたいなもン、丸ごと焼けたらええわい」「エッタもいっしょに焼けてしまえ」と周辺住民に語らせています。住井は、周辺住民のなかに部落が「丸ごと焼けたらええ」との差別意識があるととらえているわけですが、当時の状況からすると、こうしたヘイトスピーチともいうべき感情があったことは否定できず、その一面をもって右のような場面を設定したのでしょう。しかし、先ほどの冊子に記されたような救援活動もまた歴史のまがうことなき一断面です。住井は差別意識の一面については確かに印象的な筆致で表現しました。しかし、その複雑で多様な性格については描ききれずに、結果として矮小化してしまったのではないかと思うのです。

差別の複雑で多様な性格についてもう少し述べてみます。私は、先ほど、被差別部落と周辺地域との間に、「親和的ともみえるような関係」が存在した可能性について述べましたが、だからといって差別がなかったと主張しているわけではありません。「親和的」ともみえるような交流がある一方で強烈な差別のまなざしが向けられていたことも確かです。利害が一致すれば共同行動をとり、災害となれば救援に向かうなどという社会的行為と差別意識は共存することが可能であると考えるべきだと思うのです。

奈良県では、一九一二（大正二）年に県内被差別部落の有力な指導者が語らって、部落差別の撤廃をめざそうとする団体、大和同志会を結成しました。ここまで述べてきた部落、つまり為川村の枝郷で幕末には独立した部落から前田龍と名乗る指導者が大和同志会に参加し活動しています。前田は会の機関誌『明治之光』二号（一九一三年）に「所感」と題して寄せた随筆のなかで次のように述べています（傍線は引用者。以下も同じ）。

吾人は部落そのものが一般社会より精神的軽蔑を受け、排斥され、殆んど同等としての待遇されていないのは、決して部落の内部が不潔であるとか、又は風俗がまづい言語が悪いと云ふが如き単純なことではないと云ふことを考へねばなりません。其は一種謂ふべからざる或ものが伏在し居る（中略）私は商用の為に毎月数回奈良へ参りますが、三条通を通行する度に西阪町を眺めて居ります。当町の表通はいつでも清潔である、横町としては他の町と大差はないと思ふ。然るに社会一般は彼等と同等の交際をせざるは如何なる理由の存するに因るや、私しの大に了解に苦しむ所があります。

よく知られているように、明治期後半から政府も部落改善政策を進めていくようになります。しかし、その基調は「部落の内部が不潔」で「風俗がまづい」「言語が悪い」から、これを矯正しようというものでした。しかし、前田はそのような「単純」なことで差別が発現するはずがないというのです。その根拠として、「いつも清潔」で、外観は「他の町と大差はない」にもかかわらず、差別を受ける奈良市内の一部落を例示し、「了解に苦しむ」と表現しています。前田もまた差別の複雑さと多様さに気づき、実態の改変だけでは解決することが困難な、差別の深い淵《ふち》をみつめていたといえるのではないでしょうか。

全国水平社結成の翌年、一九二三（大正一二）年二月に、この部落の児童が小学校で差別発言を受けるという事件が発生しました。保護者とともに、結成されて間もない地元の水平社が学校に抗議し、差別発言をした児童の保護者に謝罪を求めたのですが、拒否されたために同盟休校を実施して糾弾を続けました。村役場、地元警察が仲介に入り、謝罪状を出させて一応の解決をみるのですが、この部落がふくまれる磯城郡一帯では、その後も部落差別をめぐる緊張関係が続き、ついに郡内の別の部落に対する差別事件を契機に、水平社と大日本国粋会が衝突するという事態にいたりました。水国争闘事件とよばれる水平社運動史上有名な事件ですが、そのきっかけとなったのは、江戸時代から、周辺の村とは一見したところ「親和的」な関係を築いていたはずのこの部落であったのです。

差別は忌避や排除などの形態をとってあらわれるのですが、その局面を見るだけでは深く理解したことにはならず克服の方途も見えてきません。日々の生活が織りなされ多様な関係が生成される地域社会全体のなかで考察を深める必要があると思っています。

Ⅲ 差別を支える構造

前節では奈良盆地の一地域を事例として、そこに展開した被差別部落と周辺地域との関係について考察を加えてみました。むろんこうした関係のありようが全国どこにでも見られるというわけではなく、地域的特性に影響された限定的なものであるといえるでしょう。しかし、最初に述べたように、多様性があるとともに、日本国内だけでなく国際的にみても差別―被差別の関係には共通する構造があるように思います。

友常勉さんによると、スペイン・フランス国境域には、スペイン語でアゴテ、フランス語でカゴとよばれる被差別民がいるそうです。この被差別民に関して友常さんは現地に足を運んで調査・研究を続けておられますが、その成果の一つとして、「スペイン・バスクの被差別民アゴテと彫刻家サビエル・サンチョテナ」（東日本部落解放研究所『明日を拓く』八〇号、二〇〇九年）というすぐれたレポートがあります。友常さんは次のように述べています。

「アゴテ」「カゴ」の語源には「ゴートの犬」「レプラ」「豚」に起因するという諸説があるが、彼らは中世賤民の末裔《まつえい》として、教会ではほかの村民とは異なる入口を指定され、祭礼から排除されていた。伝統的な職業は「指物師、家具職人、大工、樵、粉ひき屋、石工、織工、太鼓たたき」であり、さらに「バイオリン、フルート、太鼓などで民俗音楽を奏でていた」と記録されている。しかし特徴的なのはすでに出自が忘れられ、それゆえ生物学的・言語的・宗教的な差異が明示的でないにもかかわらず差別の対象となっていることである。

「アゴテ」もしくは「カゴ」とよばれる被差別民の歴史については、わからないことも多いようですが、長い時の流れのなかで「出自が忘れられ」、しかも「生物学的・言語的・宗教的な差異が明示的でない」、つまり外見的にも文化的にも違いはなくなっているというのです。しかし、差別は確実にある――このことをどのように考えるのか、一九一二年の前田龍の提起につながる問いかけがここにあると思います。

文化人類学研究者である吉田早悠里さんの著書『誰が差別をつくるのか―エチオピアに生きるカファとマンジョの関係誌』（春風社、二〇一四年）にも興味深い事例が報告されています。吉田さんによると、エチオピアのカファ地方には、マジョリティの農耕民カファと、かつては狩猟で暮らしていたマイノリティのマンジョがおり、両者の間には差別―被差別の関係があるということです。吉田さんは、マンジョに関するカファの人びとの語りを次のように記録しています。

カファとマンジョは異なる。（中略）私たちカファは、マンジョの家に立ち入らないし、彼らと一緒に食事をすることはない。結婚もしない。マンジョは汚いのだから。

「異なる」「汚い」など典型的ともいえる差別意識の表現が見られます。しかし、カファの人びとは次のようにも語るそうです。

マンジョは強い。マンジョの狩猟の技術は素晴らしいもので、カファは手も足も出ない。それに、マンジョは祝福を備えている。マンジョ女性の母乳を飲んだ子どもはたくましく育つといわれて、自分にもマンジョの母乳を飲ませたことがあると、母親が語っていた。

カファはマンジョがある種の呪力を有していると観取しているようです。「汚い」とまで口にしておきながら母乳はもらう。なぜなら「祝福を備えている」からというのです。現代では多くが忘却され、史料のなかで確認するしかありませんが、かつての「穢多」やそれ以外の多様な被差別民に対して向けられたまなざしと通底する心性があるのではないでしょうか。そして、奈良盆地の部落がそうであったように、エチオピアのカファとマンジョの間にもやはり交流がありました。さらにカファの語りを聞いてみましょう。

私たちはマンジョが嫌いだ。でも、マンジョがいないと、私たちの生活は成り立たない。マンジョが運んできてくれる薪《まき》で調理をし、マンジョが採取してきてくれる蜂蜜から蜂蜜酒を作っている。マンジョは私たちの生活を支えているんだよ。

現実生活のうえで「支えて」もらっており、精神世界においては「祝福」を感じている、にもかかわらず「異なった」「汚い」存在と見てしまう——部落差別の世界をいささかなりとものぞいたことのある人は、この心性を奇妙や不可解などとはいえないでしょう。吉田さんはさらに次のようなことも述べています。

エチオピア各地に、鍛冶屋、職工、土器つくり、皮なめしといった職能集団や、狩猟集団がマイノリティと位置づけられて生活している。（中略）彼らはマジョリティの社会・経済・儀礼などにおいて重要な役割を担っているが、マジョリティからは蔑視され、対等な関係を許されていない。

私にとってエチオピアは未見の国ですが、「皮なめし」などの職能集団が「重要な役割」を担いつつも「蔑視」されるという光景は、この間の部落史研究が明らかにしてきた歴史像と重なり合う面があります。

最近の著作からもう一つ。世界の各地で見られる差別を「人種主義」をキーワードにして解明しようとした『人種神話を解体する』全三巻（東京大学出版会、二〇一六年）を取り上げてみます。竹沢泰子・斉藤綾子・坂野徹・川島浩平の四氏が編者となり、国外の研究者も交えた共同研究の成果として刊行されたものです。同書第一巻に収められている、カナダを拠点とする研究者タカシ・フジタニさんの「日本の天皇制と近代人種主義」（辛島理人訳）には、次のような記述が見られます。

日本の事例に「人種主義」という言葉を当てはめることを留保する姿勢に対して、欧米の人種主義も可視的な身体形質に規定されているわけでは決してない、と応答したい。西洋の人種主義は「視角中心主義」とも呼びうる身体上の外見的な人種的差異と結びついているという考えにもとづいて、日本は例外だとする一般的な見方があるが、実際のところ、欧米の人種研究者たちは、人種主義は視覚的に認識できる差異と必ずしも結びつかないと主張してきた。

私たちの多くは、人種という言葉から、肌、毛髪などの「身体形質」の違いによる差別を想起し、部落差別と人種差別を区別して理解しています。しかし、フジタニさんはこの見方を批判します。欧米の差別だって、「視覚的に認識できる差異と必ずしも結びついて」おらず、したがって、「日本は例外だとする」理解は誤っているというのです。アメリカ合衆国の研究者アリエラ・グロスさんも同様の考えを提示します。同じく第一巻所収の「血の掟―アメリカ合衆国の法廷における人種の見えない常識」（後藤千織訳）は、一九世紀に実際にあった人種の判定をめぐる裁判を分析して次のように述べています。

韓国の「白丁《ペクチョン》」や日本の「部落民」が、同一社会内の他の人々と身体的に区別がつかないにもかかわらず人種化されたように、明白に黒人でも白人でもないアメリカの人々も、見えない、想像された血というマーカーによって人種を決定される事態に直面した。

視覚的な差異が明瞭でなくても、「想像された血」によって人種は決定されるというのです。そこに韓国や日本の差別とつながるものをグロスさんは見ているようです。さらに次のように指摘しています。

この訴訟がわれわれに気づかせるのは、われわれの生活を形作る考えや規範を生み出すうえでの地域の法や地域文化の力である。人種は上から押し付けられ、専門家によって想像され、一般の人々が同意する何かではない。人種は日常生活において、コミュニティの機関や個人の働きを通じて毎日作り出され、作り直される。

「われわれの生活を形作る考えや規範」のうちには差別も入るわけですが、そうしたものは「地域の法や地域文化の力」によって生まれるというのです。外部から「押し付けられ」たり、「専門家」が決めるようなことではなく、「日常生活」のなかから「毎日作り出され、作り直される」――これは部落差別にも適応可能な議論ではないでしょうか。

近年の研究からスペイン、エチオピア、カナダ、アメリカ合衆国の事例を取り上げ、日本の部落差別と構造的に類似しているようすを確かめてきました。むろん、だから世界中の差別は全部同じだというのはあまりに乱暴でしょう。人類的ともいうべき構造に規定されているとともに、地域の特性にも影響を受けているはずです。

近現代の農業経済史を研究する坂根嘉弘さんの『名著に学ぶ地域の個性3〈家と村〉日本伝統社会と経済発展』（農文協、二〇一一年）という著書があります。この書は、韓国、中国、ベトナム、タイ、インドネシアなど東・東南アジアの国々と日本の「伝統社会」、つまり農村を比較検討することから、日本社会の特性を考察したものです。論証は多岐にわたっているので、坂根さんの主張を次のように私なりに要約してまとめました。

日本の村落は、江戸時代の村請制などを背景に、行政、財政、司法、警察にかかわる多くの権限をもち、高い「自治的・自律的機能」を有するようになった。また集約的な農業生産システムのもとで、「村を構成する農家（「家」）の固定性」が高まり、「村の「和」や一体性」が強められ、「村内の合意形成システム」が発達した。こうした特徴は、「他のアジア諸地域の村落と大きく違」っている。

坂根さんによると、南九州や沖縄などは性格を異にしているものの、それ以外の多くの日本の村落は、周辺アジア諸国と比べてもかなり共同体構成員同士のつながりが強く、相互に規制する力が強固な社会であるということです。こうした社会の特性が部落差別のありようにも影響を与えているであろうことは容易に想像されます。

ここまでのところをまとめてみましょう。部落差別は、世界各地に見られるさまざまな差別と通底する人類的な構造を基盤としています。しかし、同時に日本列島といったような限定された地域の特性、さらにそのなかの畿内型社会の、なおその下位の奈良盆地の村落のあり方にも規定されています。つまり、こうしたさまざまな位相からくる影響力のベクトルが幾重にも重なり合い交錯したところに部落差別があらわれている――このように考えてみてはどうでしょうか。

Ⅳ　より豊かな解放論のために

部落差別を支え続けている構造を前節までのように整理することができるとして、そこからどのような解放論の構築が可能となるでしょうか。これまで主張されてきた議論の主なものをいささか図式的にまとめて検討してみます。

古くから主張されてきたのは、国家を統治する権力主体の交替によって目的を達成しようとする論です。具体的には社会主義を指向する政権が誕生することにより部落差別の撤廃、部落の解放が可能となるという主張となってあらわれてきました。平等の実現をめざしたはずの社会主義国家が実は多くの差別を内包し、克服できずにいることは明らかですから、最近では支持する人も少なくなったといわざるをえない議論です。社会主義に期待はできないとしても、国家権力を問題視する姿勢をどのように考えればよいでしょうか。近代社会の秩序や性格の形成過程を考えると、国民国家の統治権力が重要な役割を果たしてきたことは否定できません。しかし、先に述べたような、部落差別が人類的な構造と地域的特性に多く規定されているとする考えに相対的な正しさがあるとするなら、国家権力の問題を第一の課題として重視することは適切ではないと思います。先にあげたアリエラ・グロスさんの言葉を借りるなら、差別は「上から押し付けられ、専門家によって想像され、一般の人々が同意する」ようなものではなく、日々の生活が営まれる「地域の法や地域文化の力」によって生み出されるものだからです。むろん国家支配とまったく無関係な社会現象はないので権力の作用を無視することはできません。でも、だからといって政権交替で解決するかのように論じても解放の展望は見えてこないように思います。

部落の内外にあえて線を引くようなことをやめ、新たな集団のもとに人びとを統合＝融合することで差別を克服しようとする論もあります。明治期には国民としての、大正期には同じく働く者としての、いいかえれば階級としての融合を実現することで差別を克服しようという議論があらわれ、これらは今もなお一定の影響力を持っているといえます。そこで問われるべきは、近代になって明瞭なかたちをもって登場する国民や階級などの集団、あるいはそうした集団の構成員が共有する意識が、それ以前の諸集団がかかえていた共有意識を克服することができるかどうかということですが、部落差別にかかわる現実をふまえて端的に答えをいえば、国民にも階級にもそうした力はなかったといわざるをえません。しかも、この論にはある種の抑圧性があるという難点があります。差別から解き放たれようとすれば、国民や階級といった大きな集団の一員とならなければならないのか、国民や階級という自己認識にどうしてもなじめない人もいるのではないか、「エタである事を誇り」とする人もいるのではないか。自己認識＝アイデンティティは各人の内面の自由にかかわる事柄です。大きな集団への統合＝融合が差別克服の道であるという主張には精神の自由をふみにじる暴力性がひそんでいるように思います。賛成はできません。

では、どうするのか。さしあたり、いたって平凡ですが、教育や啓発を重ねることで、部落住民・部落出身者が差別されるいわれはないことや、差別の非人道性などについて理解を深め、人権意識を高めることで課題を解決するということになるでしょう。これしかないように思われますが、しかし、この手法にも解決困難な課題があると考えています。教育や啓発の基底には人びとの理性や合理的思考への期待があります。部落差別の歴史について正しく教えれば、差別が人をどれほど苦しめるかをわからせれば、人権が尊重される社会を形成することが皆の幸福につながることを理解させれば、差別を許さず、人権を尊重する人格を形成できるに違いない、という論理が基調となっているのです。

しかし、果たして右のような効果が確実にあらわれるのか――この点について私は悲観的です。私自身、教育や啓発にかかわる仕事をすることもありますから、その効力を否定するつもりはありませんが、でも、十全の信頼をよせることもできないのです。親和的な関係を構築しながらも差別をする奈良盆地の村人たち、汚いとまで罵《ののし》りつつ母乳はもらうというエチオピアのカファの人びと、近代的な理念や価値観を受け入れながらも差別のまなざしを向け続けるスペインやカナダ、アメリカ合衆国の事例。ここまで見てきたことは、理性や合理的思考では説明の困難な差別――被差別の関係です。人類が長い時間をかけて積みあげてきた歴史の堆積物。それは文化や伝統という名でよぶことも可能かと思いますが、そうしたものが絶えず現代の私たちにも影響を及ぼし続けて、理性や合理的思考にもとづく行動をむつかしくしているのではないのでしょうか。こうしたことは前にも述べたように人類的な構造ではないかと思うのですが、そうした構造を教育や啓発の力で矯正することができるのか――私はかなり困難ではないかと思うのです。

では、人類の本源性に根ざすのではないかと思われる差別の前で、私たちはなすすべもないのか。そうではないと私は考えます。構造は一気にくつがえしたり、ただちに別の何かに造りかえることは困難ですが、少しずつずらすことにより、時間をかけて別の構築物に改めていくことはできると考えます。少しずつずらすとは具体的にどういうことか。たとえば各地で進められているまちづくりのような取り組みを想定しています。これらの活動のなかに人権尊重という補助線を入れ込むことによって、これまでとは少し違う社会関係を地域のなかに創出していく。こうした取り組みを重ね広げることによって、人びとの日々の生活の場である地域から徐々に構造を改めていく――このような改革を息長く続けることによって、課題解決の展望が見えてくるのではないでしょうか。むろん、同時に教育や啓発も必要ですが、理性や合理的思考に過大な期待はせずに、日常的な人間関係や生活意識の漸進的な改変作業とともに進めることが肝要ではないかと思います。差別は人びとの魂を深く傷つける行いですから、一刻も早い撤廃が必要です。しかし、だからといって急進主義に陥っては解決は遠のくばかりではないでしょうか。差別に苦しむ人びとへのサポートを進めることは当然ですが、同時に長期にわたる取り組みになることを覚悟しつつ現場に足をすえた活動と理論が求められていると考えます。

現代の部落問題と人種主義

黒川みどり

はじめに──見えない壁

まず、今日の部落差別のありようを振り返ってみたいと思います。周知のように、インターネット上で被差別部落の地名や人名の暴露がなされており、一九七五年に「部落地名総鑑」事件が起こったときの衝撃に照らして、今、当時では考えられない、ありえないようなことが起こっている現実があります。そして、「不用意」にもとづく差別というのも多発しています（詳しくは竹森健二郎「『歴史評論』第七七六号斉藤論文（斉藤正美「口述史料が映す米騒動の女性労働者──警察資料を越えて」）をめぐって」『部落解放研究』第二〇七号、二〇一七年一一月などを参照）。

それとともに、依然結婚差別は根強いということもふまえておかなければなりません。東京都が行った二〇一三年の「人権に関する世論調査」結果（http://www.metro.tokyo.jp/INET/CHOUSA/2014/04/60o48111.htm（五二～五三頁））によれば、「自分の子供が結婚するとき、相手が被差別部落出身か否か」という問いに対して、「まったく気にしない」のはだいたい五〇％前後です。どの地域でもほぼ同じような数字が出ており、それ以外の約半分は自分が結婚しようと思う人に対し、両親や親戚から、反対されたりなんらかのこだわりを示されたりするのです。私は、部落問題などもうない　ないしは問題にするに値しないと考えている人びとに対して、それを無視しえるのか、自分がその立場になったらどうなのかということを想像力を働かせて考えてみるべきだと、たえず問いかけています。

しかしこうした現実にもかかわらず、部落差別は解消に向かっている、すでに解消しているというとらえ方が存在します。そしてその言説は、部落問題を知らない、あるいは部落問題に無関心な人びとの心情と共鳴します。しかもセクシュアル・マイノリティや障害者問題への取り組みを積極的に支持する人が、部落問題に対してはそうではないという、部落問題と他の差別問題のダブルスタンダードが存在することを日々感じております。

一九六九年にアメリカで、Japan's Invisible Race: Caste in Culture and Personality という本が、George A. de Vos と H. Wagatsuma の共著で世に問われました。まさにその表題に象徴されるように、部落問題は見えない、可視化されにくいものです。ところが、実は社会関係のなかに深く入り込んでいる、だからこそ部落問題を遠ざけたいという作用が働くという、なかなかやっかいな問題であるところから出発せざるをえないのではないかと思います。

ずいぶん前のことになりますが一九五九年一二月、魯迅《ろじん》の研究・翻訳でも知られている中国文学者の竹内好《たけうちよしみ》は、部落問題研究所主催公開講演会で「基本的人権と近代思想」(『竹内好全集』第九巻、筑摩書房、一九八一年)と題する講演のなかで部落問題に言及しています。竹内は五〇年代終わりごろから一時期、部落問題研究所にもコミットしたことがありました(詳しくは、拙稿「〈ドレイ〉からの脱却を求めて—戦後社会のなかで」、黒川みどり・山田智編著『竹内好とその時代—歴史学からの対話』有志舎、二〇一八年)。

無数の差別があります。基本的人権は国民の規模においてまだ実現しておりません。なかんずく、部落の差別はその最たるものでありますが、これは、未解放部落の人々が差別を受けるというだけでなしに、差別を与えている人間は差別しているということで彼ら自身が差別の中にいるのであります。しかも悪いことに、自分が差別しているという自覚がない、あるいは、差別という事実の存在していることを知らない、これがじつは最大の差別であり、人権の欠如であります。

つまりこれは、「不用意な」「悪意はない」という弁明のもとに行われている差別を問題にしているわけです。そしてこのようにいいます。

その一つは、「特殊部落」ということばの不用意な使い方であります。おどろくべく多くの人が、しかも文学者が、主観的には差別という意図なしに、つまり不用意にではあるけれども、軽蔑的な意味を持つ特殊部落ということばを平気で使っている。私も過去に使ったことがあるかもしれません。特殊部落ということばは、使うほうが平気だが、きく方にはたまらない気持をおこさせるのだが、ことばを職業にしている文学者の多数が、そのことに気づいていないということは、重大なことであります。

私の心の中に現われます不用意な差別の心理が除かれること、つまりほんとうに自分が独立した人格で、相手を対等に認め合う、そうした人間関係が生まれるということと、社会の変革というものとは別なものじゃなくって、さまざまな階段や通路を通ってではありますが、そこには結びつきがあるんじゃないだろうか、という気がするのであります。

竹内がこのように述べるのは、彼が中国の問題と向き合ってきたことが原点にあると思います。竹内が、「シナというのは、われわれは軽蔑するつもりじゃないといいましても、相手がそう受け取った事実は認めなければいけない。相手の身になってみなければいけない。さっきの「特殊部落」と同様であります」と、一九五九年の段階でいっていることを改めて考えてみる必要があるのではないでしょうか。そしてそれから一〇年後の「人間の解放と部落解放運動」（一九六九年五月。『竹内好全集』第八巻、筑摩書房、一九八〇年）と題する文章のなかで、「見えない壁」についてこういっています。「壁がある。収容所の場合は眼に見える形である。部落差別の場合は眼に見えない形である。その点だけは違うでしょう。けれどもどちらも壁があるという点では同じ。（中略）では、どうしたらその壁をこわせるか。そのためにはまず、壁があるんだということを認識しなきゃいけない」。解消に向かっている、差別はもうほとんどないというのではなく、そこに差別があるということをしっかりと認識していく必要があるということです。相手の身になって考える、後述の「他者感覚」ということにつながりますが、竹内はこういうかたちで突きつけていました。

I　人種主義

私は、これまでしばしば人種主義《レイシズム》というキーワードを用いてきました。

日本の近代社会は、明治四（一八七一）年の「解放令」以後、身分に代替する差別のための境界をつくりだしてきたのであり、〝生まれながら〟の「身分」というものを「解放令」が否定したあとに、それに代わる機能を果たしてきたのが「異種」「人種が違う」という境界でした。それは、前近代から存在していた異民族起源説を下敷きにしながらできあがっていったもので、日露戦争後に初めて実施された部落改善政策を通してその「異種」認識、そしてそれと不可分の「特殊部落」という呼称が浸透していきました。「異種」という境界は、その後さまざまに変化を遂げつつも、身分の代替物として、「生得的」と見なされる要素を含みこんで今日にいたるまで部落問題の底流に存在し続けています。私はそれを人種主義と位置づけて近代社会における部落問題を論じてきました。

しかし、昨今の部落問題をめぐる議論を見ると、私の意図が十分に理解してもらえていると考えにくい部分もあります。まず述べておきたいのは、私の研究は、アプリオリに人種主義という概念を設定して部落問題を位置づけようとするものではありません。部落問題は現実に日本の近代社会において「人種」のアナロジーとして語られてきた事実があり、そこに部落問題の特質があるからこそ、その意味を正面から見据えるということが出発点です。「人種の語り」は非常に多様で、生物学的差異を露骨に打ち出したものから、「血筋」「血統」「民族」といった表現で科学的裏づけをあいまいにしたものまでを含んでいます。いずれにしても、〝遺伝か環境か〟の問いが濃淡あいまってどちらにアクセントをつけるかというバリエーションが交錯しながら、今日にいたるまで被差別部落と部落外の人びとの差異を生得的なものと見なす観念がつきまとってきたのです。それは、あたかも丸山眞男いうところの〝執拗《しつよう》低音(basso ostinato)〟のように立ち現れて差別を支えてきたのであり、私はそのことを分析対象に据えないかぎり部落問題の本質には迫りえないと考えてきました。

したがって、「人種」という境界を軸にしながら、それがさまざまな要因とどのようにからみ合いながら境界が保持され、ときにはそれにいかに修正・変更が加えられてきたのかを考察したのであって、いわゆる「人種」という単一の視角から部落問題のすべてを説明しようとしたのではありません。繰り返しますが、「人種」は執拗低音であって、そのうえに主旋律が構成されているのであり、ときには「人種」が主旋律を奏でる場面さえもありました。加えて重要なことは、今なお人種の語りは執拗低音として存在しており、それが最も深刻な部落問題である結婚差別を生み出す要因になっている現実があるということです。それは、結婚が生得的と見なされる壁をゆるがすものであるからです。

それゆえ、「血筋」や「血統」などと称される身分につながる古い要素を包み込んだことばや、あるいは実際に「人種」が違うと語られてきたことの意味を考えなければなりません。日露戦争後の部落改善政策の指導者であった留岡幸助は、被差別部落の人びとに生物学的差異を見出し、また植民地支配するうえでの征服の対象であった台湾の原住民と被差別部落の人びとが似ているといいました。そのような近代の語りの意味を考える必要があります。

私がこのことを提起して二〇年近くになりますが、その間には、友永健三氏が、国連の人種差別撤廃条約が対象としている「世系」に部落差別を入れるという問題意識で始められた研究会に参加させていただき、論集にも書かせていただきました(「部落差別における人種主義―「人種」から「民族」へ」、沖浦和光・寺木伸明・友永健三編著『アジアの身分制と差別』解放出版社、二〇〇四年)。このこともいわゆる人種主義一般の問題のなかにおいてとらえ返すうえで勉強になりましたし、文化人類学の研究者竹沢泰子氏にも、京都大学人文科学研究所で「人種」研究との共通性を考える場をいただきました。

ただし、一方で部落問題は天皇制とも結びついており、その点での日本的特殊性を持っています。私は、その両方を見ていく必要があると考えています。

Ⅱ　近代社会における「人種の語り」

次に近現代における部落問題を、人種主義を軸にしてどのようにとらえられるかを簡潔に述べたいと思います。

私は、近代の幕開けとなる「解放令」はまったく意味をなさなかったと考えているわけではなく、明治初年の社会を席巻していた文明開化の風潮のなかで、開化派の知識人たちを中心に天賦人権論のたてまえにもとづく平等を重んじる空気が存在していたことに注目すべきだと思います。そのなかで部落差別は「旧習」「陋習《ろうしゅう》」と称され、開化は平等をもたらすものと考えられていました。そのことの持つ意味は重要です。そこで差別を維持しようとすれば、前近代以来の「穢れ」を持ち出す以外になかったのです。しかしながら、権力はひとたび部落差別が表面化した際には、その差別を追認することでマジョリティである民衆の側に阿《おもね》り、権力基盤の安定を図ってきたため、「解放令」のたてまえも有名無実と化しました。

一八八一（明治一四）年の松方デフレを契機に被差別部落の経済的困窮が顕在化し、その結果として生じた下層社会と同様の現象面によって、不潔・病気の温床といったまなざしが注がれていきました。

さらに、日本における近代人類学の草創期に人類学者たちが、前近代から存在していた朝鮮人起源説をベースにしながら、近代の学知をともなって「異種」であるとする言説を普及させていきました。そのことにより「異種」認識が社会に浸透していったわけです。こうして国民国家の成立とともに広がっていった人種の語りが、生物学的差異を前面に押し立てて最も顕著になった時が戦前において大きく二つあります。

一つは日露戦争後の部落改善政策の開始時であり、もう一つは一九一八（大正七）年の米騒動だと考えています。

まず一つ目について。日露戦争後、内務省が国民統合を推し進めるなかで内務省の政策を主導した留岡幸助が述べているように、被差別部落が「難村」として浮上しました。そして留岡ら政府の指導者は、その原因をもっぱら被差別部落の側に求めました。部落改善を強要しても「改善」できないのは、それが予算の裏付けさえともなっていないのですから当たり前ですが、それを覆い隠して、問題が政策にあるのではなく被差別部落側にあるというためには、被差別部落と部落外の人びとの間に生まれながらの差異があるという人種の語りが何よりも有効でした。その語りのなかで広まったのが「特種（殊）部落」という呼称でした。生得的な違いによる差別の正当化は、バリエーションを持ちつつ今日にいたるまで存在していると思います。

二つ目は、一九一八（大正七）年の米騒動に直面して、ロシア革命の二の舞となることに怯《おび》える政府が、部落差別を利用して民衆を分断し、米騒動の拡大を食い止めようとしたことでした。「特種（殊）部落民」といった呼称が再浮上したのがこの時期です。被差別部落の暴民性・残虐性が喧伝《けんでん》され、たとえば時の司法次官の鈴木喜三郎はこのように言い放って、被差別部落の人びとが首謀者であったという米騒動像をつくりあげているのです。「彼等暴民にして、検挙されたる者の中には「特殊部落民の為めに働いた様なものだ」と云ふ様なる考が念頭に浮び、漸《ようや》く目覚めたるが如《ごと》き観なきにあらず」（鈴木喜三郎司法次官談話）。そして、新聞報道などでは「凶暴な野生を帯びた種族的特性が発揮された」というように「種族」という認識の再燃が見られるのであり、まさにそうした意図的分断がなされたことを端的に示しています。

このことは、関東大震災時において朝鮮人・社会主義者が虐殺されたこととも通底しており、体制の危機を乗り切る際には、権力は、異端をあぶり出しその排除や抹殺を行っています。しかしながらそれは、国民国家の一体性を保持するためであり、権力の側も常に排除を前面に押し立てていたわけではないのです。明治新政府にとって身分制の存続が桎梏《しっこく》となったためその解体が行われたように、国家権力は差別を再生産することを必ずしも意図してやっていたわけではありません。なぜなら自明のことですが、差別が顕在化すれば反差別闘争の惹起《じゃっき》につながり、国民国家さらには植民地をも包含した帝国の一体化をゆるがす要因になりかねないからです。それゆえに、環境に改編を加え、社会の認識を改めることによる「改善」の可能性に期待がかけられて、「部落改善」、続いて「融和」という概念が浮上しそれに見合った政策が展開されてきたのでした。

一方で被差別部落の人びとの「修養」による「改善」が求められ、そうしたなかでしばしば被差別部落を、周囲に比して「立ち遅れた」存在と表現したことは、被差別部落が抱えている問題は生得的なものではなく、たんに文明化の程度の差に過ぎないのだという認識を示しています。とりわけ「融和」が盛んに説かれた第一次世界大戦期前後は、そうした認識が際立っていました。しかしそれも一貫性を欠いており、容易に「人種の語り」とも結合していくのでした。また、「人種」の内実も、明確に生物学的差異を前提としたものから、「血筋」「血統」と表現されて可視的な差異とは区別される曖昧模糊《あいまいもこ》としたものまでを含んでおり、それらは時と場合により、融通無碍《ゆうずうむげ》にその間を行きつ戻りつしていました。

さらに留意すべきは、「血筋」を押し出した「人種」の観念は、天皇制と容易に結びついたことです。戦前戦後を通じて部落解放運動を牽引《けんいん》した松本治一郎の遺《のこ》した「貴族あれば賤族あり」という名言は、一見シンプルですが実に本質を言い当てていると私は思います。「血筋」によって被差別部落を排除する「家系」のピラミッドの頂点には、天皇家が存在するわけです。しかも天皇制は、「血筋」の問題とかかわって機能するだけではなく、異端の出現を阻み、「個」の自立を損なう同調社会を支えてきたのであり、その点においても、部落差別の温存といろいろな局面で密接にかかわってきたと考えられます。その機能は象徴天皇制に転じた今日も、決して消滅しているわけではありません。

アジア・太平洋戦争時には、天皇のもとでの「国民一体」をつくりだすために、被差別部落や植民地の人びとを射程に入れた日本民族起源論が提示され、「人種の語り」の改変が行われました。また、そうした一体性の呼号とは裏腹に、一体のたてまえが浸透するがゆえに、それと相反する差別の現実が、この時期になって顕在化し告発されることになりました。

戦後の部落解放運動が依拠したマルクス主義の講座派理論にもとづく政治起源説は、存在し続ける「人種の語り」を断ち切る意味を持っていたと考えられます。しかしその反面、ある種のそうした制度至上主義は、差別を生み出す精神構造に食い入る術《すべ》を持ちえませんでした。

とはいえ、それが行政闘争の理論的支柱をなした結果、部落問題の解決は「国の責務」であることを承認させ、同和対策事業を展開させることとなりました。同和対策事業が実施されたのは、部落問題は環境改善により解決可能との展望に支えられていたからですが、他方で、当該時期の社会において、環境・実態要因と併存して、「血筋」や身体的特徴などの生得的差異が差別の理由とされてきた現実がありました。そもそも、差別する側に論理的一貫性を求めること自体が無意味であり、戦前のファシズムの思想と同様に、差別にとって都合のいい要素を動員してつくられたものであり、そこにはたえず遺伝か環境かという問いを内包しながら、部落差別が存続しつづけてきたと考えられます。したがって、「特殊部落」という表現は、そうしたさまざまな要素を包み込んで排除される被差別部落の呼称として、きわめて便利なものだったと思われます。執拗低音のようにその呼称が頭をもたげてくるのは、そうした状況をよく体現しているのであり、「特殊部落」には言葉自体の成立の背景はもとより、環境要因をも包み込んで成立している、あいまいゆえの執拗さを持った「異種」性がまとわりついていることを見逃してはならないと考えています。

Ⅲ　「市民社会」への問い／中上健次

一九七〇年代後半以後同和対策事業が進展し、被差別部落の人びともおおむね「市民」となっていきましたが、それ以後も差別は潰《つい》えたわけではなく、これまで述べてきたような差別のありようが表出し、われわれは、「市民社会」のなかでも「人種の語り」が水面下で生きていることを突きつけられてきました。

私は、拙著（『創られた「人種」――部落差別と人種主義』有志舎、二〇一六年）で中上健次を初めて取り上げましたが、文学という手段で市民社会における「人種の語り」にもとづく差別を暴こうとしたのが中上健次ではないでしょうか。中上は小説のなかで部落を「路地」と称しており、中上の意図とは別に「路地」は隠語符牒《いんごふちょう》として機能し、あるときには都市の光景の一部に紛れ込んでしまいます。それゆえ、部落問題にまったくふれずに中上を論じる文学研究者も少なからずおり、部落問題と交わらないままに中上の作品が読まれていきます。中上の作品はいくつか映画化されており、二〇一三年に公開された映画「千年の愉楽」のなかにも部落問題を直接に語る台詞があるのですが、観る側の大半はそれを意識しなかったのではないかと思います。しかし、中上自身は差別を抱え込んだまま「路地」が解体させられ、「市民社会」に包摂されることの欺瞞《ぎまん》と危険を見据えていたと思うのです。

中上は、「「差別」なる物の怪は、市民のおびえがつくり出し行政当局が利用するものである」と『紀州――木の国・根の国物語』（朝日新聞社、一九七八年）に書いています。だからこそ彼は、『千年の愉楽』（河出書房、一九八二年）のなかで、「路地」に生まれ育ち「路地」の人びとの生を見つめてきたオリュウノオバに、差別する大衆の冷酷さと、それに立ち向かうことなく卑屈なまでに媚《こ》びて「市民社会」に迎え入れてもらおうとする「路地」の青年たちの〝ドレイ根性〟に対する憤怒と苛立《いらだ》ちを語らせたのだと思います。中上が言いたかったのは、被差別部落の人びとが同和対策事業を勝ち取って「市民」の仲間入りをしても、それが自立にはつながらないということでした。

中上にとっては、大江健三郎に象徴される戦後民主主義というのは克服の対象であって、彼は直接の言及はありませんが、丸山眞男も同様に、あるいは大江以上に否定すべき対象であったかも知れません。一九六三年に上演された木下順二の「沖縄」という戯曲があるのですが、丸山は、それを観劇したあと所感を書いています。

もっとも、望蜀《ぼうしょく》の感を言わしてもらえば、『沖縄』は、近代日本と沖縄の連帯という問題――それは、アジアの民族との連帯ということでもいいが――を提出しているんですが、実は、日本人のなかにおける隣人との連帯の問題が重要なのです。一人の日本人と他の日本人との関係においても同じことが言えると思う。それがすぐに、日本人の問題が日本対沖縄といったような問題にだけとどまると、それは別の意味における局地主義というか地方主義に陥ってしまう。世界的な展望をもたなくなる。日本対沖縄という問題が、政治的問題としてあるにしても、それを更につっこんで行けば、国内における連帯の問題にもなると思うのです。それは、内《うち》と外《そと》という問題です。内と外とか、部落民対われわれ、われわれ対沖縄人、あるいは朝鮮人という形をとって、内と外の論理＝思考様式というものが、日本人の相手同士にある。（「点の軌跡」一九六三年一二月。『丸山眞男集』第九巻、岩波書店、一九九六年）

そこでは、その作中に貫かれている自己否定によってしか歴史は進歩しないというテーマを読み取り、沖縄が政治的に独立してもそれは沖縄が自立したことにはならないということをいっています。とりわけ木下が、政治的次元のさらに奥にある精神的自立の問題を出しているということに注目しており、表現の方法は異なりますが、中上が提出した問題と通底すると私は思うのです。

Ⅳ 「開いた社会」の希求

丸山に対して、ジェンダーやマイノリティに目を向けない「国民主義」の枠のなかに安住する過去の思想家だという批判がありますが、決してそうではないと私は思いますし、先の一節からも明らかでしょう。丸山が、晩年もなお立ち返ることを説いてやまなかった原点としての戦後民主主義のなかには、その時代には直接その問題が語られなかったとしても、その原理のなかにその問題を解くカギが潜んでいるのです。「内」と「外」の弁別の論理、すなわち土着主義を乗り越えるところに、丸山が希求する近代が展望されるのだと思います。open society はベルクソンやポパーが用いた概念です。丸山眞男もこれに拠りつつ、「開いた社会」をいうわけです。

部落解放運動がとってきた全国水平社創立時以来の戦術である徹底的糾弾は、被差別部落と部落外の溝を深める結果をもたらしたことも否めません。だからこそ、戦前の水平社ボル派は階級的連帯というものにそれを埋める突破口を求めました。そして今や、連帯と同化の対象が「市民」となったわけです。しかし、「市民」になることで差別を克服できるのか、その内実と是非を問うたのが中上だったと思いますし、丸山のいう「内」と「外」を超えるということもある面で共通する根っこを持った問いであったと考えています。

「市民社会」というのは差別を見えにくくし、また差別を「無化」しつつあります。しかし一方で、被差別部落の地名がインターネット上で公開されたり、地名を記した書籍がオークションで落札されるような事態が生じています。こういうような状況に照らして、改めて先に述べてきたようなことを問いなおさなければならないと、私は思います。

差別が「無化」されようとしている状況はいま濃厚にありますが、それに抗《あらが》う作品も出ていると思います。直近では内田龍史さんの『部落問題と向きあう若者たち』（解放出版社、二〇一四年）などがありますが、衝撃的だったのは、ミリ『編『家族写真をめぐる私たちの歴史―在日朝鮮人、被差別部落、アイヌ、沖縄、外国人女性』（御茶の水書房、二〇一六年）でした。それは、「家族写真をめぐる私たちの歴史年表」とうたって写真を掲げて家族を語り、それを通して自分と自分を取り巻く社会を見つめた作品として衝撃力を放っています。

「写真ワークは、閉ざされた現実を変えることもできるのではないだろうか」「被差別、マイノリティと言われている私たちが持っている力を見直したい。祖母や母を再評価し、自分たちが積極的に生きていくための自信にしたい」と述べられています。それは、差別が「無化」されようとするなかで、差別と闘ってきた自分の家族の具体的な生の証を、個々の顔のある写真でもって突きつけるという、今の現実に対する抗いにほかなりません。

マルクス主義が部落問題研究に大きな影響力を持っていた一九七〇年代終わりないしは一九八〇年代ぐらいまでは、ともにマルクス主義のうちにあることを前提にしながら、部落差別は資本主義のもとで拡大再生産されているのか、それとも解消に向かっているのかが議論されてきました。私が部落問題の勉強を始めたころはそういう状況がありました。ところが、今日、差別の存在理由は、資本主義の構造が生み出すという理論から導きうる自明のものではなくなり、被差別の実在を示す以外に部落差別の存在を訴えるに十分な方法を持ちえなくなってしまいました。部落差別が解消に向かっているという見解が歴史学研究者の多くをもとらえている状況下にあって、具体の差別の提示は不可欠です。だからこそ前述の写真集が意味を持つのだと思います。

そもそも、差別の程度を何で計るのか、そのこと自体難しい問題です。むろん、部落差別が軽減していく契機を見出すことは重要だと思います。しかし、部落差別に限って解消ばかりが強調されるということは、他の差別問題と比べても著しくバランスを欠きます。加えて、差別が相対的に軽減の方向にあるとしても、個々人にのしかかる差別の重みに変わりはなく、それに向き合っていくことが人権を守ることだと思いますし、それらのことについてのコンセンサスは、人権問題にかかわる者の間では、少なくとも部落差別以外の問題に関してはほぼできていることではないでしょうか。その点で、部落問題と他の問題との非対称性を痛切に感じます。

部落問題は理解されにくくinvisibleであるがゆえに、誰しもが部落問題と隣り合わせにいるにもかかわらず、この地域には部落はない、部落問題はないという声が簡単に発せられてしまいます。不可視であり、差別と被差別との関係が社会のなかに深く入り込んでいるからこそ、かかわりを避けるために部落問題は意識から遠ざけられ無に帰されてしまいます。そして、そのようなかたちで部落問題が存在してきたところにこそ、日本の近代の特質があります。それゆえにこそ私は、問題を感性に訴えて事足れりとするのではなく、差別の社会構造を論理的に解き明かすことに歴史学の矜持《きょうじ》、使命があると考えています。

しかし、部落解放運動の方針転換にともなう研究の転回や、冷戦崩壊のもとでのマルクス主義の退潮のなかで、歴史学、そしてややもすると部落史研究も、全体性を見失っているように見えます。民衆史・民衆思想史の先達たちが変革の道筋を提示してきたのだとするならば、部落問題を出発点に、かつそれを一つの軸に日本の近代と向き合ってきた私は、それらの成果に学びつつも、民衆の可能性を見出すことよりも、窮屈に映ろうとも差別を内包する近代社会の病理の剔抉《てっけつ》に向かいたいと考えてきましたし、これからもそういう道を歩むのだろうと思います。

最後に、丸山眞男は、「他者」認識が研究テーマに位置づくようになるはるか以前から、「他者感覚」を持つことの重要性を、先に述べた土着主義を排した「開いた社会」の希求と結びつけながら説いてきた先駆的存在でした。丸山は「日本思想史における「古層」の問題」と題して、慶応大学の内山秀夫氏のゼミナールに呼ばれて学生に語りました。

「日本は、長い間、同一民族、同一人種、同一言語、同一領土ということになっていて――これはどこまで歴史的「事実」かという問題よりは、そう考えられていた、という意識、そういう意識が事実あったという問題なのですが」といっていて、他との比較上、日本が同質的だという実態を直視したうえで、「それだけ他者感覚が希薄になりやすい」という問題を指摘しているのです。つまり、「他者感覚」がないところに人権の感覚も育ちにくいこと、またたんに同意することと「他者」を理解することとは異なり、意見に反対だけれども理解する力が「他者感覚」であると彼はいうのです。そして、明治以来の外国認識の間違いはそこに根ざしているのだと、中国に対する認識が根本的に誤っていたのも「他者感覚」がないからだと述べるのです。この点を石田雄氏が、「他者感覚」を保持することは、丸山のいうところの「永久革命としての民主主義」という精神革命と表裏一体であることを指摘しています（『丸山眞男との対話』みすず書房、二〇〇五年）。

「他者を他在において理解する」必要を、丸山はいいます。丸山によれば、いわゆる近代の否定ではなく、近代日本の否定でなくてはいけないのです。丸山がそこでいう「近代」は、現実にある西洋の近代ではなく、「他者感覚」を持って、他者を内在的に理解していく精神革命のめざすところのものなのです。

丸山は「開いた社会」を求めて、「千万人と雖《いえど》も我往かん」という気迫に満ちた自立した個人、そのうえにある自由な討議　個人と個人の横のつながりによるアソシエーションを生み出し、そこから真の「市民」を創出するということを説きました。この提起は古びていないと思います。丸山が抉《えぐ》り出した、今日のわれわれを取り巻いている病理と正面から向き合うということが、今こそ求められているはずです。

それは、単なる精神論ではなく、やはり丸山も権力との闘いを見据えていたわけです。差別は権力の安泰維持のために利用されていることは、近代の歴史に常に当てはまっているのであり、「開いた社会」をめざし、部落差別と闘うために、権力批判の契機を緩めてはならないということは言うまでもありません。

冒頭に述べました竹内好に立ち返ると、「部落問題が特殊な問題ではなく、一般的問題の先鋭なあらわれであり、日本の問題を考える上にどうしても抜かしてはならぬカナメの部分、あるいは、その上に立つことによって全体の眺望がつかめる根本的な観点であるということに、次第に気づき出した。おそまきだが、これから部落問題を勉強しようと思っている」という決意表明を、彼は六〇年ちかく前に行っているのです。そして彼は、「部落問題は沖縄問題と関連している。どちらもおなじくらい大切である」といっています（「沖縄から部落まで」一九五九年一月。『竹内好全集』第九巻、筑摩書房、一九八一年）。依拠するディシプリンは異なり、竹内は文学、丸山は政治学、私は歴史学ですが、そうした先人たちに学ぶことは、今こそ重要ではないかと思っています。

差別戒名・法名の現状と部落問題

木津　譲

Ⅰ　仏教の歴史に隠された差別戒名

はじめて差別戒名を知る

差別戒名をはじめて知ったのは、一九七六〈昭和五一〉年二月、「関東に変な墓石がある。変な戒名《かいみょう》がある」と聞いたからです。それがきっかけでした。そのときは、まさかお釈迦《しゃか》さんの教えを説く仏教僧が死者の戒名にまで差別をするだろうかと半信半疑でした。

しかし、調べていくと長野県、埼玉県、群馬県地方に差別戒名の刻まれた墓石が多くあることがわかりました。また、寺院の『過去帳』に差別戒名、差別記載がつけられていることもわかりました。

墓地には、一目でそれとわかる差別戒名の刻まれた墓石があります。たとえば、曹洞宗の檀信徒に「革男・革女」「僮僕・僮碑」「畜男・畜女」「非男・非女」「旃陀羅男・旃陀羅女」「僕男・僕女」「連寂」「卜霊」などと差別戒名〈位号〉が刻まれた墓石があります。また、天台宗では「似男・似女」などとつけられています。まさに仏教の差別体質と差別の現実を見ました。こうした差別戒名の現実を何百年と野放しに放置してきたのです。

差別戒名とは、一口にいえば死者の生前の社会的身分（地位）、家柄、職業などを戒名に組み入れたものです。意図的に「人間外の人間」「仏外の仏」と、「仏」・死者を冒涜《ぼうとく》し住職によって差別戒名・差別記載がつけられたのです。

曹洞宗に多い差別戒名

曹洞宗は当初、「うちは武士階級、武家集団の教団で檀信徒は武士の一族であって、同和地区（被差別部落）の人はいない。だから差別戒名は存在しない」と差別戒名の存在を強く否定しました。

しかし、私たちの調査では、被差別部落の一部が曹洞宗の檀信徒であることを確認しました。事実、曹洞宗寺院に被差別部落の檀信徒がいてその死者に差別戒名をつけていたということを確認していたのです。要するに曹洞宗に差別戒名があったのです。

差別戒名の存在を強く否定した曹洞宗に、皮肉にも差別戒名が一番多くあることがわかりました。私が曹洞宗宗務長に問い合わせたところ、曹洞宗寺院のうち二一八カ寺の『過去帳』に差別戒名が一万一三八〇霊つけられており、また、一四五カ寺に差別戒名の刻まれた墓石が一九一三基・二二三七霊あることも明らかとなりました。

しかし、この数字には疑問があります。その理由は相対的差別戒名、一字落とし戒名、下段戒名、また、差別的につくられた「別冊」の『過去帳』のなかにある差別戒名の実態が明らかにされていないからです。こちらも含めると、少なくともこの数字の三倍はあると見ています。

墓石に差別戒名が刻まれ、過去帳の添え書きに「穢多」「皮多」「長吏」「鉢屋」「新平民元穢多」「新平民」などと公然と書かれています。また、差別的につくられた「別冊」の『過去帳』の表書に「穢多過去帳」「旃陀羅過去帳」などと公然と書かれたものがあるのです。これらの『過去帳』や墓石が身元調査に悪用され、さまざまな悲劇が繰り返されてきたのです。

お釈迦さん・道元禅師の教えに反してまで

仏教僧である住職が、何のために被差別部落の死者に差別戒名をつけてきたのでしょうか。仏教僧にあるまじき行為です。その寺院を継いだ代々の住職が、何百年にわたり、「仏」・死者に差別戒名をつけてきたという悲しい事実があります。こうした現実を本山はなぜ明らかにしないのでしょうか。

差別戒名をつけられた家族ならびに子孫は、差別戒名とは知らずにありがたい戒名だと信じて、その戒名を拝んできました。墓石の下には、何十人、何百人もの「仏」・死者がこの差別戒名を背負って眠っています。

お釈迦さんは「万民平等」を説いています。曹洞宗の宗祖・道元禅師は「種姓を観ずることなかれ」と示し、「男女を論ずることなかれ」と強く主張しました。お釈迦さんの教え、道元禅師の教えに反してまで、死者に差別戒名をつける理由は何であったのでしょうか。この差別戒名を道元禅師は嘆き悲しんでおられるのかと思うと無念でなりません。

差別戒名をつけてきた寺院にどのような「咎《とが》め」があったのか問いたいのです。また、その寺院を受け継いだ住職はこの差別戒名、差別記載についてどのようにとらえているのか、今はどのような取り組みをされているのでしょうか。

曹洞宗・長野県

そんなことはないと思いますが、たとえば、「先々代の住職が付与したもので私が付与したものでない」という住職はいないでしょうか。なかには「いつまで差別戒名の研修を行うのか」「同和研修をいつまで続けるのか」と公然という僧侶がいることに驚いています。

今や差別戒名の問題は、私たち国民に見えない問題になっています。差別戒名の問題は決して終わった問題ではありません。今も続いている問題であって、決して忘れてはならないのです。また、風化させてはならない問題であることを強く主張しておきたいのです。

Ⅱ　曹洞宗、浄土宗の長野県、埼玉県、群馬県の差別戒名

曹洞宗と浄土宗の長野県、埼玉県、群馬県の差別戒名を紹介します。

曹洞宗の長野県・埼玉県・群馬県の差別戒名

■長野県曹洞宗・墓石・過去帳の差別戒名

墓石の差別戒名

直接的差別戒名墓石　三十四カ寺・四五五基　相対的差別戒名墓石　四カ寺

過去帳の差別戒名

直接的差別戒名過去帳　三十四カ寺・二〇六二霊　相対的差別戒名過去帳　一カ寺・五〇霊

別冊・巻末等　七カ寺　付記・ト記　八カ寺・四〇霊

■埼玉県曹洞宗・墓石・過去帳の差別戒名

墓石の差別戒名

直接的差別戒名墓石　二十八カ寺・二八二基　相対的差別戒名墓石　十四カ寺・一四二霊

過去帳の差別戒名

直接的差別戒名過去帳　十四カ寺・五一八霊　相対的差別戒名過去帳　五カ寺・八十四霊

別冊・巻末等　二十四カ寺・一九一九霊　付記・ト記　十八カ寺・一〇八霊

■群馬県曹洞宗・墓石・過去帳の差別戒名

墓石の差別戒名
直接的差別戒名墓石　二十九カ寺・五二四基　相対的差別戒名墓石　三カ寺・七十一霊
過去帳の差別戒名
直接的差別戒名過去帳　十九カ寺・二三四三霊　相対的差別戒名過去帳　四カ寺
別冊・巻末等　十七カ寺・六五七霊　付記・ト記　十一カ寺・三八七霊

出典　曹洞宗差別戒名に関する寺院調査　資料（一九八四年六月一日現在）

浄土宗の長野県、埼玉県、群馬県の墓石の差別戒名

■長野県浄土宗　差別戒名墓石　三十三カ寺・九一二基　一三一八霊
■埼玉県浄土宗　差別戒名墓石　九カ寺・一二六基　一三八霊
■群馬県浄土宗　差別戒名墓石　十カ寺・七八〇基　九七六霊

出典　浄土宗差別戒名に関する寺院調査　資料（二〇一七年三月三一日現在）

Ⅲ　望月町三寺院の差別戒名とその取り組み

長野県望月町（現在、佐久市に合併）にある城光院（曹洞宗）、満勝寺（天台宗）、福王寺（真言宗智山派）三寺院に寺内墓地があります。しかし、この寺内墓地には厳しい部落差別によって部落の檀信徒は入れてもらえなかったという歴史があります。

寺内墓地、共同墓地に入れなかったことから、城光院の檀信徒は吹上《ふきあげ》の墓地に五四基、満勝寺の檀信徒は協東《きょうとう》の墓地に七〇基、福王寺の檀信徒は小平《こだいら》の墓地に四五基と先祖の墓石が祀《まつ》られていました。悲しいかな、その墓石に差別戒名が刻まれていたのです。

私はこれまで何回となくこの望月の三カ所（吹上の墓地、協東の墓地、小平の墓地）の墓地を訪れました。これらの墓地には多くの想い出があります。差別戒名のドキュメント映画「太陽の涙―石の証言」の撮影の舞台となったところでもあります。

また、ここは「差別戒名は戦後にはない」といわれてきましたが、敗戦後の一九四七（昭和二二）年一二月二九日につけられた「梅芳革門」という差別戒名の位牌《いはい》が残されていたことを、大阪府大東市教育委員会の中島博章さん、小田正さんらが発見されたところでもあります。

さらにここは、大阪府大東市にある野崎観音（慈眼寺・曹洞宗）の尾滝一峰和尚を先頭に若い僧侶一二人が仏教僧として、はじめて一九八三（昭和五八）年七月一二日、長野県望月町小平墓地で差別戒名墓石の前で「懺悔《さんげ》」したところでもあります。

差別戒名の前で聞いた「解放歌」

何といっても強烈な想い出は、一九八四（昭和五九）年、部落解放老人会連絡協議会（会長・宮本晴夫氏）代表五一人が現地研修で望月の墓地を訪れたときのことです。

誰が歌い出すともなく自然発生的に、「ああ、解放の旗高く、水平線にひるがえる……」と「解放歌」を歌い出して大合唱となったのです。私はこれまで何度も「解放歌」を聞いたり歌ってきましたが、この差別戒名墓石の前で聞いた「解放歌」ほど感動したことはありません。終生忘れることのできない光景でした。差別戒名の刻まれた墓石は、この「解放歌」をどのように聞いたのでしょうか。その墓石は移転されて今はありません。

宗派を超えた合同法要

望月町教育委員会が中心となって、町内寺院の過去帳の調査に乗り出しました。その調査結果を公表したのは一九七九（昭和五四）年五月のことでした。これを機会に望月町として差別戒名の取り組みが本格的に進められました。

一方、これとともに仏教関係者の間にも反省の機運が高まり、望月町内にある曹洞宗、真言宗智山派、天台宗など一二寺院は独自に「望月町被差別戒名追善法要を行う寺院の会」を結成しました。その内訳は次のとおりです。

曹洞宗　城光院、康国寺、梅渓院、明清寺、宗清寺、信永院、玉泉院、威徳院

真言宗　福王寺、蓮華寺、常福寺

天台宗　満勝寺

そして一九八四（昭和五九）年一〇月一二日、望月町に近い小諸《こもろ》市の真宗大谷派養蓮寺、上田市内の浄土真宗本願寺派浄楽寺も加わり、曹洞宗城光院（勝山菖一住職）で宗派を超えた合同法要を営むことになりました。

仏教者の反省を糧とする

曹洞宗城光院の勝山菖一住職は、「差別戒名は、本来、人間の平等を説くはずの仏教者が身分制度を支える側に立ち、差別をしてきた証拠品でもある。仏教者の反省を糧とするためにも私たちがお預かりしたい。大切に保存する」といわれ、差別戒名対策委員会の委員全員がその提案に合意して一つの結論を出すことになりました。それは一九八七（昭和六二）年四月のことでした。

そして七月、次のような最終的な方針が具体的に決まりました。

一　地元の寺院は戒名の書き替えをする。

二　町の「同和」対策事業として差別戒名墓石を地元の三寺院に移転する。

三　各宗派の本山と宗務庁の負担で新しい墓碑を建立する。

四　これらの事業が終了すれば三宗派合同で追善法要をする。

この基本方針をもとに、各宗派の本山や宗務庁とも話し合い、地元の人たちの了解を取りつけることにしました。

しかし、そのうち天台宗満勝寺の檀家、墓石継承者は墓石を移転することについての意見は二つに分かれ、なかなか一致点が見出せなかったのです。

二つの意見というのは、「差別をなくすという気持ちが世間にも寺院にも広がってきたのだから、墓石そのものをなくしてしまいたい。地下に埋めるか、砕《くだ》いてしまいたい」というのが一つ。もう一方の意見は「部落を隠すのではなく、胸を張って生きよう。誇りをもって歴史的資料として墓石を保存したい」というものでした。

この二つの意見は個々別々にあって対立したものではなく、それぞれ一人ひとりの心のなかにも同居している意見でもありました。それが苦悩として存在していたのでした。そう簡単に割り切れるものではなく、そこに被差別の立場に立たされてきた民衆の苦悩という現実が見えます。

長野県望月町・天台宗満勝寺の差別戒名

長野県望月町・満勝寺に残されている『過去帳』は、村方檀信徒と被差別部落の檀信徒とは「別冊」に分けられていて、宝永四（一七〇七）年から明治一四（一八八一）年の約二百年近い年月に亡くなった総数二三二霊の記録が残されています。

戒名には、他の被差別部落で見られる「革門・革尼」「僕男・僕女」などは少なく、わずか五霊です。ここでは「似男・似女」と似の文字が多く、時代的には文化～弘化期（一八〇四年～一八四八年）ごろに多く見られます。

その内訳は「似男」九一霊、「似女」七〇霊、「善似男」二二霊、「善似女」二七霊、「童似男（子）」九霊、「童似女」九霊、「禅似男」二霊、「禅似女」一霊、「革似男」一霊で計二三二霊です。ここでいう「善」と「禅」の違いは何でしょうか。

この「似」とは、人間に似ているがそうではないという意味です。この「似」という文字を満勝寺の住職はどのような理由で差別戒名として用いたのか、今のところ明らかにされていません。わかっていることは、天台宗の住職が死者に差別戒名をつけてきたということです。「似男・似女」などの差別戒名は、天台宗でも満勝寺だけで用いていたもので、差別戒名の「手引き書」にも載っていません。

満勝寺では宝暦五（一七五五）年の「浄心善似女」から、明和、安永、天明、寛政、享和、文化、文政、天保、弘化、嘉永二（一八四九）年の「嶺雲似女」まで九四年間にわたって代々の住職がそれを受け継ぎ、死者に差別戒名をつけてきたのです。

なお、一九八七（昭和六二）年一一月六日、差別戒名が刻まれた墓石六九基が満勝寺の境内の一角に埋められました（記録では七〇基となっていますが、一基は埋められていません）。

天台宗・長野県

天台宗の仏教僧である住職は、何のために被差別部落の死者に差別戒名をつけてきたのでしょうか。こうした差別戒名・差別記載について天台宗はその説明責任と社会的責任を果たすことは当然のことと思われます。かつて差別戒名をつけてきた満勝寺を継いだ住職は、この「似男・似女」の差別戒名についてどのようにとらえているのか、今はどのような取り組みをされているのかその内容を公表してもらいたいと思っています。

長野県佐久市望月町・曹洞宗城光院

長野県佐久市望月町の曹洞宗城光院では、明和五（一七六八）年の「普顴梅陀羅男」から、安永、天明、寛政、文化、文政、天保、嘉永、文延、文久、慶応、明治一九（一八八六）年の「寂梅薬旃陀羅」まで一一八年間にわたって代々の住職が死者に差別戒名をつけてきたのです。

「梅陀羅尼・旃陀羅男」の差別戒名三一霊だけでなく、他に「革尼」「革門」「革尼ト霊」「革門ト霊」「連寂」などの差別戒名が計五二霊あります。また、異体字を使った多くの差別戒名があります。そこには何らかの理由があるから使い分けてつけられたと思われますが、どのような理由で使い分けてつけられているのかその根拠を問いたいのです。

「旃陀羅」「革門」「僕女」「連寂」「卜霊」などと使い分けてつけらた戒名は、仏教的にはどのような違いがあるのか、その背景にどんな根拠があるのかを知りたいのです。

曹洞宗・長野県

たとえば、生前の社会的身分（地位）、家柄、職業、お布施などの金高の違いによるものなのでしょうか。信仰・信仰心ではなく、家柄、職業、社会的身分（地位）などによって戒名がつけられたとすれば、その戒名で「成仏」できるのか、信仰とは何かということをあわせて問いたいのです。

望月三寺院のうち、真言宗智山派福王寺にも差別戒名は存在しますが、紙幅の都合で省略します。

旃陀羅《せんだら》について

死者の墓石に「旃陀羅男・須陀羅尼」などと刻まれた差別戒名が曹洞宗、天台宗に多くあります。また、『過去帳』の死者の添え書き（死者の肩書）に書き込んで残してきた歴史的事実があります。

これら「旃陀羅《せんだら》」問題について調べていくと、私たちの大先輩である、全国水平社の松本治一郎、田中正月《しょうげつ》、井元麟之《りんし》（福岡）の各氏らが生涯をかけて問い続けた「旃陀羅・業」問題があります。七五年前にすでに本願寺教団（西本願寺・東本願寺）に問題提起をしていたのです。

しかし、本願寺教団は二〇一五年末現在、この「旃陀羅」問題をあいまいにしたままです。七五年経っても、いまだに明確な回答を出していないと部落解放同盟広島県連合会が具体的に指摘し抗議しています。また、『現代の聖典学習の手引き』（真宗大谷派出版部）の「旃陀羅」をめぐる記述に誤りがあることについても指摘し訂正を求めています。この「旃陀羅」の差別戒名は、インドのヒンドゥー教に発したカースト制度のアウトカーストを意味するものと同じであるとして、死者につけてきたのです。

詳しくは『解放新聞』広島県版第二一二八号、二一三〇号、二一三一号（二〇一四年三月五日、三月二五日、四月五日付）「「旃陀羅」差別に対する本願寺派の「見解」を批判的に分析する」上、中、下に大きく記載されています。また、『真宗』一二三一号（平成二七年二月一日、真宗大谷派宗務所）に詳しく記載されています。

旃陀羅の解釈

差別戒名として、「桃源旃陀羅男」「求漆旃陀羅尼」などと刻まれた墓石が数多くあります。これはインドのサンスクリット語のチャンダーラに由来し、インドのヒンドゥー教に発したカースト制度のアウトカーストを意味するものと同じです。

インドの「チャンダーラ」、中国の「屠者」を日本の被差別民である「穢多」に重ねて、「不浄で穢れた血筋」として人間外の人間として、日本の仏教寺院が差別戒名としてつけてきたのです。そして仏教者たちが、差別を来世にまで持ち込み残してきたのです。

ブッダが説いた「生まれを問うなかれ、行いを問え」（中村元訳『ブッダのことば』岩波文庫、一九八四年）と人間の生きるべき道を説くことで出発した仏教教団は、いつしか生まれや家筋や職業による差別を正当化し、身分社会を支える役割を果たすことになったのです。

姫路の林久良氏が「旃陀羅」について『仏教にみる差別の根源　旃陀羅―餌取法師の語源』（明石書店、一九九七年）に次のように記しています。

江戸時代、本願寺の僧侶たちは高座から、

旃陀羅は其性甚《はなは》だ悪なるものなり。生物を殺して皮をはぎ肉をさくことを活命にして物を殺すことをなにともおもはず。夫故仁義も失うて畜類も同じなり。形をみれば人間なれど、その行ひは全く禽獣《きんじゅう》に同じなり。

と説経し、そして〝旃陀羅〟とは〝穢多〟であり、差別されるのは当然の理であると言ってなんら恥じなかった。（一二三八頁）

それに仏教の差別観―旃陀羅観―が一体となっていろいろな差別現象を起こしている、その例として墓石に「旃陀羅」と刻まれた差別戒名をあげています。

Ⅳ　墓石の証言

差別戒名について

一九七九（昭和五四）年の世界宗教者平和会議における町田宗夫（全日本仏教会理事長）差別発言をめぐる糾弾会のなかで、部落解放同盟によって差別戒名の存在が指摘され、仏教界にも差別があることが明らかとなりました。

あれから早や三五年余が経過しましたが、高野山真言宗を除く他の教団は、いまだにその実態を全面的には明らかにしていません。このままでは死者に差別戒名をつけてきたという歴史的事実が解明しつくされないままに闇に葬《ほうむ》り去られてしまう恐れがあることを危惧します。

差別戒名・法名、差別記載の問題は、今や私たち国民に見えない問題になりつつあります。差別戒名の問題は解決し終わった問題ではありません。今も続いている問題であって、風化させてはならないことを強くいっておきたいのです。

忘れてはならない歴史的事実

各仏教教団に属す仏教僧である住職が、仏教僧にあるまじき行為として、死者に差別戒名をつけてきたという事実があります。それも一人や二人の住職ではない何百人、何千人の住職が、何百年にわたって死者に差別戒名をつけてきたのです。墓地に一目でそれとわかる差別戒名・墓石があることを知りながら、何の指摘も対応もしてこなかったのです。

要するに、部落解放同盟が指摘をするまで、差別戒名の存在を知りながら、見て見ぬふりをして放置してきたのです。それらの墓石や『過去帳』の差別戒名・法名、差別記載が身元調査に悪用され、さまざまな悲劇が繰り返されてきたのです。

わからないのは、仏教僧である住職が何のために被差別部落の死者に差別戒名・法名、差別記載などをつけてきたかということです。差別を残すために、または身分制度を残すために差別戒名がつけられたのでしょうか。それとも住職の強い差別心や、奢《おご》りなのでしょうか。

問われる人間の尊厳

一人や一人の住職が、うっかりと死者に差別戒名をつけたのではありません。住職は何もかも知ったうえで意図的に「人間外の人間」「仏外の仏」として死者を冒涜し、人間の尊厳をふみにじり、死者に差別戒名・法名をつけてきたのです。

曹洞宗をはじめ、浄土宗、天台宗、真言宗智山派、真言宗豊山《ぶざん》派、真言宗御室《おむろ》派、臨済宗、浄土真宗本願寺派（西本願寺）、真宗大谷派（東本願寺）、黄檗《おうばく》宗などの住職が死者に差別戒名・法名、差別記載をつけてきた事実をしっかりと調査し、その結果をなぜ全面的に明らかにしないのでしょうか。その理由を公表してほしいと思っています。

高野山真言宗は、すでに一九九二（平成四）年九月一日付で『高野山真言宗における差別戒名に関する報告書』において、県市町村別に寺院名と内容を明らかにし公表しています。

京都・奈良・東京の差別戒名

長年の調査・研究により、京都・奈良・東京にも差別戒名があることが明らかになりました。一九二二（大正一一）年三月三日、京都・岡崎の地で「人の世に熱あれ、人間に光あれ」と全国水平社創立大会が開かれ、早や九〇年余が過ぎて二〇二二年に一〇〇周年を迎えようとしています。

その創立大会で中心的な役割を果たしたのが、京都の南梅吉、桜田規矩三《きくぞう》、近藤光、奈良の西光万吉《さいこうまんきち》、阪本清一郎、駒井喜作、米田富、東京の平野小剣《しょうけん》ら、各氏の大先輩たちでした。その大先輩たちの主な活動の地である、京都、奈良、東京の地にも「畜男・畜女」「卜男・卜女」などの差別戒名・法名、差別記載が存在していることが明らかになりました。

具体的にいうと、京都で九カ寺に「畜男・畜女」「卜男・卜女」「過咎」などの差別戒名・法名が六二霊がありました。奈良では四カ寺に「畜男・畜女」「卜男・卜女」「得皮」などが七霊がありました。また、東京では四カ寺に「畜男」「草門」「卜女」など一二霊があり、計八一霊の差別戒名・法名があることがわかりました。以下にその具体例を紹介します。

京都

■京都市上京区、浄土宗・報土寺の差別戒名

□生畜女……寛政一二（一八〇〇）年一〇月二三日　□＝解読不能

■京都市中京区、浄土宗・正覚寺の差別戒名　四霊

即轉畜男……享和三（一八〇三）年四月九日

離染畜男……文化三（一八〇六）年二月二七日

即牛畜女……文化四（一八〇七）年正月四日
法含畜女……文化一三（一八一六）年六月一二日
■京都市伏見区、（宗派不明の差別戒名）墓石　＊すでに公表
犬翁善畜女……元禄三（一六九〇）年一一月五日
■京都府亀岡市、真宗大谷派・延福寺の差別戒名墓石　＊すでに公表
釈尼過咎……昭和三七（一九六二）年一月一日　解放令後
＊以下、京都、東京の卜子・卜女などの差別戒名は略。

奈良

■奈良市、浄土宗・浄福寺の差別戒名
転畜了解……弘化二（一八四五）年九月一九日
■奈良県橿原市、浄土宗・西光寺の差別戒名　四霊
転門畜子……享和元（一八〇一）年六月一〇日
希法智革信女……文化八（一八一一）年五月一三日
哲誉転畜禅士……明治四（一八七一）年八月
転畜了解……弘化二（一八四五）年九月一九日
■奈良県五条市、高野山真言宗・地福寺の差別戒名　二霊
明心卜女……天保一五（一八四四）年
真然卜女……天保一五（一八四四）年
■奈良県大和高田市、浄土真宗本願寺派・仏願寺の差別法名　一霊

釋得皮……文化一三（一八一六）年

東京

■東京都江戸川区、浄土宗・長谷院の差別戒名　一霊

観生畜子……天明九（一七八九）年

生悟畜子……寛政二（一七九〇）年八月二日

■東京都港区、浄土宗・龍原寺の差別戒名　四霊

轉攝草門……享保二一（一七三六）年一〇月三日

轉猫得生畜男……天明九（一七八九）年三月一四日

轉生畜男……享和二（一八〇二）年九月二二日

轉畜直生……文久四（一八六四）年一〇月一八日

＊直生が下位置字だとすれば、仏教的にどのような意味があるのか注目したい。

■東京都目黒区（宗派不明）墓石　二霊

転牛観明畜子……享保一六（一七三一）年八月二二日

転馬観光畜子……寛政元（一七八九）年一一月三日

以上に紹介したもの以外に、大阪で七カ寺・堺市の二カ寺、奈良で曹洞宗の寺院に差別戒名、差別記載があるとの情報を得ていますが、私はその事実については確認していません。

曹洞宗は部落解放同盟に出した文書のなかに「京都一一カ寺、奈良三カ寺、大阪七カ寺、東京四カ寺」などと漠然と記されていますが、その内容と寺院名が明らかにされていません。今後の取り組みでその実態を明らかにして公表

していただきたいと思います。

V　浄土宗の差別戒名

浄土宗は法然《ほうぜん》上人が浄土念仏をはじめて京都東山の地で布教し、各地に広まりました。知恩院は浄土宗の総本山です。浄土宗には、徳川将軍家の菩提寺《ぼだいじ》として徳川幕府の権威と門跡《もんぜき》寺院として天皇家の格式を持つ大寺院を抱えています。

その門跡寺院でもある浄土宗の仏教僧である住職が、仏教僧にあるまじき行為として死者に差別戒名をつけてきたという歴史的事実が明らかになりました。住職が何のために被差別部落の死者に差別戒名をつけてきたのでしょうか。それも、仏祖・お釈迦さんの教え、宗祖・法然上人の「万民平等救済」の教えに反してまで死者に差別戒名・差別記載をつけてきたのです。

浄土宗は、これまで差別戒名の実態を公表する機会は何度もありましたが、公表しませんでした。たとえば、『浄土宗の差別事象』（昭和六〇年四月一日、浄土宗）発行のおりや、または、『平等へのめざめ』（平成一八年一一月一五日、浄土宗）を発行したときに公表する機会はありましたが、なぜか公表しませんでした。

群馬、埼玉、長野、東京、京都、奈良など、全国的に差別戒名、差別記載の現実があります。浄土宗は三五年経ってもいまだにその実態を具体的に明らかにしていません。

浄土宗の課題

浄土宗の寺院で『過去帳』に差別戒名が何カ寺に何霊あったのか。また、死者の添え書きに差別記載が何カ寺で何霊あったのか。差別戒名が刻まれた墓石が何カ寺に何基で何霊あったのか。位牌の差別戒名が何カ寺で何霊あったのか。また、寺院が『過去帳』を第三者に見せ閲覧に応じた寺院が何カ寺で何件あったのか。その実態を具体的に都府県市町村寺院別に明らかにし社会的に公表することが求められています。

浄土宗は『過去帳』の閲覧禁止を打ち出しています。それ自体は否定しませんが、その前にこれまで浄土宗の寺院が『過去帳』を第三者に見せ閲覧に応じていた実態を明らかにしないで、これまで何ごともなかったかのように『過去帳』の閲覧禁止を打ち出しても、どれだけ期待できるでしょうか。

浄土宗・長野県

現に、京都市浄土宗・心光寺、愛知県津島市浄土宗・空巌院、福岡県北九州市浄土宗・圓應寺の三寺院が『過去帳』を第三者に見せ閲覧に応じていたという事実があります。これらは浄土宗が『過去帳』の閲覧禁止を打ち出した後に閲覧に応じていたのです。これらは氷山の一角で寺院がこれまで『過去帳』を第三者に見せ閲覧に応じていた実態を裏づけたものといえます。

『浄土宗の差別事象』（昭和六〇年四月一日、浄土宗）浄土宗同和教育シリーズ②に差別戒名の実態について次のように書かれています。

（イ）下位置字で「革」の字を用いた差別戒名

革門七七霊　革尼二七霊　革男三一霊　革女八九霊　革士一霊　革子一霊　革禅士一霊　革信女一霊　革児四霊　革童七霊

（栃木・茨城・長野・三河・富山・石見教区より報告）

（ロ）下位置字で「草」の字を用いた差別戒名

草門五霊　草尼八霊　草男八霊　草女二七霊　草士一霊　草子二霊　サ女（草の略字）一霊

（栃木・新潟・長野教区より報告）

（ハ）ト位置字で「畜」の字を用いた差別戒名

畜門五霊　畜女七霊　畜子四霊　禅畜女一霊

（群馬・埼玉・東京・長野・京都・奈良教区より報告）

＊畜男・畜女について「東京・京都・奈良」にあることに注目している。

（ニ）ト位置字で「ト」の字を用いた差別戒名

ト女二〇霊　ト子二九霊

（群馬・茨城・長野教区より報告）

通常の戒名でも、特定の被差別地域の人びとに限って判別できるように使用された戒名は差別戒名となります。なかでも「禅定門・禅定尼」は、本宗においては五重相伝を受けた人のみに授けられる戒名であるにもかかわらず、あやまった解釈によって差別戒名となった事例であります。

（ホ）禅定男五霊　禅定女三霊　善門一霊　善男二一霊　善女一五霊　信尼九霊　信男五霊　信了二霊　童男六霊

（秋田・群馬・栃木・埼玉・長野教区より報告）

これらは、文字のうえからは差別戒名とは考えにくいが、特定の被差別地域にのみ使用されていることから差別戒名と断定せざるをえない事例であります。

浄土宗は曹洞宗に次いで二番目に差別戒名が多い教団です。この冊子が作成された一九八五（昭和六〇）年四月の時点ですでに東京四カ寺、京都七カ寺、奈良三カ寺が明らかになっていましたが、三五年経ってもその内容と寺院名を社会的に明らかにしていません。

大事なことは、浄土宗に属す寺院の仏教僧である住職が何のために被差別部落の死者に差別戒名（位号）として「革門・革尼」「革男・革女」「革士・革子」「革禅士・革信女」「革児・革童」「草門・草尼」「草男・草女」「草士・草子」「畜男・畜女」「畜子・禅畜女」「卜女・卜子」などと多く使い分けてつけられてきたかということです。

また、地域も長野・群馬・埼玉・秋田・栃木・茨城・愛知・富山・島根・新潟・東京・京都・奈良教区より報告されています。これらは住職の強い差別心でしょうか、奢りでしょうか。

いずれにしても、このようなアンケート調査の結果を並べるだけでは何の解決にもなりません。この結果をふまえて、浄土宗教団としてどのような取り組みを行ってきたのか、その実態を具体的に都府県市町村寺院別に明らかにし公表してもらいたいのです。

住職や本山は「仏」・死者にどのように詫びたのか、檀信徒にどのように詫びたのか、いまだに納得できる謝罪の言葉もありません。浄土宗としてこの差別戒名、添え書きの差別記載について全面的な説明責任と社会的責任を果たしてもらいたいのです。

島根・大願寺の差別戒名、差別記載

島根県太田市の浄土宗・大願寺では、天和三（一六八三）年の「道清革門」から、貞享、元禄、宝永、正徳、享保、元文、寛保、延享、宝暦、明和、安永、天明、寛政、享和、文化、天保、弘化、嘉永七（一八五四）年の「慈蓮革女」まで一七一年間にわたって、代々の住職によって死者に差別戒名を付与してきたのです。

要するに大願寺の代々の住職が一七一年間にわたって、死者に差別戒名をつけ、さらに添え書きに「ハチヤ」五六霊、「鉢屋」二霊、「八屋（鉢屋の当て字）一霊、「海賊」一九霊、「穢多」二霊（うち一霊は通常の戒名）をつけています。死者の添え書きに「穢多」一霊と「新平民」一六霊があるのです。しかし、その戒名は差別戒名ではなく通常の戒名なのです。添え書きに「穢多」や「新平民」とつける必要が仏教的にあるのか問いたいのです。

わかりやすくいうと、差別戒名ではなく通常の戒名にして、その死者にわざと「穢多」や「新平民」などという添え書きをつけているのです。いずれにせよ何らかの根拠や理由があるから「穢多」や「新平民」とつけたのでしょう。そこには仏教的にどのような意味があるのか、また、信仰とどのようなかかわりがあるのかが知りたいのです。

「ハチヤ」「鉢屋」とは、職能集団として、島根、鳥取、山口、広島などの一部に記載が見られます。一部の学者・研究者のなかには「鉢屋」身分という人もいますが、私は「ハチヤ」「鉢屋」は身分ではなく職能集団として活躍していたもので、身分的には「穢多」身分であると見ています。この点について、学僧、学者、研究者の意見を聞いてみたいと思っています。また、二霊に「穢多」記載がありますが、当地の「穢多頭」でないかと見ています。

参考事例

島根県太田市浄土宗・大願寺　九六霊

道清革門……天和三（一六八三）年一〇月九日　海賊
道秀革門……貞享四（一六八七）年七月一四日　ハチヤ
妙保革女……貞享五（一六八八）年四月七日　ハチヤ
宗円革門……元禄三（一六九〇）年七月八日　海賊
妙好革女……元禄四（一六九一）年二月十二日　ハチヤ
善入革門……元禄九（一六九六）年七月二二日　穢多

速生革門……宝永五（一七〇八）年一月二日　ハチヤ
妙春革女……宝永八（一七五八）年二月一一日　八屋（鉢屋の当て字）
白善革士……明和八（一七七一）年八月一六日　ハチヤ
了殺革女……安永元（一七七二）年六月二一日　海賊
理般革女……天明三（一七八三）年二月一二日　ハチヤ
妙智革女……天明三（一七八三）年六月二一日　ハチヤ
理薫革女……天明五（一七八五）年七月二一日　ハチヤ
李薫革女……天明五（一七八五）年七月三日　ハチヤ
梅清革女……天明九（一七八九）年一月三日　海賊
妙寛革女……寛政三（一七九一）年一〇月一日　海賊
花林革女……寛政六（一七九四）年四月六日　ハチヤ
明善革女……享和二（一八〇二）年一月二日　ハチヤ
光輪革子……享和三（一八〇三）年五月二日　海賊
翁松革男……文化一五（一八一八）年一一月一〇日　ハチヤ
証信革士……弘化三（一八四六）年一〇月五日　鉢屋
元覚信男……弘化四（一八四七）年一二月二六日　鉢屋
慈蓮革女……嘉永七（一八五四）年七月九日　記載なし

＊九六霊のうち七三霊を省略した

佐賀県武雄市浄土宗・西福寺の差別戒名

佐賀県武雄《たけお》市内の小高い丘のうえに浄土宗・西福寺檀信徒の墓地があります。その墓地に差別戒名の刻まれた墓石があったことから、一九八九年、昭和最後の年（昭和六四年）九月二六日に佐賀大学の米倉利明先生、九州龍谷短期大学の太山心海先生が現地に入り、差別戒名墓石二一基を確認しています。

同年一〇月六日に浄土宗宗務庁の山北光彦氏が現地調査に入り『過去帳』（別冊）を調査し差別戒名七三霊を確認しています。

同年一〇月一九日に部落解放同盟佐賀県連合会が差別戒名対策委員会を設置し、取り組みが始まりました。一九九〇（平成二）年六月七日の第三回差別戒名対策委員会には中央本部の大西正義副委員長が出席し「私は部落解放同盟中央本部の副委員長として、公式に佐賀の調査に入った。したがって、私が知り得たことは公表しなければならない。公表については、佐賀県連と協議のうえ実施する」と発言しました。

一九九三（平成五）年三月一七日に社会党部落解放推進委員会による部落の実態調査・視察が行われ、視察後、武雄市長、副知事と交渉し、差別戒名問題の早期解決について協力を強く要請しました。

浄土宗・佐賀県

私が疑問に思うことは、明治四（一八七一）年頃に集団で浄土宗・西福寺の檀家を離れたといわれていますが、なぜ、集団で檀家を離れたのかその理由については明らかにされていないことです。また、その後一二〇年近く差別戒名の刻まれた墓石二一基がなぜ放置されたままであったのかという点です。

西福寺の差別戒名墓石・二一基、『過去帳』七三霊

西福寺は、差別的につくられた「別冊」の『過去帳』に、寛保元（一七四一）年の「玉山革門」から、延享、寛延、宝暦、明和、安永、天明、寛政、享和、文化、文政、天保、弘化、嘉永、安政、萬延、文久、元治、慶応、明治四（一八七一）年の「厳浄革門」までの一三〇年間にわたって、代々の住職が死者七三霊に差別戒名をつけてきたのです。

その内訳は、革門三九霊、革女三四霊です。西福寺では男性は大人子どもに関係なく革門とつけられ、女性も大人子どもに関係なく革女とつけられています。差別戒名をつけられてきた子孫は、現在は西福寺の檀家を離れて日蓮宗などに転宗しています。

私は一九七七（昭和五二）年一一月一四日と、一九八九（平成元）年一二月一六日と二回現地に入っています。

Ⅵ　西本願寺に差別法名

町田差別発言の糾弾会のなかで、仏教にも差別があることが指摘され、各新聞・テレビに取り上げられて大きな社会問題となって、各教団が具体的に取り組みだしました。そうしたなかで、真宗寺院にも死者に「釋妙革」「釈妙穢」「釋妙賎」「妙屠」「革心」「連寂」などと差別戒名がつけられていたこと、死者の添え書きには「穢多」「革田」「長吏」「鉢屋」などとつけられていたことが判明してきました。

また、明治四（一八七一）年の「解放令」後は、今度は「新平民」「革田新平民」「新民」「旧八（鉢屋）」などと、住職が新たな差別呼称をつくりだし、厳しい差別の烙印《らくいん》として『過去帳』に公然と書き込み今日まで残してきたのです。

浄土真宗本願寺派（西本願寺）の差別法名・『過去帳』調査の記録が、一九九八（平成一〇）年七月一六日『宗報』七月号（第三八九号）の八頁から一三三頁にわたって掲載されています。

また『差別法名・過去帳調査まとめと課題』（一九九九（平成一一）年）四月二〇日、基幹運動本部）には、『宗報』

と同じ内容のものが記載されています。そのなかに、「（ハ）差別添え書き（差別につながる添え書き）」として、二七教区七七〇カ寺の実態が報告されています。その浄土真宗本願寺派の差別法名・差別記載の実態についてふれておきます。

（イ）差別法名について　　（　）内の西暦は筆者記入

教区　法名　概要
新潟　妙穢……文政一二（一八二九）年
奈良　釋得皮……文政一三（一八三〇）年
山陰（島根）釈妙賤……寛政二（一七九〇）年
山陰（島根）釈妙革……天保七（一八三六）年
四州（徳島）妙屠……寛政一三（一八〇一）年
四州（徳島）連寂……文化一五（一八一八）年
四州（徳島）革心……天保四（一八三三）年　以下略す

（ロ）差別添え書きについて

事例	寺院数	件数	教区
穢多	四カ寺	七件	東京・岐阜・佐賀
細工（さいく）	一カ寺	一四四件	東京
革田（カハタ）	八カ寺	二〇件	安芸
革田新平民	一カ寺	一件	備後

長吏　　一カ寺　　五六件　　岐阜
皮多中　一カ寺　　一件　　福岡
新平民　四カ寺　（件数不明）　四州・備後・安芸・宮崎
新民　　六カ寺　（件数不明）　山陰・備後・安芸
旧八　　一カ寺　（件数不明）　山陰
※細工、長吏、茶筅、宮番、番人、非人番などは、それぞれの当該地域での被差別身分の呼称であってそれを意図的に付けたものである。
※「茶筅」「鉢屋」とは、近世では被差別身分の差別呼称である。明治四年の「解放令」後は、こんどは、「旧八」（旧「鉢屋」）として差別的に符丁で呼んだものである。（二一〇頁～二一三頁）

（八）差別添え書き（差別につながる添え書き）
二七教区　七七〇カ寺
①差別されてきた歴史のある死因・病気等の添え書きがある　二六教区四三一カ寺
②国籍や民族の差別的な記載がある　二三教区一〇六カ寺
③職業の差別的な記載がある　一八教区一一四カ寺
④「私生児」などの「出生の秘密」に関する記載がある　二一教区二二六カ寺
⑤族籍の記載がある　二六教区一九七カ寺
⑥その他　二四教区一三一カ寺

（二）差別的記載形式等について
①丸印の付されているもの（兵庫）

②俗名の下に赤い丸印の付されているもの　（安芸）
③別部にまとめられて記載されているもの　（佐賀）
④別冊化されているもの　（備後）
（その他の事例）
①「革田」を墨で消し新姓を記入したもの　（岐阜）
②差別添え書き部分を切り貼りし、新姓を記入したもの　（岐阜）
以下、省略する

このようにアンケート調査の結果を並べるだけでは何の解決にもなりません。この現実をふまえてどのような取り組みが行われたのか、その実態が具体的に明らかにされていません。

死者の添え書きに「穢多」「長吏」「新平民」「元穢多」「新平」などの差別記載を公然と『過去帳』に残してきた歴史的事実を、都府県市町村寺院別に明らかにして社会的に公表すべきです。

浄土真宗本願寺派・熊本県

もう一つ気になるのが、浄土真宗本願寺派では、たとえば「穢多・長吏五六件、新平民四件」などと記されていることです。人が亡くなっているのですから、その死者を「一件、二件」と数えて記していることが疑問です。「穢多」「長吏」「革田」「新平民」といわれた人たちも人間です。その「仏」・死者を軽々しく「一件、二件」とあつかっている浄土真宗本願寺派の姿勢を問いたいのです。それとも死者を「一件、二件」と数えるという教義があるのでしょうか。

なお、真宗教団では「霊」を認めないということから、霊と書かないのかも知れませんが、私は死者を一霊、二霊と書くことにします。

調べによると

浄土真宗本願寺派（西本願寺）の差別法名・『過去帳』の調査結果には報告されていませんが、私たちの調べで次のことが明らかになりました。

たとえば、

東京　穢多　一カ寺　四件……正保年間（一六四四年）～慶応年間（一八六六年）

東京　細工　一カ寺　一四四件……正保年間（一六四四年）～慶応年間（一八六六年）

と記されていますが、この寺院は実は別々の寺院ではなく、同じ寺院であることがわかりました。なぜ、穢多一カ寺、細工一カ寺と二カ寺に分けて記載するのか不思議でなりません。二カ寺に分けて書く理由があったのでしょうか。

調べによると、この寺院は、東京教区内の千葉県野田市にある浄土真宗本願寺派の常敬寺であって、本尊に釈迦如来を祀る大寺院で「関東の触れ寺」の格式を持つ寺院であることがわかりました。本尊の釈迦如来はこの「穢多」「細工」記載をどのように見てきたのでしょうか。また、「穢多」四霊がありますが、地元の「穢多頭」でないかと見ています。

穢多・革田記載

千葉県

■常敬寺（千葉県野田市浄土真宗本願寺派）

穢多・細工一四八霊……正保年間（一六四四年）～慶応年間（一八六六年）まで

岐阜県
■信行寺（岐阜県飛騨市古川町浄土真宗本願寺派）
穢多六霊……享保一五（一七三〇）年〜文政五（一八二二）年まで
■妙楽寺（岐阜県山県市浄土真宗本願寺派）
穢多・長吏五六霊……享保二（一七一七）年〜明治六（一八七三）年まで
■善通寺（岐阜県本巣市浄土真宗本願寺派）
革田六七霊……弘化二（一八四五）年〜明治二〇（一八八七）年まで
福岡県
■明円寺（福岡県穂波町浄土真宗本願寺派）
皮多中一霊……嘉永六（一八五三）年
佐賀県
■専立寺（佐賀県塩田町浄土真宗本願寺派）
穢多五霊……元禄一〇（一六九七）年〜元禄一一（一六九八）年
以下、非人、非人番、下ノ者、下人、下輩、死因などは省略する

浄土真宗本願寺派の差別法名・差別記載

島根県
■興順寺・差別法名（島根県津和野町浄土真宗本願寺派）
釋妙賤……天保七（一八三六）年

■蓮得寺・差別法名（島根県津和野町浄土真宗本願寺派）
釋 妙革……天保七（一八三六）年

徳島県
■福泉寺・差別法名（徳島県鳴門市浄土真宗本願寺派）四霊
妙屠……寛政一三（一八〇一）年
連寂……文化一五（一八一八）年
革心……天保四（一八三三）年
浄孝僕……大正一四（一九二五）年　※「解放令」後

熊本県
■高福寺・差別法名（熊本県矢部町（現在山都町に合併）浄土真宗本願寺派）
釈尼妙程信奴……大正九（一九二〇）年一〇月一三日　※「解放令」後

新潟県
■西方寺・差別法名（新潟県浄土真宗本願寺派）
妙穢……文政一二（一八二九）年

奈良県
■仏願寺・差別法名（奈良県大和高田市浄土真宗本願寺派）
釋得皮……文政一三（一八三〇）年などがある

宗祖・親鸞聖人は、この「釋妙革」「釈妙穢」「釋妙賎」「革心」「連寂」などとつけられた差別戒名や、「穢多」「革田」「長吏」「新平民」などの死者の添え書きを見て嘆き悲しんでおられるかと思うと残念でなりません。

なお、地方、または住職によって違いはありますが、「穢多」と「非人」を混同してとらえられているようです。この点についても学僧、学者、研究者の意見を聞いてみたいと思っています。「非人」「番非人」「非人番」などについてはここでは記しません。

おわりに

今回は曹洞宗、浄土宗、浄土真宗本願寺派（西本願寺）の差別戒名・法名、差別記載、身元調査を中心に記しました。残りの天台宗、真言宗智山派、真言宗豊山派、真言宗御室派、黄檗宗、真宗大谷派（東本願寺）、臨済宗については取り上げませんでしたが、同様の問題を抱えていることを指摘しておきます。

第二部　部落と部落差別の現在

大阪府における同和地区実態把握と社会的排除地域析出の試み

―二〇一〇（平成二二）年国勢調査から―

内田龍史

はじめに

本稿の課題は、同和対策に関する一連の特別措置法（以下、特措法）が二〇〇二（平成一四）年に期限切れをむかえた後、把握することが難しくなっている同和地区の実態について、大阪府の二〇一〇（平成二二）年国勢調査の個票データを使って、その実態がどうなっているのかを示すことです。

大阪府での国勢調査を使った分析は、大阪府「国勢調査を活用した実態把握」プロジェクト〈メンバーは、西田芳正（大阪府立大学）、内田龍史（尚絅学院大学）、堤圭史郎（福岡県立大学）、妻木進吾（龍谷大学）など〉で行っており、報告書は大阪府のホームページに公開されています。[1]詳しいデータ等はそちらを参照いただきたいのですが、ここではその概要を紹介します。

I　問題の所在

二〇〇〇年代に入り、「フリーター」と呼ばれるような、若年の無業者や、非正規雇用で働く不安定就労者が非常に増えていることが社会問題化されてきました。部落問題においても、かつてから差別の結果としての失業・不安定就労が問題視されており、同和対策事業等によって就労支援などが行われてきましたが、当時においても部落に「フリーター」の若者が少なからず存在することから、二〇〇三年に部落解放・人権研究所の研究プロジェクトとして、彼/彼女らがいかにして「フリーター」になったのか、そのプロセスや生活実態を明らかにするための調査・研究を行いました。

その結果は部落解放・人権研究所編『排除される若者たち―フリーターと不平等の再生産』（二〇〇五年）などにまとめられていますが、明らかになったことは、親の社会経済的地位によってその子どもたちの社会経済的地位も規定される傾向があるという不平等の再生産サイクルです。もともと被差別部落には、低学力・低学歴の問題や、もっとさかのぼると学校すら通うこともままならなかった差別と貧困の問題があって、スタートラインが平等ではありませんでした。それを同和対策事業などでなんとか底上げしてきましたが、二〇〇二（平成一四）年に同和対策に関する一連の特措法が期限切れをむかえ、その後の被差別部落、同和地区の人びとの就労や生活実態は再度厳しくなっているのではないか、本調査の結果は、そう予感させるものでした。

しかしながら、その根拠となるべき行政による同和地区の実態調査は、全国レベルでは一九九三（平成五）年の総務庁による実態把握調査を最後に実施されていません(2)。大阪府においても、二〇〇〇（平成一二）年に大規模な調査が実施された後、行政としては取り組まれていないために詳細なところはわかりませんでした。バブル経済崩壊後に特措法が打ち切られ、部落には雇用や就労の側面で非常に不安定な状況が広がっているだろうと予測できたにもかかわらず、行政による実態調査がないのです。

やはりこれは問題であり、実態把握は必要だと考えてきたので、私たち研究者はケーススタディとしていろいろな部落の実態調査を実施してきました。ひとつは、ある地区を取り上げて調査するという方法です。たとえば、大阪だと住吉、日之出、矢田といった部落で、運動団体と研究者が協力して実施しています。(3) また、部落解放同盟員の皆さんにお願いして実施した部落の実態調査、(4) 部落女性の実態調査(5)や、部落の若者を対象とした調査(6)なども実施してきました。これらは、必ずしも部落の全体像を把握するものではありませんが、部落の現状を把握しようとする地道な研究でした。

これら調査の結果、指摘されてきたのは、地区外と比較すると、部落は概《おおむ》ね少子高齢化が進行しており、学歴が低く、若年層で雇用が不安定化しているということです。さまざまな指標で部落と部落外を比較すると、とくに若年層で深刻になりつつあるということが、それぞれの実態調査で指摘されてきました。これらケーススタディの結果を受け、本研究では、国勢調査のデータを用いた悉皆《しっかい》調査によって、大阪府の同和地区全体の特徴を描くことを試みました。

なお、国勢調査の個票データを用いる分析は、研究者のレベルではできません。個人情報やプライバシーにかかわる問題があるからです。ただし、自治体と一緒に共同研究をするのであれば、当該自治体から総務省に申請することで、個票データを取得することができます。今回は、大阪府と研究者による共同研究を実施することにより、およそ八八七万ケースという膨大なデータのなかから、同和地区のデータを抽出することによって、分析を行いました。

同和地区の定義について、本研究における同和地区とは、「平成二三年一一月一五日付け大阪府個人情報保護審議会答申「個人情報の取扱いに関する意見」にもとづき、同年一二月一日付け関係市町長あて大阪府府民文化部長通知により、対象地域に該当する調査区番号（平成二二年国勢調査において、調査区毎に割り振られている番号）の提供を依頼して把握した地域」のことです。ただし、歴史的に同和地区を指定してきた寝屋川市及び島本町からは大阪府にデータが提供されなかったために、本調査の同和地区には含まれていません。

Ⅱ「社会的排除地域」

もうひとつの問題関心は、同和地区以外においても、社会的排除と呼ばれるような不安定な状況が広がっているのではないかということです。そのことを把握するために「社会的排除地域」を析出しました。国勢調査の項目は限られていますので、明らかにできることには限界があることは否めないのですが、そのなかで表1のような世帯類型、教育、労働に関する指標を用いて、同和地区の平均値より厳しい地域を抽出し、それらを「社会的排除地域」としました。その結果、「社会的排除地域」に該当する人口がどのくらいなのかを

表1　社会的排除地域抽出基準

分野	指標（※）	定義
世帯類型	高齢単身世帯比率≧α	65歳以上の者一人のみの一般世帯員数／一般世帯員数
	母子世帯比率≧α	未婚、死別または離別の女親と、20歳未満の未婚の子どものみからなる世帯員数／一般世帯員数
教育	高等教育修了者比率≦α	最終学校が大学・大学院および短大・高専である者の数／卒業者の数
	初等教育修了者比率≧α	最終学校が小学・中学校である者の数／卒業者の数
労働	完全失業率≧α	仕事を探していた者（完全失業者）の数／労働力人口
	非正規労働者比率≧α	労働者派遣事務所の派遣社員の数＋パート・アルバイト・その他の数／就業者の数

（※）αは、同和地区の平均値

・これらの基準に該当する場合、当該町丁目居住者にそれぞれ1点を与え、それらを社会的排除地域得点として0点から6点まで合計した。

・結果、人口比で算出すると、0点68.0％、1点20.6％、2点6.1％、3点2.4％、4点1.3％、5点1.0％、6点0.6％であった。しかし、基準となる同和地区に表1の基準をあてはめた場合、6つの指標全てを満たす同和地区人口は全体の10.3％（8,208人）に過ぎないことから、社会的排除地域を抽出する第二の基準として再度、その人口規模に着目し、同和地区人口の約半数が該当するまで、指標の一致レベルを低下させることとした。

・同和地区では、人口分布の中心が指標数3の付近に位置するため（図1）、この人口分布の中心線を平均的な同和地区の状況ととらえ、6つの指標のうち、いずれか3つ以上の指標を満たす地域の合計を社会的排除地域とした（7）。

示したものが、表2です。

二〇一〇（平成二二）年段階の大阪府全域の人口は八八六万五二四五人、世帯数は三八三万二三八六世帯です。この数字には同和地区と社会的排除地域も含まれています。うち、同和地区の人口は七万九四一一人、世帯数は三万九四一八世帯です。また、「社会的排除地域」は四一万五四五三人、世帯数は二〇万四六三二人で、この数は同和地区を含んでいません。つまり、同和地区の平均同様に困難な状況にある地域が、大阪府の人口比率では四・七%、世帯比率では五・三%と、二〇人に一人くらいの割合で存在していることが明らかになりました。

Ⅲ　同和地区の人口減少

今回の調査で明らかになった最も重要な

図1　指標該当数別人口分布（同和地区）

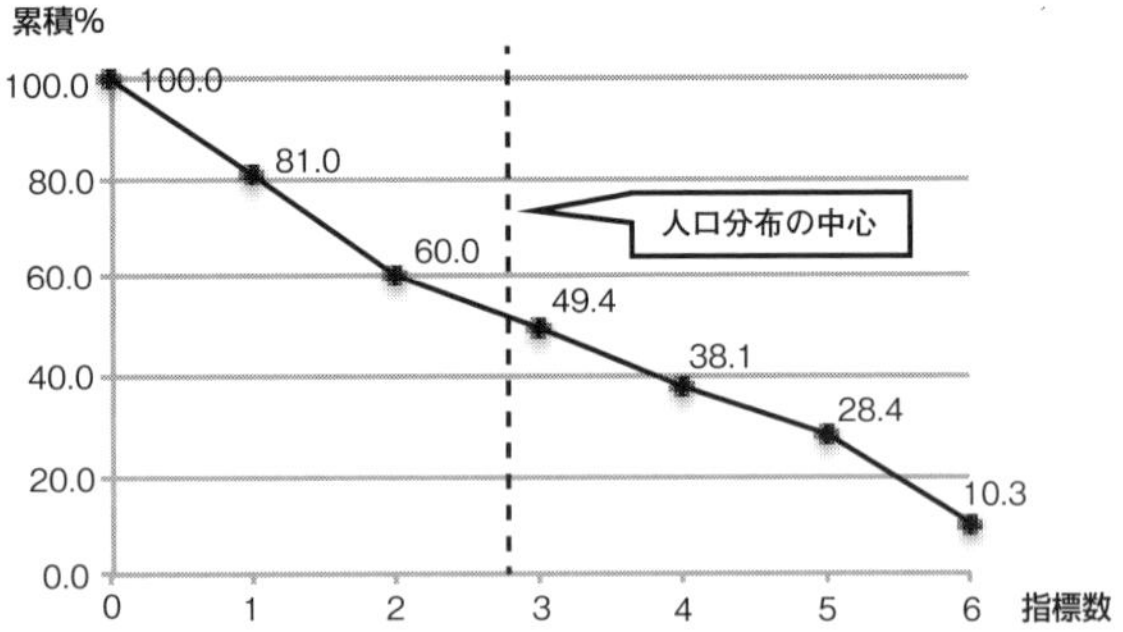

※大阪府「国勢調査を活用した実態把握報告書【第一次】」（2014）2頁より作成

表2　大阪府・同和地区・社会的排除地域の人口・世帯（2010年）

	人口			世帯数	
	男性	女性	合計		うち女性世帯主
大阪府全域	4,285,566	4,579,679	8,865,245	3,832,386	1,032,633
割合（%）	48.3	51.7	100.0	100.0	26.9
同和地区	38,917	40,494	79,411	39,418	13,622
割合（%）	49.0	51.0	100.0	100.0	34.6
社会的排除地域	203,461	211,992	415,453	204,632	67,963
割合（%）	49.0	51.0	100.0	100.0	33.2

図２　性別・年齢別人口構成比（「対象地域」＝同和地区）

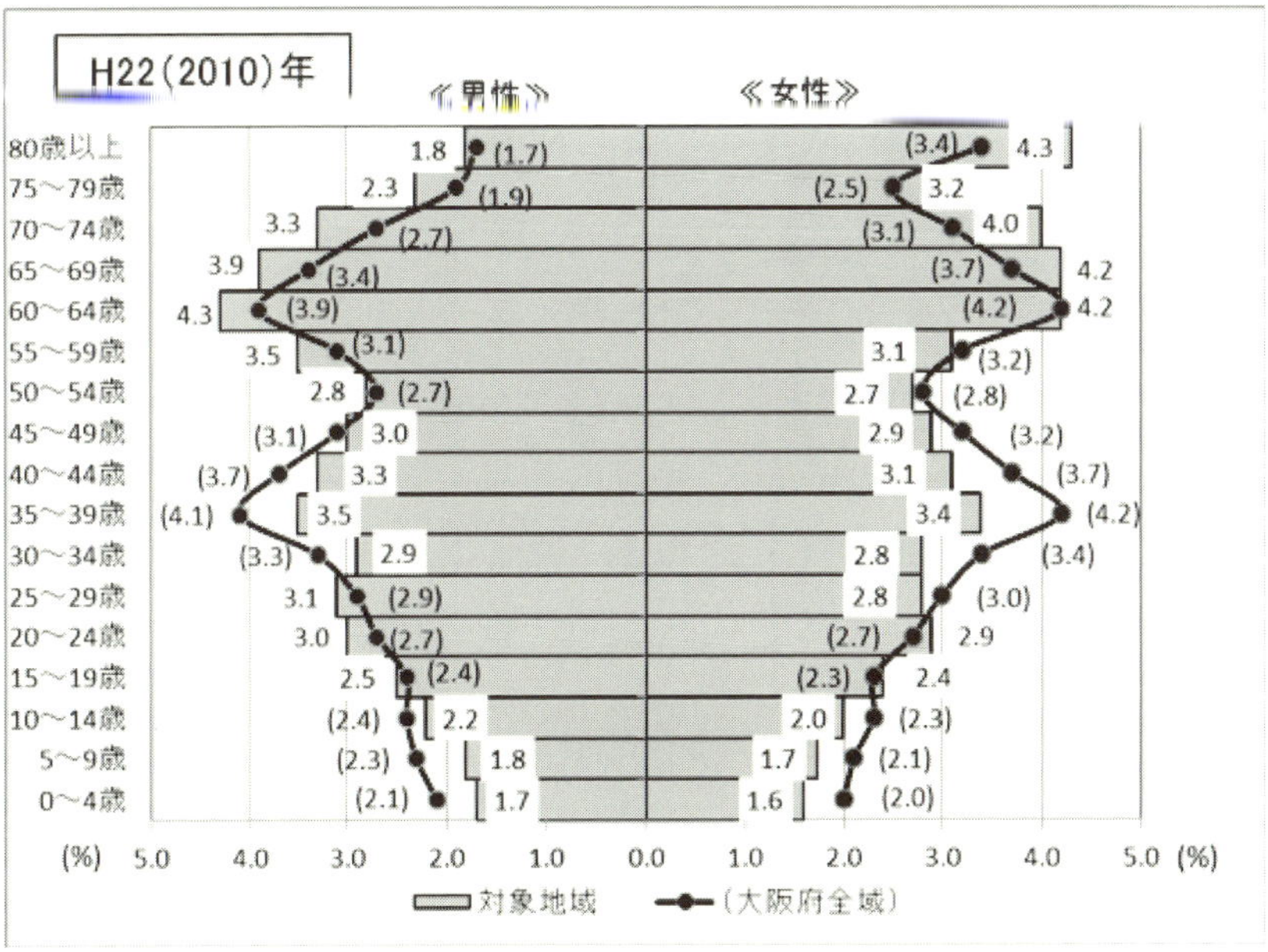

・同和地区　：2010 年国勢調査（男性 38,917 人、女性 40,494 人）
・大阪府全域：2010 年国勢調査（男性 4,285,566 人、女性 4,579,679 人）

※大阪府「国勢調査を活用した実態把握報告書【第一次】」（2014）7 頁より引用

図３　年齢コーホート（人口集団）別人口増減数

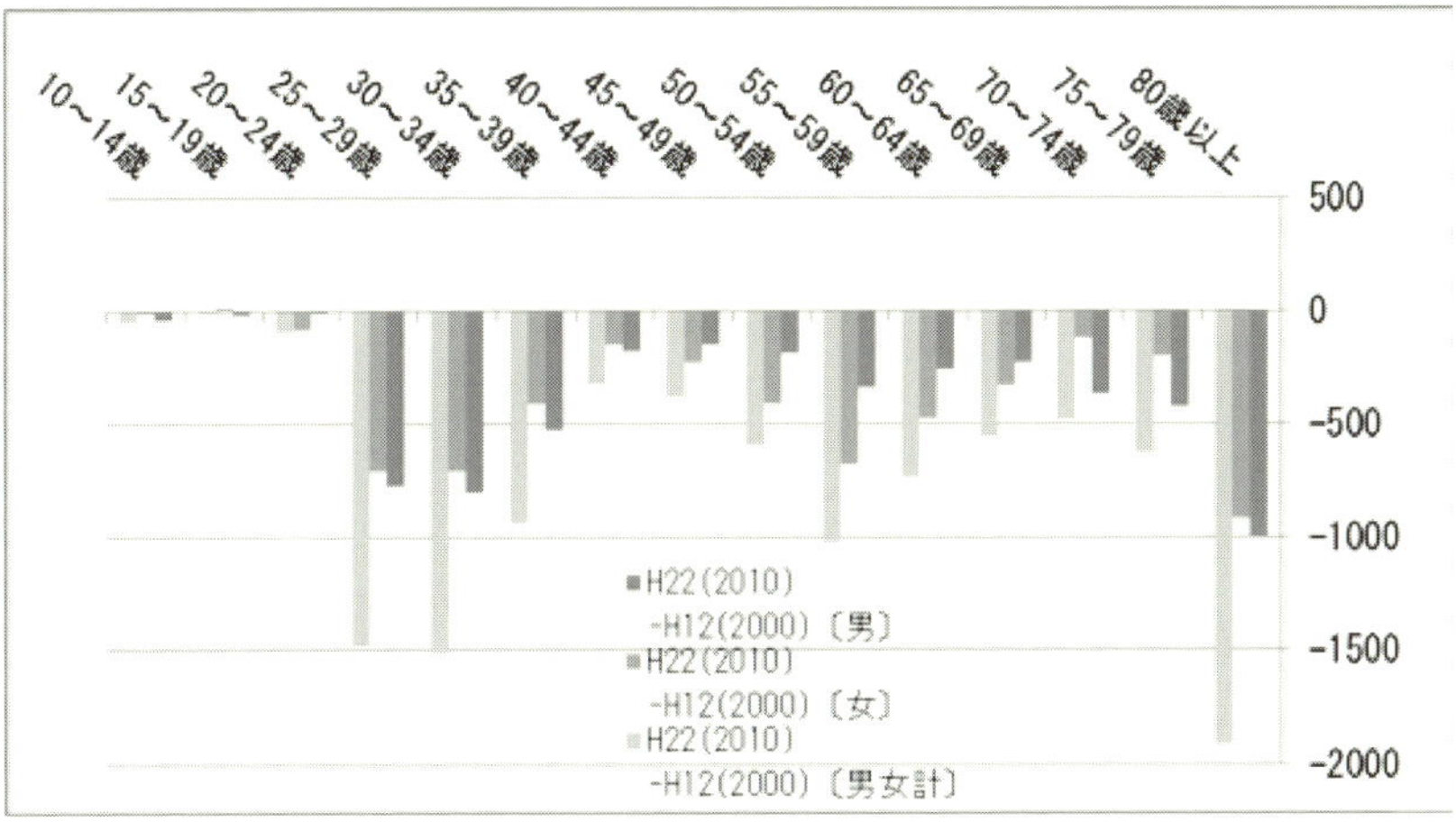

※大阪府「国勢調査を活用した実態把握報告書【第一次】」（2014）8 頁より引用

図４　昭和38年以降の人口動態（大阪府全域・同和地区）

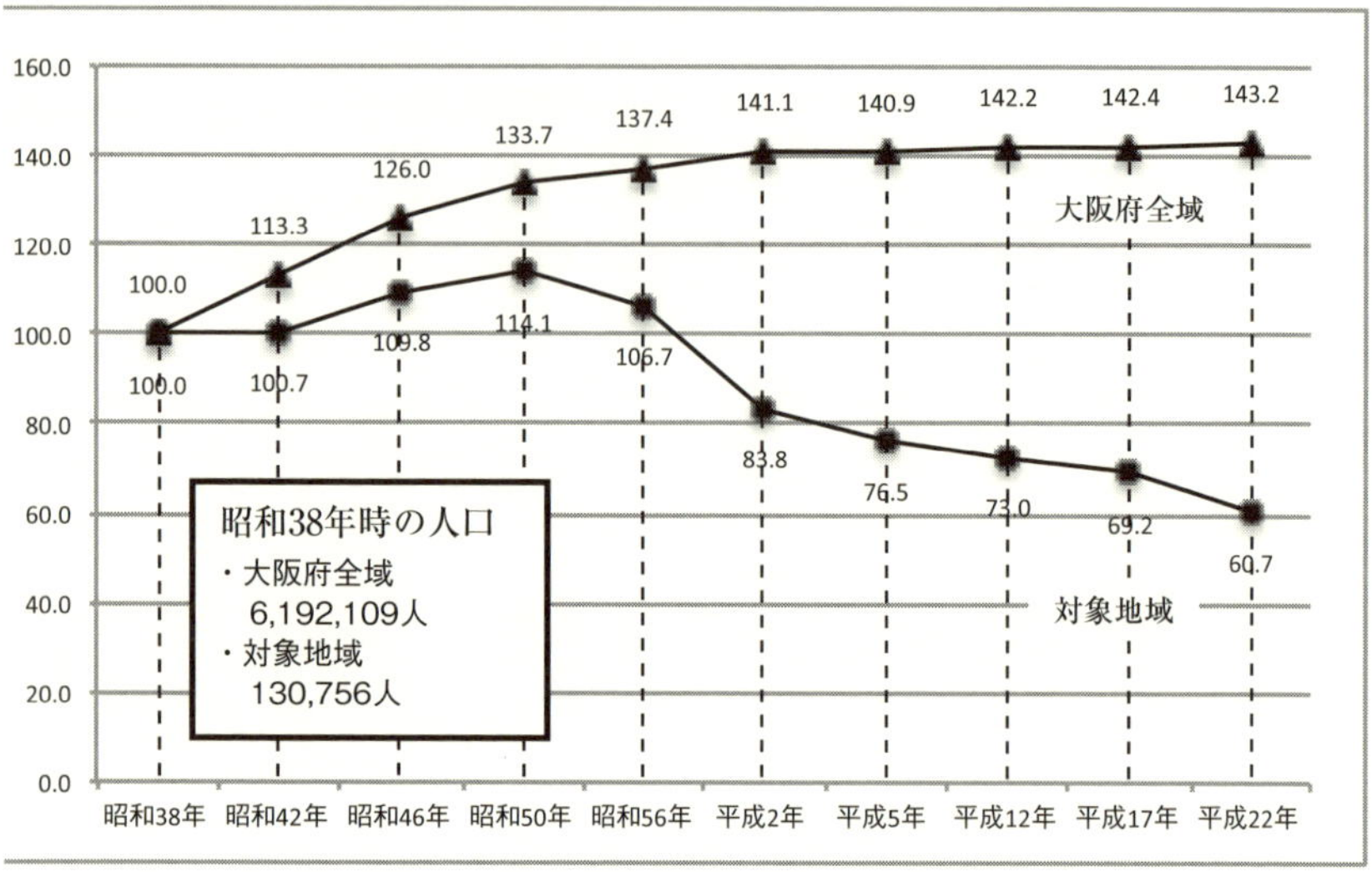

・同和地区のグラフ：大阪府が関与または単独で実施した実態調査等の結果から作成
・大阪府全域のグラフ：「国勢調査」および「大阪府統計年鑑」の結果から大阪府人権局で作成
・「同和地区」の定義について、昭和38年および昭和42年は「同和対策事業特別措置法」の施行前であり、また、昭和46年から平成12年までの間は法にもとづき事業を実施してきた期間中であるため、年次によってそれぞれ定義が異なっているが、ここでは便宜上、「同和地区」として示す。

※大阪府「国勢調査を活用した実態把握報告書【第一次】」（2014）９頁より作成

知見は、同和地区の人口減少です。

図2は、二〇一〇二（平成二二）年の同和地区の性別年齢別人口構成比です。対象地域とあるのが同和地区で、折れ線グラフが大阪府全域です。これを見ると、同和地区は男女ともに〇〜一四歳の年少人口と、三〇〜四九歳の働き盛りの年齢層が相対的に薄く、六五歳以上の高齢層が相対的に厚いことがわかります。これまでのケーススタディでも少子高齢化が指摘されてきましたが、国勢調査のデータにおいても同じ結果が確認できます。

では、どの年齢層が二〇〇〇（平成一二）年から二〇一〇（平成二二）年にかけて抜けたのか、それを示しているのが図3です。なお、図3における二〇〇〇（平成一二）年の数字は国勢調査ではなく、同年に実施された大阪府の同和地区実態調査のデータであるため、若干の齟齬《そご》がある可能性があります。そのうえで数字を見ると、八〇歳以上がこの一〇年で減っているのは、自然減と推測できますが、二五～三四歳の若年層において大幅な減少が見られます。

そうした特徴もあるのですが、さらに重要な点は、先述した同和地区全体の人口減少です。図４、５を見ると、一九六三（昭和三八）年時の大阪府の人口は六二〇万人くらい、同和地区は一三万人くらいです。それを一〇〇とした場合、二〇一〇（平成二二）年の大阪府全域では一四三となっているのに対し、同和地区は六〇まで下がっています。人口にして二〇一〇（平成二二）年の大阪府は八八六万人に対して、同和地区は七万九四一一人です。二〇〇〇（平成一二）年の同和地区実態調査のときの同和地区の人口は九万二四三六人いたので、この一〇年の間だけでも一万三〇二五人減っていることになります。かなりの減少です。

ただし、同和地区に住んでいる人は移動をしていて、二〇〇〇（平成一二）年から二〇一〇（平成二二）年の間に二万五四一三人が「転入」しています。この「転入」が同和地区内・同和地区間なのか、地区外からの移動なのかということまではわかりません。仮に全員が地区外からの「転入」だとすると、同和地区からの「転出」者は三万八四三八人となり、約四割が「転出」していることになります。

図５　移動の状況

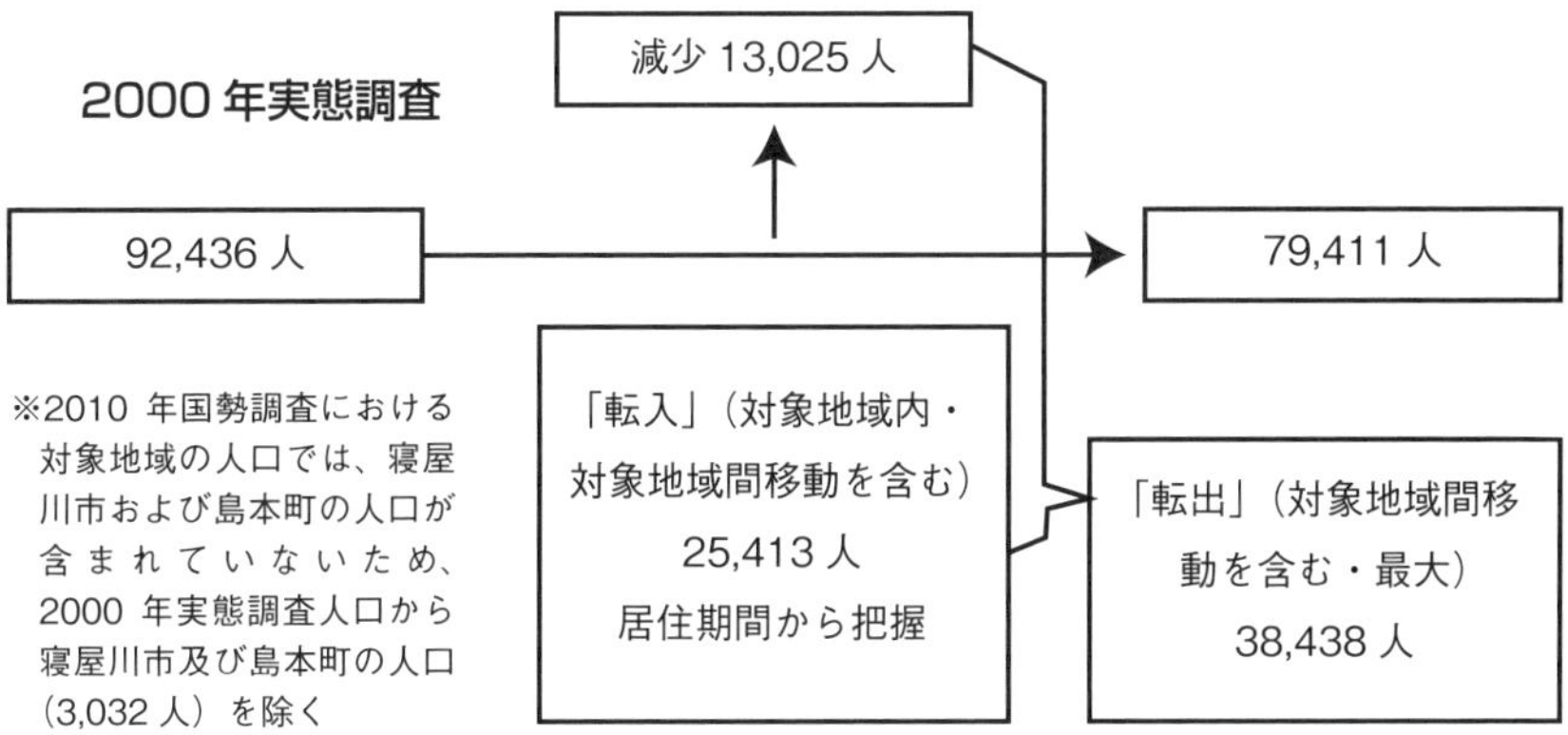

※2010 年国勢調査における対象地域の人口では、寝屋川市および島本町の人口が含まれていないため、2000 年実態調査人口から寝屋川市及び島本町の人口（3,032 人）を除く

Ⅳ　住環境と世帯類型

　では、順に結果を見ていきます。図6は、住宅の所有形態を示しています。都市部落の場合、同和対策によって不良住宅等をいったん行政が買い上げて、そこに改良住宅を、同和地区内や隣接地区に公営住宅を建てるという政策を取ってきたので、同和地区では四割強が「公営の借家」となっており、持ち家率は三割を切っています。これは社会的排除地域とかなり似通った割合であり、社会的排除地域と公営住宅地域が重なり合っていることが示唆されています。ちなみに大阪府全域では持ち家率は半数を超えています。

　図7は、家族類型を示しています。大阪府全域でも三五・七%が単独世帯で、日本社会全体で単独世帯化が進行しているわけ

図6　住宅所有形態別世帯数構成比（不明を除く）

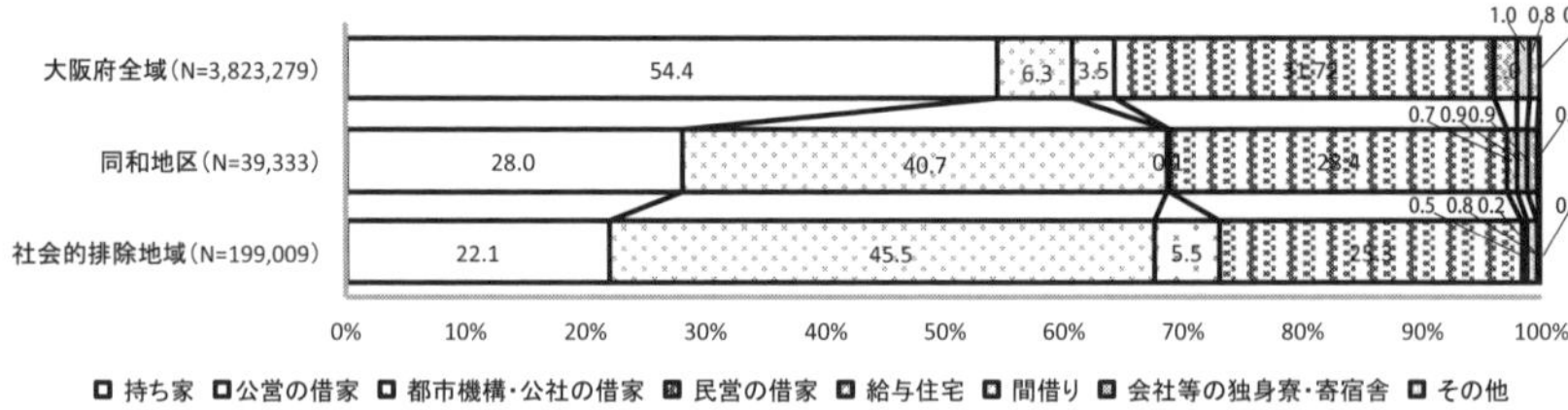

図7　家族類型別世帯構成

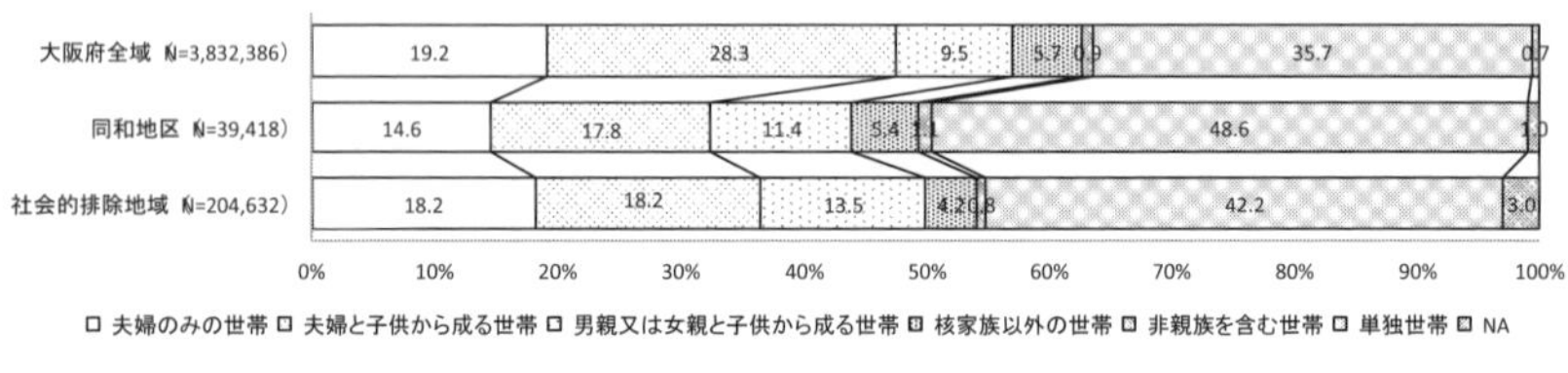

図8　世帯類型別世帯構成

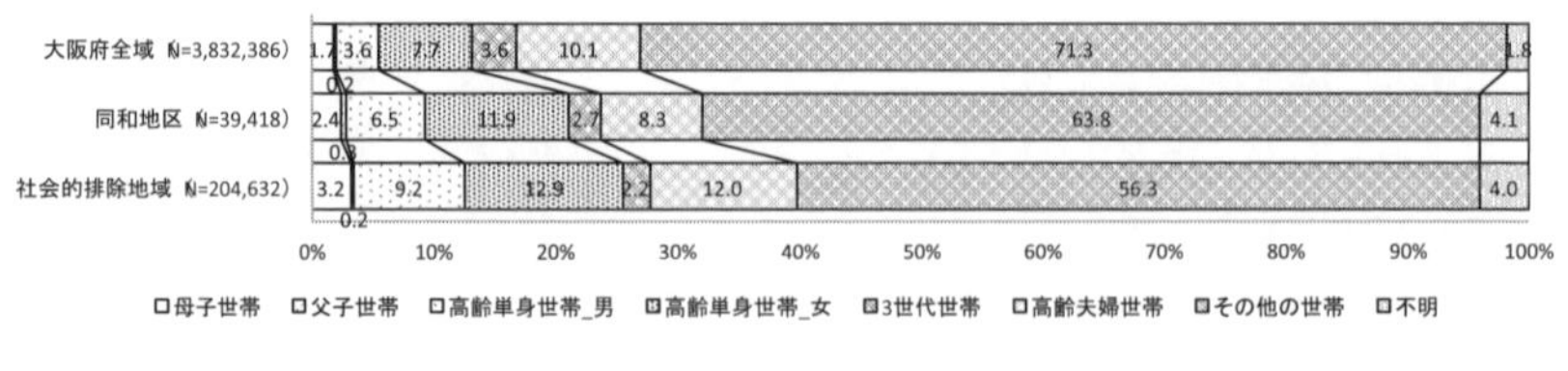

ですが、同和地区では単独世帯が半数近くを占めています。また、図8に示すように、同和地区や社会的排除地域では、男女とも高齢単身世帯の割合が高いのが特徴です。

Ⅴ　教育

次に教育の状況を見ていきます。図9は最終学歴です。学歴は性別で構成が異なるので、性別に示しますが、結論を先取りしていえば、男性・女性いずれも同和地区では、大阪府全域と比較して低学歴傾向が顕著です。

男性では、「小学・中学」の割合は、同和地区で三三・八%となっており、大阪府全域の一六・四%と比較して約二倍の高さとなっています。逆に、「大学・大学院卒」割合は一四・〇%にとどまっており、大阪府全域の 一一・七%の半分以下となってい

図9　最終学歴(不明を除く)

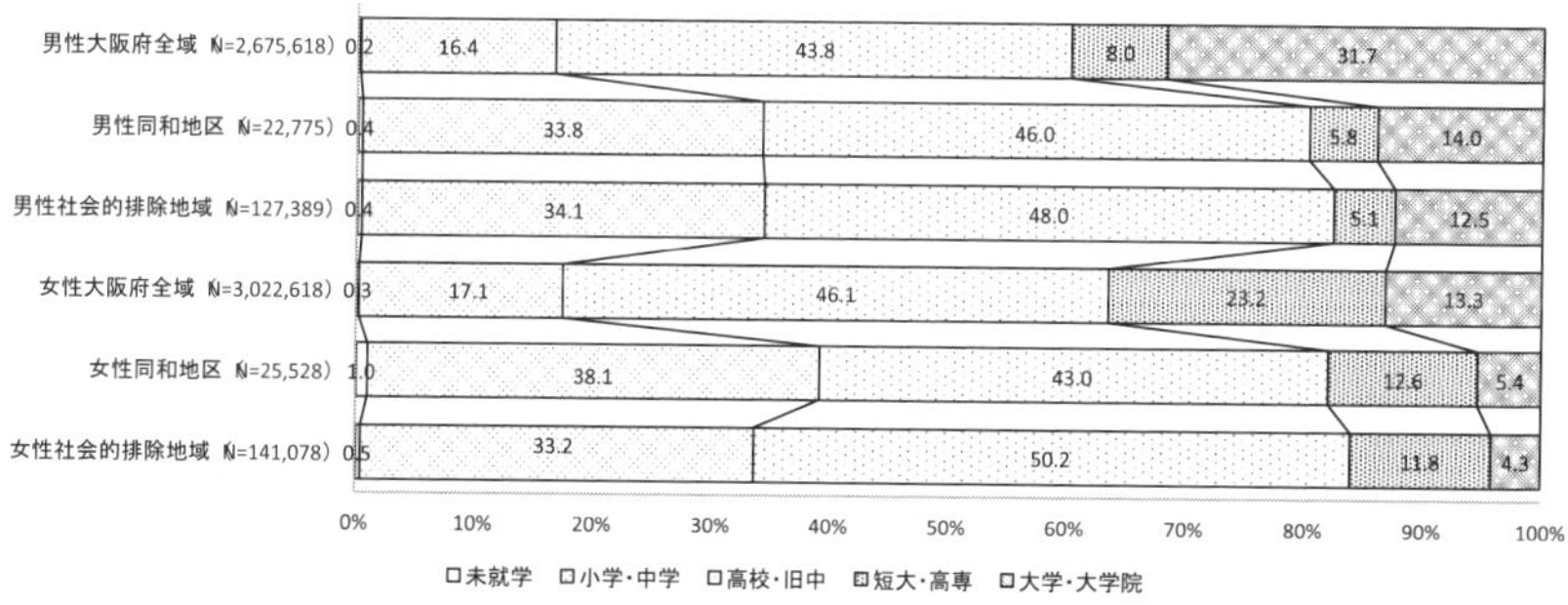

図11 年齢階層別最終学歴「中学卒以下」（女性）

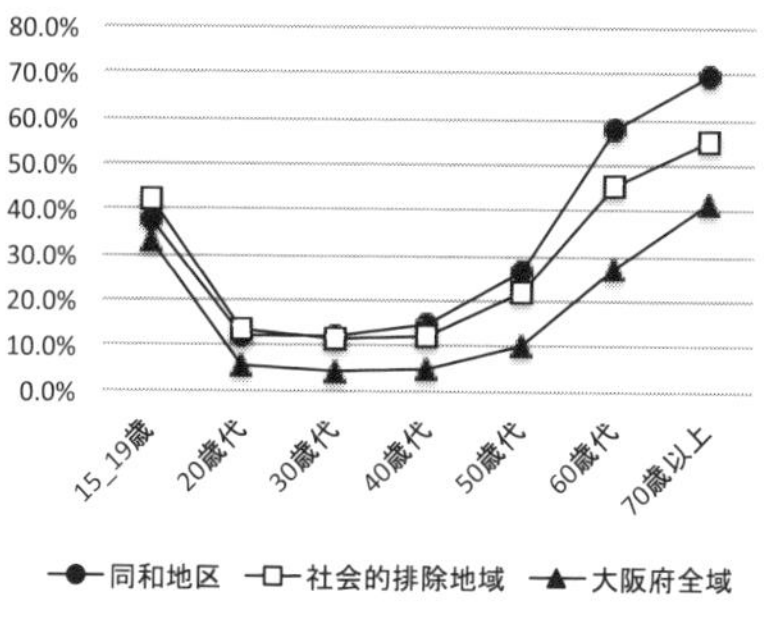

図10 年齢階層別最終学歴「中学卒以下」（男性）

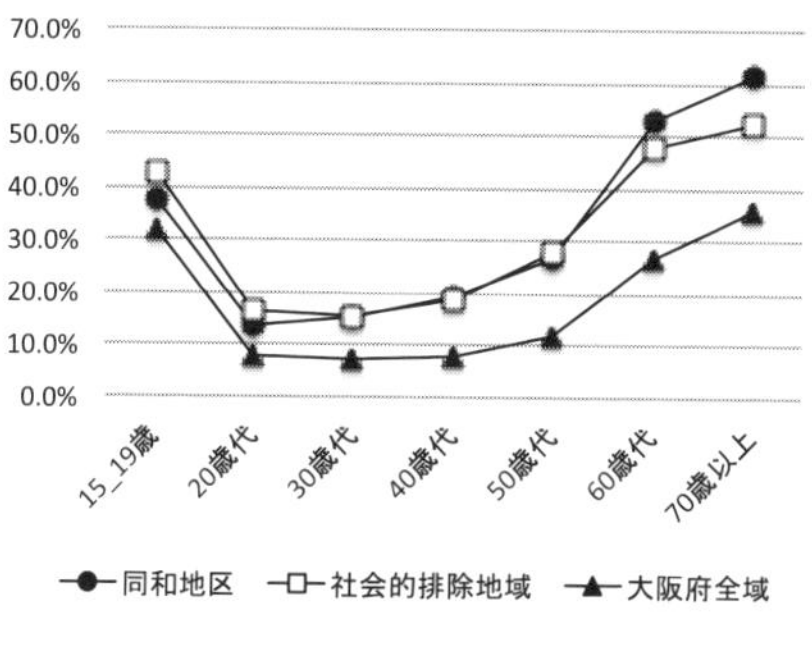

ます。なお、社会的排除地域と同和地区の最終学歴構成は、ほぼ同様です。

女性では、「小学・中学」の割合は、同和地区で三八・一%となっており、大阪府全域の一七・一%と比較して二倍以上の高さとなっています。逆に、「短大・高専卒」割合は一二・六%、「大学・大学院卒」割合は五・四%と、大阪府全域のそれぞれ二三・二%、一三・三%と比較して低くなっています。なお、社会的排除地域と同和地区の最終学歴構成を比較すると、社会的排除地域では「小学・中学」が三三・二%となっており、同和地区のほうが「小学・中学」といった低学歴割合がやや高くなっています。

ただし、この格差は、同和地区に高齢層が多いというデータがありますから、年齢の影響によるものかもしれません。つまり高齢の人は学歴が低い傾向にあるので、それを反映している可能性もあるからです。そのことを確認するために、年齢階層別男女別に学歴を見たものが、図10から図13です。

中卒以下の割合は、もちろん高齢層の人たちのほうが高い傾向にありますが、しかし大阪府全域と同和地区の間には、年齢階層を問わずに男女とも格差があることがわかります。つまり、同和地区のほうが低学歴傾向が顕著であるということです。ただし、従来から指摘されているように、高学歴達成した人たちが、同和地区外に出る「流出」という可能性もおおいにありえます。その結果、低学歴の人たちが同和地区内に留まっているという可能性も否定できません。

とはいえ、現状において、同和地区が社会経済的地位の指標の一つである学

図12 年齢階層別最終学歴「高等教育修了者」（男性）

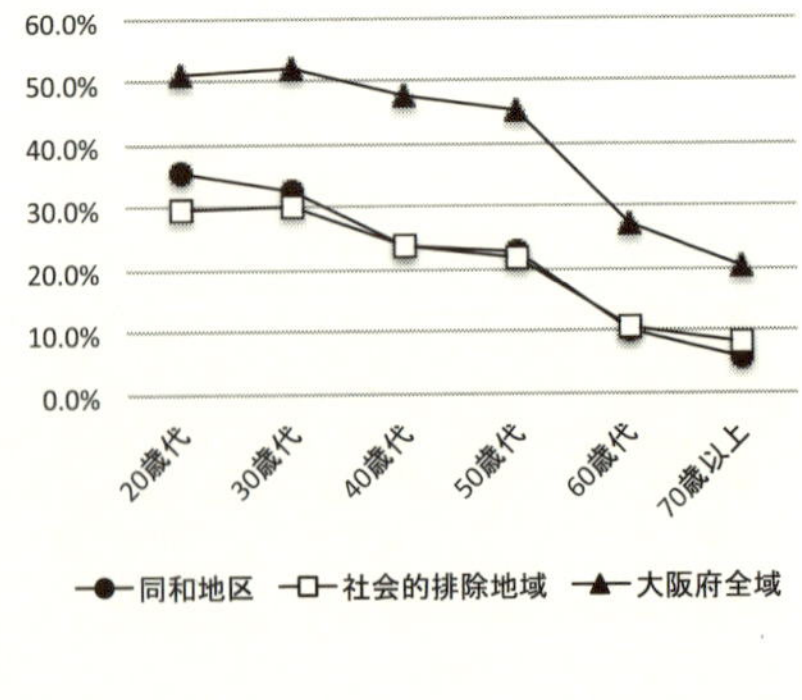

図13 年齢階層別最終学歴「高等教育修了者」（女性）

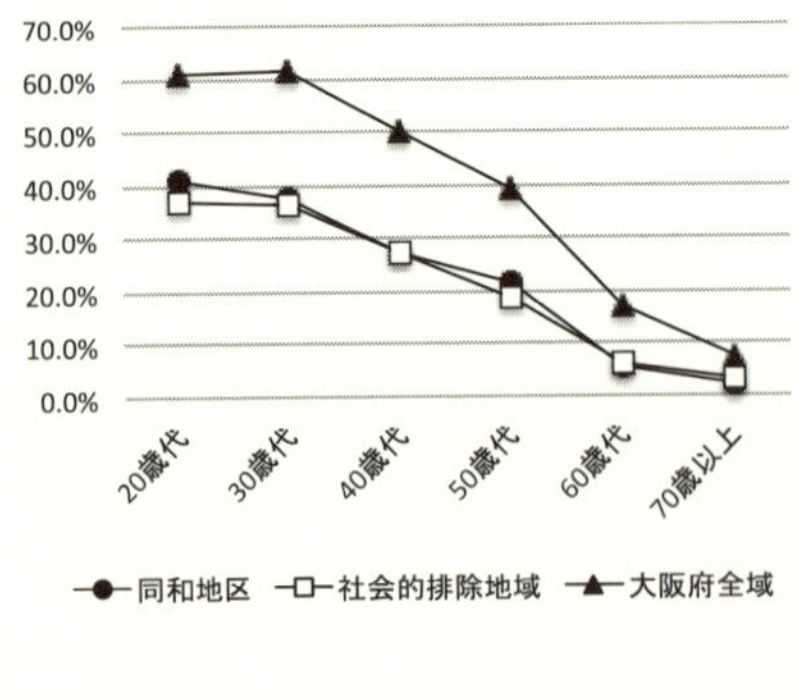

歴が低位にある人たちが集住している地域であることは厳然たる事実であり、であるからこそさまざまな支援の必要性が高いことは言うまでもありません。

Ⅵ 労働

次に労働の状況を見ていきます。まず、どのくらいの人が働いているのかを示したものが、表3ならびに図14・15です。

これを見ると同和地区では一五～一九歳の若年層の男性が、大阪府全域よりも働いている傾向があります。これは学歴の反映であって、同和地区の人びとのほうが学歴が低いので、学卒後早く働いている割合が高くなっているということです。

ところが三〇代以上の働き盛りを見ると、同和地区では大阪府全域よりも働

表3 労働力率（年齢階層別）

	男性			女性		
	大阪府全域	同和地区	社会的排除地域	大阪府全域	同和地区	社会的排除地域
15～19歳	16.3%	21.8%	22.6%	17.0%	19.7%	21.0%
20歳代	80.8%	83.0%	84.7%	73.1%	70.8%	72.3%
30歳代	97.3%	95.5%	95.2%	64.7%	69.5%	69.5%
40歳代	97.0%	94.1%	92.6%	69.7%	70.0%	72.6%
50歳代	94.8%	89.9%	86.9%	63.5%	62.3%	65.3%
60歳代	67.4%	59.7%	59.8%	36.2%	36.4%	37.0%
70歳以上	23.0%	18.5%	16.9%	9.1%	7.6%	7.5%

図15 労働力率（年齢階層別・男性）

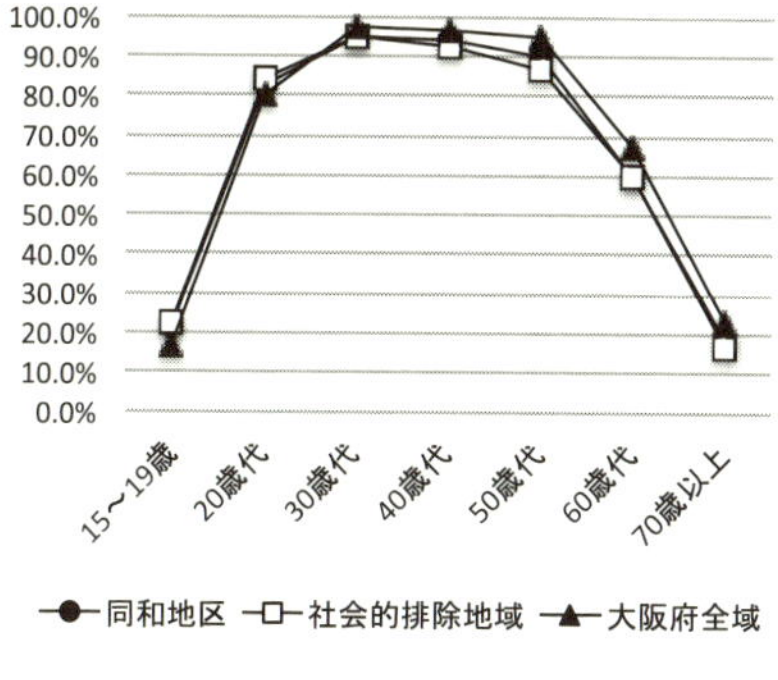

図14 労働力率（年齢階層別・女性）

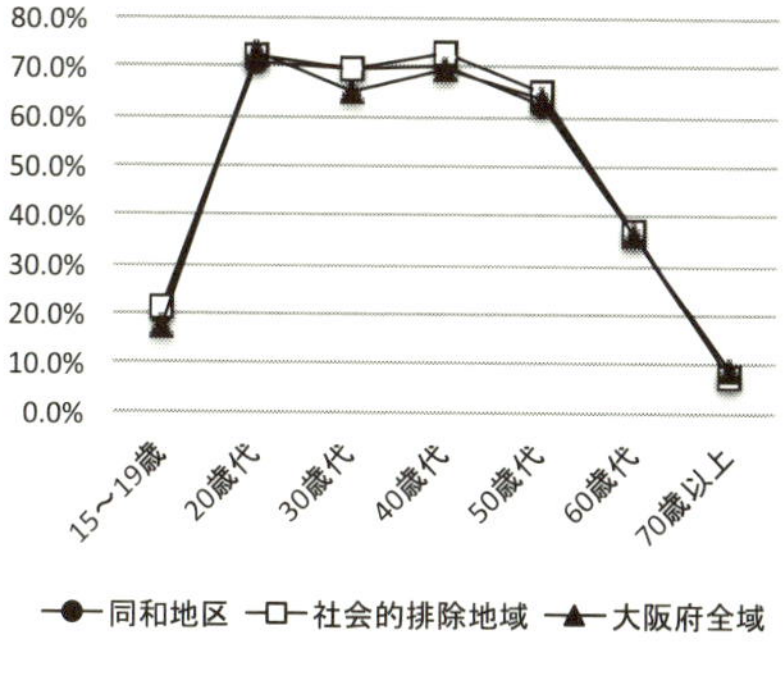

いていない割合が高くなります。女性が特徴的で、日本全体を見るとグラフがM字型カーブになるとよくいわれています。つまり女性は学校を卒業するといったん就労するけれども、結婚・子育て期になると仕事を中断し、その後、子どもが大きくなってからパート労働などの仕事をするというものです。大阪府全域を見ると、二〇代から三〇代にかけての割合が減って、ヘコミがありますので、M字型カーブを描いています。ところが、同和地区の場合はヘコミがなく台形を描きます。

この理由として考えられるのは、ひとつは、同和地区では男性の就労が不安定で稼ぎが少ないので、女性が働き続けないといけないこと、もうひとつは、同和地区には保育所をつくる運動があって、ある程度、女性が働き続けられる環境が整備されてきたということです。ただし、

表4　完全失業率（年齢階層別）

	男性			女性		
	大阪府全域	同和地区	社会的排除地域	大阪府全域	同和地区	社会的排除地域
15～19歳	15.6%	24.7%	24.3%	11.4%	20.1%	19.7%
20歳代	11.8%	17.1%	18.5%	9.1%	14.6%	14.6%
30歳代	8.0%	14.0%	16.0%	7.3%	11.2%	11.5%
40歳代	7.3%	15.1%	18.1%	5.9%	10.2%	10.3%
50歳代	8.2%	14.3%	19.8%	4.6%	8.6%	7.4%
60歳代	11.6%	18.3%	20.7%	4.3%	6.5%	6.4%
70歳以上	8.1%	12.8%	15.6%	2.9%	4.0%	5.2%

図17　完全失業率(年齢階層別・男性)

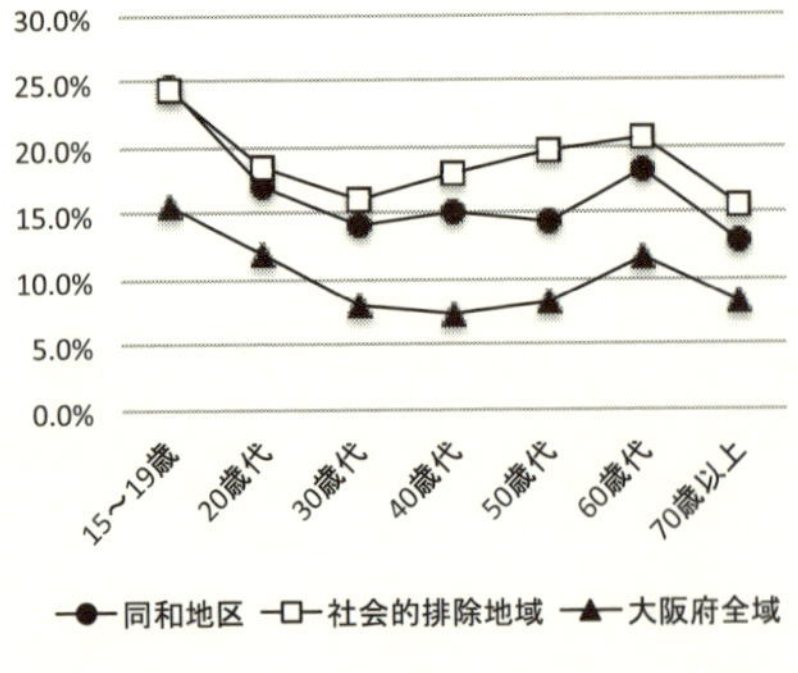

図16　完全失業率(年齢階層別・女性)

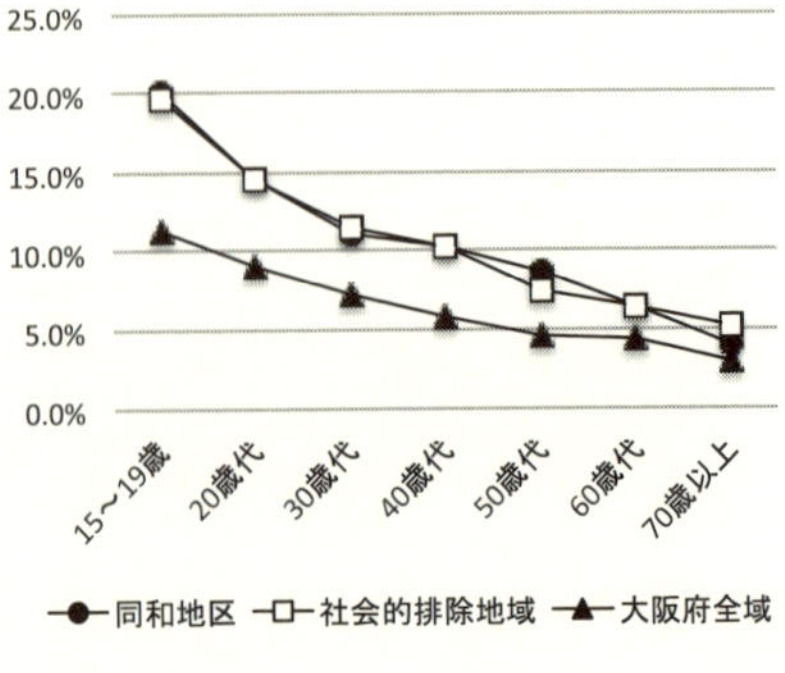

表5　従業上の地位

	男性			女性		
	大阪府全域	同和地区	社会的排除地域	大阪府全域	同和地区	社会的排除地域
総数（有効回答者数）	2,070,267	14,805	73,194	1,551,937	11,281	61,986
雇用者	78.1%	78.1%	79.7%	86.4%	86.0%	89.0%
正規の職員・従業員	62.5%	56.6%	53.9%	37.3%	33.1%	29.3%
労働者派遣事業所の派遣社員	2.1%	2.6%	3.5%	4.6%	3.9%	4.4%
パート・アルバイト・その他	13.4%	18.8%	22.4%	44.5%	49.0%	55.4%
会社などの役員	8.0%	4.7%	4.6%	3.1%	1.7%	1.6%
自営業主	12.9%	15.4%	14.6%	5.0%	5.9%	4.7%
雇人のある業主	3.9%	4.2%	3.5%	1.1%	1.3%	0.9%
雇人のない業主	8.9%	11.3%	11.1%	4.0%	4.6%	3.9%
（うち、家庭内職者）	0.1%	0.2%	0.1%	0.4%	0.7%	0.6%
家族従業者	1.0%	1.8%	1.1%	5.4%	6.5%	4.7%

表6　従業上の地位（年齢階層別・男性・不明を除く有効回答）

	正規雇用比率			非正規雇用比率		
	大阪府全域	同和地区	社会的排除地域	大阪府全域	同和地区	社会的排除地域
15～19歳	26.8%	32.7%	32.3%	70.7%	65.8%	65.5%
20歳代	67.6%	60.0%	59.9%	28.2%	34.6%	35.2%
30歳代	78.0%	69.4%	69.0%	9.6%	15.1%	18.6%
40歳代	74.1%	68.4%	65.2%	6.8%	11.9%	16.5%
50歳代	66.5%	61.2%	58.8%	8.7%	15.9%	19.5%
60歳代	32.6%	32.1%	32.9%	28.4%	30.2%	36.9%
70歳以上	10.6%	8.1%	12.0%	18.8%	22.1%	30.8%

表7　従業上の地位（年齢階層別・女性・不明を除く有効回答）

	正規雇用比率			非正規雇用比率		
	大阪府全域	同和地区	社会的排除地域	大阪府全域	同和地区	社会的排除地域
15～19歳	13.7%	15.3%	17.4%	85.0%	83.8%	80.2%
20歳代	57.6%	46.5%	46.0%	40.2%	51.0%	51.6%
30歳代	46.7%	38.3%	37.1%	46.3%	54.5%	57.0%
40歳代	35.3%	36.1%	32.4%	54.3%	54.2%	60.2%
50歳代	31.3%	34.5%	26.8%	53.1%	50.8%	62.2%
60歳代	16.3%	14.4%	13.9%	52.9%	55.9%	67.0%
70歳以上	11.7%	9.0%	9.3%	24.1%	28.8%	42.8%

同和地区女性の労働力率は大阪府全域とあまり変わらないのに比べ、同和地区男性の三〇代以上の年代で、大阪府全域よりも低くなっています。

さらに完全失業率（労働力人口に占める完全失業者の割合、表4ならびに図16・17）を見ると、男女ともいずれの年代においても、大阪府全域よりも同和地区のほうが、失業している割合が高いことがわかります。先ほど女性の労働力率は同和地区と大阪府全域で変わらないと述べましたが、完全失業率は就職活動をしていないと数字に表れません。したがって専業主婦は外れます。同和地区の女性は、専業主婦だから無業であるというよりも、失業率が高いことによって無

表8　男女別職業構成比（年齢階層別）

	男性						女性					
	ホワイトカラー			ブルーカラー			ホワイトカラー			ブルーカラー		
	大阪府全域	同和地区	社会的排除地域	大阪府全域	同和地区	社会的排除地域	大阪府全域	同和地区	社会的排除地域	大阪府全域	同和地区	社会的排除地域
15～19歳	8.2%	5.5%	3.5%	41.4%	45.1%	52.5%	11.7%	9.8%	11.6%	9.2%	9.3%	12.6%
20歳代	27.0%	22.1%	16.4%	35.7%	41.4%	48.4%	52.5%	40.0%	41.5%	8.4%	12.8%	13.2%
30歳代	31.6%	23.8%	20.2%	39.8%	50.9%	56.0%	60.3%	46.2%	46.4%	12.3%	19.6%	20.1%
40歳代	35.2%	22.6%	20.0%	37.8%	56.0%	57.6%	54.9%	40.3%	42.4%	15.2%	21.5%	23.2%
50歳代	37.7%	23.1%	19.2%	36.9%	51.8%	58.0%	45.5%	34.6%	29.7%	20.6%	27.3%	31.8%
60歳代	28.8%	15.6%	13.1%	43.4%	54.9%	61.0%	30.9%	15.9%	18.2%	28.8%	34.8%	40.7%
70歳以上	31.7%	16.4%	17.9%	33.0%	38.3%	49.4%	33.0%	16.0%	22.1%	21.2%	27.0%	33.5%

表9　同和地区の多様性

	地区数	同和地区全体	標準偏差	最小値	最大値	パーセンタイル			参考 大阪府全体
						25	50	75	
年少人口比率	43	10.6%	2.9	5.7%	19.7%	8.9%	10.5%	12.7%	13.1%
生産年齢人口比率	43	60.5%	6.0	45.3%	72.7%	56.2%	61.2%	64.0%	63.7%
老年人口比率	43	28.9%	6.3	12.6%	39.3%	22.0%	26.2%	31.1%	22.1%
単独世帯比率（人員）	43	24.1%	9.8	6.3%	50.5%	12.6%	18.7%	27.0%	15.4%
高齢単身世帯比率	43	9.6%	3.2	2.6%	15.6%	5.9%	8.4%	10.4%	4.9%
母子世帯比率	43	3.4%	1.6	0.0%	7.1%	2.3%	3.1%	4.2%	2.0%
高等教育修了者比率	43	18.0%	7.5	5.2%	36.8%	10.6%	14.6%	18.7%	30.7%
初等教育修了者比率	43	34.5%	9.0	10.3%	47.4%	21.3%	27.5%	34.0%	13.6%
完全失業率	43	13.5%	4.5	5.6%	26.2%	9.6%	13.3%	14.8%	8.0%
非正規労働者比率	43	35.1%	4.7	19.4%	43.8%	29.5%	31.6%	34.4%	36.6%
外国籍住民比率	43	5.1%	3.2	0.0%	14.0%	1.2%	2.1%	4.4%	1.9%
韓国、朝鮮籍住民比率	43	3.2%	2.3	0.0%	8.6%	0.7%	1.2%	3.4%	1.0%
中国籍住民比率	43	9.6%	0.4	0.0%	2.1%	0.0%	0.1%	0.6%	0.3%
公営の借家居住者比率	43	39.5%	26.9	0.0%	99.0%	17.8%	38.3%	56.5%	5.8%

※いずれもNAを含む

業である傾向が、大阪府全域よりも強いといえます。

なお、男性においては、二〇代以上で社会的排除地域のほうが完全失業率が高い傾向が見られますが、女性はほぼ変わりません。

表5は、働いている人の従業上の地位を示しています。やはり大阪府全域と同和地区の格差ははっきりとあります。とくに男性は二〇代から五〇代の働き盛りにおいて、同和地区は正規雇用の比率が低く、非正規雇用が高くなっています（表6）。女性の場合は少し傾向が違います（表7）。女性の正規雇用比率を見ると、同和地区の四〇代、五〇代あたりの中高年層の正規雇用の割合が、大阪府全域より高く、相対的に安定しています。これは同和対策の何らかの取り組みがあって、この年齢層が正規雇用として働き続けられる環境が確保されてきたとも読めます。ところが、二〇代、三〇代の若年層の女性になると、非正規雇用の割合が大阪府全域よりも高く、不安定化しています。

職業構成（表8）については、職業大分類によって把握されており、ここでは管理・専門・技術・事務をホワイトカラー層、生産・輸送・建設・清掃などをブルーカラー層として分類しています。そうすると、大阪府全域と比べて同和地区ではホワイトカラー層割合が低く、概ね全年齢階層において、男女ともブルーカラー層の構成比が高い傾向が見られます。

おわりに

以上の結果をまとめると、まず、同和地区の人口が大幅に減少していることが指摘できます。また、住民の特徴として、単独世帯の割合が高く、学歴が低いこと、職業構成としてブルーカラー層が分厚く、ホワイトカラーが薄くなっています。こうした特徴はすでに複数のケーススタディにおいて指摘されてきたことですが、大阪府の同和地区全体の傾向としても確認することができました。

ただし、ひとくちに同和地区といっても表9で各項目において最小値・最大値・標準偏差を示しているように、多様性があります。本研究のように、同和地区全体の傾向を把握することも必要ですが、それぞれの地域がおかれている状況を、周辺からの差別や差別意識の状況も見据えつつ研究することが望まれます。

もう一点、本研究は、同和地区と同程度の困難さを抱える住民が、大阪府内に五％程度存在することを明らかにしました。とくに公営住宅居住層など、相対的に困難な状況におかれているこれらの地域に対する支援も、同和地区同様に進めていくことが、産まれた場所や環境によって不利益を被らない、平等かつ公正な社会の実現に向けて、不可欠ではないかと考えます。

注

1 「国勢調査を活用した実態把握報告書【第一次】」大阪府、二〇一四年は、「平成二六年度　大阪府同和問題解決推進審議会（平成二六年九月一六日開催）議事概要・配付資料」（http://www.pref.osaka.lg.jp/jinken/measure/dousuisingiji26.html）のサイトに、「国勢調査を活用した実態把握報告書【第二次】」大阪府、二〇一五年は、「平成二六年度　大阪府同和問題解決推進審議会（平成二七年二月一〇日開催）議事概要・配付資料」（http://www.pref.osaka.lg.jp/jinken/measure/dousuisingiji27-1.html）のサイトにそれぞれ掲載されています。

2 一九九三年の調査結果は、（社）部落解放研究所編『図説今日の部落差別第3版―各地の実態調査結果より』解放出版社、一九九七年にまとめられています。

3 大阪市立大学文学部社会学研究室編『二〇〇九年住吉地域労働実態調査報告書』二〇一〇年、大阪市立大学文学部社会学研究室編『二〇一〇年矢田地区実態調査報告書』二〇一一年、岸政彦「「複合下層」としての都市型部落―二〇〇九年度大阪市日之出地区実態調査から」『部落解放』六二八号、二〇一〇年や、論文としては妻木進吾「貧困・社会的排除の地域的顕現―再

不安定化する都市部落」『社会学評論』六二巻四号、二〇一二年などが代表的なものです。

4 妻木進吾・内田龍史「佐賀県における被差別部落の現状―「佐賀県の被差別部落生活実態調査」から」『佐賀部落解放研究所紀要』二八号、二〇一一年など。

5 各地で実施されてきた調査のまとめとして、山﨑鈴子「部落女性の実態調査からみえてきたもの：埼玉・愛知・奈良・京都・大阪・兵庫・大分でのアンケート調査から」『部落解放』七二二号、二〇一六年があります。

6 内田龍史「部落の若者の部落問題意識と部落出身者としてのアイデンティティ―部落青年の部落問題認識調査から」『部落解放研究』一九二号、二〇一一年、内田龍史「全国部落青年の雇用・生活実態調査結果（2）―量的データの特徴」『部落解放研究』一九六号、二〇一二年など。

7 ここで析出した社会的排除地域に、同和地区は含まれていません。以下で示す「大阪府全域」には、同和地区ならびに社会的排除地域がともに含まれています。

付記：本稿は、JSPS 科研費（基盤研究（C）：課題番号 16K04092、ならびに基盤研究（C）：課題番号 17K04174）の研究成果の一部です。

「特別措置法」終了後の差別事件の動向

―『全国のあいつぐ差別事件』から考える―

本多和明

はじめに

『全国のあいつぐ差別事件』は、「部落地名総鑑」の発覚を契機として、全国の各地で起きている部落差別事件を広く知っていただくことを目的に、一九八一年版から毎年、部落差別事件を集約して発刊してきました。今日なお、悪質な身元調査や戸籍の不正取得、土地差別調査、インターネットでの差別情報の氾濫、民族排外主義を扇動するヘイトクライム、ヘイトスピーチが頻発しています。さらに興味本位に出自を暴く悪質なマスコミの体質や、報道機関への協力として寺院所有の『過去帳』を開示する問題など、今までの部落問題の解決に向けた取り組みの形骸化が危惧される事件が多発しています。

繰り返される悪質な差別事件をかえりみるとき、グローバル化、情報革命と格差社会の進行という社会の激変にともない、次々に生起する新たな差別事件をどう分析し、糾弾に取り組み、部落差別の原因にどこまで迫れ、社会システムの変革に寄与することができたか、という今日的課題に応えることが求められています。

I　差別事件に関する調査や分析、研究はどのように行われてきたか

「差別事件は氷山の一角」といわれていますが、毎年どのくらいの差別事件が起きているのでしょうか。部落解放研究所では『部落差別事件年表［戦前編］一八七一～一九四五年』（一九九〇年）、『部落差別事件年表　文献でみる［戦後編］一九四五～一九七六年』（一九九二年）を編集・発刊しています。戦前の年表には約二六〇〇件の事件を収録しています。入会権や祭礼、共同浴場などの分野において部落の人びとが公然と排除されていたこと、警察や検察、弁護士や裁判官などの司法関係者による露骨な差別事件、差別戒名や差別過去帳問題など宗教者によって引き起こされた差別事件、教員による差別事件、出版・マスコミ・演芸関係における差別事件などが頻発していたことがうかがい知れます。戦後の年表には約二七〇〇件収録しています。戦後、被差別部落の人びとの部落外との接点が広がり、結婚・就職の際の差別事件が多数表面化しました。また、部落解放運動の高まりとともに、行政・議会関係者による差別事件、マスメディアや大学における差別事件などが多く生じました。『差別糾弾・行政闘争』（部落解放運動基礎資料集第四巻）（部落解放研究所編、部落解放同盟中央本部、一九八一年）に、戦後取り組まれた大きな差別事件の糾弾要綱が集められています。また、差別者を相手取って訴訟に訴えた事例も少なくありません。『戦後部落問題関係判例　解説編／資料編』（部落解放研究所編、部落解放研究所、一九九五年）に、結婚差別や糾弾権をはじめ、戦後、訴訟となった事件の判決と解説を収録しています。

一九八一年からは、全国の差別事件の事例集として『全国のあいつぐ差別事件』が毎年発刊されたほか、各地の事例集も発刊され、差別事件真相報告集会が開催されてきました。

大阪では、『あいつぐ差別事件』が一九七二年から二〇〇二年まで大阪府同和事業促進協議会によって作成され、

一年間に発覚した主な差別事件の概要と差別事件の一覧が掲載されてきました。また、「特別措置法」終了を迎え、それまでの取り組みの総括の一環として、『同和問題の解決に向けた実態等調査報告書　差別事象調査』（大阪府企画調整部人権室、二〇〇一年）や『大阪市における差別事象に関する調査報告書』（大阪市市民局人権部、二〇〇二年）が出され、分析結果が報告されています。その後も大阪府人権協会によって作成された『大阪府内における人権相談及び人権侵害事例分析報告書』やホームページで、人権相談事例や人権侵害事象の分析がなされてきています。

Ⅱ　差別事件の分析とはなにか

日常に隠された忌避・差別・排除の関係を差別と認知し告発することによってはじめて差別事件という社会問題になります。それを可能とする条件は、平等思想や人権意識の普及、国際機関や政府、ＮＧＯ等による働きかけ、被差別者自身のアイデンティティの確立と立ち上がりであるといわれています（吉田早悠里著『誰が差別をつくるのか―エチオピアに生きるカファとマンジョの関係誌』春風社、二〇一四年）。ゆえに、差別事件分析の前提として、各種実態調査や意識調査等に見る忌避・差別・排除の実態や意識の分析が重要となります。差別事件の取り組みの目的は、差別者の気づきをうながし自己変革を求めることにとどまらず、差別事件を生み出す原因を明らかにし、社会システムの変革を実現することにあります。

結婚差別を例に考えると、福井県が二〇一五年一一月に実施した人権意識調査結果報告書では、親に子どもの同和地区の人との結婚について聞いた質問で、約七割が忌避意識を持っているという結果が出ています。未婚の人を対象とした「仮に、あなたが同和地区の人と結婚しようとしたとき、親や親戚から強い反対を受けたら、どうしますか」という質問には「絶対に結婚しない」が一八・八％ときわめて高い比率を占めていることが明らかになりました。また大阪府が二〇一五年に実施した人権意識調査では、結婚する際、興信所や探偵業者などを使って相手の出自を調べることに「問題がある」「やや問題がある」が五七・五%、「問題があるとは思わない」「あまり問題があるとは思わない」が一五・五%となっており、出自を調べる調査をいまだに肯定する層が四人に一人いることがわかります。依然として結婚時における厳しい忌避・差別意識があることが推察でき、楽観はできません。

結婚差別を生み出す社会システムについては、『部落マイノリティ（出身者）に対する結婚忌避・差別に関する分析』（部落解放・人権研究所、二〇〇三年）によると、「結婚差別のメカニズム―結婚忌避・差別はなぜ起こるのか？」として、「第一に、部落マイノリティに対する結婚忌避・差別は、主に「家意識」「偏見」「人種主義」「差別に対する現状認識」「内婚規範・同類婚規範」「幸せな結婚イデオロギー」によって生じる。第二に、配偶者選択は主に同類婚原理にもとづいて行われ、それは家族の「安定」をもたらすための合理的な選択でもある。日本では特に学歴階層内婚傾向が強いという特徴が見られる。第三にそのような配偶者選択のメカニズムに照らし合わせると、マジョリティとの同類的要素を持たないマイノリティは排除される傾向にある。すなわち、結婚忌避は、部落マイノリティに対してのみならず、何らかの「不安定性」をもたらす「マイノリティ」全般に対して生じる。第四に、部落出身であることが顕在化しなければ部落マイノリティに対する結婚差別は生じない。つまり、結婚差別を検討・分析するためには、配偶者選択のシステムそのものが内包するマイノリティ排除の構造を認識する必要がある。そうした配偶者選択のシステムのもとに、部落マイノリティに対する差別が生じるのである」と指摘されています。

差別事件の分析を通じて、忌避・差別・排除の実態と意識、戸籍と家制度、地域支配、重層的労働市場、教育制度など部落差別を残す社会システムの解明が、部落問題の解決にとって最も重要な課題です。

Ⅲ 「特別措置法」終了前後から今日までの差別事件の主な特徴

『全国のあいつぐ差別事件』の二〇〇一年版では、①差別身元調査事件、②インターネットによる差別事件、③結婚差別事件、④就職差別事件、⑤企業・職場での差別事件、⑥教育現場における差別事件、⑦地域社会での差別事件、⑧公務員による差別事件、⑨宗教界での差別事件、⑩マスコミ・出版界における差別事件、⑪差別投書・落書き・電話の一一項目の柱をたて紹介していました。二〇〇四年度版で「全国大量連続差別投書・ハガキ等事件」、二〇〇六年度版で「戸籍謄本等不正入手・部落地名総鑑差別事件」「エセ同和差別事件」、二〇〇八年度版で「土地差別事件」、二〇〇九年度版で「結婚相談所による差別事件」、二〇一五年度版で「ヘイトスピーチによる差別事件」を項目として新たに取り上げました。

『全国のあいつぐ差別事件』では、参考資料として事件数が公表されている「大阪府内における部落差別事象集約件数」を毎年掲載してきましたが、「特別措置法」終了後の集約件数は以下の通りです。二〇〇二年から二〇〇六年までの五年間と二〇〇七年から二〇一一年までの五年間を比較すると、落書きは三三三件から一一九件へ、投書は一〇〇件から二三件へ、発言は一〇八件から七九件へ、インターネットは五一件から二四件へ、電話は六〇件から七三件へ、貼り紙は一四件から一〇件へ、その他は三件から一一件へ推移しています。全体の六五％を占める落書き、投書が大幅に減少することによって、総数も六六九件から三三九件へ半減しています。これは大阪に限らず全国的な傾向ですが、落書き、投書といった差別事件の舞台がインターネットによる電子空間へ大幅に移行したこと、にもかかわらずインターネットによる電子空間での差別事件の捕捉が十分にできていなかったことを推測させるものです。また、その電子空間はグローバルなものであり、少なからず海外のサーバーを利用したものであることも考慮されねばなりません。さらに、計画的・挑戦的な確信犯による事件の増加も見逃せないため、同じ一件の差別事件であっても大量・連続事件となる傾向にあり、刑事事件の対象や訴訟となる事件も増えています。このほか、戸籍謄本等不正取得事件で明らかになったように、興信所、探偵社、弁護士、司法書士らによって、法や制度の網をくぐって膨大な数の不正行為が行われているにもかかわらず、被害者に告知されていないという問題もあります。

いずれも時代の影を色濃く反映した事件と考えられますが、紙数の制約ですべての事件を紹介することはできません。以下、特徴的な差別事件に絞ってその動向を紹介していきます。

差別身元調査事件

戦前から結婚や就職にあたって身元調査が行われてきました。一九六九年には、滋賀県の呉服商が娘の結婚相手の調査を商業興信所京都支社に依頼し、結婚破棄される事件が起き、部落解放同盟が糾弾に取り組みました。こうした動きに対抗するかのように、興信所・探偵社は、「部落地名総鑑」を発行します。一九八五年三月には、大阪府で「大阪府部落差別事象に係る調査等の規制等に関する条例」が制定され、結婚差別、就職差別等の差別事象を引き起こすおそれのある調査、報告等の行為が規制されることとなりました。にもかかわらず、興信所等による身元調査はなくならないばかりか、戸籍謄本等不正入手事件の発覚によって、情報屋を仲介した大規模な闇のネットワークの存在と、個人情報売買ビジネスが摘発されました。

また、電子版「部落地名総鑑」の出現に示される情報化社会の急速な進展が差別意識や差別事件を増幅する危険性が警告されてきました。ビッグデータの収集やマイナンバー制度の導入、頻発する不正アクセスによって漏えいした個人情報が身元調査へ使われることへの深刻な危惧が現実のものとなっています。加えて、「全国部落調査・復刻版」差別事件やインターネットでの「部落地名総鑑」の公開・拡散は、誰でもが公然と身元調べをすることを可能とするもので、差別事件の深刻化が危惧されます。

身元調査による結婚差別の主な事例は以下の通りです。（ ）内は都府県名

▽二〇〇〇年、（福岡）身元調査依頼絶えず：調査会社業界最大手「アイ・アイ・サービス」〈本社東京〉は九四年度以降、部落に関する調査依頼の統計を取っています。同年度は九一四件だったが、一九九九年度は四〇八件まで減少。

▽二〇〇一年一一月、（岡山）岡山県結婚差別告発投書事件：興信所による身元調査の結果、結婚差別を受け破談になり、退職に追い込まれた事実を告発する投書。

▽二〇〇二年九月六日、（東京）A神社宮司・家族による結婚差別発言事件：結婚に際し身元調査をされ、部落民であることを理由に結婚を反対された差別事件で謝罪を求めて慰謝料請求訴訟を東京地方裁判所へ提訴。

▽二〇〇三年七月一一日、（京都）司法書士を通じた戸籍謄本等入手による結婚差別事件：息子の交際相手の戸籍謄本などを司法書士から入手し親が「同和や」と結婚に反対。

戸籍謄本等不正入手・「部落地名総鑑」差別事件

戸籍謄本等不正入手事件の前史として、一九六八年に壬申《じんしん》戸籍の厳重保管、一九七六年に戸籍の公開制限（ただし、弁護士、司法書士等八業種を除く）、一九八五年八月に大阪で弁護士や司法書士、税理士をかたった戸籍謄抄本不正入手事件の発覚、一九八九年九月に福岡で弁護士が戸籍謄本等請求用紙を興信所に横流ししていた事件の発覚、一九九〇年九月に東京で行政書士・社会保険労務士が戸籍謄本を不正入手し、興信所に横流ししていた事件の発覚、一一月佐賀で行政書士が戸籍謄本等請求用紙を興信所に横流ししていた事件の発覚があります。

一九八五年の事件では他人の戸籍謄抄本をニセ弁護士やニセ司法書士等が職務上請求を偽って不正に入手し、興信所や探偵社に一通五〇〇〇円から一万円で密売していたことが明るみになりました。こうした戸籍謄抄本は、結婚や就職における身元調査の重要資料として悪用され、差別調査と結びついていたことも関係者の証言で明らかになりま

した。二〇〇五年四月には、こうした事件を受けて整備された戸籍等請求用紙を悪用し、神戸市、宝塚市、大阪市の三人の行政書士などによる戸籍謄本などの不正請求が発覚しました。このうち、神戸市のYは六五三件の不正請求が、宝塚市のKは二二〇〇枚の不正請求が明らかになり、大阪市のTは一八六〇枚の職務上請求書が使用の有無、使途などが確認できていないままです。さらに名古屋でも興信所による戸籍謄抄本などの不正入手が発覚しました。

また、二〇〇五年四月に発覚した行政書士などによる戸籍謄本等の不正入手事件の調査のなかで、二〇〇五年一二月から二〇〇六年一月にかけて、大阪市内の興信所から、九番目、一〇番目の「部落地名総鑑」が回収されました。さらに、二〇〇六年九月末、大阪市内の複数の調査業関係者から第八、第九の「部落地名総鑑」のデータをフロッピーディスクに収めた「電子版・部落地名総鑑」が回収されました。

こうした事件を受け、二〇〇六年六月に「探偵業の業務の適正化に関する法律」が制定されるとともに、二〇〇八年五月から「改正戸籍法」が施行され、戸籍は原則非公開となり、本人請求時も本人確認が義務づけられるとともに、第三者請求できる場合が限定され、委任状の提出・目的の記載など、条件が厳格化されました。また、この法律に違反した場合刑事罰が科されることとなりました。

しかし、二〇一一年一一月には、職務上請求書を偽造して戸籍などを不正取得したとして、東京都内のプライム総合法務事務所社長や横浜市のガルエージェンシー東名横浜探偵会社社長、司法書士ら五人が愛知県警に逮捕されました。このプライム事件に端を発し、三万件を超える戸籍の不正取得に加え、信用情報、職歴情報、携帯電話の顧客情報、車両情報、住民基本台帳情報や電力顧客情報などが売り買いされている実態が暴露されました。情報屋を仲介した大規模な闇のネットワークの存在と、個人情報売買ビジネスが摘発されました。二〇一二年五月一八日、名古屋地裁はプライム総合法務事務所経営者に懲役三年の実刑判決を出しました。裁判で先の経営者は、「その八〜九割は、結婚相手の身元調査と浮気調査だった」との証言をしています。二〇一三年六月二〇日、戸籍法違反や偽造有印私文書行使罪に問われていた東京都清瀬市の元行政書士で興信所経営者のO被告に名古屋地裁は、懲役三年、執行猶予五年を、妻に懲役二年、執行猶予三年の判決を出しました。神原浩裁判長は判決理由で「職務上請求書を偽造したうえで、これを用いて戸籍や住民票を不正取得して身元調査などに使った犯行は、常習的職業的できわめて悪質」「公簿を不正に取引するグループ「Eネット」を立ち上げ、その元締めとして、〝情報屋〟に反復継続して販売していた首謀者で、その責任はすべての共犯者のなかでもっとも重い」「現実にストーカーなどの被害が出ている」と厳しく指摘しました。

興信所、探偵社、弁護士、司法書士らによって、法や制度の網をくぐって膨大な数の不正行為が行われているにもかかわらず、被害者に告知されてきませんでした。このため、各地の自治体で不正な第三者請求に対する本人通知制度の導入が進められています。

インターネットによる差別事件

インターネットによる差別事件の前史として、一九八九年に発覚したパケット通信による差別事件、一九九四年にパソコン通信ニフティサーブの掲示板への差別的書き込み等があり、インターネットの普及にともない、一九九五年ころから電子メールやネット掲示板、動画投稿サイト、SNS、ホームページといったインターネットの便利な機能を悪用した差別事例が次々と報告されるようになりました。愉快犯による差別的な内容の書き込みに加え、二〇〇〇年には、すでに部落の所在地を収集して偏見を煽るインターネット版「部落地名総鑑」である「特殊部落地名年鑑」が発覚したほか、差別を目的にホームページを立ち上げる事例や実行者の特定が困難な海外のサイトを利用するなど、計画的確信犯による事例が増加しました。同和地区名および同和地区の所在地を地図情報サービス等を利用して掲載したり、動画投稿サイトへ各地の被差別部落のようすを撮影した動画を公開、部落解放運動の運動員名や主な苗字、出身有名人などの個人情報などが誰もが見られる状態に放置されていました。また、携帯電話からアクセスできるサイトや差別メールの送受信事例も増えてきました。

北口末広さんは、「最近の差別事件の動向・特徴とその背景」（『大阪府内における人権相談及び人権侵害事例・分析報告書　二〇〇八年度版』大阪府人権協会、二〇〇八年）で、インターネットでの差別事件の特徴について分析し、「グローバルな世界での情報化の進展が差別意識や差別事件を増幅していて、電子空間では差別や人権侵害が放置状態となっており、扇動的・挑発的な内容や憎悪に満ちたものが増加しています。インターネットでの差別事件は、時間的・地理的制約がない、不特定多数が対象である、匿名《とくめい》で証拠が残りにくい、情報発信や複製・再利用が容易などの特性を縦横に利用したものとなっています。また、電子空間が差別事件の態様を変えつつあり、キーボード一つの操作で大量の差別文書を多くの人に送付することができ、差別行為にいたるハードルがきわめて低くなってきていて、低年齢化してきています。差別意識があるもとでは、たとえ内容が間違っていても、拡散するとその書き込みを真実だと思い込む者が出てきます」と指摘されています。

差別ホームページの立ち上げを例に主な事件を見ると以下の通りです。（　）内は都府県名

▽二〇〇二年一〇月～二〇〇三年五月、（大阪）N社元社員Sによる差別ホームページ、メール事件：コンピュータシステム関連会社N社の元社員が「N社は大阪部落民を差別する会に加盟しています」などと書き込み、大阪の部落の地名を貼り付けた差別メールをN社の代表取締役に成りすまして送信。さらに取引先であるW銀行の偽のホームページを作成し、「部落への融資お断り」などの文章と大阪の部落の地名を掲載。

▽二〇〇三年三月三日～二〇〇四年六月一二日、（兵庫）尼崎市役所勤務同盟員誹謗中傷《ひぼうちゅうしょう》差別ホームページ立ち上げ事件：市役所に勤務する同盟員Nさんに「あなたを特集したホームページを立ち上げます」というメールが送りつけられ、「尼崎市役所の職員を監視するＮＰＯ」を名乗るホームページにはNさんを誹謗中傷する事実無根の内容が書き込まれていた。海外のサイトを利用。

▽二〇〇六年一〇月〜二〇〇七年二月、（愛知）部落解放同盟愛知県連合会が差別ウェブサイトを告発：「B地区にようこそin愛知県」と題し、愛知県内の部落の地名、地図、写真などを掲載した差別ホームページが発覚。特定の企業名を名指しして「怪しげな工場。悪臭をまき散らしている」「つかまったら〇〇（企業名）で肉骨粉にされてしまうぞ」などと記載。「企業と従業員に精神的な苦痛を与えた」として名誉棄損《きそん》で愛知県警に刑事告発。

▽二〇〇七年三月一二日、（東京）Yahoo!ジオシティーズ差別ホームページ事件：会員向けホームページサービスで都内（一部埼玉）の部落の民家や工場の写真と差別的な説明を掲載したホームページが発覚。

人権侵害の被害者を救済する法整備は遅々として進んでいません。日本ではネット監視を義務づける法律や、プロバイダ、サイト管理者、掲示板管理者の監視義務もなく、行政や民間団体によってネット監視や書き込みの削除の取り組みが行われてきました。また、実態把握と新たな取り組み手法のための研究も行われてきています。近年は、ネットパトロールシステムという新しい技術を使った監視の試みも始まっています。（吉冨康成編著『インターネットはなぜ人権侵害の温床になるのか―ネットパトロールがとらえたSNSの危険性』ミネルヴァ書房、二〇一四年）。京都府が二〇一三年度に実施した人権侵害、差別助長の書き込みの実態調査では、一カ月に一七万四七九九件が検出され、掲示板での不適切投稿の八五％が「2ちゃんねる」に集中していました。（『インターネットによる人権侵害の実態調査結果について』京都府府民生活部人権啓発推進室、二〇一四年）

＊ネット上の人権侵害をめぐる現状と対策については、佐藤佳弘著『インターネットと人権侵害―匿名の誹謗中傷〜その現状と対策』（武蔵野大学出版会、二〇一六年）に詳しく、ネット上の人権侵害として、名誉毀損、侮辱、信用毀損、脅迫、さらし、ネットいじめ、児童ポルノ、ハラスメント、差別の九分野があげられています。

＊インターネットでの部落差別の現状およびモニターリングの取り組みについては、『ネット上の部落差別と今後の課題―「部落差別解消推進法」をふまえて』（部落解放・人権研究所編・発行、二〇一八年）参照。

＊Google Trendsなどのソフトウェアを使った部落差別の分析事例については、前掲書に収録されている、高史明「ネット上のレイシズムの研究者より、部落差別の実態把握のために」を参照。

たり、教えたりする行為です。

土地差別調査事件

土地差別調査とは、不動産の取引や購入、賃貸、物色などにあたって、その物件と部落との関係を尋ねたり、調べたり、教えたりする行為です。

宅地建物取引業者に関する人権問題実態調査は、一九九一年の大阪府をはじめとして、三重県、和歌山県、滋賀県、京都府、香川県、山口県、埼玉県などで実施されてきました。二〇一六年、山口県居住支援協議会が実施した実態調査では、過去五年以内に同和地区に関する問い合わせを「受けた事がある」業者が二五％、実際に一一％の業者が「取引が不調になった」と回答しています。また、問い合わせが「偏見や差別につながらない」「一概に（差別とは）言えない」との回答が約七〇％、同和地区かどうか「教える（教示）」行為も、五五％の業者が差別を助長しないと回答していました。宅建業者が差別に無自覚であれば、利潤追求のために部落差別に加担していく構造が明らかになっています。

二〇〇七年一月、大阪府で、マンションなどの建設予定地周辺の立地条件を調査するマーケティングリサーチ会社が、部落の所在地などの情報を報告書としてまとめ、依頼主に提出していたことが発覚しました。報告書にまとめるさい、「地域下位地域」「地域の名前だけで敬遠する人が多い」などの表現を用いて部落の所在を報告していました。土地差別調査事件の取り組みでは、調査会社・開発業者・不動産業界・広告代理店などにたいして糾弾闘争を展開し、差別体質を明らかにするとともに、マンション建設に関する土地購入について部落を敬遠し避けたいとする忌避意識が事件の背景にあったことを明らかにしてきました。この事件に対する究明活動によって関与が明らかになったマーケティングリサーチ会社は五社、広告代理店が一三社、ディベロッパーが一五社確認されています。土地差別調査事件の防止の一環として、土地取引のさいに、部落の所在地を調べたり、知らせたりする行為などを規制の対象とした土地差別調査を規制する条例がこれまでの大阪府部落差別調査等規制等条例を改正し、二〇一一年一〇月一日、全国ではじめて施行されました。

二〇一二年一一月一九日には、和歌山県で、Ｙ住宅販売会社差別事件が発覚しました。Ｙ住宅販売会社の和歌山支店の社員が和歌山県の出先機関にＦＡＸ送信した「競売仕入チェック表」の特記事項欄に「同和地区であり、需要はきわめて低くなると思われます」などの差別記載をしていました。確認会をするなかで、同じような差別記載が全国一三府県の支店でも発覚しました。「物件仕入れチェック表」に書かれた差別記載は、現場の営業所の担当者が、「同和地区の物件を扱いたくない」との動機で書かれたものと責任を認めました。Ｙ社の全社員（一〇七店、五三五人）を対象にしたアンケート調査結果では、「取引物件の所在地が、同和地区かどうかの質問を受けたことがあるか」との問いにたいしては全国平均で二七％の社員が「ある」と答えています。また、「「同和地区である」という理由で販売価格に影響した事があるか」の問いにたいしては一〇・九％が「ある」と回答しています。

宗教界における差別事件

一九七九年の世界宗教者平和会議での差別事件に対する糾弾を契機に、一九八一年に『同和問題』にとりくむ宗教教団連帯会議が結成されましたが、その後も、それぞれの教団では差別事件が起こり、改めて差別体質の克服や同和・人権研修体制の充実などが進められてきました。とくに、仏教教団にたいしては、差別戒名《かいみょう》（法名）や『過去帳』問題について、まさに宗教教団として許されないことを確認し、さらに、それぞれの宗祖の教えに反するものとして、その反省にたった取り組みを求めてきました。差別戒名（法名）や『過去帳』のなかの差別記載については、今日でも、各教団とも改正作業に取り組んでおり、一方で『過去帳』の閲覧禁止措置も取られてきました。

しかし、二〇一二年にテレビ番組のなかで、タレントのルーツを探るという企画で、広島県内の浄土真宗本願寺派の寺院が、『過去帳』（実際は門徒朋細簿であったが、寺院関係者は『過去帳』として紹介）を見せるという問題が起きました。それ以降も、浄土宗、真宗佛光寺派、天台真盛宗、浄土宗西山禅林寺派、曹洞宗、真言宗智山派、臨済宗妙心寺派、日蓮宗、時宗、真言宗豊山派と、あいついで『過去帳』開示問題が起きています。まさに、これまでの部落差別撤廃に向けた取り組みが形骸化していると言わざるをえません。安易に寺院にたいして『過去帳』開示を求める報道機関の問題も大きいです。なぜ『過去帳』が閲覧禁止措置になっているのか、これまでの取り組みを点検し、今日の部落差別と向き合う宗教教団の姿勢が問われています。

差別投書・落書き・電話

二〇一五年四月から六月にかけて大阪、京都、兵庫の部落など三八カ所へ合計一八五〇枚の差別文書を被差別部落の個人宅の郵便受けに投函したり、部落解放同盟支部事務所、皮革・食肉関係業者に郵送するなど、差別文書が大量にばらまかれる事件が発生しました。差別文書は「こら部落民お前ら牛殺しの仲間やろう。えったこらくそ部落民。お前ら真面な仕事出来るか」ではじまり、特定の職業をあげながら、「一般人からの嫌われ者。わしら結婚を前提とした付き合いをやっていても親が興信所で部落出身者かどうか調べて部落出身者だったら強制的に別れさされるんや。今でも差別はあるんや。此の部落差別は何十年立《(ママ)》とうが何百年立《(ママ)》とうが変わらんのや。だから部落差別は当然なんや」と、偏見をもとに被差別部落とその住民を蔑視し、差別する内容が書き連ねられていました。一〇月八日、差別文書について部落解放同盟兵庫県連合会と姫路の皮革業者七社が姫路署に名誉毀損の告訴状を提出しました。九月、部落解放同盟大阪府連合会の五つの支部長も名誉棄損で告訴しました。大阪簡易裁判所は、二〇一六年二月、侮辱罪で科料九九〇〇円の略式命令を出しました。この犯人は、東大阪市に住む六〇歳の男性で、文書を送ったことを認め科料を納付しましたが、動機や差別行為におよんだ背景などの解明、さらに悪質な差別行為に対する罰則が九九〇〇円でよいのかどうかは今後の課題として残されています。

マスコミ・出版界における差別事件

週刊誌等で売れることを目的に社会的地位にある被差別部落出身者の身元を調査し、出自を暴く悪質な差別記事事件も繰り返されています。二〇一二年一〇月二六日号の『週刊朝日』に掲載された「ハシシタ　奴の正体」と題した記事において、橋下市長の出自を暴くことを宣言し、家系図も掲載し出自に関連づけた血統主義を強調し、さらに部落の地区名も明記されていました。部落解放同盟中央本部は、明確な差別記事として朝日新聞出版に抗議文を送付し、出版社に対する糾弾が進められました。三回にわたる事実確認会と二回にわたる糾弾学習会が開催され、篠崎充・朝日新聞出版取締役が「これは明確な部落差別事件で、『週刊朝日』という一編集部の問題ではない。そうしたことを許している、企画・取材の問題、記事にし、発売し、掲載したのは会社全体の問題。人権無視について認識不足は彼らだけでなかった。無自覚だった」とのべ、『週刊朝日』差別記事事件は全社的な問題であることを認めました。また、人権のとらえ方が会社として存在しなかったこと、問題の記事は目玉企画の一つでスタートしたが、売れればいいという考え方が「(橋下大阪市長の危険な動向とその出自―部落とを結びつけるという）インパクトを持った記事で読者を増やしたいとの側面があった。利益至上主義の側面があった。差別問題への認識不足が会社全体を覆っていた」ことも認めました。筆者の佐野眞一さんは以前の反省文の一部を読みあげるかたちで、被差別の現実を知り言葉を失った、自分の行為は万死に値する、猛省し、部落問題に寄り添う作品を書きたい、と決意をのべました。また、取材の問題点として、差別につながる身元調査まがいのことが行われていることなども指摘されました。

「全国部落調査・復刻版」出版事件

二〇一六年二月に入って鳥取ループ・示現舎が「全国部落調査・部落地名総鑑の原典　復刻版」と題した書籍を発行し、販売するという情報をホームページに掲載しました。鳥取ループ・示現舎のMが出版をもくろんだのは、戦前に政府の中央融和事業協会が調査した調査報告書『全国部落調査』（一九三六年作成）の復刻版です。報告書には全国五三〇〇以上の部落の地名、戸数、人口、職業、生活程度を詳細に記載しています。復刻版ではこれに現在の地名と対照したものを作成し販売を画策。また、鳥取ループは自身が運営するインターネットのウェブサイトで「全国部落調査」の掲載をふくむ同和地区の所在地および部落解放同盟の幹部の名前、住所、電話番号を掲載していました。

鳥取ループ・示現舎が全国の被差別部落の所在地や部落解放同盟の役員など関係者の名前、住所、電話番号など個人情報を一覧にしてインターネット上で公開、拡散していることにたいして、四月一九日、名前などを掲載された被差別部落出身者のうち二一一名と部落解放同盟は、名誉権、プライバシー権、業務遂行権（憲法一三条）および差別されない権利（憲法一四条）にもとづき、『全国部落調査』の出版等差止め、ウェブサイトの削除・公表禁止を求めるとともに、不法行為責任（民法七〇九条・七一九条）、業務執行社員の責任（会社法五九七条）にもとづく損害賠償を求める訴訟を東京地方裁判所に提訴しました（追加提訴により、原告は部落解放同盟を含め二四八名）。

二〇一八年七月五日には、「全国部落調査・復刻版」出版事件裁判が開始され第一回口頭弁論が開かれ、原告を代表して、片岡明幸・部落解放同盟中央副委員長と中井雅人・弁護士が意見陳述、鳥取ループ・Mの復刻版出版・ウェブサイト掲載の犯罪性、仮処分決定を無視した反社会的な違法行為を指摘、悪辣《あくらつ》な差別行為の徹底的な断罪を訴えました。二〇一八年三月一二日まで八回の口頭弁論が行われています。また、本訴に先行して出版等禁止の仮処分（横浜地裁）、ウェブサイトからの削除仮処分（横浜地裁相模原支部）、マンションの仮差押え（横浜地裁相模原支部）、自動車の仮差押え（横浜地裁相模原支部）の申立てがなされましたが、裁判所は『全国部落調査』出版を仮に禁止し、インターネット上で『全国部落調査』等のデータを配布することを仮に禁止し、Mの行為が不法行為を構成するとしてMの所有不動産を仮に差押える結論をいずれも維持し、仮処分・仮差押えの決定が確定しています。

Ⅳ　差別事件の解決に向けて

二〇一六年一二月九日、「現在もなお部落差別が存在する」ことを公的に認め、「部落差別の解消を推進」し、「部落差別のない社会を実現する」ことを明記した「部落差別の解消の推進に関する法律」（部落差別解消推進法）が、参議院本会議で可決、成立し、一二月一六日公布され、即日施行されました。今後、「障害者差別解消法」や「ヘイトスピーチ解消法」など、他の個別人権課題の取り組みとも協働し、包括的な差別禁止法の制定や国内人権機関の創設に向けた幅広い運動を進めていかなければなりません。

差別事件の被害者に対する現行の法的救済には、刑事訴訟と民事訴訟があります。現行の法や制度での救済には限界があるものの、差別の法規制と法的救済を求める立法事実として、判例が積み上げられてきています。

この間の重要な判決としては、以下のものがあります。

二〇〇三年五月から二〇〇四年一〇月にかけて、部落解放同盟東京都連合会を集中的に、全国各地の府県連や同盟員宅、ハンセン病療養所に、「〇〇殺す」などと脅迫する内容の四〇〇通を超える大量の差別封書・ハガキを執拗《しつよう》に送りつけたり、名前を詐称し高額な書籍などの物品を送りつけた全国大量連続差別投書・ハガキ等事件で、二〇〇五年七月一日、東京地裁（上岡哲生裁判官）は、被告人Sに対して、脅迫罪、名誉毀損罪、私印偽造及び同使用罪で懲役二年の実刑判決を言い渡しました。上岡裁判官は判決で「被告人は、他者の名前をかたるという匿名的な手法で、はがき等にいづれも不当極まりない差別表現を執拗に記載しており、そのこと自体が強固な犯行の意志を被害者らに伝えるものとなっており、名誉毀損や脅迫の各被害者は、被告人のこのような犯行の被害に精神的苦痛を受け、身の不安を感じるなどしている…以上の諸事情からすれば、被告人の責任は重いというべきであり、…主文の実刑に処するが相当であると判断した」と述べました。被告は控訴せず、服役。

「B地区にようこそ.in愛知県」と題し、愛知県内の部落の地名、地図、写真などを掲載した差別ホームページの作成者に、二〇〇七年一〇月一五日、名古屋地裁（刑事第三部・森嶋聡裁判長）は名誉棄損で懲役一年、執行猶予四年の判決を言い渡しました。判決は「匿名の掲示板サイトへの誹謗中傷的な書き込みにのめりこむなかで同和問題に関心を抱くとともに、被害会社の中傷記事をみて面白半分に犯行に及んだ」「事実無根の罵詈雑言《ばりぞうごん》を書き被害会社の名誉と社会的信用を損ねることはなはだしく、差別助長も大いに懸念される」と述べました。被告は控訴せず、確定。

奈良県の水平社博物館前で、携帯マイクを使って「目の前にあるエッタ博物館、非人博物館」「いいかげん出てこい、エッタども、エッタ、非人」などと悪質きわまりない差別発言を連呼し、この言動の一部始終を自己の動画サイトに投稿し流布させた差別街宣事件で、二〇一二年六月二五日、奈良地裁（牧賢二裁判官）は、被告・K（在日特権を許さない市民の会副会長・当時）に対して、不当な差別語を発し、差別街宣と動画の公開によって水平社博物館の名誉を毀損したと認定、不法行為となる言動から水平社博物館に生じた有形・無形の損害は相当大きなもので、これに対する慰謝料として一五〇万円の支払いを命じました。被告は控訴せず、確定。

＊本稿は、雑誌『ヒューマンライツ』三三九号・三四〇号（二〇一六年六月・七月）に執筆した「「特別措置法」終了後の部落問題に関する差別事件の動向―『全国のあいつぐ差別事件』から考える」の内容を要約し、最近の動向を加筆したものです。差別事件の詳しい事例については、同論文を参照してください。

三度「カムアウト（部落を名乗る）」について

住田一郎

はじめに

私はこれまで二回（一九九八年[1]、二〇一〇年[2]）、「カムアウト」について論じてきました。今回、改めてこのテーマについて論じるのはなぜか。最も大きな理由は二〇一〇年に鳥取ループを名乗る人びとによって「大阪市内一四地区の被差別部落の存在を明らかにする地図」がインターネット上にアップされたことです。部落解放同盟からあまりにも露骨な被差別部落の明示だと、法務局に削除要求が出されました。法務局は鳥取ループの主催者[3]に削除要請をしました。鳥取ループ主催者はあくまでも法務局からの「削除のお願い」なので、「丁重にお断り」し、アップし続けたままです。一昨年には、彼らは「部落地名総鑑[4]」に手を加えた『全国部落調査　部落地名総鑑の原典』の復刻を企画しましたが、部落解放同盟による出版差し止め請求により、横浜地裁での「出版差し止め」判決によって出版は阻止されました。彼らは出版をすることができませんでしたが、この「全国部落調査・復刻版」をインターネット上にアップしました。

今や被差別部落の存在（所在地）はインターネットを検索すれば誰にでもわかるようになっています。法務省への、インターネットにアップされた『全国部落調査』やそれに類似した「部落地名の明示」サイトに対する削除要求は残念ながら実現にはいたっていません。しかも、一旦インターネット上にアップされると「削除」が決定されたとしても、実際に「削除」されるまでに時間がかかってしまいます。さらに、インターネット上から情報を取り込むことは自由であるというインターネットの性質からも拡散を止めることは不可能です。つまり、『全国部落調査』や類似の「リスト」を通じて、今や全国の被差別部落が明示されている状況にあります。私自身、学生から地方都市に存在する被差別部落の地名や地図を数カ所提示されたことがあります。学生によると、「〇〇市の被差別部落」と打ち込むだけで「地図や住所」が表示されるらしいのです。

このような事態に遭遇している今日、改めて被差別部落民自身による「カムアウト」の必要性について論じるのが、この小論の目的であります。

I　カムアウトをめぐる三つの立場

私のカムアウトに対する反対意見は、以下の第一と第二の立場があります。

第一は、かつての「寝た子を起こすな」論にも通じる立場からの反論です。

この立場の、一つとして三浦耕吉郎が紹介するエピソードがあります。彼の聞き取りに、クレームをつけた、皮鞣《なめ》し職人のつれあいさんの「うちの孫でも知りませんよ、都会に暮らしてると。こういう（部落にかんする）ことでも、学校で聞いてきてすずしい顔してしゃべってますもん。しゃべってても、知らん子に、親は知らすことはないからね。そしてあんた、うちは、このむら、部落いうこと嫁に言うてませんし、嫁も知りません。息子は知ってても、それを言う必要もないし、嫁は知りませんから。まして、子ども（孫）知りません、ね。で、こういう、おかしな、アンケートの、こういうのにも残すのおかしいなぁ、と思ってね……」と。この発言に対して、三浦は「聞き取りの記録を残すのは、むらが部落であるとおおやけに告げるにひとしい行為である。調査に協力したばっかりに、これまで知らずにすんでいた嫁や孫たちに、ここが部落だということを知られてしまっては、もともこもなくなってしまう……。こんな切実な思いが、聞いているこちらにも、ひしひしと伝わってきた」と書きます。さらに「その時の彼女の気持ちを私なりに推測すれば、ただでさえ部落差別に身をさらしているというのに、調査に協力することによって、なぜまた自分たちがさらなる被害者にならなければならないのか、という割り切れない思いがあったのではないかと思う」とも記述しています。(5)

二つは、被差別部落の地名を明示すること自体を部落差別とすることとです。角岡伸彦が紹介する、(6)映画「にくのひと」（二〇〇七年）の一般上映に対する地元部落解放同盟支部長からの上映阻止の要請です。「支部長の指摘・要求は、大きく分けるとふたつあった。ひとつは、若者が部落差別を笑いのネタにするシーンの削除。もうひとつは、インタビューで出演者たちが語る地名や「エッタ」などの賤称語、食肉センターの住所を表記したシーンのカット」などです。さらに支部長は「これまで（われわれは）『エタ』と言われて苦しんできた。自殺したり心中したりした人びとが墓の中には眠っている。それを軽々しく酒を飲みながら『エタ』と言うのは許せない。死んでいった人に失礼だ。全国で上映した場合、そういった感情を抱く人が絶対にいる」と語ります。結局、映画自体をお蔵入りせざるをえなくなった事例であります。

この作品の場合には、作品中に屠場名が出ており、地域が被差別部落であると特定されます。「部落地名総鑑」での差別明示にもつながる作品であり、容認できないと、地元の部落解放同盟支部ばかりではなく、部落解放同盟兵庫県連合会も作品の上映を拒否しました。

参考までにいい添えておくと、この作品は二〇〇八年の「第三九回部落解放・人権夏期講座」（部落解放・人権研究所など主催）で上映され、多くの観客から好評をえていました。二〇〇九年には、アムネスティ映画祭にも取り上げられ、多くの観客を動員しました。二〇一〇年には、第一回田原総一朗ノンフィクション賞を受賞しています。

この映画「にくのひと」へのクレームの付け方は、従来の「寝た子を起こすな」論とは質的に違っています。同様のことは二〇一二年にも起こっています。『週刊朝日』一〇月一六日号に掲載された佐野眞一の記事に対して、当事者である大阪市長・橋下徹が、二日後の記者会見で次のように強く抗議しました。「ルーツだったり、親だったり、特に育てられた記憶もない実父のある意味、生き様だったり、もっといえば、当該特定の地域が被差別部落だったり、そういうことを出して、僕の人格を否定する根拠として徹底的に調査する、暴いていくっていう、その考え方自体を問題にしております」と。この抗議に『週刊朝日』側と親会社の朝日新聞社は深く陳謝し、担当者を更迭、二回目以降の連載の中止を決定しました(7)。

この事件で私がこだわるのは、当初朝日新聞側が「記事内容の橋下氏の生い立ち云々よりも、被差別部落の地名を明示した」ことを、ジャーナリストとして犯してはならないこととして、詫びた事実です。

これらの事例から導き出される結論は、今日においても「被差別部落の地名を明示しない、明示すれば部落差別だ」ということになります。

もし、このことが「部落差別」とされるなら、今後の部落解放運動にとって、さらに私が提起する「カムアウト」(部落を名乗る)にとっても見逃すことのできない重大な課題を提起していることになります。

第二は、部落民の存在自体を「共同幻想」として、実体としての部落民を否定する立場です。私の「カムアウト」に対しても「なぜ、実体でもない部落民を名乗るのか」と批判されます。私は、福岡水平塾の原口孝博さんから「共同幻想」の立場での批判を受けてきました。それに対する反論を私は「差別は幻想か」(『こぺる』六二号、一九九八年五月)の小論で行っています。原口さんをはじめとする福岡水平塾の人びとによる「「部落」は共同幻想であり、意識の囚われであって、「部落」も「部落民」も実体としては存在しない。これは私たちがすでに確認した考え方である」との主張に対する私の反論でした。「実体として存在しない」のなら、私の「カムアウト」もまったく意味をなさないことになってしまうからです。

その後、部落差別問題を関係主義的（構造論的）立場からとらえるとする三浦耕吉郎によって、客観的事実として私がとらえてきた被差別部落・部落民把握に対する構造的な批判が以下のようになされます。

部落差別とは、そもそも「（生活）実態」とか「（人びとの）心理」といった実態的要因に還元できるものではなく、むしろ、社会における様々な制度や構造やネットワーク上における、人びとの布置連関や位置関係といった関係的要因にこそ起因するものとして捉えるからである。

じっさい、私見によれば、先のような様々な不祥事（部落解放同盟幹部および同盟員による＝引用者）が生じる背景には、〈同対法体制〉の基本枠組みが大きく関与していたフシさえ窺《うかが》える。

以下では、従来の実体主義的（ないし人間主義的立場）にかえて、私たちが立脚する関係主義的立場に立ちながら、あらためて部落差別問題を、「実態的差別」や「心理的差別」とは根本的に異なる「慣習的差別」という観点からとらえ直していく。(8)

この場合に私が提起する被差別部落民自身による「カムアウト」は必要でないのか、どうなのかは不明です。三浦の立場からするなら、第一での「皮鞣しのおつれあい」の言い分を彼自身は結果的にほぼ容認しているように私には思えます。これまでの人生で部落差別に向き合い、ほとんど否定的な対応しかされてこなかったゆえの「彼女の生活知」として受け入れ、「黙ってしまう」三浦の立場を私は「それもそうだなあ」とは容認できません。ただ、私は三浦の関係主義的（構造主義的）立場なり、「慣習的差別」との部落差別問題のとらえ方そのものを否定しているわけでありません。あくまでも、被差別当事者としての被差別部落民が「異議申し立て」の主体として、部落差別問題解決に向けて、どのような立場をとる必要があるのかについて、私は「カムアウト」を論じているのです。

しかし、このような反対の意見もありますが、私としては、やはり「カムアウト」が必要だと考えています。部落民について藤田敬一や畑中敏之は以下のようにとらえています。藤田は大賀正行との対談で、「部落民というのは、部落差別（意識）を媒介にして成り立つ人と人との関係の中の幻像であって、部落民という民が存在しているわけやない。しかし、この幻像が実体化される。つまり部落民というものは存在しない。存在しないのに存在させられる」（『こぺる』八号、阿吽社、一九九四年九月）と語ります。また、畑中は「「部落」・「部落民」は幻想である＝存在しない、しかし、実体である＝存在する。存在しないのに・存在する（存在させられている）、これが「部落」・「部落民」である」と。さらに「住田一郎さんが、「部落民」であることを〈引き受ける〉などと主張するのは、まさに差別に囚《とら》われない立場からの〈実体である＝存在する〉認識の表明なのである[9]」と指摘します。私も基本的に彼らの部落民のとらえ方にくみするものです。

明治維新を通じて近代社会に突入したこの国は、明治四（一八七一）年に「解放令」を制定しました。その後、各地でこの「解放令」に対する反対一揆が起こり、被差別部落（旧穢多・非人村等）が襲われ、奈良のように庄屋から「解放令は五万日の日延べ」と旧穢多村に伝えられたといわれています。一八七二（明治五）年に発布された教育令によって、小学校が各地で設置されましたが、兵庫県や奈良県に残された資料に見られるように、一般地区から部落との共学を拒否され、やむなく、部落学校を開校せざるをえなかった事実があります[10]。これらの事実は部落と非部落住民を明確に分け隔て、双方の間に明確な一線を引き、部落民を排除した証左です。差別された被差別地区・部落民は客観的に存在していたのです。だからこそ、これらの不条理な対応に被差別部落住民は当然のごとく「異議申し立て」の声をあげてきました。

一九〇一（明治三五）年に広島控訴院で「穢多である事実を隠しての結婚は詐欺罪にあたる」との不当な判決がなされました[11]。「解放令」が発布されて三〇年後であっても、裁判長は「世間では穢多を忌み嫌う風習はなくなっていない」と主張しています。一九〇六（明治三九）年、島崎藤村は小説『破戒』を出版し、主人公の瀬川丑松《うしまつ》に「教室で土下座してのカムアウト」をさせています。もちろん、このカムアウトの情景を全面的に受け入れることはできないとしても、旧穢多身分当事者としての丑松の自意識の目覚め、発露であったことに間違いはありません。また、このころ、中江兆民の弟子である前田三遊は雑誌[12]に「卿等は其新なるを恥づる勿れ、卿等は其真ならざるを恥ぢよ」と「穢多自身が自ら穢多であることを隠すな。穢多であることを名乗れ」そうするなら、私前田は諸君の運動に共感し共に闘おうとの記事を掲載しています。一般雑誌等で部落民による「カムアウト」を最初に提唱し、支持したのは前田三遊であろう。前田は被差別当事者である被差別部落民（穢多）による「カムアウト」を求めたのです。さらに、全国水平社創立宣言に見られる、有名な「穢多であることを誇り得る時が来た」にも「当事者として異議申し立て」をする重要性が込められています。

私の「カムアウト」の提起はこれらの歴史的事実から学び継承するものです。

Ⅱ 「同和対策事業特別措置法」後に、残された被差別部落民の課題

三三年間制定された同和対策に関する一連の特別措置法（以下「特措法」）は二〇〇二年三月末をもって終結しました。

この法律によって各地の被差別部落に見られたいわゆる「実態的差別」状況は大きく改善されます。特に、各地に見られた住環境の改善には著しいものがあります。たとえば、私が訪れた大津の日吉《ひえ》神社の近くの被差別部落は、急峻《きゅうしゅん》で狭隘《きょうあい》な居住地から周辺の整地された場所に移転しました。その敷地内の小さな広場に「夢実現」と大書きされた石碑が建てられています。

しかし、残念ながら、部落差別問題の解決を見るまでにはいたっていません。とりわけ、部落差別問題と向き合わざるをえない部落民のなかに、みずから被差別部落の明示や部落民を名乗ることを否定（拒否）する部落出身者が少なくない状況をもたらしています。部落差別問題を解決するうえで、一方の当事者である被差別部落民が〈部落差別問題解決のための土俵にあがる〉ことを「拒否」する事態が生まれています。

その一例をこれまであまり指摘されることが少なかった被差別部落内の公務労働者について考えます。二〇一七年の部落問題についての研究会の席上、私は「「特措法」によって数多くの被差別部落出身者が公務労働者（主として現業職）として雇用されてきた。彼らの多くは定年期を迎え、比較的自由な時間が持てているはずだ。彼らが部落解放運動に参加する条件をつくりだせれば、また新たな運動の展望が開けるのではないか」と発言しました。すると、言下に参加者から「何を甘いことをいっているのか。定年を迎えた地域の優先採用された公務労働者が部落解放運動に参加するはずがない」「優先採用者を多く抱える現業現場で組合の役員が組合員の前で話すことは、遅刻をしない・無断欠席はしない・まじめに仕事をする・さぼらない、だったと聞いている。その彼らが定年後、地域での部落解放運動に参加するなど私には信じられない」との発言がなされました。優先採用された公務労働者が各地で、反社会的行為等で処分を受け、退職している事実も報道されています。私も地区内の銭湯で四〇歳近くなって優先採用された公務労働者の知人から「一郎君、最近俺は職場で同じ優先採用された同僚とはほとんど話すことも一緒にいることもない。彼らは、ほとんど仕事はしないし、遅刻は多い、無断欠席は当たり前、部落解放同盟支部からの動員には大手を振って職免で出かける、職長は遠慮してか注意もしない。やりたい放題や。俺はそんなん嫌いやし、ほとんど、職場内で敵対する組合の同僚と一緒にいる」と聞いたことがありました。

〈「特措法」体制〉は、残念ながら、結果的に部落差別問題解決に立ち向かう資質・能力を被差別部落の公務労働者に身につけさせることには成功していなかったのです。もちろん、その責任は雇用者である行政側の対応にもありますが、その一端は部落解放同盟が担い、同時に、当の労働者自身が担うべきことはいうまでもありません。ただ、一部であれ彼らは、優先採用時に、部落解放同盟支部の役員になにがしかの「礼金」を手渡していたことも事実であり[13]、職場内で「特権〈「被差別正義[14]」に依拠した〉」意識を振りかざしていたとも考えられます。彼らにとって霊験あらたかだった〈「特措法」体制〉の終結は部落差別問題そのものとの決別でもあったようです。

しかし、なぜ、優先採用で雇用された部落民の少なくない人びとが、公務労働を通して「労働者としての社会的規範」を身につけることができなかったのかとの疑問は残ります。それは多分、私が部落解放運動のなかで、これまでこだわり続けてきた、〈被差別部落民の内面的弱さ〉の克服という課題[15]と、彼ら公務労働者自身がどのように向き合ってきたのかが大きく関係しているように思います。

多くの公務労働者にとって〈「特措法」体制〉による成果の一つは、定年後、年金生活で生活に困らなくなったことかも知れません。これまで被差別部落での年金生活者は皆無に近かったのですから。

Ⅲ 「特措法」終結以降

「特措法」が終結した翌年の二〇〇三年に『INTERVIEW「部落出身」―12人の今、そしてここから』という著書が解放出版社から刊行されました。一二人はすべて実名での掲載でした。私はこのような著書が出版されるようになったのだと、うれしくすぐに購入し一気に読みました。『こぺる』（一二六号、阿吽社、二〇〇三年九月）にも、この著書と関連づけて「カムアウトについて」の拙文を投稿しました。拙文では、一二人のなかで、特に、地方出身者で地元に根づいた文化活動のリーダーとして活躍している若者が、肩ひじ張ることなく、自分の周りに部落内外のたくさんの友だちをつくっており、自然なかたちで部落問題とも向き合っている姿に私は注目し、期待しました。

なぜなら、〈「特措法」体制〉のなかで、多くの被差別部落を校区に抱える小・中学校では、地元の部落解放同盟からの要望、願いに応えるかたちで、部落民としての「みずからの社会的立場の自覚」をめざした「部落民（立場）宣言」が解放（同和）教育実践として行われてきました。〈寝た子を起こすな〉ではなく、〈部落民としての自覚〉が重要視されていたからです。しかしながら、この実践も九〇年代を迎えるとともに、いつしか児童・生徒たちから、運動や親、それに教師たちからの「強制」への反発の高まりや「特措法」による大きな生活改善によって、火が消えるように行われなくなりました。この原因として私は、部落解放運動を主要に担うべき大人たちの部落解放運動が「生活改善」面（「実態的差別」）に重点をおいてきたこと、さらに、子どもたちに「みずからの社会的立場の自覚」を強いた（求めた）にもかかわらず、地域内の少なくない大人たちが、「みずからの社会的立場の自覚」と主体的に向き合うことを避けてきたからだと考えます。このような厳しい状況のなかで迎えた「特措法」終結だっただけに、先述の若者たちのような部落問題との前向きな向き合い方に新鮮な感動を覚えたのです。

「特措法」終結時に、部落差別と向き合い、それと立ち向かい「自分は自分なのだ」と「生きる世界を広げた」若者が存在したことの意味は大きかったに違いありません。

もちろん手放しで感動しているわけにはいきません。部落差別問題は部落民・非部落民双方にとって〈出会い頭〉の事故のように、避けがたいかたちで遭遇してしまうからです。よくいわれるように、部落差別問題における「予断と偏見」は決して、非部落民側にのみ見られる現象ではありません。部落民側が非部落民側には部落民に対する「予断と偏見」を持っているとの認識（憶測かも）によって、相手に「カムアウト」できない（しない）、胸襟を開けず躊《ちゅう》躇《ちょ》する場合も見られるからです。

都会に出た多くの部落出身の若者たちは、あえて、隠すとの意識もなく、部落問題にふれないで生きている場合も多いです。しかし、地元では自分が部落民だということはほとんど自明に近く、前述の若者たちのように、隠すことなく自然に部落民を振る舞うことにもそんなに抵抗はありません。数年前の授業終了時、学生から「ぼくは長野出身の部落民です。両親ともに部落解放運動に参加していたので、高校までは普通にカムアウトしてきました。しかし、この大学ではなぜかカムアウトできません」と語りかけられました。彼のように、都会では相手の友人あるいは恋人が部落問題についてどのような態度をとるのか皆目わからず、不安にとらわれてしまうのです。さらに、部落に対する「予断や偏見」を持っていると疑心暗鬼的にみずから膨らませ、「カムアウト」することを躊躇させてしまいます。この部落民側による「躊躇」する姿勢が「寝た子を起こすな」的態度を今日もなお生み出している要因の一つではないでしょうか。

他方で、「特措法」下で育った若者のなかには以下に示すような事例も見られます。前述した『週刊朝日』問題を受けて、『サンデー毎日』（二〇〇三年二・三号）には、大阪府内の被差別部落で生まれた武田緑の体験が掲載されていました。「武田さんを変えたのは、大学一年のころ参加したピースボートの地球一周の船旅でした。航海中、世界のさまざまな社会問題を議論したことで「人権教育を受けて自分の考えをちゃんと持ててると思っていたのに、それが周囲の大人の考えをなぞっていただけだったと気付いてショックだった」と。武田さんのここでの「気づき」が、数年後にバイト先の店長からの「大阪には部落が多いと聞いたけど……」との問いかけに、あえてあっけらかんと、「そうですよ。私も部落に住んでます」と答えます。「自分のことを知ってほしいと思える相手には、日常会話の中でさりげなく部落とのかかわりを伝えることにしている。（中略）これなら「カミングアウト」のような重苦しさもないので、話す方も、聞く方も気負わずにすむ。一種のスキル（技術）です」と語ります。

さらに、「うちって「部落」なん?」（『週刊金曜日』二〇一二年一一・六号）には、被差別部落出身の青年の発言が次のように掲載されています。

偶然同じ部落問題の講義を受けていた時のことだ。「部落出身者であることを話してもいいか」と弟に聞くと、

「おれにも影響が及ぶことはやめてほしい」という返事がかえってきた。……実際に差別を受ける可能性があるので難しい状況があるのは確か。でも、地名も含め具体的に出さないと伝わらないこともある。何が部落を伏させているのか。メディアをはじめ社会が部落問題をタブー視することで、差別を感じながら生きている当事者が苦しめられていると思う。……部落差別が見えなくなったことと、なくなったことはイコールじゃない（川崎那恵）。

同じ彼女が『サンデー毎日』（二〇一三年二・三号）「被差別部落と若者たち」で、「今は大学職員として働きながら、「寝た子を起こして、仲良くごはん。」と名付けたブログに日常をつづる」（川崎）と述べています。

部落解放同盟中央本部の松岡徹書記長（当時）も「私たちは出自を隠せと言っているんじゃないんです。むしろ、出自を出しても差別されないという状況、守られる社会を、作らなければいけないと思っているんです」（『創』二〇一三年三月号）と話しています。また、これまで部落問題にかかわるルポや記事を書いてきた人びとからも、被差別部落の地名明示を差別とするなら、部落問題についての議論はできない、との指摘がなされています。角岡伸彦[16]は「僕は部落問題を書く際、地名はよく書くんです。でもそれで問題が起こるケースはほとんどない（のちに前述の著書『ふしぎな部落問題』では問題が起こるケースについて書いている）。それは書き方の問題で、地名を出すか出さないかが問題ではないんです」と発言しています。上原善広は「そもそも部落解放、部落差別がなくなるということから言えば、地名表記をしても何も起こらないというのが理想的な最後の到達点なんですね」と。さらに髙山文彦も「橋下徹が血脈主義けいけないと言ったのと、地区名を出すべきでないと言ったのは、とても大きな問題で、我々はそれがだめだとなったら何にもかけないでしょう」と発言しています。魚住昭も「毎日新聞」（二〇一二年一〇月二〇日）「取材拒否から二日後」で「ある地域を被差別部落と特定して記すことが絶対にだめとは言い切れない。被差別部落についてどういうスタンスをとるかが問題だ」と指摘しています。彼らの意見は、単純に「被差別部落の地名明示＝部落差別」

とはとらえていないのです。

ところが、「『週刊朝日』二〇一二年一〇月二二日掲載記事「ハシシタ　奴の本姓」に関する抗議文」（「解放新聞」二〇一二年一一月一五日）には、部落解放同盟中央本部執行委員長組坂繁之名で「4　記事中では「八尾市安中地区には被差別部落がある」と明記されています。差別図書『部落地名総鑑』を例に出すまでもなく、被差別部落の地名は差別につながるセンシティブ情報として極めて慎重に取り扱うべき情報です。近年、「土地差別調査事件」が大きな社会問題となるなかで、あえて地名を明記した事実は当該住民に対する重大な差別行為と言わざるを得ません」と指摘しています。さらに『週刊朝日』（二〇一二年一一月八日）「部落解放同盟トップが血脈報道に憤怒激白」では、「記事中、大阪府内の特定の地区の名前をあげて、被差別部落があると記しています。地名を明かすことで、そこに住む部落の人をどれだけ苦しめるか」と語ります。この組坂委員長の発言は先述した映画「にくのひと」の上映を阻止した部落解放同盟支部役員や兵庫県連の論理を追認することになっています。

部落差別問題の解決は地域社会における歴史的社会的事実を「隠蔽」し続けることによってしか、その解決は図れないのでしょうか。ふたたび古地図の開示を阻止し、われわれ被差別部落民のルーツを探ることすら部落差別といい続けるのでしょうか。「隠蔽」という消極的手段以外に部落差別問題の解決はないのでしょうか。全国水平社創立から守り続けてきた、当事者としての自覚（カムアウト）にもとづく部落差別への「異議申し立て」の闘いの伝統と真逆の対応でいいのでしょうか。

Ⅳ　結論

その後、二〇一三年には、映画「ある精肉店のはなし」が一般公開され多くの観客に、以下のような感動をもって迎えられました。この映画では被差別部落の地名や氏名等が明示されています。

「オープニングはいきなり牛の解体が始まってしばらくまばたきもできず！！　凄いと思いながら観てるとやがてその思いに対して本編内で答えてくれた。「これ見てスゴイ言いながら、その肉食べてるあんた等の方がスゴイ」との一言」

「人に嫌なことさせといてエエトコ取りの自分に気付く。差別に限らず人は他人のことをいかに自分へ置き換えが出来るかということが重要と思う」

「差別はなくならないと思うが、差別されてる人をもう一歩深く知ると私と変わらない人間であること、又は優れていることさえがはっきり解る。それを知って初めて〝まずひとつ〟垣根が外れるんだろう。まず、現実を知ること」と知らせることは不可欠。出演者達がまったく差別を忘れさせる生き方を送っていることで、さわやかな後味を覚えた」と綴られています。

映画のブログ[17]には他に七十数件の意見が寄せられています。部落の地名や氏名を明示することで部落差別を誘発する意見は見られません。映画「にくのひと」の上映が部落差別を生み出す可能性があると、阻止要請をした先述の部落解放同盟関係者の「恐れやおののき」は私には杞憂《きゆう》であったと思えます。もちろん、彼らが危惧するように、地名や描写によって「部落差別」を誘発、拡大する人が絶対に現れないと断言することはできません。しかしながら、私たち人間が「無菌状態では生きられず、菌とのせめぎあいによって生きてきた」といえるなら、部落差別問題においても、菌（差別）そのものの実体を当事者として「隠蔽」ではなく、「顕在化（カムアウト）」することが求められているのではないでしょうか。

黒人に対する差別、障害者に対する差別、女性に対する差別等々の解決は決してみずからの存在そのものを変えることではありません。黒人は黒人として、障害者は障害者として、女性は女性として差別されないことが解決なのです。国連への要請行動で、障害者たちは「当事者の意見を抜きにした法案をつくるな」と求め、みずからを「障害者である」と引き受けました（「障害者になる」）。ならば、被差別部落民にとっても、部落民として差別されないことが当然です。もちろん、被差別部落民が黒人・障害者・女性と同じように、未来永劫《えいごう》、「部落民」として存在し続けるわけではありません。何のためらいもなく、あっけらかんと日本社会のある時期まで「部落民」は差別されていた歴史的存在として語られることになるでしょう。決して「部落民」にかかわる歴史的事実を抹殺することが部落差別問題の解決ではないと、私は考えています。

カムアウトは当事者からの「異議申し立て」でもあります。そのためには、部落差別問題と被差別部落民自身が向き合い、「部落民になる＝部落民を引き受ける」ことが求められます。極端にいえば、「部落民を引き受ける」ことができるなら、何が何でもカムアウトしなければならないとは考えません。状況によってカムアウトするかしないかを判断すればよいと思います。最も肝心なことは部落差別問題の解決に向けて、一方の当事者として「部落民を引き受ける＝部落民になる」ことだからです。

注

1 住田一郎「カムアウト〈部落を名乗ること〉について」朝治武・灘本昌久・畑中敏之編『脱常識の部落問題』かもがわ出版、一九九八年

2 住田一郎「カミングアウト（部落を名乗る）の意味について」関西大学『人権問題研究室紀要』六〇号、二〇一〇年九月

3 鳥取ループ・三品純『部落ってどこ？　部落民ってだれ？』示現舎、二〇一一年

4 『全国部落調査』（中央融和事業協会、一九三六年三月）をもとにした『部落地名総鑑』等数種類が一九七五年に発覚した。全国に分布する約五〇〇〇カ所の被差別部落がリストアップされた書物。約二〇〇社の企業や・学校法人が購入し、職員の採用

時に参考にしていたとして、部落解放同盟から糾弾を受ける。ネットで「部落地名総鑑」と検索すれば、部落の地名に関するサイトが開示される。

5 「第七章　カテゴリー化の罠―社会学的対話の場所へ」好井裕明・三浦耕吉郎編『社会学的フィールドワーク』世界思想社刊、二〇〇四年

6 「第三章　映画「にくのひと」は、なぜ上映されなかったのか」角岡伸彦著『ふしぎな部落問題』筑摩書房、二〇一六年

7 「週刊朝日の橋下徹・大阪市長についての連載記事に関する、朝日新聞社報道と人権委員会の見解」二〇一二年一一月九日、『週刊朝日』「橋下徹・大阪市長についての連載記事経緯報告書」、「朝日新聞社報道と人権委員会」の見解を受けて、株式会社朝日新聞出版代表取締役　篠崎充、二〇一二年一一月一二日、佐野眞一「見解とお詫び」二〇一二年一一月一二日

この朝日新聞社側の見解には、「そして、部落差別を助長する表現が複数個所あり、差別されている人々をさらに苦しめるものとなっている」「本件記事には被差別部落の地区を特定する表現がある。朝日新聞出版記者行動基準には「報道を通じて、民族、性別、信条、社会的立場による差別や偏見などの人権侵害をなくすために努力する」とあるほか、報道の取り決めにも「人権を守る報道」に関する基本的な考えが示されている。また、取り決めには、具体的に「被差別部落の場所が特定されないよう十分配慮する」と明記されてもいる。本件記事は、これらに明白に違反している」他にも、一一カ所にわたって、部落の地名特定が問題（部落差別行為）であったと表明している。これでは今後被差別部落を特定する記事は書けないことになってしまうのではないか。部落問題についてのオープンで自由な論議は大きく制約されることになるであろう。

8 「「部落を認知すること」における〈根本的受動性〉をめぐって」『解放社会学研究』二〇号、日本解放社会学会、二〇〇六年

9 畑中敏之『身分・差別・アイデンティティー「部落史」は墓標となるか』かもがわ出版、二〇〇四年、一六―一七頁

10 「「明治九年　飾磨県布達乙第五四号（飾東群）」に見られる、部落学校の存在（宏勧小学校・弘道小学校・両村小学校）」東義和『同和教育の歴史的研究』明石書店、一九八二年、八四―八五頁

「部落学校とは、安川寿之輔・安川重行らの研究に依拠すれば、学制以来、被差別部落（以下部落とする）が差別によって単

独で設置せざるをえなかった、それゆえ貧弱な施設・設備しか用意できない、そして部落だけを校区とする小学校のことである」吉田栄治郎「奈良県における明治二十四年の部落学校分離反対運動」『研究紀要』第三号、奈良県同和問題関係史料センター、一九九六年三月

11 藤谷俊雄『部落問題の歴史的研究』落問題研究所、一九七〇年、九八頁

12 「天下の新平民諸君に激す」『中央公論』一九〇三年二月。天野卓郎編『前田三遊論集』世界文庫、一九六九年、一三頁

13 部落解放同盟大阪府連飛鳥支部元支部長小西邦彦からのインタビューにもとづいた角岡伸彦『ピストルと荊冠—〈被差別〉と〈暴力〉で大阪を背負った男・小西邦彦』講談社、二〇一二年、八七頁に「部落内の市営住宅に入るには、同和事業を請け負う組織を通して申請しなければならなかったが、一九八〇年代に直接小西に頼むと七十万円で入居できた」との記述がある。住宅入居でこれだけの裏金が必要なら、公務員への優先就職の場合ならそれ相当の金額が支部幹部に支払われたとの情報も根拠がないわけではなかった。

14 「被差別正義」について、三浦は「第九章「人間の解放」をめざす人々」『新修　福岡市史　民俗編（二）』第一部「ひとと人々」に所収、三一八—三一九頁に記述する。被差別当事者が差別者側に対してみずからの「立場を絶対化」する対応。「特措法」の全盛期、残念ながら「そこのけそこのけ同和が通る」と揶揄された現象も生み出されていた。

15 「部落解放をめざす教育運動の課題」田中欣和編著『解放教育論再考』柘植書房、一九八一年、二五二頁

16 「『週刊朝日』連載中止事件と差別表現をめぐる大議論」『創』二〇一三年四月

17 縟縟あや監督・映画「ある精肉店のはなし」のブログにレビューが数多く寄せられている。ほとんどがここに紹介した感想と同様、部落問題に真摯に向き合った感動が寄せられていた。

インターネット社会と部落差別の現実
―「寝た子」はネットで起こされる!―

川口泰司

I　インターネット上の部落差別の現実

「部落差別解消推進法」成立の背景に、インターネット上での部落差別の深刻化があります。同法第一条には「情報化の進展に伴って部落差別に関する状況の変化が生じている」として、国会での法案審議でも、何度もネット上での部落差別の現実が指摘されました。

今、ネット上では、部落に対するデマや偏見、差別的情報が圧倒的な量で発信され、爆発的に拡散しています。部落問題について「無知・無理解」な人ほど、そうした偏見やデマを内面化し、差別を正当化する情報の影響を受けています。

さらに、差別身元調査・土地差別調査の手段ともなる「部落地名総鑑」「部落人名総鑑」が作成され、ネット上で公開されています。ネット検索で容易に、部落出身者かどうか差別身元調査が可能な仕組みがつくられてしまっています。

そして、これらのネット上での部落差別が放置されていることで、現実社会での差別がエスカレートしています。現実社会では許されない差別行為でも、ネット上では無規制であり、これまで積み上げてきた人権基準が破壊され、後退していっています。

今後、部落問題解決のためにも、国や地方自治体、企業、専門家などが協力し、課題解決に向けた総合的な取り組みが求められています。

偏見・差別的情報が圧倒的

今、ネットで「部落差別」「同和問題」と検索すると、差別的情報（投稿・動画等）が検索上位を占めています。ネット上では正しい情報が常に検索上位にくるとは限りません。差別的サイトでもアクセス数が多いほど検索上位に表示されるからです。

部落問題についてネットで検索をすると、デマや偏見などの悪質な投稿・情報も多くあります。部落問題について学ぼうと思って検索すれば、最初に目にするのが、これらの情報です。

ある中学校では、人権教育の授業のなかで、ネット検索した情報を元に生徒から「暴力団の七〜八割は部落出身者」との発表があり、先生が発言の内容を確認すると「ウィキペディアに書いてあった」といわれ、慌ててデマ情報であると指摘したケースも報告されています。

部落問題の検索上位の代表として「Yahoo! 知恵袋」の質問サイトがあります。（公財）反差別・人権研究所みえが二〇一三年に質問上位一〇〇〇件（「同和」検索）を分析しました。その結果、三分の一が「偏見にもとづく差別的な質問」三三三件（三三％）、次の三分の一が「知識を問う質問」三一三件（三一％）、残りの三分の一が、身元調査（七〇件）や結婚差別（二五件）、土地差別（二五件）などの深刻な相談でした。

これらの質問・相談に対し、多くの人が回答しています。しかし、質問者自身が部落問題について「無知・無理解」であるため、何が正しい回答なのか判断できません。

その結果「ベストアンサー」の約七割が「部落は怖い」などの差別的回答が採用されていました。なかには、深刻な結婚差別の相談もありました。しかし、「やめておいたほうがいい」などのアドバイスが多く、結婚を断念したケースもあります。

最近では他の質問サイトや掲示板等でも、「どこが部落か?」「結婚相手が部落出身かを調べるには?」などの質問に、ネット版「部落地名総鑑」(同和地区 Wiki ミラーサイト等)が紹介され、結婚相手の身元調査や土地差別調査などに利用されている事例が多く見られます。

また、上記のような差別投稿が放置され、それを当事者が閲覧した場合には、ダメージを受けます。自分のルーツや肯定的アイデンティティが否定され、社会への不安と緊張が強いられる「二次被害」を受け続けます。「自分の出自が明らかになれば、攻撃対象になるかも知れない」という不安や恐怖を強いられ、社会と人間に対する信頼が壊されるという現実もしっかりと押さえておく必要があります。

「部落地名総鑑」「部落人名総鑑」がネット公開

現在、全国およそ五三〇〇カ所の部落の所在地(地域名、住所、戸数、人口、職業等)がネット上に公開されています。Google マップを利用し、全国の部落がマッピングされ、地図まで作成されています。

さらに、市町村別の部落出身者の人名リスト(「同和地区と関連する人名一覧」等)も作成され、一万人以上の部落出身者がネット上でさらされています。部落解放運動の団体役員などの住所・氏名・電話番号等(「部落解放同盟関係人物一覧」も一〇〇〇人以上(二〇一七年一月末現在))、が本人同意なくリスト化され、ネット上に次々とさらされ続けています。

ある県では、部落解放同盟の支部員八〇〇人以上の住所・氏名・年齢・生年月日等の個人情報がネット公開され、

Googleマップを利用し、自宅がマッピングされて、ネット上にさらされていました。「部落」「同和地区」で検索をすると、これらのサイトが検索上位に表示されていました。

確信犯の鳥取ループ・示現舎

ネット上に同和地区の所在地情報を意図的に掲載し、拡散し続けてきた中心人物が鳥取ループ・示現舎のMです。「鳥取ループ」とはブログ名（管理人・M）であり、「示現舎」とはMが共同代表をつとめる出版社（社員二名）です。Mは二〇〇五年頃から、「同和問題のタブーをおちょくる」として、行政に対して部落の所在地情報を開示請求し、得たい情報が非開示となると裁判を起こし、同時にネット上で公開を繰り返してきた確信犯です。

示現舎のブログでは「部落探訪」として、全国の部落を回り、住宅や個人宅の表札・車のナンバー、商店、墓碑などを写真や動画で撮影し、住所とともにネット公開し続けています。また、YouTubeに子どもたちや青年の顔が映っている動画投稿を二次利用して掲載し、地元の保護者や関係者が削除要請をしても拒否し、ネット上で公開し続けています。

「全国部落調査・復刻版」出版事件

鳥取ループ・示現舎のMは東京都内の大学図書館に『全国部落調査』が存在することを知り、すべてコピーをしました。『全国部落調査』とは、一九三五（昭和一〇）年に政府の外郭団体である中央融和事業協会が全国の部落の実態調査を行った報告書です。当時のおよそ五三〇〇カ所の部落の地名や人口、戸数、職業、生活程度などが記されており、表紙には「㊙」と書かれています。戦後、この本が悪用されて「部落地名総鑑」が作成されたといわれています。

一九七五年に発覚した「部落地名総鑑」差別事件では、法務省が一〇年間かけて企業などから六六三冊を回収しました。現在までに一〇種類が確認されており、企業や調査会社などが就職や結婚の際の身元調査の目的で購入していました。

Mは、昭和初期の部落の町名・住所等を現在の住所に加筆修正して二〇一五年の年末頃、「同和地区Wiki」というサイト上に公開しました。「同和地区Wiki」には部落の所在地だけでなく、全国市町村別にその部落に住む人の名字リスト一万人以上が作成されネット公開されていました（「部落人名総鑑」）。さらに「部落解放同盟関係人物一覧」なども掲載され、各都府県連や支部長など一〇〇〇人以上の運動関係者の名前や自宅住所、電話番号までが載せられていました。

Amazonで予約販売開始

二〇一六年二月、鳥取ループ・示現舎は「部落地名総鑑の原点」との見出しで『全国部落調査・復刻版』という書籍を出版しようと、通販サイトのAmazonで予約受付を開始しました。

Amazonで予約受付を開始された
『全国部落調査・復刻版』（2016年2月5日）

部落解放同盟をはじめ多くの人たちが抗議し、Amazonは取引中止にしました。しかし、Mは出版をあきらめなかったため、三月に部落解放同盟の西島藤彦中央書記長がMと面談し、出版中止を求めましたが拒否され、話し合いは決別に終わりました。

この問題は、国会（二〇一六年三月一〇日、参議院法務委員会）でも取り上げられました。法務大臣は「人権擁護上、看過できない問題であり、あってはらない」と『全国部落調査・復刻版』の出版とネット公開に対する見解を示しました。東京法務局長も二〇一六年三月に「人権侵犯」として示現舎の代表Mに対して、出版を中止するよう「説示」しましたが、Mは拒否しました。

出版禁止・サイト削除の仮処分決定

部落解放同盟は横浜地裁に出版禁止の仮処分の申し立てを行い、同年三月二八日に出版禁止の仮処分が決定しました。ネット掲載（「同和地区Wiki」）についてもウェブサイト掲載禁止の仮処分を申し立て、四月一八日に削除の仮処分が決定されました。示現舎は仮処分決定を不服とし抗告しましたが認められませんでした。二〇一七年九月に出版禁止の仮処分決定が確定、ウェブサイト掲載禁止の仮処分決定も抗告は認められず、二〇一八年一月に確定しました。

Mは出版禁止の仮処分決定が出ると、その訴訟資料一式と『全国部落調査』のコピーをヤフオク！（オークションサイト）に出品しました。部落解放同盟を初め多くの人たちがYahoo!に抗議しました。しかし、Yahoo!は取引を中止せず、同年四月一日、一五〇件の入札のなか、五万一〇〇〇円で落札されてしまいました。

出版禁止の仮処分決定が出されたあと、Mは開き直って、ネット上に「全国部落調査・復刻版」のデータを公開し、誰でもダウンロードできるようにし、拡散をあおり続けました。さらには、海外の図書館にもデータを送り、キンドル版（電子図書）や個人で印刷製本できる方法までも提示し、拡散をさせ続けました。その結果、現在では、コピーサイト・類似サイトが多数作成され、差別身元調査等に利用されている深刻な状況が続いています。

現在、部落解放同盟員ら二四八人が原告となり、鳥取ループ・示現舎に対する裁判が行われています。

Ⅱ　インターネットの影響

ネット検索で差別身元調査を可能に

彼らの行為の最大の問題は、部落差別が現存するなか、ネットで容易に差別身元調査を可能にしたことです。これまで結婚差別や就職差別で多くの命と人生が奪われてきました。そのなかで、行政や学校をはじめ、企業や宗教者、あらゆる団体や多くの人たちの取り組みにより、差別身元調査や「部落地名総鑑」の規制を勝ち取ってきました。これらをネット社会の便利な機能を悪用し、鳥取ループ・示現舎は、一瞬で破壊してしまいました。

本人同意なく他者が部落出身者を「暴き」「さらす」行為は、明確なプライバシー侵害です。何より、部落差別が現存するなかで、ネット版「部落地名総鑑」を不特定多数に公開することは、部落差別を誘発・助長する許されない行為です。しかも、Mらは部落の所在地を暴き、さらしものにして、そこで生じる差別や人権侵害などの責任はとらないというスタンスをとっています。

地域や職場では

Mは、「部落地名総鑑」を公開しても差別なんか起きないと主張しています。しかし、すでにネット上では「どこが部落か」「部落出身者かどうか」を調べるためにネット版「部落地名総鑑」が使用され、結婚相手の身元調査や不動産取引における土地差別調査（部落か否かの調査）、行政等への部落問い合わせ事件も起きています。

鳥取県のある町では、ネット版「部落地名総鑑」を見た人物から部落かどうかの問い合わせ電話がかかってきています。電話の主は、自分の娘の結婚相手がその町の出身で、「ネットで調べたら「同和地区Wiki」に出ている地名なので、本当にこの地区は部落かどうか教えて欲しい」と問い合わせてきました。

滋賀県内のシルバー人材センターでは二〇一七年三月、男性が喫茶コーナーに県内の部落一覧リストをおいて、自由に持ち帰れるよう配布していました。配布資料には、「同和地区Wiki」の情報が利用され、滋賀県内の部落の住所一覧（市町村別、地区名、戸数、人口）などが書かれていました。また、配布用資料には、県内の部落情報だけなく、部落出身者や在日コリアンの有名人など一〇〇人以上の個人名がリスト化されていました。

学校現場への影響

ネット上には鳥取ループ・示現舎が拡散した「同和地区Wiki」のコピーサイト、類似サイトが多数存在しています。これらのサイトは、「部落」「同和」で検索をするとアクセス数が多いために、検索画面の上位に表示されます。

スマホを持つ子どもたちが、ネットで部落問題について知ろうと思ったら、差別的情報を真っ先に閲覧していきます。教育現場では、すでにネット版「部落地名総鑑」を利用した問題も各地で起きています。

関西のある大学では、学生がネット上の「部落地名総鑑」「部落人名総鑑」を利用して、自分や友人、恋人などが部落出身でないかを調べ、差別的なレポートを提出していました。他の大学でも同様のケースが報告されています。ある中学校では、子どもたちが興味本位で地元の部落を調べ、学校で部落出身者暴きをしていました。

事務所や個人宅に刃物や差別投書が

福岡県では二〇一六年二月、部落解放同盟筑後地区協議会に差別ハガキが送られてきています。文面には「インターネット版部落地名総鑑を閲覧しておりましたら、久留米市〇〇町〇〇の地名が掲載されていませんでした。これは不当な差別だと存じます」と書かれたうえで、その地区名を追加するよう求める内容でした。

二〇一七年三月から五月にかけて、部落解放同盟の事務所や個人の自宅などへ差別文書と一緒にナイフやアイスピックを送りつける差別事件が連続して九件発生しています。部落解放同盟三重県連合会や大阪府連合会、中央本部大阪事務所、組坂繁之中央執行委員長の自宅などに送られてきました。組坂委員長の自宅に届いた差別投書は、開封時に手が切れるようにカッターの刃が二枚、封筒の裏側にテープでとめられており、組坂委員長は手を負傷しました。

部落解放同盟東京都連合会や支部には二〇一七年夏、「エタ ヒニン ヨツの情報保持者様」などと書かれた差別投書やハガキが連続して送られてくる事件が起きています。手紙には「鳥取ループのサイトは不正確な箇所がある」と書かれていました。投稿者が鳥取ループのネット上の「部落地名総鑑」を見て、正確な部落の所在地情報を送れと主張する内容でした。

自宅に差別ハガキが

そして、ついに、恐れていたことが起きてしまいした。二〇一七年の正月、私の自宅に差別ハガキ（年賀状）が送られてきました。表には、私の自宅住所と名前が書かれ、差出人は不明、年賀状であるために消印はありませんでした。裏面に「エタ死ね」と書かれていました。

小学生の娘が第一発見者でした。それが何よりつらく、胸が締めつけられました。子どもが不安げな顔をして、差別ハガキを私に見せました。その文字を見た瞬間、私は頭が真っ白になり、心臓を刃物でえぐられる痛みがしました。「パパ、死ねって書かれているけど、大丈夫なん？　殺されない？」と心配する子どもに対して、「大丈夫だからね」と答えるのが精一杯でした。

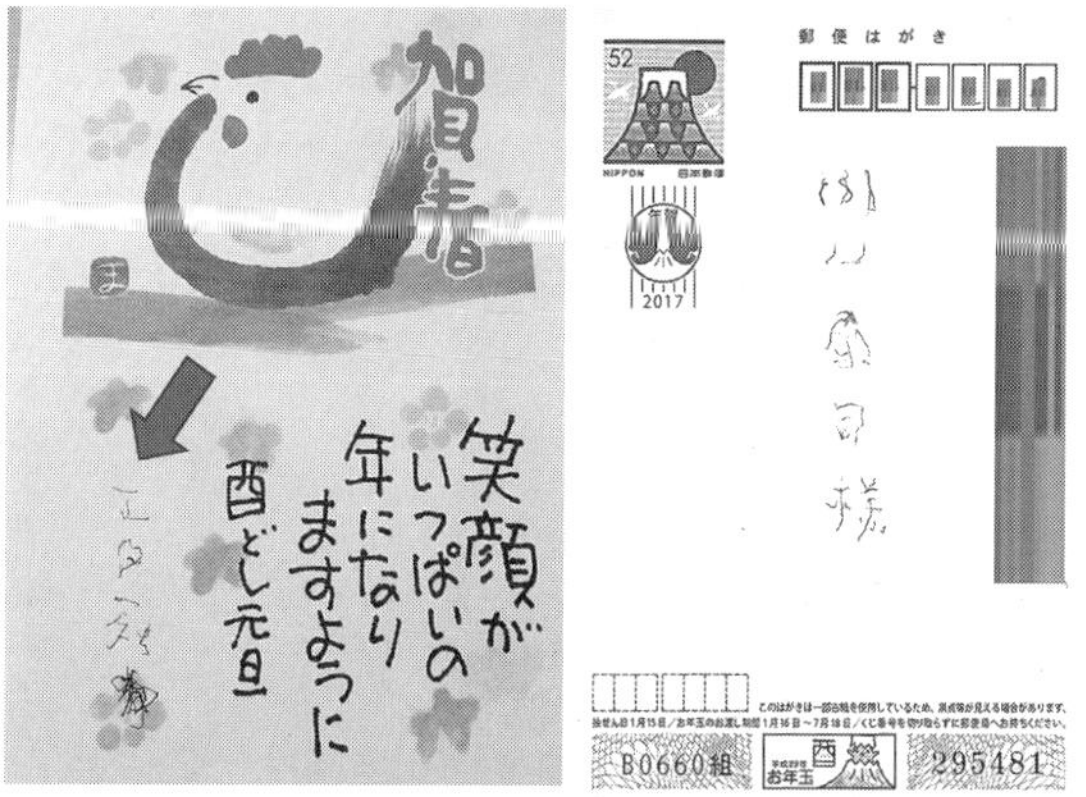

筆者の自宅に送りつけられた差別ハガキ（2017 年）

そして、「エタって、どういうことなん？」と聞かれました。差別ハガキを手にした娘を前に、「エタ」の意味を説明するのは、ほんとうにしんどかったです。

私は自宅住所を公表しておらず、友人など限られた人たちにしか教えていませんでした。どこで自宅住所がわかったのか。私の名前をネットで検索すると、あるサイトに自宅住所と電話番号が掲載されていました。その情報を元に、何者かが差別ハガキを送りつけた可能性が高いことがわかりました。また、二〇一六年の秋頃から、連日、自宅に非通知の無言電話がかかってきていました。

すぐに、サイトの自宅住所の削除を求め、法務局に相談に行き、差別ハガキに利用されたネット上の個人情報、類似犯による二次被害の防止を法務局に訴えました。その後、多くの人たちがサイトに削除要請・違反通報をしてくれたおかげで、なんとか削除されました。しかし、一度ネット上に掲載された情報を完全に消去することは難しく、現在は別のサイトにも掲載されている状況が続いています。

裁判支援者に対する嫌がらせや誹謗中傷、個人攻撃

この間、鳥取ループ・示現社を批判する個人や団体などがターゲットにされ、匿名《とくめい》の何者かによってその個人情報が次々とネット上にさらされ個人攻撃が行われ、二次被害も生じています。

二〇一七年に「全国部落調査・復刻版」事件の裁判を支援しようと、若手の研究者や個人などが「ABDARC（アブダーク）」という裁判支援サイトを立ち上げ、イベントが行われました。すぐに「ABDARC関係者人物一覧」というサイトがつくられ、イベントでのパネラーや支援者、スタッフの個人情報が掲載され、デマや歪曲した記事、誹謗中傷《ひぼうちゅうしょう》や嫌がらせの記事が掲載されました。なかには、自宅住所や電話番号、顔写真まで掲載されている人もいます。

ネット上での名誉毀損《きそん》に関する民事裁判では、裁判期間中にさらなる二次被害が生じる危険性があります。裁判では提訴した時点での被害について争われ、裁判中に生じたその他の権利侵害については、損害賠償の対象になりません。ネット人権侵害の被害者が、裁判を起こし勝訴しても損害賠償額も少なく、裁判における二次被害が大きいため、民事訴訟を起こす人は少ないのです。だからこそ、国による人権侵害救済機関の設置が求められています。

Ⅲ　ネット対策と今後の課題

(1) 行政の課題

①モニタリングと削除要請

行政はネット上の部落差別や人権侵害の実態把握につとめ、差別投稿の削除要請に取り組む必要があります。すでに、三重県や兵庫県、鳥取県、滋賀県（人権センター）、香川県（香川県人権啓発推進会議）、奈良県全市町村（「啓発連協」）、広島県福山市や兵庫県尼崎市・伊丹市・姫路市・三田市、大分県内や三重県内、山口県内などの自治体では人権担当課や民間団体等の協力を得てモニタリング事業を実施しています。

県や市町村が実施するモニタリングは、当該自治体の情報を中心にチェックします。しかし、掲示版や差別サイトでは、当該自治体以外の差別投稿を発見する場合があります。そのため、都道府県レベル、全国レベルでの実態を集約する必要性があります。

今後は、モニタリング実施団体連絡協議会（仮）などを立ち上げ、各地のモニタリング結果の情報交換を行い、ネット上の部落差別の実態把握と課題整理、ネット人権侵害、部落差別の解決に向けて効果的に取り組んでいく必要があります。

また、差別投稿などの削除要請をより効果的に実施するためにも、国や地方自治体レベルで、どのような投稿の場合に削除要請を行うのかなど、基本方針（ガイドライン・削除基準）の作成が求められています。たとえば、ネット版「部落地名総鑑」の流布や賤称語を使った侮辱行為等は、「削除対象」とするなどです。削除基準を設けることで、削除要請やプロバイダ等の削除対応が行いやすくなります。

②被害者救済の課題

ネット上で人権侵害を受けて法務局に相談をしても、基本的に被害者本人がプロバイダ等へ削除要請を行わなければなりません。自分で被害を回復することが困難な事情がある場合や削除されない場合に、初めて法務局がプロバイダ等へ削除「要請」を実施することになります。

二〇一七年に法務省・地方法務局がネット上の人権侵犯事件として処理したのは二二一七件で過去最高でした。しかし、法務省がプロバイダ等へ、削除「要請」をしたのは二五・六％（五六八件）です。大半は被害者に削除要請の方法等を教える「援助」という対応です。

しかし、個人でプロバイダ等に削除要請するとしても、多くの一般人は、その方法すら知りません。しかも、個人で削除要請をしても、なかなか削除をしてもらえません。海外サーバーだと国内法は適用されず、削除対応はもっと困難になります。

また、名誉毀損などの民事訴訟になると、裁判で勝ってもそれ以上に裁判費用がかかり、経済的にも精神的にも負担が大き過ぎます。行政や地方自治体などが、ネット上の人権侵害の被害者に対して、より積極的に支援することが必要です。

現在、総務省の外郭団体として「違法・有害情報相談センター」、法務省には「インターネット人権相談受付窓口」があり、インターネットで相談を受け付けています。しかし、年々増加するネット人権侵害の相談に対して、相談員の数や体制などが圧倒的に追いついていない状況があります。

「部落差別解消推進法」では国・地方自治体に対して「相談体制の充実」（第四条）が求められています。まずは、ネット上の人権侵害に対する相談窓口を設置し、市民へ周知することが急務です。そして、被害者の権利回復の支援ができる相談員のスキルアップ、関係機関との連携体制の充実などに取り組む必要があります。

③法整備の課題

被害者救済の課題としては、法制度の問題があります。「プロバイダ責任制限法」（二〇〇二年）施行により、プロバイダは被害者から要請があった場合、「発信者情報の開示」と「削除」が可能になりました。

しかし、「発信者情報の開示」は、損害賠償請求などで訴訟する場合のみの対応であり、人権侵害を受けていても訴訟をしなければ開示されません。また、プロバイダによる「削除」も、実際には裁判所からの仮処分決定などの明確な違法性が証明できないかぎり、プロバイダは訴訟リスクを恐れ、容易に削除しません。

実効性を高めるためには、「発信者情報の開示」の条件緩和、差別投稿を削除してもプロバイダに賠償責任が生じないという「免責」事項を設けるなど、法改正を行う必要があります。そのためにも、差別表現のガイドラインの策定、包括的差別禁止法が必要です。

(2) 企業の取り組み

①「差別投稿の禁止」を利用規約に

インターネットサービス提供業者は、企業の社会的責任として、差別投稿を放置せず、差別問題の解決に向けて、主体的に取り組む必要があります。そのために、サービス提供時に、利用者との契約約款(利用規約)に「差別投稿の禁止」事項を設け、差別投稿に対する通報窓口を設け、差別投稿の削除をすることが求められています。

すでに二〇一七年三月、「ヘイトスピーチ解消法」「部落差別解消推進法」施行を受けて、プロバイダ・通信関係四団体は、「違法・有害情報への対応等に関する契約約款モデル条項の解説」を改訂しました。「契約約款モデル」第一条の禁止事項「不当な差別を助長する等の行為」という規定に、「不当な差別的取扱いを助長・誘発する目的で、特定の地域がいわゆる同和地区であるなどと示す情報をインターネット上に流通させる行為」が該当するとしました。今後、この「契約約款モデル」に準じて、実際に各事業者の約款を改訂する作業を進めさせていくことが重要となっています。

被害者からの削除要請を受けて対応する「事後対応」ではなく、ネットサービスを配信している企業の社会的責任として、差別投稿をさせない「事前対応」が求められています。

②広告配信の停止(経済制裁)

民間企業でも、差別サイトに広告配信をしない、広告撤退をする動きが出始めています。悪質な差別サイトほど閲覧数が多く、サイト運営者は広告収入で儲《もう》かり、それが活動資金となっています。差別サイトからの広告撤退は、ネット差別に対する有効な取り組みとなります。

鳥取ループ・示現舎も、『全国部落調査・復刻版』出版事件が国会で取り上げられ、社会的な話題となるほど、自分たちのサイトの閲覧数が増え、広告収入で儲かるとTwitter上で公言していました。

企業がネット上の広告配信の際に、「差別サイトには掲載しない」という条件をつけ、差別サイトへの配信を停止する取り組みを積極的に行うことが、ネット上の差別問題の解決に向けて大きな役割を果たすことになります。

③差別解消にIT技術を活用

「全国部落調査・復刻版」裁判が終わっても、すでにネット上に大量に拡散され、新たに作成され続けているネット版「部落地名総鑑」をすべて回収することは厳しいです。しかし、検索サイトでフィルタリングをかけて表示できなくしたり、検索上位に表示されないようにしたりするなどの対応は現在のIT技術では現実的には可能です。

すでに、Yahoo!では、有害サイトフィルタリングサービスを無料で配信しています。専門スタッフが最新情報を収集管理し、フィルタリングをかけて「違法・有害情報」を表示できないようにしています。また、欧州ではGoogle社も検索エンジンで、「ホロコースト」を否定するサイトなどは、検索上位にならないように検索エンジンの表示方針を見直しています。Facebook社もフェイクニュース対策にも取り組み始めています。

今後、企業などの最新のIT技術を活用し、ネット版「部落地名総鑑」の公開・流布などに関する規制や、業界団体の自主ガイドライン等の作成に取り組んでいくことが求められています。

Ⅳ　ネットを活かした情報発信の重要性

当面の課題の一つとして、ネット上に部落問題の国内総合情報サイトをつくる必要があります。ネット上には部落問題の正しい情報サイトが圧倒的に不足しています。ネット対策、メディア戦略は部落差別解消にとって重要なポイントであり、今後予算と人員を配置し、総力をあげた取り組みを進めなければなりません。

すぐにでもできることとして、ネット版「部落問題・人権事典」の作成と無料公開、ウィキペディア「部落問題」関連項目への積極的な投稿、部落問題の総合サイト・ニュースサイトの作成などがあげられます。

すでに「全国部落調査・復刻版」裁判の支援サイトとして、若手の活動家や研究者などの有志が「ＡＢＤＡＲＣ（アブダーク）」というサイトを立ち上げて活動しています。Twitter や Facebook などのＳＮＳを活用して裁判についての情報発信し、イベントや学習会など、ネットを活用した新しいスタイルの部落解放運動が展開されています。

ネットが差別を強化している状況がある一方で、同時にネットは差別をなくしていく大きな武器にもなります。ネットのマイナス面だけでなく、プラス面を活用し、部落差別や人権問題の解決に向けて取り組んでいくことが求められています。

Ⅴ　やっぱり人権・同和教育が大事！

最後に、ネット対策はあくまでも「対策」であり、やはり現実社会での人権教育、部落問題学習が大切です。もう「寝た子を起こすな」論は通用しません。「寝た子はネットで起こされる」時代になりました。子どもたちがネット上の差別的情報を見たとしても、「だから、どうしたんや！」といえる力、差別や偏見・デマ情報を鵜呑みにしない力をつける必要があります。そのために、ネット対策だけでなく、最低限の部落問題学習をどの学校でも実施する必要があります。

近畿大学の学生を対象にした意識調査では、「部落問題の学習経験がない・覚えていない」が二〇〇九年は二割でしたが、二〇一五年は四割にまで増えています。全国的に同和教育、部落問題学習が後退しています。また関西圏の大学生を対象にした調査でも、「部落出身の知人・友人がいない・わからない」が八五％でした。学生や若者にとって部落や部落出身者は抽象的な「記号」となり、部落問題についてのリアリティがなくなっています。

その意味では、人権・部落問題学習においては歴史だけでなく、当事者の話を聞いたり、地域のフィールドワークなど「顔の見える部落問題学習」「当事者との出会い学習」などが重要になっています。

「部落差別解消推進法」の第五条には「教育・啓発の充実」が定められています。学校や地域、職場などあらゆる場において部落差別をなくするための学習機会を保障していくことが基本であることを確認しておきたいです。

参考文献など

（一社）部落解放・人権研究所編『ネット上の部落差別と今後の課題―「部落差別解消推進法」をふまえて』同研究所、二〇一八年

法務省「平成二九年における「人権侵犯事件」の状況について（概要）」報道発表資料、二〇一八年三月二〇日

佐藤佳弘『インターネットと人権侵害―匿名の誹謗中傷～その現状と対策』武蔵野大学出版会、二〇一六年

松村元樹「インターネットに「反映」される部落差別―差別の現実と解決に向けた取り組み」『部落解放』七四二号、二〇一七年六月号

阿久澤麻理子「インターネットと部落差別—「全国部落調査」事件が提起すること」『部落解放』七四六号、二〇一七年九月号
鳥取ループ・三品純『部落ってどこ？　部落民ってだれ？』示現舎、二〇一一年
片岡明幸「「全国部落調査」復刻版差し止め裁判の現状と課題」『部落解放』七五四号、二〇一八年二月増刊号
近畿大学人権問題研究所『近畿大学学生人権意識調査報告書二〇一五年度（部落問題編）』同研究所、二〇一六年
（公財）世界人権問題研究センター『若者の共生意識調査報告書』同センター、二〇一五年
ABDARC（アブダーク：対鳥取ループ裁判支援サイト）https://www.abdarc.net/
朝日新聞「部落差別の「いま」伝えたい」二〇一八年一月二四日付

近年の新聞と部落問題

戸田 栄

はじめに

「近年、マスコミで部落問題の報道がきわめて少なくなった。現状報告ができないだろうか」。二〇一五年より大阪人権博物館で、研究者や運動経験者を中心に部落問題を掘り下げる研究会が開かれており、研究発表を依頼されました。指摘は確かです。課題は手に余るものでしたが、部落問題は日本の人権問題の根幹にかかわると考えてきたので、新聞を対象に一定の把握を試みることにしました。

その結果、二〇一七年までの一九年間で全国紙の紙上から部落問題の記事は三分の一～四分の一というほどに著しく減少し、このままでは消え失せかねない状況となっていました。インターネット上の差別が問題化したことなどを背景に、二〇一六年には部落差別解消推進法が成立しましたが、今のところ報道に反転の兆《きざ》しはありません。

(1) 記事の集計

インターネット上の新聞記事横断検索を利用し、一九九九～二〇一七年（一九年間）の全国紙三紙に掲載された部落問題の記事数を調べました。新聞には全国版と地方版があり、地方版を含めた記事数は膨大です。集計上の問題は、多額の費用がかかることから地方版記事のデータベース（DB）化が遅れていることです。全国紙三紙を対象としたのは、一九九九年以後なら地方版記事を含めた大半の関係記事を抽出できたからです。他の全国規模の一般紙は、この条件を満たしませんでした。通信社やブロック紙、地方紙の記事を含めると、記事数は一〇万件超の規模となるため対象外としました。

まず「部落」「同和」の言葉が本文に含まれる記事をDBから抽出しました。さらに、前記のキーワードを含まなくてもそれとわかるとして使用されてきた「水平社」「全国地域人権運動総連合（人権連）」を加えました。ここから「部品が一部落下」「Jリーグ1部落ち」の記述、「同和火災」などの企業名で、部落問題と無関係なのに抽出された記事を除きました。また、新聞には人事情報が多いのですが、以前の地方自治体には同和対策課などが多数あり、含めると大変な量になります。正確な記事数把握には多少の影響もありますが、「人事」「異動」は除外キーワードとしました。

結果は、O紙三三七一件、P紙三五六〇件、Q紙二四三一件で部落問題に関する記事の合計は九三六二件となりました（表1）。

表1　表2

	総数				総数－選挙			
年	O	P	Q	3紙計	O	P	Q	3紙計
2017	93	81	28	202	88	80	27	195
2016	106	121	42	269	100	109	41	250
2015	91	88	54	233	62	73	43	178
2014	94	54	51	199	85	52	41	178
2013	87	81	42	210	78	75	32	185
2012	125	123	68	316	104	103	58	265
2011	93	104	69	266	72	78	52	202
2010	126	144	86	356	105	131	70	306
2009	140	140	80	360	116	119	72	307
2008	174	149	124	447	145	119	103	367
2007	286	257	222	765	177	181	162	520
2006	332	325	301	958	326	308	288	922
2005	183	184	127	494	145	138	91	374
2004	281	277	265	823	249	239	246	734
2003	223	246	163	632	151	179	130	460
2002	200	281	168	649	179	257	153	589
2001	226	288	231	745	182	257	201	640
2000	218	318	146	682	184	280	120	584
1999	293	299	164	756	209	235	137	581
合計	3371	3560	2431	9362	2757	3013	2067	7837

（２）記事の絞り込み

①選挙記事の分離

この総数には、一応は部落問題と関係するものの多様な内容が混在していました。まず目立ったのが選挙関連で、最近は付記が減りましたが、以前の候補者紹介記事では「部落解放同盟推薦」や「支持」などとよく添えられていました。大半がそれだけのことであり、統一地方選や衆参両院選の実施年は記事数が膨らみ、一般的な部落問題に関する記事数の把握を妨げるため選挙関連記事を分離してみました。

総数から選挙関連記事を分離した結果は、O紙二七五七件、P紙三〇一三件、Q紙二〇六七件で合計七八三七件となりました（表2）。

②えせ同和行為などの分離

部落問題を悪用しただけのえせ同和行為の記事も除く必要がありました。ただ、部落問題の関係者によるものは対象にすべきと考えました。記事の内容から見分けなくてはならないのですが、短い記事では判断できず、簡単には調べ直せないものもありました。その記事は関係不明記事とし、えせ同和行為と同様に分離しました。

③主催、後援イベントの整理　「部落問題関係記事」という括りの作成

部落解放運動に中心的役割を果たしている部落解放同盟の活動は幅広く、反戦や拉致《らち》問題などをテーマとした集会の主催や後援をした記事もDBから数多く抽出されました。地域行事での主催や後援も多く、どこまでを部落問題に関係する記事と見るかの線引きが必要となりました。部落問題に直結するものと、LGBT、ハンセン病問題など社会的マイノリティの人権に関するものだけを部落問題関係記事と見ることにしました。総数から選挙やえせ同和行為等、さらに前記のイベント関係を差し引き、「部落問題関係記事」という括りとしました（表3）。

部落問題関係記事はO紙二四三三件、P紙二七八四件、Q紙一九四二件で合計七一五九件となりました。

④短信の分離　「部落問題主要記事」という括りの作成

部落問題に関するイベントを告知するだけの記事も多くありました。それなりに問題を扱った記事と区分けしたいとも考えました。中間的な記事もあって主観的判断が混じるのは避けがたかったのですが、試論として見てもらいたいと思います。部落問題関係記事から、前段に記した他の社会的マイノリティを巡るイベントや、お知らせだけの記事（短信）をさらに分離し、「部落問題主要記事」という括りをつくってみました（表4）。

部落問題主要記事は、O紙一八四四件、P紙一七九四件、Q紙一五二一件で合計五一五九件となりました。

表3　表4

年	部落問題関係記事 O	P	Q	3紙計	部落問題主要記事 O	P	Q	3紙計
2017	77	69	22	168	53	25	17	95
2016	88	95	37	220	58	51	24	133
2015	52	61	41	154	30	28	22	80
2014	74	44	36	154	53	19	21	93
2013	63	63	27	153	47	31	19	97
2012	91	93	49	233	72	56	39	167
2011	58	70	48	176	47	40	36	123
2010	93	121	66	280	63	74	49	186
2009	102	112	67	281	78	62	46	186
2008	134	109	98	341	107	76	74	257
2007	145	160	136	441	121	122	108	351
2006	297	303	281	881	270	266	265	801
2005	132	128	88	348	108	81	68	257
2004	225	221	242	688	190	187	203	580
2003	129	167	119	415	91	110	85	286
2002	167	237	146	550	132	167	112	411
2001	169	242	195	606	100	154	149	403
2000	157	268	117	542	97	129	88	314
1999	180	221	127	528	127	116	96	339
合計	2433	2784	1942	7159	1844	1794	1521	5159

⑤不祥事も別の括りに

部落問題に関係する団体や個人の不祥事を巡る記事数を抜き出してみました（表5）。二〇〇四年は四三一件、二〇〇六年は五一九件と突出しています。二〇〇四年は大阪、名古屋にそれぞれ本拠をおく食肉会社を巡る牛肉偽装事件、桑名市の同和対策費詐取事件などがあり、二〇〇六年は大阪府同和建設協会が絡む談合事件、飛鳥会事件、大阪・八尾の部落解放同盟元幹部による事件、奈良市の長欠職員を巡る事件等が起きたためです。調査期間の三紙の不祥事合計は一七一三件で、部落問題関係記

表5								表6				表7			
不祥事（部落問題関係記事に対する割合）								部落問題関係記事－不祥事				部落問題主要記事－不祥事			
年	O		P		Q		3紙計	O	P	Q	3紙計	O	P	Q	3紙計
2017	1	1.3%	1	1.4%	0	0.0%	2	76	68	22	166	52	24	17	93
2016	17	19.3%	18	18.9%	8	21.6%	43	71	77	29	177	41	33	16	90
2015	1	1.9%	0	0.0%	0	0.0%	1	51	61	41	153	29	28	22	79
2014	1	1.4%	0	0.0%	1	2.8%	2	73	44	35	152	52	19	20	91
2013	2	3.2%	2	3.2%	2	7.4%	6	61	61	25	147	45	29	17	91
2012	4	4.4%	3	3.2%	4	8.2%	11	87	90	45	222	68	53	35	156
2011	11	19.0%	4	5.7%	6	12.5%	21	47	66	42	155	36	36	30	102
2010	12	12.9%	14	11.6%	10	15.2%	36	81	107	56	244	51	60	39	150
2009	11	10.8%	16	14.3%	6	9.0%	33	91	96	61	248	67	46	40	153
2008	24	17.9%	24	22.0%	18	18.4%	66	110	85	80	275	83	52	56	191
2007	47	32.4%	47	29.4%	42	30.9%	136	98	113	94	305	74	75	66	215
2006	156	52.5%	179	59.1%	184	65.5%	519	141	124	97	362	114	87	81	282
2005	30	22.7%	30	23.4%	20	22.7%	80	102	98	68	268	78	51	48	177
2004	147	65.3%	120	54.3%	164	67.8%	431	78	101	78	257	43	67	39	149
2003	14	10.9%	29	17.4%	24	20.2%	67	115	138	95	348	77	81	61	219
2002	12	7.2%	33	13.9%	24	16.4%	69	155	204	122	481	120	134	88	342
2001	13	7.7%	30	12.4%	49	25.1%	92	156	212	146	514	87	124	100	311
2000	17	10.8%	44	16.4%	9	7.7%	70	140	224	108	472	80	85	79	244
1999	7	3.9%	13	5.9%	8	6.3%	28	173	208	119	500	120	103	88	311
合計	527	21.7%	607	21.8%	579	29.8%	1713	1906	2177	1363	5446	1317	1187	942	3446

事の二四％、部落問題主要記事の三三％を占めました。

（3）集計結果の分析

三紙計の部落問題の記事数を年ごとに見ていきます。部落問題関係記事（表3）のピークは二〇〇六年の八八一件で、次が二〇〇四年の六八八件でした。記事数は二〇一一年に二〇〇件を割ってから二〇〇件台後半以上だった水準を回復せず、二〇一二、二〇一六両年の二〇〇件台前半を除けば一〇〇件台に落ち込みます。二〇〇二年以前は五〇〇～六〇〇件で推移し、二〇〇四、二〇〇六両年の突出年を除けば、調査期間で部落問題の記事が最も多い時期でした。部落問題主要記事（表4）も似た傾向で、最高は二〇〇六年の八〇一件、二〇〇九年からは一〇〇件台に落ち、二〇一五年が八〇件と最低でした。

ここで不祥事を差し引いてみます（表6）。部落問題に関する一般的報道の記事数を知るためです。すると、部落問題関係記事では二〇〇四年は二五七件、二〇〇六年は三六二件となり、ともに突出した記事数ではなくなりました。

不祥事を除いた一般的報道の記事数の年次別変動を見

ると、一九九九年から五〇〇件前後だった水準が二〇〇二年で終了し、二〇一〇年までは二〇〇～三〇〇件台で推移、二〇一一年以後（二〇一二年のみ二一二件）は、一〇〇件台の第三の水準に入ったことがわかります。部落問題主要記事（表7）の推移も似ています。

二〇〇一年は同和対策事業特別措置法から続いた地対財特法の終了年です。記事数は同法の終了とともにまず減少したといえます。

二〇〇三～二〇一〇年を次の水準の時期と見ます。同法終了後の一般的な記事が減った時期の水準です。一方で不祥事が多発し、差し引かなければ調査期間のピークも含む時期となっています。

さらに二〇一一年から現在に続く、一〇〇件台の水準に入ります。二〇一二、二〇一六両年が二〇〇件台前半の例外ですが、二〇一二年は『週刊朝日』差別問題（三紙共通）、大阪人権博物館の存続問題（O紙）、水平社九〇年関連企画（P紙）で増え、二〇一六年は福岡・福智町の不祥事（三紙共通）による増でした。二〇一一年は東日本大震災が発生し、各紙はそこに紙面を割きましたが、その際に減った記事数を回復できないまま現在にいたるという見方もできます。

三紙中Q紙にいたっては、二〇一七年は部落問題関係記事は二二件しかありません。全国紙は販売地域ごとに内容を変えていますが、ほとんどが西日本のみの掲載と見られ、東日本方面のQ紙紙面では部落問題の記事は消滅したに近い状況でした。

I　なぜ記事数は減少したのか

ここからの考察は、私見です。

同和対策事業により部落を巡る劣悪な環境は大幅に改善されました。このことが報道が減った最大の理由であるのは言うまでもありません。地対財特法の終了前から「優遇」「逆差別」という批判がありましたが、報道は、国の改善事業実施は差別が残っているためだという前提に立てました。終了後は、その前提が揺らぎ、記事にどう説得力を持たせるかが課題となりました。また単純なところで、この時期以後、資金の工面が以前より難しくなり、イベントなどが少なくなったのも記事減につながりました。

同法終了後も結婚差別などにつながる内心の差別は根強く残り、解決への努力は不可欠だというのが部落解放同盟の主張でした。この主張には賛同が多かったと思いますが、存在するものは具体的に示すのがジャーナリズムの基本です。ところが、心の問題になると具体例の提示は難しく、記事にしにくい原因の一つとなりました。

記事の具体性の要求からは、次のような問題も生じます。私は二〇一六年、神戸の大きな都市部落のレポートを考えました。案内をしてくれた部落解放同盟の幹部と、最近は部落問題を知らない若者が増えたという話になり、この人自身も、ある女子高生に生まれ育った場所が部落だと伝えるべきか悩んでいました。自然に納得のいくように伝え、自覚をうながしたいといいます。あまり新聞で取り上げられたことのない部落で、私は記事にした場合の女子高生への影響が気になりました。意図していた記事は地域を匿名《とくめい》にすると意味がなくなるため、結局は違うかたちの地域紹介に内容を変更してしまいました。

この論の研究発表の場だった大阪市・芦原橋はみずから部落と打ち出し、大阪人権博物館の所在地としても知られています。今も公開性を貫くきわめて少ない地域の一つですが、芦原橋の記事でも「地名を書いているが、そこに住む人のことをどう思っているのか」と抗議を受けたことがあります。

そもそも部落問題の理解や説明は難しいことも付け加えておきます。根幹にあるとされる「穢れ意識」とは何か？　そんな感性は前近代のものなのに、なぜまだ差別心が残っているのか？　記事にする難易度は高いのです。

Ⅱ　部落問題を巡る時代状況の変化

二〇〇八年のリーマンショックの頃から、新たな貧困問題が注目されるようになりました。この影響で、従来の社会・文化施策ばかりに国費が投入されているとの非難が出てきます。並行して、ヘイトスピーチに走る団体が出現し、政治的にも従来の社会・文化施策を既得権の付与のように見て攻撃し人気獲得に結びつける動きが出てきます。この前段に部落問題の不祥事が続発したことも無関係ではないでしょう。

さらに日本の右傾化が指摘されるようになります。憲法改正を掲げ、特定秘密保護法、安保関連法を成立させた二〇一二年末の第二次安倍政権の誕生が、社会に大きな影響を及ぼしました。アジアの安全保障環境の悪化による危機感も背景にありました。それでも二〇〇九年に民主党が政権をとり、二〇〇八年頃の社会状況が右傾化に直結したとはいえません。二〇一一年の東日本大震災発生が大きな社会的・政治的混乱を招きましたが、収拾できなかった民主党政権への幻滅が総合的にその原因となったのか？　この時期以後、メディアへのさまざまな批判・攻撃も増え、記者はより慎重になりました。この状況は部落問題の取材にも影響したと思います。

部落問題に対する理解の後退

二〇一一年に『週刊朝日』の差別問題が起きましたが、リベラルな論調を掲げる新聞社の関連出版社によるものでもあって、驚くよりほかはありませんでした。記者の取材対象は広く、部落問題に詳しくない者も多いのですが、職業柄、差別を避けるセンスくらいは身につけているはずでした。地対財特法後の同和教育や啓発の衰退など、部落問題に対する全般的な社会的理解の後退も一因でしょう。新聞社で実務の中心は二〇～四〇代ですが、部落問題の知識は以前より少なく、世代が下がるごとに乏しくなっています。また、こういう差別問題が起きると記者には危うきを避ける姿勢も生じてきます。

新聞の取材力の低下

新聞はネット時代に収益力を落とし、人員削減も余儀なくされています。既存メディア全般に同様の傾向がありま す。私は特に新聞の取材力低下を懸念しています。他と比べて圧倒的に記者が多いのは新聞で、一次情報の大半は新聞が発信源となってきました。新聞はニュースの畑を耕す農家のような役割を担っており、農家が減れば耕作放棄地が増える道理です。

Ⅲ 不祥事の重さ

これまで記事数をもとに部落問題の記事の掲載状況を考えてきましたが、どの記事も効果（影響力）が同じではありません。全国版と地方版では記事の配布範囲が異なるからです。そこで、試みてきた分類にもとづき、まず部落問題主要記事は一点、短信や部落問題外の人権問題に関する記事は〇・五点、不祥事はマイナス一点とし、次に全国版記事は地方版記事の五倍の効果があるとして得点化してみました（表8）。

得点化は実に難しいです。全国版記事でも全国一律の掲載記事と、たとえば関東一円だけのもの、関西一円だけのものがあります。五倍というのも当てずっぽうの倍数です。それでも記事の効果を加味する得点化で見えてくるものがありました。不祥事の重さが際立つようになったのです。

不祥事は全国版記事が多かったからです。試算結果はO紙が一五八三点、P紙が一四五〇点と一般的な記事の効果が上回っていましたが、不祥事の記事の割合が他二紙より高かったQ紙ではマイナス一二八点となりました。読者に不祥事の印象を他の事柄よりも多く与えたといえます。他二紙にしても、不祥事が強烈な印象を残したには違いなく、

表８

効果の得点化試算						
年	O		P		Q	
2017	134	①	106	②	39	③
2016	85	②	106	①	19	③
2015	91	②	94	①	60	③
2014	154	①	70	②	61	③
2013	132	①	101	②	42	③
2012	242	①	155	②	110	③
2011	58	②	78	①	32	③
2010	159	②	187	①	85	③
2009	110	①	106	②	65	③
2008	117	①	49	③	58	②
2007	5	②	55	①	-5	③
2006	-355	①	-491	②	-635	③
2005	105	①	88	②	61	③
2004	-582	②	-376	①	-704	③
2003	132	②	142	①	88	③
2002	325	②	349	①	136	③
2001	232	②	296	①	77	③
2000	181	①	172	②	108	③
1999	263	①	167	③	180	②
合計	1583		1450		-128	

不祥事が部落問題解決のための長年の努力を大きく損なったことを改めて指摘しておきたいと思います。

当時、不祥事報道には過剰報道だとして、部落解放同盟から各社に抗議がありました。新聞は民主主義の修正装置の役割を期待され、特定の問題に焦点を絞り、批判を通じて世論を呼び起こし修正を導きます。最近では、森友・加《か》計《け》問題の報道がその例です。行政側の関与もあった部落問題の不祥事報道でも、このような新聞の機能が働きました。

不祥事報道は、同和行政の不当な一般化をともなっていたという批判がありました。えせ同和行為的な犯罪だったのに、正当な対策も同列に見えるような内容だったというのです。部落問題に対する理解の浅さが原因ですが、その点は報道も問題を含んでいたと思います。

おわりに

新聞紙上で部落問題の記事が大幅に減少していることがわかりました。この状況から、遠くない将来に部落問題が紙上から姿を消す可能性もなくはありません。

戦後の部落解放運動は、部落問題取材は、メディア側がみずから学び、積極的に臨むのが当然だという姿勢を取りました。戦前の新聞が問題解決にろくに努力しなかったことや、戦後も多くの問題を引き起こした経緯からは、なかば対立的な姿勢で臨むことには理由があったと思います。しかし、部落問題が一定の解決を経た時代へと変わり、この問題とみずから向き合う記者を求めるべき現状をふまえると、姿勢の転換が必要です。無論、メディア側の問題もありますが、働きかけて変化を導く必要もあります。官庁や企業には広報部が必ずありますが、情報発信が重要との観点に立っています。部落解放運動での広報体制の再構築が望まれます。

またすでに述べてきたように部落問題は難しく、入口づくりが重要です。今、大阪人権博物館は存続の危機にありますが、誰もが自由に学べる施設として、私は部落解放運動関係者以上に重要だと考えています。広報体制の整備や入口づくりは、そこに生まれながら部落問題について知らない世代のためにもなります。市民全体の関心が高まれば、報道増にもつながります。

広報体制の再構築では、部落解放運動に対する誤解を解く努力も大切です。この論で見てきたような結果からも、運動は現在、一般にはどう受け止めていいかわからないものになっていないでしょうか。なかには偏見にもとづくものもあると思いますが、これまでの問題点を改めて検証して対策を講じ、社会的信用を新たに獲得していくべきです。誤解を払拭して部落問題にまっすぐな目を向ければ、「人間に光あれ」と日本の民主主義を実体化させてきた運動の足跡に多くの人が気づくことでしょう。

第三部　部落解放の多様な課題

隣保事業の歴史と隣保館が求められる今日的役割

中尾由喜雄

Ⅰ　隣保館という施設でありながら「○○隣保館」という名前がない

隣保館は最も多いときは九八〇館ありましたが、特別措置法失効と同時に閉館や地元移管、あるいは市町村合併で統合されて、二〇一七年四月現在、八一六館となっています。この八一六館の隣保館はほとんど部落内にあり、部落外にあっても同和対策として建てられたため部落の周辺にあります。分類すると市町村が設置した隣保館は七八二館、うち、指定管理者による運営が二六館。社会福祉法人立が神戸市に一館（一九六三年設立「賀川記念館」）の他、大阪市が隣保事業（広域隣保事業）のが三一館。隣保館の施設を持たずに公民館や集会所、本庁などで隣保事業をやっているを廃止したことを受けて、二〇一五年に西成地区に二〇一六年に住吉地区に民間立の隣保館がオープンしました。

現在の隣保館の法的根拠は、社会福祉法第二条第三項一一号（二〇〇〇年六月改正）にありますが、初めて法的に位置づけされたのは、一九五八年に施行された社会福祉事業法第二条三項六号です。そこでは、「隣保館等の施設を設け、福祉に欠けた住民を対象に、無料又は低額な料金でこれを利用させることその他その近隣地域における住民の生活の改善及び向上を図るための各種の事業を行う」（傍線筆者、以下同）とあります。福祉に欠けた住民とは今でいう生活困窮者です。これが二〇〇〇年の改正で、〝福祉に欠けた〟という文言が削除されました。この理由は後述します。

いずれにしても、隣保館（隣保事業）は、公的に位置づけられた施設・事業なのです。この第二条第三項で定める施設・事業（第二種社会福祉事業）には、他に保育所や児童館（児童厚生施設）、老人福祉センター、障がい者センターなどの事業があります。これらの施設には、後ろに〇〇保育所とか〇〇児童館、〇〇老人福祉センターの名称がついています。また、社会教育法で定められた社会教育施設の代表として公民館がありますが、例外なく〇〇公民館とついています。しかし、隣保館は〇〇隣保館という名称がほとんどついていません。全国的に見ても、最も多いのが〇〇会館で約四〇％、〇〇（人権）文化センター、福祉館、市民館、総合センター、最近ではふれあいセンター、コミュニテーセンター等が約四〇％、まれに解放会館、同和センターなどがありますが、〇〇隣保館の名称がつけられているのは一六％（二〇一六年）です。隣保館が最も多かった九八〇館のときでも二五％前後でした。このように、現在、全国で八一六館もある公的な施設で統一された名称が使われていないことが、「隣保館」が多くの国民に認知、浸透していない一つの理由と考えられます。

ではなぜ、〇〇隣保館という施設名が他の公的施設のようにごく当たり前のように使われないのでしょうか。そこには、「隣保館のあるところは被差別部落（同和地区）」で、それにはあえてふれない、そっとしておく、といった雰囲気はないでしょうか。また、隣保館の施設名称を決める場合、市町村条例で決められますが、多くのところは行政の一方的な意向だけではなく地元の意向も尊重されました。にもかかわらず多くの隣保館に「〇〇隣保館」の名称がつけられていません。地区住民が必要と願う施設であっても、「隣保館があるところは同和地区、それがわかったら不利益を受ける」という深刻な部落差別の実態が、「隣保館」の法的名称をも避けたり、隣保館建設に反対するといった住民の切ない思いが交錯します。

隣保館は同和地区特有の施設？

隣保館・隣保事業を知っている人でも、隣保館は同和地区特有の施設、特別対策が始まった以降にできた施設、と思っている人が案外います。確かに、実態として市町村立の隣保館は一〇〇％同和地区（周辺）にあります。その七割は特別措置法後に建てられました。しかし、隣保館は同和地区以外にもあり、同和地区以外のところで隣保事業を展開している隣保館もありますし、法律でも、隣保事業＝同和地区とは定めていません。また、日本では明治の中期から隣保館が設置され、隣保事業が行われていました。決して、特別措置法が施行された一九六九（昭和四四）年以降に生まれたものではありません。にもかかわらず、なぜ、このような誤解が生じるのでしょうか。まず、そのあたりを、社会福祉事業の流れと日本における人権運動の流れから見ていきます。

Ⅱ　戦前の隣保事業の小史～セツルメント事業としての歴史～

セツルメント事業が始まったのは、一八八四（明治一七）年イギリスからといわれています。産業革命を経て、急速に近代化・資本主義を発展させていく過程で、都市に人口が集中しますが、ケガや病気、その他の理由で生活にいきづまった労働者が集まり不良環境地区（スラム）が形成されます。しかし、公的な救済・支援制度はありません。見るに見かねた篤志家といわれる人や、主にキリスト教団が人道博愛の精神と布教活動を目的にスラムに入り、さまざまな住民の救援に当たったところから始まった事業がセツルメント事業で、公的な救済システムではなく相互扶助です。公的な救済システムが不十分な時代、セツルメント事業の果たした役割はきわめて大きいものがあります。

その後、資本主義社会が発展していく過程で生活困難者は増加し、いたるところにスラムが形成され、相互扶助では支援・救済が追いつかなくなります。個人や団体では、安定して継続的に事業を実施するには限界があります。何らかの理由で救済活動が中断すると、スラムの人たちは社会に対する不平不満がたまります。それが爆発し、暴動や革命などでの社会体制を転覆しかねないという状況に陥ります。だから、国がこのような人たちの不平不満を抑えるため（治安といった要素も含めて）、救済のためのさまざまな制度や対策をつくっていった過程、それが世界各国に共通する社会福祉・社会保障の流れです。「社会福祉の原点はセツルメント事業」といわれるのはこのためです。

イギリスで起こったセツルメント事業がドイツ、アメリカに渡り、日本に入ってきました。日本に入ってきたのは、一八九〇（明治二三）年です。明治以降、日本が封建社会から近代社会に向かうと、欧米と同じように日本にもスラムが形成されます。その窮状を救うため、岡山市に相愛夜学校、岡山市花畑に花畑日曜学校が開かれ、一八九七（明治三〇）年に、片山潜が東京神田にキングスレー館を設立します。その後各地にセツルメント事業が行われるようになりましたが、日本の場合、セツルメント事業が必要とされたところの多くが部落と重なったのです。

日本にセツルメント事業が入ってきたとき、適当な訳語がありませんでした。日本には、古くから隣組や「向こう三軒両隣」、隣保といった隣近所で助け合うといった良き文化がありました。江戸時代には五人組制度が確立されましたが、これは、一定の集団が助け合って生きることと、なかに一人でも法を侵したり「お上にタテを突く」といった者が出ると連帯責任を負わす、という治安を側面に持つ制度です。明治後期から大正時代になって、日本語訳として使われたのが、セツルメント＝隣保、ワーク＝事業で、隣保事業となりました。隣保事業というと同和地区特有の事業のようにとらえる向きがありますが、そうではありません。社会福祉事業の原点といわれるセツルメントワーク、その用語を日本語に訳したのが隣保事業なのです。

社会福祉事業概論では、必ず〝セツルメントワーク〟の歴史やその役割の講義がありますが、〝セツルメントワーク〟の邦訳が〝隣保事業〟であると聞かれた方はいないと思います。そこには、隣保事業＝同和地区の事業、同和地区＝部落問題＝ふれてはいけない問題、という意識がないでしょうか。仮に、「日本のセツルメント事業の対象となった地域の多くが同和地区であった」と聞かされた学生から、「先生、同和地区ってなんですか？　部落差別について教えてください」と問われたとき、先生が部落問題について、正しく理解をしておかないと大変なことになります。そうした理由から、無視を決め込む、避けようとする、というのは穿《うが》った見方でしょうか。

日本では、隣保館、隣保事業というと、社会福祉の流れのなかとは少し距離をおいた別の分野だと思われていますが決してそうではないのです。しかし実態として、日本では隣保館（セツルメントハウス）のほとんどが同和地区にあります。なぜ、そうなったのでしょうか。

封建社会から近代化社会のはざまで

明治四（一八七一）年に「解放令」が出されます。「穢多非人等ノ称ヲ廃シ身分職業共平民同様トス」という法文ですが、このお触れは万民平等の世の中にするため、時の政府が出したものでしょうか。封建的身分社会の軛《くびき》から解放されたものとして当事者が歓迎したのは事実です。しかし一方、日本が近代化に向かうためには必ず出さなければならない法律でした。身分によって職業が決まる、住むところが制限されては近代化はできません。自由社会、資本主義社会というのは、誰でも、がんばればがんばるほど、努力すればするほど成功できる、社会の上層にいける、金持ちになれるといった、夢と幻想をより多くの人に持たせることでお互いを切磋琢磨《せっさたくま》させ発展していく社会ですから、その母数は大きければ大きいほど効果があります。

居住や職業の自由を保障するという「解放令」は、細かく限定された集団から、競争する人口を少しでも多くする、といった近代化を進める日本の事情から必ず出さなければならないお触れだったのです。明治政府が、人権の思想から発布した法律と受け取るのは少し早計だと思います。

一方、国民大衆の意識はこの「解放令」によって変わったのでしょうか？　このお触れが出されると、各地で「解放令反対一揆」が起こりました。部落に焼打ちをかけたり、虐殺が行われた事実が各地であります。ある村では、

「このお触れの実施は、五万日の日延べになった」と、広言する庄屋もいました。二百数十年の長きにわたる身分社会での意識がそう簡単に変わるものではありません。万民が平等になったというより、「自分たちはエタ身分に落とされた」といった意識が支配していました。

新たな身分呼称が戸籍のなかに

「解放令」の末尾に、「平民同様トス」という文言があります。「解放令」の二年前の明治二（一八六九）年に新たな身分ができています。「皇族」（天皇家）・「華族」（江戸時代の大名・小名・公家・明治維新に貢献のあった者）・「士族」（江戸時代の武士）・「平民」（それ以外）といわれるものです。この「平民」が「解放令」の末尾の平民で、国民の九一％〜九二％にあたります。

明治四（一八七一）年に戸籍法が制定され、翌年に全国で戸籍が編纂されましたが、そこに族称（族属）欄が設けられました。江戸時代の「穢多・非人」は、平民と記載されるべきものを、「新平民・旧穢多」などという族称で戸籍に記載されたのです（壬申《じんしん》戸籍・明治五年）。戸籍を閲覧するだけで旧身分がわかってしまい、多くの部落の人たちが苦しめられてきたのです。ここに、「解放令」の真意がうかがえます。壬申戸籍は、族称（族属）を見え隠れさせながら差別を温存させましたが、国は何らの対策も取りませんでした。この戸籍は、太平洋戦争後も残され、戸籍等の閲覧が自由にできた時代ですから、就職、結婚などの身元調査などに悪用されました。部落解放同盟など当事者団体は、「この戸籍こそ部落差別を温存させる元凶である」と強くその廃止を叫び、封印されたのは一九六八（昭和四三）年です。同和対策審議会答申の三年後です。

権利は取られ、差別の鎖はつながれたまま

一方、「解放令」が出たことで部落の生活はどう変わったでしょう。江戸時代の権利としてあった皮革関係、保安警備にあたる下級役人などの仕事は、自由の名のもとに剥奪されていきます。近代社会においては、儲《もう》かると思えば

誰でも参入できるわけですから、大資本家が大きな工場を建てて大量・安価な皮革製品を供給します。部落では、手作業で家族が製品をつくります。どちらが競争に勝つでしょうか？　皮革産業など旨味のあるところは大資本家に持っていかれ、今も部落産業として続いているのは、皮のなめしや手作業を主とする利益の少ない分野です。また、江戸時代に担わされていた警護や犯罪者の取り締まりといった保安・治安、牢番《ろうばん》・刑場などの仕事も、明治以降には警察機構・司法機構に様変わりし、その仕事から排除されていきます。

それでも部落の人は、努力次第でさまざまな仕事に就いたり、いろいろな世界にはばたけるという期待を持ちました。しかし、身元調査で部落出身とわかったら大きな企業は採らなかったり、その社会に進んでも上のほうにはいけないという差別は根強く残りました。

権利は簒奪《さんだつ》され、進路・未来からも排除されるようなことが二代・三代……と続き、急激に多くの部落は疲弊していきます。生活困窮に陥る住民が多くなります。

「解放令」が出されても、現実は部落差別によってさまざまなことが妨げられました。国は差別をなくすための対策を何も取りません。その結果、部落のほとんどが低生活に陥らざるをえなくなりました。これが現代の部落問題なのです。現代の部落問題は、日本が急速に近代国家に向かううえで生じた社会問題で、決して江戸時代の残滓《ざんし》ではありません。

戦前日本の人権運動のうねりのなかで

国が差別解消の対策を何も取らなかったため、差別の実態は深刻の度合いを増し、部落住民の生活はさらに困窮化して不平不満がたまっていきました。その不満が爆発したのが一九一八（大正七）年の米騒動です。シベリア出兵を見越した米商人による米の買占めに数年の不作が重なり、米の値段が前年の二倍三倍に高騰することで勃発した米騒動は、富山県の部落から始まり燎原《りょうげん》の火のごとく全国に広がりました。今まで部落に対して何も施策を取らなかった国が、この米騒動を機に、その二年後に初めて国の地方改善費五万円を部落対策として計上しました。その翌年には二一万円になりました。

その四年後、一九二二（大正一一）年に全国水平社が結成されました。水平社創立宣言の冒頭、「過去半世紀間に種々なる方法と、多くの人々とによつてなされた吾等の為めの運動が、何等の有難い効果を齎らさなかつた事実は、夫等のすべてが吾々によつて、又他の人々によつて毎に人間を冒瀆されてゐた罰であつたのだ。そしてこれ等の人間を勦るかの如き運動は、かへつて多くの兄弟を堕落させた事を想えば、此際吾等の中より人間を尊敬する事によつて自ら解放せんとする者の集団運動を起せるは、寧ろ必然である」とあります。「部落差別は、温情やいたわりではなくならず、当事者である部落民みずからが立ち上がり差別をなくす先頭に立たなくてはいけない」と明言したのです。

一方、日本は、朝鮮半島を植民地とし、中国をはじめアジア大陸に向かって経済的侵略をさらに進めようとしている時です。軍事力でもってその野望を果たそうとするとき、相手の人権を尊重して戦争はできません。人権の尊重と戦争は対極にあります。国の方向と真逆な水平社運動に対して、弾圧が強化されます。これは、当時、労働運動や農民運動、宗教活動に対しても同じです。治安維持法が制定されようとする動きもあります。同時に、水平社運動を抑えるために、権力は弾圧というムチと懐柔というアメを用意します。全国水平社結成後、四九万一千円が国家予算に組まれました。この予算は、部落のさまざまな催しに使われたり、公衆浴場、集会所、道路整備などにあてられたり、隣保館が部落対策として建てられていきます。これ以降、公設置の隣保館が全国に建設されるようになります。戦前の福祉対策が治安対策といわれるゆえんです。

戦後、国が初めて行った同和対策が隣保館の補助事業

一九四五（昭和二〇）年日本が戦争に負け、民主社会に生まれ変わろうとしますが、部落差別は依然として残りました。今国水平社の流れを受け継ぐ部落解放全国委員会は、部落差別解消に向けた対策を国に求めていきます。そし

て、国が戦後初めて行った一般対策における同和行政が、厚生省の一九五三（昭和二八）年「隣保館の建設費補助」（市町村が関係世帯五〇世帯以上の同和地区に隣保館を建てるときには建設費を補助する制度）です。これは、戦後も続く同和地区の福祉的支援の必要性から、戦前の隣保事業をモデルに、明確に同和対策としての隣保館建設を国が推進したものです。さらに一九六〇（昭和三五）年には、隣保館の運営費補助制度をつくりました。そして、特別措置法が始まるまでに、二七八館・約三割の隣保館が建てられました。一九六九（昭和四四）年に特別措置法施行後に七〇〇館が建てられました。

Ⅲ　申請主義のはざまで～隣保館が果たしてきた三つの役割～

戦後、国民生活を守るために、福祉、就労、教育などに関してさまざまな制度や対策ができました。しかしながらそれらの制度・対策は申請主義にもとづいており、必要性があったとしても役所がきてくれるわけではありません。部落では、さまざまな救済制度があることを知らない場合が多く、申請書類に目を通し必要な事項を書き込む煩わしさや、手続きをするときに自分の生活の状況をうまく説明できず、スムーズに行うことがきわめて困難な状況がありました。その結果、制度や対策から疎外されたり、もっと早期に対応すれば深刻な状況に陥らなかったケースが見られました。いわゆる〝制度が部落を素通りしていた〟実態がありました。

そこで隣保館ができると、身近な相談機関としての機能を発揮します。対応できる制度や対策を紹介し、職員が手続きの煩雑さをカバーしたり、窓口に同伴して口添えするなど、隣保館がかかわることで地域の人に制度を反映できるようになりました。これが、「必要とする人に必要な制度をつなぐ」という、隣保館のきわめて大きな機能であり効果です。

生活にかかわる相談では、一つの課題を解決するのに一つの制度や対策だけではできないものがほとんどです。さまざまな制度を結びつけて対応することで、制度が持つ目的を効果的に達成することができます。しかしながら、〝縦割り行政〟に象徴されるように、そのような機能を持つ行政機構はあまり完備されていません。隣保館の相談事業は総合相談であるといわれるように、ケースによりどんな制度や対策が必要であるかを把握し、コーディネートを行うといった行政では稀《まれ》な機能を実践してきました。また、住民相互で助け合うコミュニティづくりを推進してきました。このように、隣保館は「制度と制度をつなぐ」という役割を担ってきました。昔から、隣保館事業を〝隙間《すきま》産業〟と自負してきたのはこのようなことからです。

これらの手法は、二〇一五年四月から施行された生活困窮者自立支援法の「自立相談支援事業」（必須事業）で実施機関に求めている手法そのものです。

深刻な生活課題に直面することが少ない郡部にも隣保館が建てられたのは？

最も多い時には九八〇館の隣保館が部落に設置されましたが、都市型部落に象徴される深刻な生活課題を解決していくことが急務、といったところばかりに隣保館が建てられたわけではありません。約四割は、農山村部落にも隣保館が設置されました。

戦後、ＧＨＱ（連合国軍最高司令官総司令部）は、大土地所有者（寄生地主）の解体＝〝農地解放（改革）〟という政策（ざっくり説明すると、小作で耕していた田は小作人の所有となる）により、郡部の部落では周辺との際立った生活格差は見られませんでした。周辺には、公民館などの施設が設置されましたが、部落住民がその施設を使えないといった、部落差別によって排除されてきた実態がありました。そんなとき、部落に隣保館を建てると国から補助金が出るとなったわけですから、それじゃあ隣保館を建ててもらって、公民館で行っているような教室を開き、部落の人たちだけで何の気兼ねもなく教室に参加すればよいということで、郡部の部落に隣保館が多く建てられたのです。ここにも、公民館という一般的な制度（施設）があるにもかかわらず、部落を素通りしてきた歴史があります。都市部と郡部の違いはありますが、根底にあるのは部落差別です。

部落問題（人権問題）とは人と人との関係性、集団と集団との関係性

もともと、隣保館事業の対象となるのは部落差別で苦しんでいる住民です。これは、国の建設費の補助基準を見ても明らかです。一九五三（昭和二八）年の延べ床面積の補助基準はわずか四〇坪（一三二平方メートル）でした。その後関係世帯数によって拡大されましたが最大でも二〇〇坪（六六一平方メートル）です。このことからも、隣保館が対象とするのは同和地区であり、地区住民であることは間違いではありませんし、その役割は部落差別がなくなるまで変わりません。

部落にある隣保館の目的はいうまでもなく、部落問題の解決です。「部落問題が解決した」というイメージには各人各様の物指しがあります。ある人は、「地区内外の結婚率が限りなく一〇〇％に近づいたとき」という人もいるでしょう。あるいは、「部落の地価と周辺の地価に差がなくなったとき」という物差しを持つ人もいます。私たち隣保館の立場では、「日常生活のなかで同和地区内外の住民が、地区・地区外ということに何のわだかまりも持たず、人間としてお互いを尊重し、支え合い、助け合うような社会になれば部落問題は解決した」というイメージを持ちます。

部落差別によって切られている人と人との関係、集団と集団との関係をつないでいくことが部落問題の解決の道であると確信しています。そのために隣保館は具体的に何ができるのか。隣保館事業の対象は部落住民であることは間違いないけれど、地区内外の人が日常生活のなかで、そのような状況になる役割、きっかけづくりを隣保館がしなければ、部落問題解決のための施設とはいえません。

一九八〇年代から全国隣保館連絡協議会（以下、全隣協）は、全国の隣保館に交流啓発活動を大きな柱にしようと訴えてきました。偏見は自分が体験してつくられるものより、多くは他人から聞いた情報でかたちづくられたもので

す。地区内外の人が一つのことを一緒にやり、お互いがふれ合うことで、自分が持っていた偏見を取り除くきっかけづくりを目的意識的に取り組もうと呼びかけました。地区外は、偏見と差別意識で部落を忌避する人がいます。また、部落の人たちにも、今まで受けた差別による怖れや警戒感から、地区外との交流に一歩引いてしまうことがあります。双方をつなぐための交流事業、具体的には、隣保館のさまざまな教室に地区外住民を受け入れることです。文化祭やバザー、運動会、盆踊りなどのイベントを周辺地域の自治会・町内会、老人会、子ども会と共催しています。広く市民・町民の利用施設として開放しています。こうした取り組みを全国的に広げていきました。今や、隣保館を使っているのは部落住民だけ、というところはほとんどありません。むしろ今では、「地区外の人の利用が増え続け、困惑している」といった悩みが聞かれるくらいです。一つのことを一緒にやることで、部落の人の警戒心がなくなり、地区外の偏見も薄れてくるかも知れません。交流啓発で差別がなくなるのではなく、差別をなくすための「人、人と人とをつなげる」きっかけづくり、それができる重要な施設が隣保館です。以上この三つ（制度を人につなぐ、制度と制度をつなぐ、人と人とをつなぐ）を隣保館はずっと実践してきました。

Ⅳ　隣保館活動をこれからのまちづくりのモデルとして

一九九八（平成一〇）年、「社会福祉の基礎構造改革」という理念が社会福祉審議会から出されました。従来の社会福祉の主たる対象は「貧困」「障がい」としてきましたが、こういったさまざまな問題が重複・複合化しているなかで、新しい座標軸にあわせた検討が必要になってきているとし、これまでの福祉の対象者はもとより、制度の隙間にいる人たちをも視野に入れた新たな社会福祉への転換が必要であるとしたのです。救済は人権の保障として押さえ、これまでの福祉体系である「措置」から「契約」への転換です。「担い手」（国・行政）と「受け手」（国民）という一方通行の福祉ではなく、地域住民同士がお互いに支え合い、助け合っていくための地域社会の構築を視野に据えた社会福祉の体系を構築するというのが「社会福祉の基礎構造改革」の理念です。これをもとに、二〇〇〇（平成一二）年六月には社会福祉法（旧・社会福祉事業法）が改正され、市町村地域福祉計画の作成とともに、この年から介護保険がスタートしました。

同年一二月には、「社会的な援護を要する人々に対する社会福祉のあり方に関する検討会報告」（厚生省社会・援護局）が出されました。そこには、「社会福祉は、その国に住む人々の社会連帯によって支えられるものであるが、現代社会においては、その社会における人々の「つながり」が社会福祉によって作り出されるということも認識する必要がある。…人々の「つながり」の構築を通じて偏見・差別を克服するなど人間の関係性を重視するところに、社会福祉の役割があるものと考える」とあります。

そして、これまで福祉が主な対象としてきた、貧困と障がいとともに、社会的排除や摩擦、社会的孤立や孤独をその範疇《はんちゅう》に含めたこれからの社会福祉の方向を示しています。ここに書かれている理念や内容は、これまで隣保館が「部落問題解決」を目的として実践してきたことにほかならず、それをこれからの日本の社会福祉の方向だといっているのです。

冒頭、二〇〇〇年の社会福祉法改正で、隣保事業の条文から「福祉に欠けた住民を対象に」が削除されたとふれました。改正にあたり、全隣協は厚生省に、「戦後の混迷期の福祉・救済を目的とした隣保事業は、その後の日本社会の変化とともにその役割を広げている。同和地区に設置された隣保館は、同和問題の解決を目的に、生活困窮によるさまざまな相談事業はもとより、人と人とのつながり、まちづくりを目指して活動し、その対象エリアも広く地域社会を対象にしてきた。「福祉に欠けた住民を対象に」が、残されていることで、隣保館の目指す、つながりづくり、まちづくりの視点に違和感が生じる。これまでの隣保事業の歴史と、これからの社会福祉の方向も見据えた法文改正を検討していただきたい」と進言しました。

生活困窮者自立支援法と隣保館

第二のセーフティネットといわれる「生活困窮者自立支援法」（以下、支援法）が、二〇一五（平成二七）年四月から施行されました。格差社会の拡大は、部落においては特にその影響は大きく、生活困窮に陥り支援を必要とする人たちが増加しています。

二〇一一（平成二三）年度社会福祉推進事業「今後隣保館が取り組むべき地域福祉課題を明らかにする実態調査」で、全国の隣保館を通して行われた行政データ調査では、

①部落の所得状況は、非課税人口が四七・四％（当該市町村三二・八％）と明らかな格差を示している。
②生活保護世帯は、五・一八％（当該市町村二・五七％）と二倍となっている。
③母子家庭は、三・四％（当該市町村一・五％）で、特に都市部では五・一％（一・七％）と三倍である。
④障がい者率は、五・九一％（当該市町村四・四六％）と高率を示している。
⑤介護保険要支援、介護認定者も高率となっている。
⑥市町村立中学校卒業者の進学状況では、全日制高等学校の進学率は、九〇・三％（当該市町村九二・四％）と依然格差が見られる。

という実態が明らかになりました。これまでの隣保館での相談事業の一層の推進はもとより、支援法にもとづく相談支援実施機関との連携がますます重要となっています。

地域共生社会の実現と隣保館

また、「我が事・丸ごと」地域共生社会に向けて、二〇一七（平成二九）年二月に、厚生労働省「地域共生社会実現本部」からその実現に向けた当面の改革工程が示されました。そこでは、「地域共生社会」とは、「制度・分野ごとの

「縦割り」や「支え手」「受け手」の関係を超えて、地域住民や地域の多様な主体が、「我が事」として参画し、人と人、人と資源が世代や分野を超えて「丸ごと」つながることで、住民一人ひとりの暮らしと生きがい、地域をともに創っていく社会」と位置づけ、◎改革の背景と方向性、◎改革の骨格、◎実現に向けた工程が示され、二〇一七（平成二九）年に介護保険法・社会福祉法の改正、二〇一八（平成三〇）年度は介護・障害福祉サービス等報酬改定、生活困窮者自立支援制度の強化、さらには二〇一九年度以降にさらなる制度見直しを進め、二〇二〇年代初頭に全面展開を行うとしています。

二〇一七（平成二九）年の社会福祉法の改正では、第四条〈地域福祉の推進〉で、「地域住民、社会福祉を目的とする事業を経営するもの」を「地域住民等」と定義し、第二項で「地域住民等は、地域の福祉の推進に当たつては、福祉サービスを必要とする地域住民及びその世帯が抱える福祉、介護、介護予防、保健医療、住まい、就労及び教育に関する課題、福祉サービスを必要とする地域住民の地域社会からの孤立その他の福祉サービスを必要とする地域住民が日常生活を営み、あらゆる分野の活動に参加する機会が確保される上での各般の課題（以下「地域生活課題」という。）」とし、そして「地域住民等」は「地域生活課題」を把握し、「地域生活課題の解決に資する支援を行う関係機関（以下「支援関係機関」という。）との連携等によりその解決を図るよう特に留意するものとする」ことが明記されました。

これを受けて、全国厚生労働関係部局長会議（二〇一八年一月）や社会・援護局関係主管課長会議（二〇一八年三月）で、「市町村の体制整備の際には、隣保館等は関係機関の一つとして、地域福祉の推進を担うことのできる機能を有している」との認識を示しました。また、関係部局・関係機関との連携について、「市町村の福祉関係や人権関係等の関係部局、地域包括支援センターや社会福祉協議会などの関係機関との密接な連携を行うとともに、生活困窮者自立支援法の自立支援機関との連携や同法に基づく各種事業の実施に当たり、地域における多様な社会資源の一つとして隣保館自体が自立相談支援機関として活動する等、事業の実施主体として活用できることに留意」しながら、より積極的な館運営が行われるよう通知しました。さらに、改正社会福祉法第一〇七条で「市町村地域福祉計画」策定が努力義務化されましたが、厚生労働省は関係自治体に「隣保館が取り組んでいる人権課題解決に向けた取り組みも地域課題の一つとして考えられるため、計画策定にあたっては、こうした視点についても留意するよう、管内市町村に周知願いたい」としています。隣保館が地域の社会資源の一つとして、さらなる活動の強化と飛躍が期待されています。

おわりに

セツルメント事業（隣保事業）が日本に持ち込まれ、間もなく一三〇年を迎えようとしています。

戦前・前後を通じ、実施された多くが部落であった事実や、戦前の相互扶助から救済と治安対策、戦後の福祉対策から一九六九（昭和四四）年の特別措置法施行以降、部落に設置された隣保館は部落問題解決を視野に時代とともに歩んできました。

二〇一六（平成二八）年一二月に施行された「部落差別解消推進法」の意図するものを現場で、「福祉と人権のまちづくり」をスローガンに、改めて全国の隣保館は邁進《まいしん》していきます。

戸籍と人権

—戸籍法改正と事前登録型本人通知制度—

二宮周平

はじめに

専門資格業種、興信所による戸籍謄本《とうほん》等の不正取得事件は、相変わらず起こっています。その背景には部落差別がありますが、制度的な問題として、専門資格を有する弁護士・司法書士・行政書士等による有資格者の職務上請求が真正なものなのか、真正性の確保の問題があります。二つ目に、委任状を渡して第三者が戸籍を取得することも可能で、その際の真正性の確保も問題です。誰が自分の戸籍謄本を取得したのか、問題が起こるまでわからないという構造も疑問です。

Ⅰ　戸籍制度とは何か

戸籍とは、個人の氏名、出生・死亡年月日、国籍、家族関係を証明するものです。戸籍はどんな場合に必要なのかというと、婚姻、相続、パスポートの取得時などです。日本人の男性Ａ・女性Ｂから子Ｃが出生した場合、女性Ｂ

が別の人とまだ婚姻中で離婚できておらず、紛争を恐れて子Cの出生届を出さない事例が今でもあります。このとき、子Cは戸籍のない子となります。しかし、女性Bは子Cを出産しているので、BがCの法律上の母であり、Cの親権者となり、Cの扶養義務があります。Bは日本人なので、子Cは日本国籍を取得できます。しかし、戸籍がないため、問題が生じるたびに、BがCを出産したこと、Bが日本人であることを個別に証明しなければなりません。戸籍があれば簡単に証明できます。そこで近代的な国ではこのような事項を公に証明する制度があります。

もう一つは第三者にとってのメリットです。取引の相手方の行為能力の確認をするとき、債権者の相続人の範囲を確定したいとき、婚約不履行の損害賠償請求をするとき、離婚訴訟で相手方の現在の家族関係を知りたいとき、刑事事件で容疑者の家族関係を知って情状酌量を頼むとき、民事執行で財産差押えの前に緊急手段として財産を保全するときなどに戸籍が用いられることになります。

日本の公証制度の特徴は、家族単位であることと、公開されてきたことです。これにより、戸籍に記載された者が家族という意識を生みました。また家族関係が書かれているのでより一層、プライバシー侵害の恐れがあります。なぜ、こういう制度になったのか、おさらいしたいと思います。

Ⅱ　近代的戸籍制度の沿革

日本に戸籍法ができたのは明治四（一八七一）年です。前文には「戸数人員ヲ詳ニシテ猥ナラサシムルハ政務ノ最先シ重スル所ナリ」とあります。つまり国民の現状把握が目的でした。徴税・徴兵・治安のために、たとえば、徴兵だと、後継ぎ以外の二〇歳以上の男子がどこに住んでいるのか把握をしないといけませんし、まだ登記簿がない時代でしたから、税を課すための土地台帳としての役割もありました。

戸籍法は制定された翌年から施行され、その年が干支《えと》でみずのえさるに当たることから、壬申《じんしん》戸籍といわれています。壬申戸籍の特徴は、まず戸主を定めて、尊属・卑属、直系・傍系、男・女の序列で記載されていること、現況主義といって、現在の住所で戸籍が編製されたことです。この戸籍には族称欄があって、そこには爵位、士族、僧侶、平民などが書かれました。地域の戸籍によっては、「元穢多」「新平民」などの賤称が記載された例もありました。これは命じられたものではなく、戸籍係の人の判断で書く例もありましたし、書いていない戸籍もあります。いずれにしても、部落の所在がわかっていたら、現況主義ですから、戸籍を見れば部落の出身かどうかが確認できました。戸籍は戸主が代わるたびに改製されますし、また、出生、死亡、婚姻、離婚、養子縁組など家族の変動もありますから、脱漏を防ぐため六年ごとに改製されました。改製までの六年間は、戸籍のうえに紙を貼り足したため、糊《のり》が剥《は》がれたり、たくさん足して何が書いてあるのかわからない状態だったため、「反故紙《ほごし》の如《ごと》し」といわれました。

そこで、戸籍法の改正が始まります。一八八六（明治一九）年の改正によって、除籍簿と身分事項欄が創設されます。これによって、死亡や婚姻で誰もいなくなった戸籍は除籍簿として保存され、身分事項欄には出生、婚姻、離婚、養子縁組などの家族の変動に関する事項を順次記載するだけでなく、どの戸籍から入籍したか書かれていますので、壬申戸籍までたどることが可能です。この改正は壬申戸籍ができてまだ一五年しか経っていないので、あまり問題となりませんでしたが、後にこの追跡機能が威力を発揮することになります。

一八九八（明治三一）年の改正では、本籍地という概念が生まれ、現況主義が放棄されます。父母欄ができ、親子関係の把握を容易にする仕組みが導入されました。実際に一緒には暮らしていなくても、戸籍に記載されている人が家族となり、戸籍＝家族という考え方が生まれてきます。戸籍に表れている家族のあり方を正当化するために、民法は家制度を確立しました。戸主がいて、推定家督相続人として長男、二男、三男という順番付け、続き柄が記載されるようになります。戸主は家族を統率する権限（婚姻同意権、居所指定権等）があり、他方で家族を扶養する義務があり、家族秩序が社会秩序を維持すると考えられ、戸籍は単なる公証制度以上の機能を発揮していきました。

壬申戸籍は国民の現状把握という行政目的のための制度でしたから非公開でした。ところが、不動産登記や契約、訴訟、その他で家族関係の証明が不可欠となり、公開の要求が出てきます。一八九八（明治三一）年に民法が制定されると戸籍法も改正され、公開の原則が採られます。公開によって記載事項の正確さを担保できるという発言もあり、当時はプライバシーや差別に関する議論は一切ありません。

一九一四（大正三）年の戸籍法の改正によって、正当な理由のある場合には、閲覧・交付請求を拒むことができるようになりました。しかし、これは名誉毀損《きそん》や市町村長への嫌がらせを防ぐ場合にだけ適用され、部落差別に戸籍が利用されたり、企業活動のための大量閲覧なども、執務の妨げとならないかぎり、拒絶できない時代でした。

部落差別に戸籍が利用されたのは、身分事項欄にどこの戸籍から入籍したかが記載されましたから、前本籍をたどることで、明治民法下の戸籍、さらには壬申戸籍までたどりつくことができたからです。前戸籍から家族関係を無限に追跡できることから、身元調査の横行を招きました。

差別防止への動きは、一九二三（大正一二）年の全国水平社第二回大会に始まります。水平社から戸籍簿・身元調査の改正要求が出されたのを受け、帝国議会で衆議院議員から「因習打破に関する建議案」が提出され、一九二四（大正一三）年に司法省は謄本・抄本作成のときに「穢多」「新平民」の文字を謄写してはならないと回答しています。しかし、族称欄が空白だと疑念を持たれます。すべての人の族称欄を謄写しないとなったのは、それから一五年も後のことでしたが、族称欄に二重線による抹消をしている戸籍簿は残りました。またそれを閲覧できるのですから、差別利用をなくすことはできませんでした。

この改革は戦後に持ち越されます。まず、一九四七（昭和二二）年に民法が改正され、家制度が廃止されます。戸籍も改正する必要があり、戸籍の編製を家族単位にするか市民登録（個人単位）にするかの議論が盛んに行われます。

司法省は、個人単位にすると紙や手数がかかる、経済力が回復すれば一人戸籍にしたいとＧＨＱ（連合国軍総司令部）に説明しています。また、当時、家制度が廃止されたことで家族がバラバラになるという不安を抱える国民もいました。こうした不安を緩和するためにも、昔のような大規模な戸籍ではないけれど、夫婦と子どもを単位として編製する戸籍制度に変わりました。子どもが結婚すれば親の戸籍から除籍され、夫婦の新戸籍がつくられることから、夫婦の独立性を象徴するものになりました。一方で、夫婦と子という標準から外れた家族（離婚、婚外子など）への差別も生みました。そして、戸籍筆頭者はほとんどの場合、夫になり、家意識も温存されました。

Ⅲ　放置された人権問題

公開の原則は、戦後改革のときには議論されず放置されたため、就職や結婚の際の身元調査や、興信所の活用、『部落地名総鑑』の活用などの差別事象は続きます。部落解放同盟や人権団体からの強い要求があり、一九六八年、壬申戸籍に関する規制が強化され、壬申戸籍の閲覧を禁止し、法務省が回収し保管することになりました。その後、主に近畿の自治体が独自の公開制限実施要綱をつくって、除籍簿の閲覧規制をしましたが、公開の原則を制限することから、裁判では敗訴してしまいます。そこで、自治体の要求に応えるかたちで、一九七六年に戸籍法第一次改正がされて、閲覧制度が廃止されたのです。戦後三〇年経ってようやくです。

もう一つは、謄本・抄本の交付規制がされました。交付請求にあたっては請求事由を明記し、不当な目的が明らかな場合は請求を拒否できるようになったのです。ただし、ａ本人・その配偶者・直系尊属・直系卑属や、ｂ国・地方公共団体・特定の法人・八士業が職務上請求する場合などは請求事由を明示しなくていいことから、有資格者の不正利用が続出し、差別利用がなくなることはありませんでした。

二〇〇七年には戸籍法第二次改正が行われました。この背景には、有資格者の不正取得事件が後を絶たず、一万件以上の戸籍を不正取得していた業者が発覚した事件もあげられます。また、二〇〇五年に個人情報保護法が全面施行され、プライバシー保護が強調され始めたこともあります。

これによって、謄本・抄本等の取得規制が厳しくなりました。まず、戸籍に記載されている者、その配偶者、直系尊属、直系卑属が謄本等の交付を請求するときには請求事由を書かなければならず、不当と判断されると交付が拒まれます。第三者請求については規制がさらに強化されました。先にあげた者以外、つまり兄弟姉妹・叔父叔母も第三者になります。次の三つの場合にのみ交付請求ができます。①自己の権利行使又は義務履行のために戸籍の記載事項を確認する必要がある場合、②国または地方公共団体の機関に提出する必要がある場合、③前記①②のほか、戸籍の記載事項を利用する正当な理由がある場合です。

有資格者に対する規制ですが、職務上請求する場合、依頼者本人について、①②③の事情がないと有資格者も請求できないことになりました。ただし、訴訟を受任している場合には、訴訟の種類を特定すれば、①②③のような事由を明らかにせずに戸籍謄本等を取得できます。

戸籍謄抄本の交付請求の際には、運転免許やパスポート、社会保険証などで本人確認をします。代理人の場合は、委任状の提出が必要です。また、市区町村長は、第三者請求、公用請求、弁護士等の請求がなされた場合において、明らかにすべき事項が明らかにされていないと認めるときは、当該請求者に対して、必要な説明を求めることができます。そして不正取得者に対する制裁として、三〇万円以下の罰金が科せられることになりました。刑罰ですから、不正請求を依頼した人、興信所、興信所に依頼した顧客などを共犯者として処罰することが可能となりました。士業の人は刑事罰を受けることで、懲戒処分の対象となります。

こうして改正された戸籍法ですが、検討課題を個人情報保護の視点から考えてみます。法制審議会戸籍法部会での議論では、戸籍の謄抄本の提出を求めている国、地方公共団体の機関、民間企業等の実態把握と、抄本（個人事項）や記載事項証明書で足りるかどうか具体的検討（指針）を行うと記載されています。しかし、この議論がなされた二〇〇六年から一〇年経った二〇一六年の数字を見ても、戸籍謄本九八・四％、全部事項証明書七九・七％（有料件数）と実態は変わっていません。

不正取得行為を刑罰化したわけですが、不正取得かどうかの判断を、誰がいつするのかというと、戸籍に記載された本人が判断するしかありません。したがって、戸籍謄抄本の交付請求があったときは、誰が何のために請求したのか、本人に通知すべきなのです。ところが、二〇〇六年の戸籍法部会はこの制度の導入に消極的でした。まずは本人通知への事務手続の煩雑さと、交付請求者の情報も個人情報だから、非開示事項に当たるという理由です。特に弁護士などは、債務者の財産を保全する必要のある事案で、こうした通知をされると、債務者が財産隠しをして困るといった主張を繰り返ししてきました。しかし、自分は何のために取得するのかは隠しておいて、相手方の情報だけを取るのは対等ではないと思います。弁護士は人権保護の担い手であり、社会的正義の担い手であることから、戸籍に記載された情報によってつらい思いをする人がいることはわかっているはずです。一定期間経過後は廃棄することや、流用されない安全策の周知徹底、事件が解決した後には、きちんと戸籍謄抄本の交付請求をしたことを本人に通知し、個人情報保護の原則を守ることなど、士業として検討する事項は残されていると思います。

これらの要求を満たすものとして考えられているのが、本人通知制度です。

Ⅳ　本人通知制度

大阪狭山市は二〇〇九年六月、事前に「本人通知制度」に登録した人に対し、本人の代理人や第三者による戸籍謄抄本、住民票の写しなどが取られた場合、交付した事実を通知する制度を導入しました。それが、全国の自治体に広まっていきました。また、埼玉県桶川市の事前登録制度によって不正取得が発覚し、不正請求をしたのが鹿児島県の行政書士であるとわかり、鹿児島県警が逮捕したという事件がありました。組織的に大量の不正請求をしていたグループ内では、本人通知制度によって不正が発覚することを恐れて、本人通知制度を導入している自治体からは取るなと申し合わせていたといいます。防止効果はあるわけで、この制度を導入することが人権を守るための課題になっていきました。

本人通知制度は、第三者や代理人が自分の戸籍謄本等の交付請求をすると、戸籍係が交付請求があったことを本人に通知します。本人がおかしいと思えば、戸籍係に問い合わせることができます。もし交付請求書の写しをもらえて、請求者を特定できれば、戸籍法規定の事由があるかどうかの確認ができます。事由がなければ不正取得ですから、戸籍法違反として刑事告発できます。本人通知制度は、次のステップとして交付請求書の開示が課題になっています。個人情報保護の原則は、本人の同意なくして情報を第三者に提供してはならないことですから、自己の情報に誰がアクセスしたかを知り、その利用を停止することができなければなりません。戸籍は、個人の属性や家族関係を証明するものであり、出生・死亡は届出が義務付けられ、婚姻・離婚・縁組・離縁・認知などは戸籍係に届け出ることによって法的な効果が発生します。したがって、国民のさまざまな個人情報が登録されている戸籍には、プライバシーの配慮がより一層必要です。個人情報保護法の考え方をできるかぎり、戸籍にも適用すべきです。

交付請求書には、交付請求者の氏名・住所等や資格が書かれています。しかし、請求書を開示しないとなると、自己の情報は隠して他人の情報を得るということなので、情報の対等性という見地から見ても不公平です。戸籍の記載が差別的事象に利用されている現実がある以上、交付請求者が非開示という保護を受けるのは妥当ではありません。

地方自治体の個人情報保護条例の運用上の措置として、交付請求書に「不当な目的に使用された場合には、個人情報保護条例に照らし合わせて、利害関係人に交付請求書を開示する」と書いておけば、請求者は覚悟のうえで請求していることになり、開示を許諾しているので非開示の保護は受けません。また、有資格者は職務上請求しているのですから、自分が取得したことがわかると業務の遂行上困る具体的事情を書かないかぎり、自己情報を開示してもいいという考え方が成り立ちます。

V 本人通知制度の現状

繰り返しますが、事前登録型の本人通知制度とは、代理人または第三者がこの制度に事前に登録した者の戸籍謄抄本、住民票および附票等を交付した場合に、交付した事実を登録した本人に通知する制度です。登録した者のみで、住民全員ではありません。

二〇一七年八月二二日における制度の現状は、全国一七八八地方自治体のうち、事前登録型の導入は五四〇です。被害告知の導入や、委任状を持ってきた人にだけ本人通知をするなど、別のタイプもあります。埼玉県、奈良県、和歌山県、大阪府、京都府、鳥取県、山口県、香川県、大分県では全市町村で導入されています。佐賀県吉野ヶ里町では、登録不要型を採用しています。

事前登録者の現状は、二〇一三年の大阪府のデータでは、多いところで八尾市の五六九人、大阪狭山市四七五人など六三二六人が登録されており、通知件数は、豊中市二四六件、高槻市一一〇件など一一九二件でした。交付事実証明書タイプの一八市町村では、証明書発行件数は六四件でした。

組織的に不正取得するグループへの抑止効果を高めるために、採用している自治体がこれだけあると示すことは効果的かも知れませんが、登録者については、必ずしも件数データを明らかにしなくてもいいというのが私の考え方です。

制度の骨格は、各自治体で違いがあり、来庁して登録、期間は三年というのが一番多いようです。対象となる証明書は、戸籍の謄本・抄本、記載事項証明書、住民票、電子版では全部事項証明書、個人事項証明書、記載事項証明書、戸籍附票です。通知の仕方は、a 交付した事実のみ本人に通知し、本人が来庁して交付事実証明書を請求するタイプと、b 本人通知書（交付年月日、交付証明書の種別、交付枚数、交付請求者の種別）を送付するタイプがあります。bのほうが効果的です。通知の内容ですが、交付請求者の種別は示されても、氏名・住所は通知しないところが多いです。委任状偽装ケースに対応するため、代理人として交付請求した場合に、代理人の氏名・住所を開示する自治体もあるようです。

本人通知事前登録制度実施要綱のひな型では、「その他市町村長が適当と認める事」があり、そこに「各市町村の個人情報保護条例により開示できる情報（たとえば、法人・八士業の氏名・住所）があれば、号を追加してください」とあり、有資格者や法人であれば特定できる情報を開示してもよいとあります。こういうことが請求書や要綱に記載されていれば、わかって請求しているのだから、開示されても文句はいえないということになるわけです。

今のところ登録者が少ないので、名簿を見ながら手作業で通知をしている自治体もありますが、登録の電算化などのシステムをつくらないかぎり、人手がかかりすぎるという批判は免れません。限られた予算と人員で対応可能な仕組みづくりをしていかなければなりません。

二〇〇七年三月二日、衆参法務委員で戸籍法改正に関する附帯決議がなされ、衆議院では「本法の施行状況及び他の関連制度における扱いに照らし、第三者が不正に戸籍の謄抄本を交付請求することを防止する更なる措置の導入の是非について検討を行うこと」となりました。この附帯決議を実行させる必要がありますが、二〇一四年五月の参議院法務委員会での質問に対する政府の答弁書は、本人通知制度を実施した場合には「正当な理由に基づく戸籍謄抄本等の交付請求を萎縮させる効果が生じるおそれがあるほか、手続の密行性が求められる民事保全法に基づく保全命令の申立てをしようとする債権者の利益を害するおそれがあるとの指摘があること、市区町村に通知に係る事務処理上の負担が生じることなどから」立法的措置を講ずることや、全国自治体の実施状況を早急に調査し、必要経費を国として補助することについては政府としては考えていないと明言しました。

正当な理由にもとづく請求であれば、問い合わせに対してその旨を説明すれば足りえます。財産隠しの可能性を人権侵害の可能性と比較対照すること自体がそもそも不適切であり、両方を防止する仕組みを追求するのが筋であって、答弁書は言い訳に過ぎません。しかし、政府としては考えていないという一言は非常に大きな影響を持つので、この答弁を覆していく必要があります。

Ⅵ　本人通知制度の課題

希望になるのは自治体の動きです。一九七〇年代に自治体が除籍謄本の閲覧をさせないことで裁判になって、それに負けたことが起因となって、第一次戸籍法改革につながりました。登録型の本人通知制度を実施する自治体が増加することにより、七〇年代同様に、国は市町村任せにできなくなるのではないかと思います。本人通知制度の実施状況と交付請求者の開示状況を調べ、検討し、国の制度として必要経費を国が補助する義務があります。後で紹介しますが、経費について国はムダ使いをしようとしています。

参考になるのは、韓国の戸籍制度改革です。二〇〇五年、韓国の憲法裁判所は、戸主制は憲法不合致であるという判決を出しました。これが契機となって戸主制は廃止され、二〇〇八年、戸籍は個人単位の家族関係登録制度になりました。個人別に、父母、配偶者、子を記載し、必要に応じて家族関係証明書、基本証明書、婚姻関係証明書、入養関係証明書などを発行します。パスポート申請などは基本証明書で足ります。かつてのような戸籍謄本は存在せず、電算機のなかにデータとして保存し、必要に応じて証明書を交付します。交付請求者はほぼ日本と同じですが、ここで入手できるのは上記のような証明書のみです。本籍ではなく個人の登録基準地ですから、日本のように部落ではないかという推測はできません。日本が朝鮮を植民地支配したときに無理やり導入した戸籍制度をなくしたことは、大きな示唆に富むと思います。

このように日本の戸籍制度は、抜本的に改革する必要があります。まず、個人別にすることです。また、すでに戸籍事務は電算化していますから、交付は必要とする事項のみの記載事項証明書を原則にすることは簡単にできると思います。そうすれば、証明書を交付されても身元調査に役立たないため、不正な交付請求がなくなり、それによって登録型本人通知制度も不要となります。

二〇一七年九月二〇日、上川陽子法相が、戸籍の情報をマイナンバー制度と連携させるための戸籍法改正を法制審議会に諮問したという記事が出ました。

マイナンバーと連携させるほうが、行政の効率化につながるというのですが、マイナンバー・カードがどのくらい普及しているかというと、二〇一七年五月の時点で九％だそうです。マイナンバー・カードを普及させることが狙いかと邪推するわけですが、これには膨大なお金がかかります。予算措置を講じなければなりません。そんな予算を付けるぐらいなら、登録型本人通知制度に予算をかければいいのです。それがもったいないのなら、個人別の記載事項証明の交付を原則にすればいいのです。

付記　現在、右記の諮問内容にそって審議が進められている。

部落差別と真宗
―私の履歴書―

阪本 仁

はじめに

私は一九六七年に鳥取県の被差別部落に生まれました。古代の律令国家でいえば、因幡国《いなばのくに》と伯耆国《ほうきのくに》が一つになって鳥取県となりました。父は伯耆、母は因幡の被差別部落の出身で、いわゆる「純粋」な部落民として生まれたことになります。私が生まれた地域は部落解放運動が盛んな地域で、その運動の成果として市会議員や市役所の職員になる人が現れはじめていました。

このような地域ですから、部落差別によって奪われた学力を取り返すために行われていたのが「地域進出学習会」でした。この学習会が私と部落解放運動との出会いでもありました。この学習会でみずからの出自を知ることにもなりました。小学校六年生のときには、狭山事件でえん罪を訴えていた石川一雄さんを支援するために行われた「同盟休校」に参加しました。このとき初めて部落民であることをクラスメイトにみずから明かしたことを今でも鮮明に覚えています。「地域進出学習会」で部落差別のこと、狭山事件のことを学習してきましたので、出自を明かすことに抵抗はありませんでした。

そのときはあまり感じていませんでしたが、その後、中学・高校と進学するにつれ、あることに気づかされました。周りの友人たちは私が部落民であることを知っている、私が伝えなくても。この事実に驚くとともに得体の知れない恐怖を同時に覚えました。これが私の初めての被差別の体験だと思います。

そんな感情が芽生えた頃、高校二年生のときに生徒会長になりました。同時に部活のバスケット部の部長にもなり、忙しくしていました。初めての被差別の体験と生徒会長と部活の部長ということが重なり、被差別部落の高校生の集まりである「高校友の会」への出席が困難になり、徐々に足が遠のきました。私のなかでは生徒会や部活を一生懸命することも部落解放につながることだと思っていました。

しばらくすると、部落解放同盟の幹部から「「高校友の会」に参加しない奴には奨学金を出さない」と怒鳴られました。以来「高校友の会」に参加することも奨学金を貰《もら》うこともなくなり、部落解放運動から距離をおくようになり、斜に構えるようになりました。

高校三年生のときに運命を感じる事件、「董理《とうり》院董理差別事件」が起きました。概要は以下の通りです。

一九八四年七月二一・二二日、真宗大谷派京都教区因伯《いんぱく》組の「同朋《どうぼう》研修会」において、A講師（講師・董理院董理・宗務顧問・大谷大学名誉教授）が「蓮如《れんにょ》上人の女性観」のテーマで講義を行いました。そのなかで次のような差別発言がありました。

①比叡山《ひえいざん》のふもとに坂本という所がある。そのそばに日吉《ひえ》神社があり、その参道の上がり口に石碑が建っている。「牛馬と女性はここより上がるべからず」と。これは人権無視も甚《はなは》だしい。

②今日、同和の戒名《かいみょう》がつけられているということで、同和の方々が大騒ぎされておられるが、女性も起って弾《だん》劾《がい》されたがよろしい（笑い声）。

③まあ、しかし社会はなかなか変わるものではありません。だから昔からの色々なものが残るのもやむをえない。

特に同和問題もそうです。

④江戸時代まで、百年前までは、社会の通念だからそういう戒名がつけられてもやむをえない。そういう戒名をその時代の人がつけたからといって……それはやむをえないですよ。仕方がないです。

⑤それを今さら取り上げて大騒ぎですよ。仏教界大騒ぎですよ。何ちゅうことかと思う。その頃の常識、常識だから仕方がない。常識だからそういう戒名をつけたからと言って、文句を言われる筋合いではない。文句を言われるなら社会全体が、日本民族全体が言われるべきです。

（『部落問題学習資料集』真宗大谷派宗務所発行より）

この発言を重く受け止めた部落解放同盟鳥取県連合会は、この研修会を主催した因伯組、京都教区ならびに真宗大谷派に対して糾弾会を行うこととしました。ちなみにこの糾弾会は、糾弾する側はすべて大谷派の門徒であり、つまりは直接門徒から糾弾を僧侶側が受けるという切実なものでありました。

この糾弾会は二回持たれました（一九八五年二月二六日、一二月二日）。二回目の糾弾会で当時、部落解放同盟中央本部書記長の小森龍邦氏から「寺格・堂班は差別ではないのですか?」という追及に、当時の担当参務から「差別です」という発言を引き出しました。これにより一九九一年六月三〇日、「寺院教会条例」改正により、「寺格条例」が廃止されました。

このような大きな変化をもたらす糾弾会でありましたが、私にも大きい影響を与え、一回目の糾弾会が終わった夜、地域の支部長が私の家にきて、「坊主は言い訳がうまくて困る。でも、彼らが真剣に部落解放運動を理解したら状況も変わるはず。君ならんか?」という言葉が飛んできました。あっけに取られボーッとしているところに父が「いい話だ」と頷《うなず》いて、トントン拍子で大学進学から僧侶への道が決まったのです。

I　鳥取の被差別部落と信仰

鳥取県はご存じのように日本では一番人口が少ない県であり、所得も低いほうで知られています。しかし被差別部落の数は一〇七と人口の割合には多いといえます。大きい地域で三〇〇戸を超えるところもあれば、数軒という村もありますが、江戸時代まではすべてが真宗大谷派・東本願寺の門徒でありました。

この状況を生んだのは、鳥取藩の政策の影響が強く、因幡国の釜口に緑浄寺《りょくじょうじ》を一六四〇年代に創建したことが大きく関係しています。緑浄寺の創建の際は、「穢寺《えじ》の中本山」と呼ばれ、つまり「四ヶ之本寺《しかのほんじ》」（金福寺・万宣寺・福専寺・教徳寺）ともいわれ、その「四ヶ之本山」のなかの金福寺《きんぷくじ》から僧を譲《ゆず》り受け、初代住職に迎え入れたことから始まります。金福寺の下寺として開基したことになります。その三〇年後に緑浄寺の下寺として浄福寺が建立されます。

寛文　二年五月　（一六七二年）　浄福寺の創建
一　日野・会見《あいみ》穢多宗旨寺今迄無之ニ付、当国緑浄寺一宗之僧ヲ置申度由ニて、其通申渡事

と『鳥取藩史』にあるように、緑浄寺は因幡の中心あたりにあり、伯耆の門徒からすれば大変不便な場所にあるので、日野や会見の有力な門徒が鳥取藩に願い出て、浄福寺にある掛軸に「金福寺下　緑浄寺下　浄福寺」と裏書があるように、緑浄寺の下寺として建立されたことがうかがわれます。これによって、「穢多」の寺請人別帳が完成することになり、江戸期はこの体制が維持されることになりました。

II　被差別民衆の真宗との出会い

一九二一（大正一〇）年三月、内務省調査（中央融和事業協会）によると、被差別部落の真宗受容度は八二％、日蓮宗四％、その他で一四％でした。地域では、関東・東北ではまちまちですが、愛知県の岡崎地方から西ではほぼ真宗を信仰していることが判明しています。例外としては岡山県と佐賀県で、佐賀県は藩の政策として日蓮宗と定めました。岡山県は特殊な宗教事情と地域性があり、その影響で真宗が振るわなかった地域です。

ともあれ、これだけ多くの被差別部落の民衆が真宗を信仰するには、長い時間を要することが想像されます。また本願寺側が何かしらの行為、つまり教化活動を行わないとここまで多くの信仰を集めることはなかったと思います。

真宗と被差別民衆とのかかわりを表すもので最古といわれている文書に、覚如《かくにょ》上人が作成したとされる十三箇条の制約『専修念仏の衆中に存知すへき条々』（貞和二（一三四六）年三月作成とされる）と題されたものがあります。その第十三条には、次のような記述があります。

> 御門下と号するある一類のなかに、この法をもて栴陀羅《せんだら》を勧化《かんげ》すると云々《うんぬん》。あまさへ、これかために、あひかたらひて値遇出入すと云々。こと実たらははなはたもて不可思議の悪名なり。本所にをひて、ことにいましめ沙汰あるへし。是非すてにこの悪名のきこへあるうへは、なかく当寺の参詣を停止せしめて、外道《げどう》の道路に追放すへき歟《か》、（中略）しかるうへは奉公といひ、交衆《きょうしゅ》といひ、さらに世俗よのつねの礼法にそむきかたき日、いかてか、かの屠類《とるい》にあひともなひ、得意知己の儀あるへき、同朋等侶の昵《なずみ》あるへきや、もとも瑕瑾《かきん》の至極たり。

この資料によれば、貞和二（一三四六）年三月には、傍線部分に示すように、この法をもって栴陀羅を勧化するとあります。中世において本願寺教団は、栴陀羅＝悪人＝被差別民衆に対して教化していたことがわかり、しかもある地方の有力寺院では参詣を長期間していることがうかがえます。そこには差別を超え、同じ教えを聞いていることが画期的です。しかし本願寺側からすれば不名誉なことで、参詣を辞めさせ寺から追放しなさいと指示しています。真宗を伝えようとする人びとのなかには被差別民衆に対して差別をすることなく、教化活動を行っていることがうかがえる最古の資料といえます。

＊『十三箇条』の年代考証には諸説あります。まずは、信楽峻麿《しがらきたかまろ》「覚如における信の思想―真宗教学史における信解釈の問題」（『龍谷大学論集』第四二四号）では、覚如とする考察。この考察を受けて、大谷大学内で研究した結果、覚如ではなく、覚如から蓮如の中間とする考察。柏原祐泉《ゆうせん》『仏教と部落差別』（部落解放研究所・人権ブックレット9）では、蓮如以降で証如・顕如まで時代が下るという説があり、定まっていません。

Ⅲ　真宗大谷派解放運動推進本部に入って

二〇〇二年七月一日、真宗大谷派同和推進本部に本部要員、非常勤職員として入りました。部落差別問題を中心に担当することになり、そのなかで「真宗大谷派同和関係寺院協議会」（以下「同関協」）という組織と出会います。この組織は部落差別の克服を願って一九七四年一〇月に結成され、寺院の住職によって組織された団体で、派内の「部落寺院」も多く参加しました。

二〇〇二年といえば、三三年間続いた「特措法」が三月三一日で失効した年で、多くの運動団体が活動の方向性を模索していた頃でもあり、この「同関協」も今後の活動に不安を覚え、新たな活動方針を検討していました。そこで注目されたのが、一九八〇年に「三要求」が宗務当局に提出されていたものです。

「三要求」とは以下のものです。

①宗政の責任において、同和関係寺院の実態調査を実施せよ。
②全教区に同和関係寺院協議会を設置せよ。
③「特措法」に準拠し、宗費、経常費等の納金を半額とし、教化指導費を支給せよ。

二〇〇二年当時、「同関協」も宗務当局もこの「三要求」のことを忘れていました。そんななかで宗務総長が交代し、新内局との懇談を「同関協」の総会で行うことになったのです。その席上で「三要求」のことが話題となり、一九八五年頃に実態調査を実施しようとしたとき、派内はもちろん、「同関協」の会員からも、「この実態調査が宗門版の「部落地名総鑑」になるのではないか」という疑念が広がり頓挫《とんざ》したことがこの懇談会で判明しました。実はこの当時の担当参務（本部長）が宗務総長であることも判明して、総長みずから「何か私にできることがありましたら相談してほしい」という積極的な発言をいただきました。この発言を受けて翌日の役員会において、「実態調査を実施すべし」という意見が大半を占め、内局に対して要求することになり、何度かの会議を経て二〇〇五年一〇月に実態調査が実施されました。

実態調査を実施するにあたり、専門家（山本尚友・熊本学園大学教授、草野顕之・大谷大学教授、安井善行・大谷大学教授）のアドバイスによりながら真宗大谷派の全寺院約九〇〇〇カ寺をアンケート調査するよりは、母集団である被差別部落の門徒を抱えている寺院、いわゆる部落寺院と包含寺院《ほうがん》の数量があまりにも少なく、有意な数値が得られないということを考慮し、また母集団が多く見積もっても二五〇カ寺を超えないという現状をふまえ、母集団の三倍を超えない数量に設定して、一〇〇〇カ寺としました。

この調査は、部落寺院の宗派内での動向と、今後の派内での部落差別問題の基礎資料とするために行われたものです。

＊　注意すべきことは「部落寺院」という言葉を用いるとき、そこには通常二つの意味がこめられています。ひとつは、門徒

表 1　部落問題のポスターなどの掲示・貼付（寺の属性）

		合計	被差別部落門徒の割合：全て	5割以上	1割以上5割未満	1割未満	いない	所属連区：東北連区	北陸連区	東海連区	近畿連区	九州連区
部落問題のポスター・ビラ	総数	100.0	100.0	100.0	100.0	100.0	100.0	100.0	100.0	100.0	100.0	100.0
		594	49	17	17	66	431	124	74	131	185	69
	ある	37.4	32.7	47.1	64.7	56.1	34.1	37.1	21.6	29.0	41.1	62.3
		222	16	8	11	37	147	46	16	38	76	43
	ない	62.3	67.3	52.9	35.3	43.9	65.4	62.9	78.4	71.0	57.8	37.7
		370	33	9	6	29	282	78	58	93	107	26
	無回答	0.3					0.5				1.1	
		2					2				2	
身元調査お断りプレート	総数	100.0	100.0	100.0	100.0	100.0	100.0	100.0	100.0	100.0	100.0	100.0
		594	49	17	17	66	431	124	74	131	185	69
	貼っている	39.2	38.8	29.4	35.3	43.9	39.7	26.6	16.2	37.4	54.6	50.7
		233	19	5	6	29	171	33	12	49	101	35
	貼っていない	54.2	55.1	58.8	58.8	53.0	53.4	65.3	66.2	58.8	40.5	49.3
		322	27	10	10	35	230	81	49	77	75	34
	そのようなプレートがあることを知らなかった	6.1	4.1	11.8	5.9	3.0	6.5	8.1	17.6	3.8	3.2	
		36	2	2	1	2	28	10	13	5	6	
	無回答	0.5	2.0				0.5				1.6	
		3	1				2				3	
過去帳に閲覧禁止の帯封	総数	100.0	100.0	100.0	100.0	100.0	100.0	100.0	100.0	100.0	100.0	100.0
		594	49	17	17	66	431	124	74	131	185	69
	貼付している	42.6	26.5	41.2	52.9	42.4	44.5	38.7	29.7	48.1	46.5	43.5
		253	13	7	9	28	192	48	22	63	86	30
	貼付していない	51.0	67.3	52.9	41.2	54.5	49.0	58.1	58.1	45.0	47.0	52.2
		303	33	9	7	36	211	72	43	59	87	36
	帯封やステッカーの存在を知らなかった	6.2	6.1	5.9	5.9	3.0	6.3	3.2	12.2	6.9	5.9	4.3
		37	3	1	1	2	27	4	9	9	11	3
	無回答	0.2					0.2				0.5	
		1					1				1	

のなかに被差別部落の人を含む寺院という意味、もうひとつは、門徒のすべてが被差別部落の人である寺院のことで、後者の意味で部落寺院というときには、門徒の一部が被差別部落の人という寺院のことは「包含寺院」と呼びならわしています（実態調査報告書より）。

特色のある表をいくつか取り上げました。表1では、部落問題のポスターやビラ、身元調査お断りプレート、過去帳に閲覧禁止などの掲示・貼付してあるのかを調べたものに対して、寺の属性をクロスしたところ、残念な結果が浮き彫りになりました。

ポスターやビラ、身元調査お断りプレート、過去帳に閲覧禁止などの掲示については、平均値が三七・四%に対して被差別部落門徒の割合が一割以上五割未満の寺院が六四・七%と高く、被差別部落門徒の割合がすべての寺院では三二・七%と低くなっています。また、被差別部落門徒の割合が一割以上五割未満の寺院の次に高いのは、被差別部落門徒の割合が一割未満、そして五割以上の寺院と続いていることから、これらの寺院・いわゆる包含寺院と呼ばれた寺院では、部落問題の取り組みを進めてきたことがうかがえます。逆に部落寺院といわれる寺院では、部落問題の取り組みが弱いことが判明しました。所属連区で見ると、大谷派の強い地域である北陸連区が二一・六%と最も低く、九州連区が六二・三%と高くなっています。九州連区はこの表に限らず、全体的に部落問題への意識は高い傾向にあります。

次にプレートでは、平均値が三九・二%に対して、被差別部落門徒の割合が五割以上の寺院が二九・四%と低く、被差別部落門徒を多く抱える寺院（すべて・一割以上五割未満）で平均値を下回り、その逆に被差別部落門徒の割合が一割未満の寺院が四三・九%と最も高く、被差別部落門徒の割合でいないという寺院が次いで高く、平均値を上回りました。また、所属連区では、近畿連区が五四・六%と高く、次いで九州連区と続き平均値を上回りました。逆に北陸連区が一六・二%と低く、東北、東海連区と続き平均値を下回っています。

過去帳の閲覧禁示では、平均値が四二・六%に対して、被差別部落門徒の割合が一割以上五割未満の寺院が五二・九%と高く、被差別部落門徒の割合が一割未満の寺院、いない寺院と続きました。被差別部落門徒の割合がすべての寺院が二六・五%と最も低く、被差別部落門徒の割合が五割以上の寺院でも平均値を下回りました。

表2　子どもの結婚相手が被差別部落出身とわかったときの対応①

	合計	被差別部落門徒の割合：全て	5割以上	5割未満1割以上	1割未満	いない	門徒戸数：20戸未満	20戸～49戸	50戸～99戸	100戸～299戸	300戸～499戸	500戸以上
総数	100.0	100.0	100.0	100.0	100.0	100.0	100.0	100.0	100.0	100.0	100.0	100.0
	594	49	17	17	66	431	68	90	147	193	59	32
子供の意思を尊重する	82.2	85.7	94.1	82.4	86.4	80.3	73.5	81.1	81.0	83.9	91.5	81.3
	488	42	16	14	57	346	50	73	119	162	54	26
親としては反対であるが、子供の意志がかたければしかたがない	13.6	10.2		17.6	12.1	15.1	22.1	15.6	13.6	12.4	3.4	15.6
	81	5		3	8	65	15	14	20	24	2	5
何としても結婚をやめさせる	1.3	2.0			1.5	1.4		2.2	1.4	1.6	1.7	
	8	1			1	6		2	2	3	1	
無回答	2.9	2.0	5.9			3.2	4.4	1.1	4.1	2.1	3.4	3.1
	17	1	1			14	3	1	6	4	2	1

表2　子どもの結婚相手が被差別部落出身とわかったときの対応②

	合計	年齢：25歳～40歳未満	40歳～55歳未満	55歳～65歳未満	65歳以上	宗派の部落問題への取り組みの評価：宗派が差別問題に取り組む必要はない	宗派として取り組む必要はあるが、現在はやりすぎだと思う	宗派としてやるべきことをやっている	宗派の取り組みは不十分で、もっと取り組むべきだ	「同関協」への加入：はい	いいえ
総数	100.0	100.0	100.0	100.0	100.0	100.0	100.0	100.0	100.0	100.0	100.0
	594	42	174	182	193	26	58	366	120	100	480
子供の意思を尊重する	82.2	88.1	85.6	83.5	76.7	46.2	70.7	84.2	93.3	88.0	81.3
	488	37	149	152	148	12	41	308	112	88	390
親としては反対であるが、子供の意志がかたければしかたがない	13.6	11.9	11.5	12.6	17.1	38.5	25.9	12.6	5.0	10.0	14.2
	81	5	20	23	33	10	15	46	6	10	68
何としても結婚をやめさせる	1.3		0.6	1.6	2.1		3.4	1.4	0.8	1.0	1.3
	8		1	3	4		2	5	1	1	6
無回答	2.9		2.3	2.2	4.1	15.4		1.9	0.8	1.0	3.3
	17		4	4	8	4		7	1	1	16

次に表2では、子どもの結婚相手が被差別部落出身者とわかったときの対応①に対して寺の属性でクロスしたところ、子どもの意思を尊重するというは、八二・二％でした。被差別部落門徒の割合で見たとき、被差別部落門徒の割合が五割以上の寺院で九四・一％と高く、いないという寺院で八〇・三％と低く、忌避意識の表れと思われます。また門徒戸数で見た場合、三〇〇戸～四九九戸の寺院が九一・五％と高く、二〇戸未満の寺院が七三・五％と低くなっています。

表2では、子どもの結婚相手が被差別部落出身者とわかったときの対応②では、回答者の年齢で比較したところ、二五歳～四〇歳未満が八八・一％と高く、六五歳以上で七六・七％と低くなりました。しかし、平均値の増減六％なので評価は避けたいと思います。

次に宗派の部落問題の取り組みの評価で見た場合、積極的な選択肢である「宗派の取り組みは不十分で、もっと取り組むべきだ」と答えた人が九三・三％と高く、逆に消極的な選択肢である「宗派が差別問題に取り組む必要はない」と答えた人が四六・二％となり、「同関協」への加入について聞いたところ同様の結果となり、「同関協」への加入している寺院は八八％と高くなっています。

表3の部落問題を信心の課題とする考えへの評価（寺の属性）①では、「信心の課題として取り組むべき問題である」の平均値は、五七・四％でした。それを被差別部落門徒の割合をクロスしたところ、被差別部落門徒の割合が一割以上五割未満の寺院が七六・五％と高く、被差別部落門徒の割合がすべての寺院が五五・一％と低く、被差別の当事者がこの考え方を拒否しているという結果となりました。また所属連区で見ると、九州連区が七八・三％と高く、東海連区が五一・一％と最も低いですが、東北・北陸・近畿連区も平均値を下回っています。つまりは、五七・四％という平均値は九州連区が持ち上げた数値ということになります。そして気になることは大谷派が多いといわれている北陸連区で信心の課題とは思わない寺院が一〇・八％と多く、部落問題は信心の課題ではないとする考えが強いと

表３　部落問題を信心の課題とする考えへの評価（寺の属性）①

	合計	被差別部落門徒の割合					教区				
		全て	5割以上	1割以上5割未満	1割未満	いない	東北連区	北陸連区	東海連区	近畿連区	九州連区
総数	100.0	100.0	100.0	100.0	100.0	100.0	100.0	100.0	100.0	100.0	100.0
	594	49	17	17	66	431	124	74	131	185	69
信心の課題として取り組むべき問題である	57.4	55.1	64.7	76.5	68.2	55.9	56.5	55.4	51.1	56.8	78.3
	341	27	11	13	45	241	70	41	67	105	54
信心の課題とは別で、社会問題として取り組む問題である	22.6	22.4	17.6	11.8	22.7	23.2	27.4	16.2	29.8	22.7	10.1
	134	11	3	2	15	100	34	12	39	42	7
お互いの信心さえはっきりすれば、おのずから差別はなくなるので取り組む必要はない	8.4	10.2	5.9		6.1	8.6	6.5	14.9	10.7	7.6	2.9
	50	5	1		4	37	8	11	14	14	2
信心の課題とは思わない	7.6	10.2	11.8	5.9	3.0	7.7	5.6	10.8	6.9	8.6	4.3
	45	5	2	1	2	33	7	8	9	16	3
無回答	4.0	2.0		5.9		4.6	4.0	2.7	1.5	4.3	4.3
	24	1		1		20	5	2	2	8	3

表３　部落問題を信心の課題とする考えへの評価（寺の属性）②

	合計	門徒戸数					
		20戸未満	20戸～49戸	50戸～99戸	100戸～299戸	300戸～499戸	500戸以上
総数	100.0	100.0	100.0	100.0	100.0	100.0	100.0
	594	68	90	147	193	59	32
信心の課題として取り組むべき問題である	57.4	36.8	55.6	54.4	62.2	59.3	87.5
	341	25	50	80	120	35	28
信心の課題とは別で、社会問題として取り組む問題である	22.6	22.1	21.1	25.9	24.9	22.0	3.1
	134	15	19	38	48	13	1
お互いの信心さえはっきりすれば、おのずから差別はなくなるので取り組む必要はない	8.4	16.2	10.0	8.8	6.2	5.1	3.1
	50	11	9	13	12	3	1
信心の課題とは思わない	7.6	17.6	10.0	6.8	3.1	8.5	6.3
	45	12	9	10	6	5	2
無回答	4.0	7.4	3.3	4.1	3.6	5.1	
	24	5	3	6	7	3	

いうより差別問題に対して別の意識がはたらいていないかと思われます。今回の調査でははっきりしませんでした。

表3の部落問題を信心の課題とする考えへの評価（寺の属性）②ここでは、門徒戸数の規模で見たところ、五〇〇戸以上の寺院が八七・五％と高く、二〇戸未満の寺院が三六・八％と低く、次に表2では、子どもの結婚相手が被差別部落出身者とわかったときの対応①と同様に、大規模寺院になると部落問題の取り組むことにはハードルは低くなる傾向があり、小規模寺院になるとハードルが高くなる傾向にあります。これには地域・コミュニティーの閉鎖性、真宗は農村部に強いので、その影響と思われます。

ここで「実態調査報告書のまとめ」を抜粋してみます。

同和事業が終了してやがて一〇年になろうかという現在、かつて部落をおおっていた「寝た子をおこすな」という意識が、またも大きくなりつつあるという状況が、派内の部落寺院の動向の背景にあると思われるのである。すなわち、部落差別問題の取り組むことへの消極的な拒否ではなく、取り組みそのものに対する異論・異議が表明されていると見るべきであろう。このような状況のなかで、あくまでも部落差別の問題に取り組みつづけていくためには、きわめて強固な主体性と意志を必要とすることを、改めて確認することが求められるのである。

今回の調査では、部落差別問題を信心の課題とするという考えに対し、肯定的評価は五七・四％にとどまっている。宗派の差別問題への取り組みは八割が肯定的にみているものの、それを信心の課題とすることはまだ充分に支持されているとはいいがたいのである。このことは、この間の宗派の取り組みの質が、部落差別問題を信心の課題とするまでには深められていないことを、暗に物語っているとみるべきであろう。

この調査と本部でのこれまでの取り組みを合わせて感じるところは、部落差別問題（社会問題）は信心の課題ではないとする考え方が強いということと、大谷派にとって近代に入ってからの課題であったにもかかわらず、克服していないという事実です。この問題は近代に教団改革の流れが二つあったことに原因が求められます。一つは清沢満之《きよざわまんし》師から始まった流れと、もう一つは武内了温《たけうちりょうおん》師の流れを指します。清沢師からの流れは教学派や信心派ともいわれ、武内師の流れは社会派といわれ、この二つの流れが今も一つにならないでいます。清沢師の流れは教団内では主流派であり、今では親鸞《しんらん》聖人七〇〇回御遠忌の翌年に「同朋会運動」を誕生させる原動力になっています。

一方武内師の流れを汲《く》む動きとしては、社会課から同和部（一九七一年）、同和推進本部（一九七七年）そして現在の解放運動推進本部（二〇〇四年）と名称を変更しながら差別問題への取り組みを続けていますが、宗務所内でも異質な部署（人）として識別されており、社会問題が信心の課題として認識されているとはいい難い現状といえます。

その清沢師の流れを汲む人たちが差別発言を繰り返し、幾度かの糾弾を受けたにもかかわらず、同朋会運動の質や欠落した信心の社会性の問題提起を受けながら、一向に変わろうとしない根強い差別体質が露《あら》わになりました。

その体質を支えているものの一つに「門跡寺院《もんぜきじいん》」への強い郷愁、あこがれがあると思われます。近世になると准《じゅん》門跡《もんぜき》となり、本願寺の法主を「ご門跡さま」と呼ばせ、この名称・地位に強い執着を示すようになりました。また明治四（一八七一）年に門跡号が廃止されたあとも、私称で門跡と名のりたいと明治天皇に嘆願を出し続け、一八八五（明治一八）年に許されています。この一連の動きは強烈なコンプレックスの裏返しと思われ、江戸期に京都の市中で囁《ささや》かれていた言葉に、「天子天台、公家真言、公方浄土、禅大名、乞食日蓮、門徒それ以下」といわれ続けたことを払拭したくて、門跡号にこだわったのだと思います。

Ⅳ　『観無量寿経《かんむりょうじゅきょう》』の「是旃陀羅《ぜせんだら》」問題について

現在（二〇一七年一月）、解放運動推進本部で最重要課題とされているものは、『観無量寿経《かんむりょうじゅきょう》』（以下『観経《かんぎょう》』）序分の禁母縁《ごんもえん》のなかにある「是旃陀羅《ぜせんだら》」の語に関する指摘を、二〇一三年一月に部落解放同盟広島県連合会（以下「広島県連」）から受けているところです。

指摘は以下の通りです。

①『学習の手引き』にある柏原祐義《かしわはらゆうぎ》著『浄土三部経講義』（無我山房、のち平楽寺書店発行、初版一九一二年）の解説のなかで、「旃陀羅」の「字解《じげ》」（語注）が改訂された経緯について、「昭和二六年八月一五日発行の第三三版（刷）では「穢多、非人といふほどの群をいふ。」の部分が「つまり昔の印度人の誤れる種族観念の所産である。」と改訂されている」（『学習の手引き』三六〇頁）として、この時点で誤りが正されたかの様な印象を与えている。しかし、第三六版（一九六四年五月一日）では依然として「旃陀羅　梵語チャンダーラ（candāla）、暴悪《ぼうあく》、屠者《としゃ》などと訳する。四種族の下に位した家無の一族で、魚猟、屠殺、守獄《しゅごく》などを業とし、他の種族から極めて卑《いや》しめられたものである。穢多、非人といふほどの群れをいふ。」（『浄土三部経講義』五二三頁）とあり、「講義」（解説）では「大王は御心狂はせ給ひて、非人の群れにも堕《お》ちたまひしか」（『浄土三部経講義』五二四頁）とある。これでは『学習の手引き』が誤った認識を与えることになると同時に、「旃陀羅」問題を受け止める真剣さの欠如及び、その問題点が徹底されていないことの表れではないかと考える。

②『学習の手引き』では、「『観経』「序分」に登場する月光《がっこう》大臣の視座と『観経』それ自体の視座とは違うということである。『観経』は親鸞聖人が和讃されているように、いかなる逆悪《ぎゃくあく》のものをも摂取《せっしゅ》して捨てざる弥陀の誓願の善巧方便《ぜんぎょうほうべん》の相が説かれている経典であって、『観経』のなかの一登場人物である月光大臣が差別者であるからといって『観経』自体が差別経典であるわけではない」（『学習の手引き』二七七頁）とあるが、このような論が成り立つとすれば、「旃陀羅」という言葉を使ったという根本の出所は問題ではなく、その状況を説明した人が差別者であるにすぎないということになる。『観経』の内容自体が差別観念を増幅させていること

が（市内にも多くの人が漢文で読まれるお経の内容を理解していない現実があるが）、「月光大臣の視座と『観経』それ自体の視座とは違う」ということをもって、「『観経』自体が差別経典であるわけではない」とする考え方について、忌憚《きたん》のない議論をさせていただきたい。

（「部落解放同盟広島県連合会の「是旃陀羅」に関する問題提起を受けて」『真宗』二〇一五年二月号、四八～四九頁）

『学習の手引き』の記載について調査したところ、指摘の通りであることが判明したので、訂正とお詫びを『真宗』誌（二〇一五年二月号）に掲載しました。

二つ目の指摘に対しては、長らく大谷派の見解としてきたものに対する異議であり、また今回の指摘が初めてではなく、一九二二（大正一一）年の全国水平社創立以来の問いかけであり、真摯《しんし》な回答をするために「部落問題等に関する教学委員会」を二〇一五年六月に立ち上げました。そして一年後には報告書を提出しました。その提出した報告書に依りながら考えていきたいと思います。

V　差別表現の存在

『観経』「序分」には、母后韋提希《いだいけ》を殺害しようとした阿闍世《あじゃせ》に対して、家臣の月光と耆婆《ぎば》が、

大王、臣聞く、『毘陀論経《びだろんぎょう》』に説かく、劫初《こっしょ》よりこのかた、もろもろの悪王ありて、国位を貪るがゆえに、その父を殺害せること一万八千なり。未だむかしにも聞かず、無道に母を害することあるをば。王いまこの殺逆の事をなさば、刹利種《せつりしゅ》を汚《けが》してん。臣聞くに忍びず。これ旃陀羅なり。宜しく此に住すべからず。

（『観経』「序分」「禁母縁」、『聖典』九〇～九一頁）

といって剣を収めさせたと説かれている。この「旃陀羅」について、『現代の聖典』（第三版）では、

梵語チャンダーラ（candāla）の音写。この言葉の意味は「獰猛《どうもう》な奴」「暴悪人」という意味であるが、古来インドの階級社会では、この言葉は最下層の被差別民衆をよぶ名称として差別的に用いられてきた。

（『現代の聖典』三六〜三七頁）

と注記されている。『観経』は愚《おろ》かな罪深い凡夫が念仏で救われることを教えている経典である。その経典の中に身分差別の実態を容認する用語が用いられているのである。

（「部落問題等に関する教学委員会　報告書」より抜粋）

いわゆる「王舎城《おうしゃじょう》の悲劇」といわれ、大変有名な話です。残念ながら釈迦《しゃか》の説法に対しての理解は深まらず、インド社会の差別が日本の部落差別の根拠にされてきました。それを無意識にばら撒《ま》いてきた歴史を、大谷派の高倉学寮での安居《あんご》において学習されてきました。ここに教学の罪の歴史を、重く受け止めなければならないと思います。

そこで今回の「広島県連」から指摘を受ける直接の原因ともなった「『現代の聖典　学習の手引き』（東本願寺出版部発行）の「解説『是栴陀羅』について」の補遺（3）大谷派教学の歴史」（三五二項）のところを抜粋しながら述べていきたいと思います。

一七〇六（宝永三）年　恵空『観経愚聞記』
栴陀羅《せんだら》者《は》、日本ノ穢多ノ事ナリ。是等ノ者ハ天性トシテ其ノ性猛悪、不道ニシテ
一七一〇（宝永七）年　恵空『観無量寿経叢林解《そうりんげ》』
栴陀羅、此ニハ、屠肉ト翻《やく》ス。即チ穢多ノ事ナリ。四性共ニ悪事ヲ行ズレバ栴陀羅ト云フナリ
一七一一（正徳元）年　恵空『観無量寿経麁《そ》聞随筆』
栴陀羅、此ニハ、屠肉ト翻ス。即チ穢多ノ事ナリ。四性（姓）共ニ悪事ヲ行ズレバ栴陀羅ト云フナリ

一七一一（正徳二）年　恵空『浄土和讃講解』
梅陀羅ハ悪者ト云フ。本邦ニ所謂ル穢多ノコトナリ。（中略）謂ハク屠殺ノ者ノ種類ノ総名也ト云々

東本願寺の学寮ではこの解釈が、この一七〇〇年前後のころにはほぼ確定していたとみてまちがいないと思われる。これ以降、高倉学寮ではこの解釈を踏襲していく。

（『現代の聖典　学習の手引き』　三五四頁　引用）

一七九九（寛政一一）年　香月院深励講師『浄土和讃』
日本ニテイヘバ穢多ト云ヘル如ク常人ノ交際ノナラヌモノナリ

（年代不詳）円乗院宣明講師『観経序分義口義』
梅陀羅トハ一概ニハイハレ子《ネ》ドモ、当方デ云《い》フ穢多或《あるい》ハ牢審ノ如キモノナリ

一八二二（文政五）年　五乗院宝景講師『観経序分義』
日本ノ穢多ノ如キモノナリ。道ヲ歩クニハ、自ラ鈴ヲフリ、或ハ割竹ヲ引キ、梅陀羅ナルコトヲ知ラシメテ

一八二九（文政一二）年　易行院法海講師『観経』
是梅陀羅トハ、梅陀羅ハ此方ノヤウナルモノナリ。（中略）生物ヲ殺シテ皮ヲハギ、肉ヲサクコトヲ活命ニシテ、物ヲ殺スコトヲナニトモオモハズ。夫故《それゆえ》仁義モ失ウテ、畜類モ同ジナリ。形ヲミレバ人間ナレド、ソノ行ヒハ全ク禽獣ニ同ジキナリ

時代を下るほどに、「旃陀羅」の解釈が詳しくなっていますが、それは差別的であって易行院法海《いぎょういんほうかい》講師にいたっては人間に非《あ》らざる者と表現されています。このような差別的で厳しい表現を用いたのは善導大師の「観経疏」が初めであり、それ以降、この解釈が踏襲され続けています。この点を追及していくことが解明への手がかりといえます。

このことはチャンダーラが賤称語《せんしょう》とされた過程と似通っています。

山崎元一（『古代インド社会の研究』刀水書房、一九八六年）によれば、「チャンダーラは、ニシャーダ、パウルカサなどと一緒に用いられる先住民部族の名であり、『リグ・ベェーダ』（紀元前一二〇〇年）にはなく、『ヤジュル・ベェーダ』（紀元前八〇〇年）以降に見出させるものであるとする。しかもそこでは、これらの先住民は「アーリア人から蔑視されているが、必ずしも不可触な存在とされていなかったようである」」とあります。

元来はチャンダーラという言葉は、一地方の特定の部族名（固有名詞）に由来するものであり、「暴悪な人」といった徳性を表わす言葉（普通名詞）ではありませんでした。はじめチャンダーラという部族への蔑視があり、やがて不可触賤民制に組み込まれるとともに賤民を代表する名となり、その過程のなかで賤民視される理由の一つとして、チャンダーラという名にチャンダの意味（暴悪・悪逆）が付加されたと思われます。つまり、先に社会的差別があり、その制度に見合うように言葉の意味が変容したと考えられます。

「旃陀羅」の字解も当初、インド社会の差別を日本社会に当てはめていましたが、特に江戸期後半になると、「穢多」に対する差別を徹底するために変容させ、より差別的な意味を付加させたと考えることが妥当だと思われます。

この字解が教化の現場でどのような働きをしたかについては、高倉学寮の講師の方々は興味がないのか、信仰の領域ではないように考えていたのか、まったく考慮されていません。この姿勢こそが部落差別そのもので、当時、徳川幕藩体制に近かった大谷派としては当然あるべき姿勢なのかも知れません。

ここで「広島県連」に指摘された一九一一（明治四四）年の柏原祐義著『浄土三部経講義』を振り返ってみれば、

梅陀羅　梵音《ぼんおん》チャンダーラ、暴悪、屠者など、訳する。四種族の下に位した家無しの一族で、漁猟、屠殺、守獄などを業とし、他の種族から極めて卑しめられたものである。穢多、非人といふほどの群れをいふ。

とあり、江戸期の字解にはなかった「非人」という言葉が入っています。「旃陀羅」差別というものに対する理解は進んでおらず、挙句《あげく》の果てには「穢多」と「非人」の差別の違いもわからない状態で「旃陀羅」を理解しようとしているところに罪の深さを感じずにはおれません（この字解は、大谷中学校の教科書が初出であることが判明しています）。

このように「旃陀羅」の字解を無批判に踏襲してきたことで、現代においてどのような影響をおよぼしたかを感じさせる聞き取りがあります。

私らのことをヨツというのは、親指を一本折る、つまり親殺しということでありセンダラということだ。（『部落問題学習資料集』一九〇頁）

と訴えられています。これは『観経』の王舎城の悲劇に由来していることは間違いありません。「旃陀羅」の語によって差別され、生命を奪い続けられた人びとの歴史の底から絞り出された怒りと悲しみの言葉だと思います。

重ねて訴え且願ふ。

布教使諸君よ、決して旃陀羅語を封建時代より継承せる賎称に約すこと勿れ。その一語をきくことは、被差別者の血の涙をわかすことである。

自己自身を葬ることである。

而して旃陀羅は悪逆賤視の代表として説くなかれ、往生正機《しょうき》正客《しょうきゃく》の大聖権化の仁として説かれむことを。

事急なり、蕪辞《ぶじ》非礼《ひれい》の言句を許せ。

（「旃陀羅解につき布教使諸君に訴ふ」『真宗』一九三二年四月号、一九頁）

「大聖権化の仁」として「旃陀羅」を仰《あお》ぐ。この武内了温師の視点は、これまでの「総序」（親鸞の主著『顕浄土真実教行証文類』の最初の序のこと）理解において示されてこなかったものです。武内師は、解釈的立場からではなく、差別問題から照らされる実践的立場から、「旃陀羅」を「往生正機正客の大聖権化《だいしょうごんげ》の仁《にん》」と見定めました。この武内師の見方は、「権化の仁」に対する一般的な理解ではないとして安易に斥《しりぞ》けられるべきではありません。むしろそこに、

「旃陀羅」の存在に目を向けてこなかった教学の歴史への訴えを看取《かんしゅ》すべきです。

おわりに

この「是旃陀羅」問題は、真宗の根本経典の理解を深く鋭く抉《えぐ》る問いかけです。このことは『観経』だけではなく、「真実の経典」と親鸞聖人が仰がれた『無量寿経』のなかに、障害者差別を想起させる語や性差別にかかわる文言があります。現代の人権水準では到底許されないものです。これを「時代の制約」と簡単に片づけることは、真宗の教えを聞くものとしてありえない姿勢だといえます。

今回の「広島県連」からの問題提起のなかに、「読誦《どくじゅ》されると痛い」という新たな提起があります。水平社同人が提起したときは経典から「是旃陀羅」の語の削除か訂正を求められましたが、経典からの削除となると私たち仏教徒は、応えるにも応えようのない提起であったかといえます。だからといって九〇年以上放置したことの理由にはなりません。

このたびの「読誦されると痛い」という問題提起は、教化活動の現場である法事の場が仏事になっていないという具体的で根源的な指摘です。実は「所依の経典」といいつつ、そのありようは「差別経典」に貶《おとし》めているあり方であって、その認識のなさが大きな問題です。また、そういわれながらも素早く反応できない状況は、教団が抱える大きな闇なのだと思います。それは部落差別問題に向き合えない歴史を持ってしまったのかも知れません。その歴史観と「旃陀羅」の語がどういう歴史的経緯を持ったのかを受け止めながら、これまでの教学のあり方を見つめ直す機会にしなければなりません。

御同朋・御同行の教団の再生を願って、今回の問題提起に背を向けることなく、対話を重ねながら同朋社会の顕現《けんげん》への道を示していきたいと思います。

部落民アイデンティティの意義と射程

朝治　武

Ⅰ　初発の問題意識と論点

これから私が立ち向かおうとする課題は、三年前に総括的に論じた「魅惑的に錯乱させる部落民アイデンティティ――『差別とアイデンティティ』の書評に触発されて」（『和歌山人権研究所紀要』第六号、二〇一五年八月）をふまえ、部落民アイデンティティが提起する問題圏に対して、私なりに歴史研究としての課題を意識しながら探っていこうとするものです。

私が部落民アイデンティティにつながる問題意識と論点を初めて示したのは、「歴史的記憶としての「水平社宣言」」（『現代思想』第二七巻第二号、一九九九年二月）でした。これは一般的には「水平社宣言」と呼ばれる全国水平社創立宣言について検討したものですが、西光万吉に象徴される人間主義と平野小剣に象徴される部落民意識の二つに思想的核心を見出し、この二つが相互補完的に結びついていることを指摘しました。そして、「部落民意識は現実的・実態的存在としての部落民というよりも、歴史的・想像的存在としての部落民を想定して成立するものであった」（一六五頁）との観点を提起しました。

これをふまえて、「近年、俎上に上がるようになった部落民規定や部落のアイデンティティ、差別—被差別という立場や関係のあり方、人権と差別の関係、差別・人権における普遍主義と多文化主義などの今日的な問題を部落解放の展望との関連において明確にする必要がある時、全国水平社創立宣言の人間主義と部落民意識という思想的核心は、歴史的位相を考慮することによって貴重な示唆を与えてくれるのではないかと考えている」（同前）と締め括りました。この時点において私は人間主義と部落民意識という用語を使いながら、部落民アイデンティティにつながる問題意識と論点を模索することになりました。

また私は『水平社の原像』（解放出版社、二〇〇一年）の「あとがき」で、「部落に生まれ育ったというだけでは歴史的存在としての部落民ではない、部落民は生まれつき部落民なのではなく、歴史的過程をへて部落民として主体を形成していくのである、と考えている。この考え方からすると、部落に生まれ育った者が誰しも、また必ずしも部落民なのではない。私は、そもそも歴史的存在としての部落民という概念は広い意味で部落差別を克服して部落解放を実現しようとする意識に基づいて自らを肯定的に自覚し、それを言語化したり、何らかの形で外部に表現することによってこそ成立するものであり、また近代という時代の歴史的諸段階に照応しつつ変化するものであると考えている」（三〇七頁）と述べました。

そして「部落民としての主体形成の核になったのは単なる被差別という受動的なものでなく、歴史的に形成された部落のもつ独自性の自覚のうえにたって、自らを社会的に肯定的な存在であるとする人間主義と部落民意識というべきものであった。この部落民の主体形成は内容的には時代に規定された共通性をもちながらも、さまざまな形態があったと考えられる。そこには部落規模や立地などの地域差や差別状況の質的内容、部落に対する社会的まなざしだけでなく、支配や統合をめぐる政治対抗や地域社会の状況、労働や教育、交友関係など個々人の生活体験、これらの相違が大きく作用していた」（三〇八頁）と述べ、部落民アイデンティティに対して接近していくことになりました。

そのうえで私自身の体験にもとづいた部落史研究の基本姿勢についても、「水平運動の個々の活動家も、様々な困難に直面しつつ揺れ動きながら部落民としての主体形成をはかり、位相は異なるが組織としての水平社も個々の活動家と同じように歩んできたといえる。翻《ひるがえ》ってみれば、部落に生まれ育ち自分なりに部落差別と向き合ってきた私も、部落民として自らを形成するためにいつも揺れ動いてきた。その私の揺れ動きは、水平運動を指導したり参加した人びとが辿ってきた揺れ動きと重なり合い、また組織としての水平社の揺れ動きとも相通じるものがあると感じている。すなわち私にとっての水平運動史研究をはじめとした部落史研究は、私が単に部落に生まれ育ったという事実から、今を生きる歴史的存在としての部落民へと主体形成していくために、きわめて重要な役割をはたしているのである」（同）との立場を明確にしました。これらが、後に部落民アイデンティティへとつながっていく私の初発的な問題意識と論点でした。

Ⅱ　歴史研究への視点と方法

このような初発的な問題意識と論点から次に発表したのが、「全国水平社創立の地下水」（『部落問題研究』第一六〇輯、二〇〇二年六月）でした。これを発表した当時、部落民アイデンティティについては現時点ほど理解が深まっていたとはいえませんでしたが、部落民アイデンティティを意識して「部落民としての主体形成」（三〇頁）を歴史研究として深めようとしていたことが思い出されます。この論文は全国水平社創立にいたる部落民としての主体形成を重要な歴史研究として検討したものですが、そこには部落民アイデンティティにつながる視点と方法に対する認識が私にとって重要な前提となっていました。次の文章は重要ですので、やや長文であることを承知しつつ誤字のみを訂正して紹介します。

部落民衆であるからといって、即そのまま部落民であるわけではない。部落民衆は広い意味において、被差別部落とされる場所に生まれ育ち住んでいる者や歴史的に血縁的系譜が繋がっている者を指している。また部落外に生まれ育ち部落に住んでいない者や血縁的系譜が繋がらない者は、いわば一般民衆というべき存在である。したがって部落民衆は実在の存在であり、部落問題という領域で見た場合には一般民衆に比して用いられる存在であるといえる。これに対して部落民は部落民衆のうち自覚的に自己の存在を認識して名乗りを上げた者のことであり、部落差別を受けながらも自らの存在を肯定的に捉え、部落差別を克服しようとする意欲に基づいて主体形成を図った結果として構築される概念である。その意味では部落民衆よりも部落民の方が自らの存在や部落差別に対して意識性を前提とした理念的性格が強い存在であり、とくに近代に限っていえば部落民としての主体形成にとって一つの到達点の時期は、部落民自身によって自主的かつ組織的な部落解放運動の出発点である全国水平社の創立時であるといえる。また部落民衆も部落民も一定の歴史過程に存在しているがゆえに時代状況に規定されていることは共通であるが、部落民の方が時代状況に自覚的に対応するために歴史的存在の性格が強かったといえよう。

このように部落民を歴史的存在として捉えるということは、さらにいえばつぎのことを意味すると思われる。まず第一は、部落民衆という現実的存在に対して直面する現実や体験、認識、記憶に裏うちされつつ部落民は一定の言葉や意味内容によって自覚化される理念的存在という性格を強くもっているということである。それゆえに部落民は不変的かつ歴史貫通的な存在ではなく、歴史的存在として当該の時代状況に強く刻印されたものであると。第二は、何か部落民という超越的な固有の本質があって、それが発現しているというよりも、時代状況の中で蓄積された部落の生活諸様式だけでなく部落が直面している差別や社会関係などに否応なく対応しつつ選び取られたものであるということである。したがって部落民は自己の完結した世界のみではなく、社会および一般民衆などとの諸関係の中からこそ形成されるものである。第三は、部落民という自覚は時代的共通性をもちながらも地域や職業、性差、年齢など部落民衆の具体的存在形態によって多様性があるということである。それゆえに部落民という自覚は個々の部落民衆にとって絶対的なものではなく、他の様々な存在状況に対する自覚との関係性の中で占める位置は異なる相対的なものである。第四は、部落民という名辞は社会や一般民衆から差別的に使われる「特殊部落民」という名辞とは基本的に異なっているということである。部落民として自覚した者は差別的烙印としての「特殊部落民」を基本的に拒否するが、その差別性をあえて問題とするためには「特殊」という名辞をも引き受けて自らを「特殊部落民」と語り、また日常的には部落民という名辞には差別を克服する主体としての肯定的な意味を込めてきたのである。現在においては「未解放」「被差別」を冠して部落民という名辞が用いられるが、これは社会や一般民衆から部落民衆は本来的に差別される存在ではないということと解放への希求、差別への抗議の意味が込められたものであるといえよう。（三〇〜三一頁）

読み返してみますと表現については大いに不満が残りますが、ここで示した見解を現在においても基本的に変更すべき必要は感じていません。ここでは部落民を部落民衆と対比して述べましたが、今なお規定が定かでない部落民という概念を明確に規定しようとしたわけでは決してありませんでした。この時点で部落民衆と部落民を区別したのは、部落民アイデンティティを意識するようになっていたからですが、部落民衆と部落民という区分は絶対的なものではなく、あくまでも相対的な区分であることも留意していただきたいと思います。

そして私が全国水平社の創立および水平運動の展開において重視したのは、部落民アイデンティティの対象となる理念的存在としての部落民という主体であり、その内実は部落民の自己意識として表現された人間主義と部落民意識という思想的核心であったといえます。さらにいえば差別糾弾闘争という主要な闘争形態も、部落民アイデンティティの象徴的な運動論的表現として歴史研究の重要な課題であると考えられるだけに、その観点からいくつかの具体例が再検討されるべきであるとも考え、いくつかの論文も発表しました。

また関連して述べますと、私は「「部落問題に向きあった一〇〇人」という問題意識の射程」（大阪人権博物館編刊『部落問題に向きあった一〇〇人』、二〇〇五年）では、「部落民衆に対する部落民という考え方は、一般民衆にも影響を及ぼす。一般民衆は現実的存在であるが、一般民衆のなかで部落差別撤廃や部落解放などを自覚的に意識するという部落問題に限って意識性が問題となる場合は一般民と呼んでもいいかもしれない。いうまでもなく一般民は、部落民と同様に理念的存在である」（二二頁）と言及していました。ここでは「部落でないことの意味」を重視しましたが、それは部落でない者を部落との関係における具体的な血縁や婚姻、居住、地域、職業、活動、交友など多様な場面での自己認識や他者認識において積極的にとらえる、つまり部落民でない者のアイデンティティと関連づけて重要な論点を浮上させるという課題を提起しようとしていたのです。

これは具体的には部落民でない者、つまり非部落民の部落での居住や部落民衆との婚姻、部落解放運動の参加、活動家への転身、同和行政と同和教育での実践、部落問題および部落史の研究などをはじめとした、多様な主体と形態による部落問題へのかかわりや向き合いへの関心といえます。これらの検討は、ある意味では自身では部落問題に取り組む必然性を部落民ほど保持していないと思われる非部落民を対象とすることによって、近現代日本における部落問題の位置を総体的にとらえることになり、また民主主義の内容と深化さえも明瞭に把握することにつながる可能性を考えようとしたものでした。つまり現時点で評価すると、部落民アイデンティティを検討することが部落解放の内包的深化を問うものであったとすれば、非部落民にとっての部落問題を検討することは部落解放の外延的拡大を問うものであった、と位置づけることが可能であると考えています。

Ⅲ　総括的な認識の提示

それから約一〇年をへて、内田龍史さんと畑中敏之さんとともに編集した『差別とアイデンティティ』（阿吽社、二〇一三年）の「あとがき」では、「私自身は部落民アイデンティティについての歴史研究を意識的に進めていたわけではなかったが、全国水平社創立への主体形成における部落民意識についての歴史具体的な検討に多少なりとも取り組んだことがあったので、広い意味では部落民アイデンティティの歴史研究を進めていたと言えなくもなかった」（三八三〜三八四頁）と振り返りました。

そもそも私が『差別とアイデンティティ』の企画を今は亡き中尾健次さんとともに提案することになったのは、前近代および近現代の部落史に何らかの新しい論点を提供する可能性を見出そうとするだけでなく、みずからが部落民アイデンティティの歴史研究を本格的に取り組もうとしたためでした。そのような意図から私は『差別とアイデンティティ』に、「部落差別と部落民アイデンティティ」という総論的論文と、すでにふれた「全国水平社創立の地下水」を修正した個別的論文を載せました。これらの論文を発表してから約五年が経過していますが、ここでは「部落差別と部落民アイデンティティ」についてだけは振り返っておく必要があるようです。

まず私は「これまでの心理学や社会学を中心とした研究によると、基本的に自己同一性を意味するアイデンティティは個人と社会集団に区分され、ともに主体性や連続性、統一性などを特徴としていた。しかしアイデンティティは個人としても社会集団としても生得的にかつ本来的に備わっているものではなく、ある一定の社会関係の中で形成されるものである。しかもアイデンティティは社会関係の中で他者と想定される存在から影響を受けていただけに、決して固定的な安定したものではなかった。また社会集団において構成員には差異と変容があり、何よりも構成員各自の自己意識も単一ではなかっただけに、アイデンティティには一定の共通性が存在しながらも内部においては流動性と多様性も含まれていた」（二七頁）と述べ、アイデンティティが多義的にとらえられていることを紹介しました。

そのうえで私は「ここ二〇年くらいアイデンティティなる用語が部落問題を解く重要なキーワードとなってきた」（二七頁）背景を、「その第一は、かつて部落解放は社会主義との関係で論じられてきたが、ソ連の崩壊による社会主義の後退によって社会主義的展望とは異なる、部落民であることを前提とした多様な部落解放が模索されるようになったことにある。第二は、急激なグローバル化と極限的な近代化のなかで、アイデンティティにつながる多文化主義や被差別的マイノリティの権利などが部落問題の現状との関連において注目されだしたことである。第三は、部落共同体と部落差別の変容、そして部落解放運動の転換によって、これまで自明視されてきた部落民という存在と意識が見直されるようになってきたことである」（二七～二八頁）と指摘しました。部落問題に関してアイデンティティに関心が示されたのは一九八〇年代後半ですが、やはり指摘した三点が顕著になったのは一九九〇年代であると考えています。つまり一九九〇年代から世界はもとより日本、そして部落問題も大きく変容もしくは転換したと認識すべきであり、それを部落問題において象徴するのが部落民アイデンティティの登場であったといえます。

そして私は部落民アイデンティティについて、「多分に定義が容易でないアイデンティティは過去から現在における実態的な存在というよりも、部落解放の主体と想定される部落民の心性を解明するために新たに発見された概念装置もしくは分析視角という性格が強いと思われる」（二八頁）ととらえました。つまり部落解放を展望する場合には部落民の集合心性を重視する必要があり、その検討のためにはアイデンティティという観念装置もしくは分析視角が重要になるとの立場を明確に表明したのです。そして「部落民アイデンティティの前提となるのは、部落民という存在である」（二八頁）との観点から部落差別との関係において部落民を位置づけ、さらに「部落差別が生み出したものが部落民であるとすれば、問題となるのは部落差別を受ける部落民が如何に部落差別を認識していったかであろう。こここにこそ、部落民アイデンティティを解く重要なカギがあると思われる」（三一頁）と述べ、部落民の集合心性のなかでも部落差別に対する意識と認識こそが部落民アイデンティティにとって最も重要であるとの認識を示しました。

この立場から「部落民アイデンティティという観点から全国水平社創立を眺めてみると、次のような意義と特徴を析出することが可能であろう」（三四頁）との認識から、その内容を「第一は、宣言の「吾々がエタである事を誇り得る時が来たのだ」とあるように、部落解放のためには部落民自身が誇り得る存在であるとする部落民意識が必要であることを明確にした」（同）、「第二は、部落民の歴史的位置に関する歴史認識の革新を図った」（同）、「第三は、部落差別への対抗論理と闘争形態を生み出した」（三五頁）という三点にまとめました。ここからわかるように、部落民アイデンティティを全国水平社創立と関連づけることによって、その内容が明瞭に理解されると考えたのです。そして部落民意識こそが、部落民アイデンティティを解く重要な概念もしくは言葉としたのです。

ただ全国水平社創立当時の部落民意識は、その当時においてこそ妥当性を有していたものの、一貫している面がありつつも変容している面もあるだけに、決して単純に歴史貫通的なものではないと理解しています。そのため「全国水平社当時のような部落民意識や部落民アイデンティティは継承すべき思想的・理念的内容があるとして、そのまま今日に適応させるには無理がある」（三八頁）、また「部落民アイデンティティは今日的な段階と状況にふさわしい内容に変容させて新たな構築を図っていくべきであるが、いまだ具体像を描くことができていない段階であると思われる」（同）と述べ、部落民アイデンティティの直線的な今日的継承については慎重な態度をとっています。

しかも私は「自己認識であり他者認識でもあるアイデンティティを論じることは、誰であろうが自らの位置に対する自覚や認識と一体である」（三九頁）として、アイデンティティを論じる立場性を重視しました。いわば構築主義をふまえながらも戦略的本質主義が基本的立場である私の、アイデンティティはみずからの位置の自覚と認識であるという観点は、単なる生まれに解消されない部落問題を論じる研究者の立ち位置を問うているのですが、はたして適切に理解されているとは言い難いように思われます。それでも、かつて私は「自らと向き合う部落史」（『水と村の歴史』第一六号、二〇〇〇年一一月）において研究という分野に即しながら同じ内容を指摘していましたが、その一部分を畑中さんが『身分・差別・アイデンティティ』（かもがわ出版、二〇〇四年）で引用されながら「朝治さんが問題にしている「立場性」とは、いわゆる単なる出自などではない。研究（叙述）対象に向き合う研究者の、その研究・除述の立場・主体性が問われているのだ」（一二二頁）と好意的に述べられていたことが、今さらながら思い出されます。

Ⅳ　多義性ゆえの困難性

そもそもアイデンティティという言葉は外来の横文字であるだけに、その解釈や理解をめぐっては多様な立場が存在することになりました。アイデンティティを明確に定義することは甚《はなは》だ困難ですが、自己同一性や自我同一性をはじめ同一性、一貫性、主体性、帰属性、自我、自覚、自認などと理解され、他者の存在や眼差し、そして自己認識、他者認識などとも関係しています。またアイデンティティは集団あるいは個人にも当てはまり、みずからにとっての他者や社会からの承認とも関係しているとされています。さらにアイデンティティは一貫して安定性が保持されるものではなく、不断に形成される過程としての意味を持ち、集団が強調されると外部に対しては排外性、内部に対しては抑圧性、そして外部からは差別性を生じさせることさえも指摘されています。結局のところアイデンティティは本質主義もしくは構築主義のいずれの産物かという議論とさえも関連しているだけに、きわめて多義的な用語であるといえます。

このアイデンティティという言葉が部落民に適用されると部落民アイデンティティとなり、部落差別と部落共同体、部落の生活諸条件と教育、部落の歴史的伝統と文化、部落民の部落差別に対する認識と意識、部落民の記憶と歴史意識などとの関係において、本来的な意味を超えたより複雑な様相を呈してきます。しかも部落民アイデンティティは、差異を体系とする言語を前提とした言葉であるかぎり、他の言葉と交差することによって意味を増殖させ、おのずと乱反射的に多様な方向へと拡散せざるをえない必然性を持ってくるようになります。つまり部落民アイデンティティをめぐる歴史研究を進めていこうとすれば、それ自身として自己完結することには無理が生じ、また変容する国際関係を背景とする日本社会と部落問題に関係した多様な概念や社会事象などとの関連を意識せざるをえなくなるような困難性、ある意味では新たな可能性を必然的に抱え込んでいるといえます。

私は部落民アイデンティティが部落差別と向き合う部落民としての主体形成のための意識や集合心性をとらえるための概念装置もしくは分析視角であると認識していますが、当然に部落差別と向き合う部落民としての主体形成の意味が問われてきます。部落差別と向き合うことは必然的に部落差別を克服しようとする傾向を持つことからすると、問われているのは部落差別を克服しようとする根拠のあり方であるといえます。その根拠とは、これまでの近代部落史研究では、天賦《てんぷ》人権論、天皇制的一君万民論、部落改善論、融和論、貧困克服論、社会主義革命論などが指摘されてきました。そして私は『アジア・太平洋戦争と全国水平社』（解放出版社、二〇〇八年）で指摘したように、ともすれば部落差別を克服することが、結果として戦争協力などにつながる場合があったことも明らかにしました。

つまり部落差別を克服しようとすることは、それ自身が根拠の如何によっては結果として部落差別を温存させる結果になり、また多様な他者に対して葛藤や亀裂さえ生じさせることになる危険性をも孕《はら》んできます。その意味で部落民アイデンティティは部落差別を克服しようとする意識を前提に成立するものですが、その内部だけでなく外部にも多様な葛藤や亀裂が存在することになることを無視できません。それは現在においては、部落差別を克服しようとする根拠が、どこにあるのかが大きな問題として気になります。この部落差別を克服しようとする根拠は今日的には、国際人権や基本的人権、民主主義、社会的平等、市民的権利、普遍的人類愛、人間的尊厳、自律的集団価値、個人主義的自立など多様にとらえられていますが、部落民アイデンティティを問うことは部落差別をいかに認識し、また同時に部落解放の展望を明確にしようとすることでもあるといえます。

さらに述べると、部落民アイデンティティとは部落解放が実現された場合には、来るべき社会や国家のなかで部落民がいかなる新たな主体となりえるかということと深く関係していると思われます。しかし実際には部落解放の状態を容易に想定し難く、結局のところ部落解放とは部落差別の縮減と部落差別を克服しようとする幅広い主体形成の高まりの連続、つまり永続革命的な不断の過程であるようにも思われます。その意味で部落民アイデンティティに立ち向かう意義は、部落民のみならず非部落民をも含む部落差別を克服しようとする主体の形成と、部落解放の展望を射程に入れた多様な問題群を広くかつ深く考えることであると考えています。

V 新たな歴史研究への展望

部落民アイデンティティが注目される背景となったのは、一九八〇年代後半に部落差別が希薄化したという認識のもとで、今後の部落解放運動にとって重要な役割を果たすべき部落青年の意識が注目され、一九九〇年代になると部落解放の戦略や展望と結びつけられるようになったと思われます。言い換えれば部落民アイデンティティは、新たな段階における部落解放の展望を探る一つの重要な視角として登場してきたといえます。そして部落民アイデンティティは、その問題意識が過去の歴史に投影されるようになると、歴史研究における重要な分析概念の一つとしての役割を果たすようになりました。

しかし注意すべきは、あくまでも部落民アイデンティティが過去にそれ自体として存在したわけではないということです。つまり過去の部落民アイデンティティは、現在の部落民アイデンティティとの関係でしかとらえられることができないだけに、そこにこそ部落民アイデンティティをめぐる歴史研究の特徴があると思われます。また部落民アイデンティティを構築主義的に理解すると、その時代状況に対応した歴史性と変容ということが重要となってきます。その際にけ、歴史性のみならず社会性をも異にする在日韓国・朝鮮人（在日コリアン）や沖縄人、障害者など、多様な被差別マイノリティとの比較や複合的な関係をも視野に入れることが必要であることはいうまでもありません。

それにつけても部落民アイデンティティの歴史研究は、どのような意味があり、今後の部落問題に対してどのような展望を持ちえるのでしょうか。近現代部落史研究において研究史に対して自覚的な黒川みどりさんは、自身や関口寛さん、藤野豊さん、それに私が加わった『「水平社伝説」からの解放』（かもがわ出版、二〇〇二年）で、「なかでも朝治さんの一連の研究には、先にも戦争協力の問題に関わってのべたように、すべてが「部落民の主体性」という問題意識に貫かれています。第二期でのべた一九八〇年代ぐらいまでは、研究史上の論点が主として、「身分か階級か」という点に集約されたのに対して、近年は、朝治さんばかりでなく、「部落民」という主体——それが成り立ちうるかどうかということを含めて——をどう理解していくかという点に争点が移っているように思われます」（二八頁）との見解を示されました。

これは黒川さんの部落民アイデンティティという問題意識をふまえた指摘ですが、一九九〇年代からの部落民の主体性をとらえ直そうとする部落民アイデンティティの歴史研究が、新たな段階を画する部落史研究として展開されてきた意味は、同時代的かつ現在進行形であるだけに容易に評価し難いように思われます。さらにいえば、私たちが考えている以上に一九九〇年代以降における時代の変化は急激に加速化し、近年にいたっては部落民アイデンティティが想定した範囲や射程をも超えた部落問題の状況や歴史研究の課題さえもが生じることになり、部落民アイデンティティという問題意識が意味を失っているとはいえないまでも、もはや冷戦後のグローバル化と概括される状況において、次なる新たな枠組みや視角が要請されているのかも知れないとの印象さえ抱かざるをえません。つまり現在における部落問題をめぐる多様な状況を自覚的に認識したうえで、過去との連続性と断絶性をふまえつつ来るべき近未来をも展望しながら、部落民アイデンティティの歴史研究に関して、いかなる課題を設定するかということが問われているようです。

すでに部落民アイデンティティは部落差別の結果として成立するものであると指摘しましたが、近現代日本に限定しても、部落民アイデンティティは一定の基本的性格を有するものでありながらも、部落差別と同様に当該の時期によって発現形態は大きく変容してきたように思われます。しかも時期区分ごとに日本の政治や外交、経済、社会、思想、文化などを背景として、部落は立地、共同体、人口、産業、職業、教育、婚姻などにおいて独自の様相を呈し、しかも地方的かつ地域的に異なった特徴を有していました。しかし、このような実態それ自体だけをもってただちに部落差別であるとはいえず、それに関係した部落に関する蔑視や排除、格差などが克服すべき問題および課題として意識かつ認識されることによって、関係概念としての部落差別が成立されることになったと考えられます。その意味で時期区分による部落および部落差別の特徴をふまえなければ、意識や認識など部落民の心性に迫っていこうとする部落民アイデンティティの歴史研究が、十分な効果をあげることは困難であることは間違いありません。

今になっていうのも気が引けますが、現時点においても私が部落民アイデンティティの何たるかが十分に理解できるような地点にたどりついたかは、甚だ疑問というしかありません。しかし率直にいって、部落民や部落民アイデンティティについて考えだすと、なぜか私は落ち着かない不安定な気分に陥ってしまうのも偽らざる事実です。それは私が部落民であることを自認しているだけに、認識主体の私からすると外部の多様な他者のみならず、自身内部の多様な他者をも対象として発見することになり、結果として対象としての自分自身を極限まで突き詰めて考えてしまうことを自覚しているからでしょう。私の部落民という自己認識は部落差別に対応したときに生じますが、この部落民という自己認識は私を構成する多様な自己認識の一つに過ぎないからであると思われます。つまり現時点で私が存立しているのは、部落民という自己認識のみならず、みずからの内部にある他者性やみずからの出生地、生育、身体、容貌、性、職業、生活、居住、教育、家庭、家族、恋愛、結婚、交友、読書、思想、趣味、嗜好《しこう》などの来歴に関係した、個性的かつ多様な自己認識が重層的かつ複合的にとらえられた結果でもあるといえます。

このような自己に関する複雑性や困難性などを抱えていることを意識しているだけに、現時点において私が今後とも、部落民アイデンティティの歴史研究をどのような視点と方法で進めていくかどうかは、自分でも容易に予測できません。しかし可能であれば、部落民としての自身を対象に投影させるだけでなく、自身を構成する内なる多様な他者性と自己認識との関係をも射程に入れて、部落民アイデンティティとしての歴史研究でもあることを意識した「部落民の近現代史」に取り組んでみたいと思います。また部落民アイデンティティと表裏一体の関係であるとの認識のもとに発表した、「非部落民の部落問題」（『奈良人権部落解放研究所紀要』第三四号、二〇一六年三月）と「「非部落民の部落問題」の意義と射程」（『部落解放』第七四六号、二〇一七年九月）についても、より具体的に歴史研究の課題として深めていきたいと考えています。ささやかながら部落民アイデンティティを意識してから二〇年、今後における部落解放をめぐる課題と展望を考えるに際しては、部落民アイデンティティの歴史研究が必ずや何らかの重要な論点を提供する可能性がきわめて高いことを意識するようになっていますが、同時に大いなる逡巡《しゅんじゅん》を繰り返しているのも確かなようです。

部落差別の撤廃と国際人権システム

李嘉永

はじめに

国際人権システムは、第二次世界大戦後、国際連合が設立され、一九四八年に世界人権宣言が採択されて以降、飛躍的に発展してきました。国際人権章典（世界人権宣言と二つの国際人権規約）に加えて、人種的マイノリティ、女性、子ども、移住労働者、障害者など、マイノリティ集団の差別問題や人権問題を取り扱う個別人権条約も多数存在していますし、これらの人権条約については、国家報告制度や個人通報制度といった、独自の履行監視システムが備えられています。

他方で国連本体にも、新たな人権課題についての調査研究や、大規模な人権侵害が発生した際に当該国に対する勧告を行うなど、政治的な役割を担う機関が存在します。当初は、国連人権委員会、人権小委員会として設置されていましたが、今日では、国連人権理事会と、その諮問委員会に改組されています。

このように、国際人権システムは、人権条約システムという法的な柱と、国連人権理事会を中心とする政治的な柱から構成されてきました。他方で、二一世紀に入り、今一つ重要な動きが出現しています。それは、経済的に厳しい状態にある国々に対して、国連諸機関やさまざまな国が、開発援助を行ってきましたが、この開発援助プログラムに、人権の視点を組み込むという、「人権を基盤としたアプローチ」と呼ばれる動きです。これらの取り組みは、人権基準を定めて、各国に履行を迫るという従来の仕組みから一歩をふみ出し、国連機関自体が、人権保障や差別撤廃のために積極的に取り組みを行うという点で、新たな意義があると思われます。

このような国際人権システムのなかで、「世系に基づく差別」や「職業と世系に基づく差別」というカテゴリーのもとで、部落問題や南アジアのダリットに対する差別もまた、審査や研究、そして支援の対象となってきました。本稿では、特に部落問題が、国際人権システムのなかでどのように取り扱われてきたかを振り返り、今後の取り組みの示唆を得たいと思います。

Ⅰ　国際人権法の規範体系

①国際人権法の前史と部落問題

国際人権システムは、国連創設以降に発展したと述べましたが、それ以前にも、いくつかの制度において、個人の権利や利益を保護する制度が国際法上構築されてきました。たとえば通商航海条約上の自国民保護の規定や、国家責任法の枠組みにおける外交的保護制度、領域の変更にともなう宗教的・言語的少数民族の保護、奴隷制の廃止といった制度があげられます[1]。これらの国際人権法の「祖先」ともいえる制度が、日本の人権状況にどのような影響を持ったのか、という点に関していえば、たとえば一九世紀、奴隷制や奴隷貿易の禁止がヨーロッパにおいて法制化される過程で、マリア・ルース号事件が発生し、これを契機としていわゆる芸娼妓解放令が制定されるにいたったこともありました[2]。では、部落問題にかかわって、賤民廃止令（「解放令」）と国際法システムとの関係についてどうかといえば、現時点で直接的な関連性を示す資料は見受けられません。この点に関しては、近代化を進めなければならないという背景事情、その一部としての諸外国の開国要求、さらにその後の条約改正交渉といった外交的・国際法的要因が、部落問題にどのような影響を持ったのかという点は、今後解明すべき研究課題として、心にとどめておきたいと思います。

他方で、第一次世界大戦後の国際連盟規約の交渉時に、日本政府が人種差別撤廃規定を提案しました。これらの規定は最終的には規約上盛り込まれませんでしたが、この提案を受けて、全国水平社の創設者たちが大変勇気づけられたともいわれています(3)。その意味では、国際社会における人権の保護・促進にかかわる戦前の動きが、部落解放運動の萌芽《ほうが》期において、重要な働きを持っていたことは、記憶にとどめておいてよいと思います。

②国際人権諸条約の枠組み

とはいえ、国際法を実際に適用して、部落問題の解決につなげていく、という実践が行われるようになったのは、戦後になってからで、冒頭述べたように、国際人権章典と呼ばれる包括的な人権条約を中心にしながら、人種、女性、子ども、障害者、移住労働者という、社会的に不利な地位におかれた人びとの直面する課題に特化した差別撤廃条約・権利条約が締結されています。これらの条約の実施に関しては、これらの条約にもとづいて設置された条約監視機関において、「国家通報制度」や「国家報告制度」、さらには「個人通報制度」といった、国際的実施措置が運用されています。ただし、日本政府は、個人通報制度に関する権限を認めていないため、基本的には国家報告制度を通じて、条約の履行状況が審査されています。

③国際連合人権機関による調査・勧告

また、国際連合においては、国際人権諸条約では十分に包摂されない新たな人権課題についての調査研究、あるいは人権状況の改善のための勧告が、政治的機関によって進められてきました。国連創設当初は人権委員会がその任務を担ってきましたが、二〇〇六年に、人権理事会に改組されています。ここでは、「特別手続」と呼ばれる仕組みがあり、人権問題に精通した専門家が、独立の立場で、人種主義や女性に対する暴力といった個別の人権課題や、人権上特に注意を要する個別国家について、特別報告者や独立専門家として任命され、調査研究を行い、人権政策についての提案を行っています。この「特別手続」にかかわって、反差別国際運動（ＩＭＡＤＲ）や、南アジアのダリットの当事者団体が、積極的に働きかけ、それぞれのテーマ別の報告書に、世系に基づく差別の現状や課題が反映されるようになってきています。

また、人権理事会では、「普遍的定期審査」という手続が新設されました。これは、国連加盟国が、他の加盟国から人権問題についての指摘を受けるというもので、日本政府はこれまで三回審査を受けています。そのうち二回、部落問題が明示的に取り上げられました。第二回日本政府審査では、インド政府が「部落民の地位の問題に関する開かれた議論を求め、より強力な人身取引対策の措置をとることを要請」しました(4)。また、第三回日本政府審査では、ペルー政府が「アイヌ、琉球及び部落民などの少数種族が経済的、社会的及び文化的権利を完全に享受できるように措置を強化すること」を求めました(5)。また、部落への直接的な言及はないものの、「マイノリティ女性」に対する暴力や差別の問題を、多くの国家が取り上げています。

Ⅱ　部落差別と国際人権諸条約

それでは、実際に国際人権システムにおいて、部落問題がどのように扱われてきたかを、見ていきたいと思います。

①国家報告制度を通じた勧告

前述した国家報告制度では、当初、日本政府が条約の履行状況について報告書を提出し、その内容について条約機関と日本政府が対話を行って、懸念事項の指摘と勧告が行われてきました。しかし、それでは政府報告に適切な情報が記載されているとは限らない、という問題が生じたため、「市民社会」と称される、非政府機関が提出するカウンター・レポートを通じた、条約機関への情報提供が行われるという慣行が生まれてきました。部落問題に関しては、部落解放同盟や部落解放・人権研究所、そして反差別国際運動（ＩＭＡＤＲ）が熱心にカウンター・レポートを提出してきたことによって、飛躍的に審査や勧告の内容が詳細なものとなってきました。

初期の勧告では、部落問題の指摘は、きわめて概括的なものとなっていました。たとえば、自由権規約委員会第三回報告審査総括所見は、「日本において、特定の社会集団、例えば在日コリアン永住者、部落コミュニティの構成員、及びアイヌ少数民族に属する者に対するある一定の差別的慣行が依然として存在することに懸念を表明する」[6]とし、また、同委員会第四回報告審査総括所見では、「同和問題に関し、委員会は、教育、所得、効果的救済制度に関し部落の人々（Buraku minority）に対する差別が続いている事実を締約国が認めていることを認識する。委員会は、締約国がこのような差別を終結させるための措置をとることを勧告する」[7]としました。さらに、社会権規約委員会による第二回報告審査総括所見は「日本社会において、少数者集団、とりわけ部落及び沖縄コミュニティ、先住性のあるアイヌの人々、並びに在日韓国・朝鮮の人々に対する、特に雇用、住宅及び教育の分野で法律上及び事実上の差別が存在している事に懸念を有する」[8]、女性差別撤廃委員会の第四回・第五回報告審査総括所見は「マイノリティ女性の差別の状況についての情報が欠如していることに懸念を表明する。委員会は、これら女性グループが教育、雇用、健康、社会福祉、暴力被害の面で、彼らの共同体内も含め、直面している複合的な形態の差別や周縁化に懸念を表明する」[9]と指摘していました。確かに、住宅や教育、健康といった分野が示されてはいるものの、それぞれの分野でどのような課題があるかについては具体的には指摘されず、抽象的な勧告にとどまっています。

ところが、一九九八年の自由権規約第四回政府報告以降、ＮＧＯがカウンター・レポートを提出する慣行が広まり、その指摘を受けて条約監視機関も詳細な問題の分析と、勧告を行うようになりました。特にそのような傾向は、二〇一〇年代に入って顕著になってきます。

たとえば、二〇一〇年三月の人種差別撤廃委員会の第三回～第六回報告審査総括所見[10]では、日本政府が部落は人種差別撤廃条約の適用対象ではないという立場を、条約の批准当時から貫いていることに対して「締約国の世系（descent）に基づく人種差別の解釈を遺憾と思う」と批判しています。人種差別撤廃委員会は南アジアのダリットの問題や、日本の部落差別の問題は世系に基づく差別に該当する、したがって各締約国はそれらの差別の状況について情報提供をしなさいと一貫して求めていますが、日本政府ないしインド政府はかたくなに世系には部落やカーストは入らないという立場をとっています。ただ、政府報告では部落問題の情報提供はしませんが、委員会から質問されると答えています。それだったら、そういう儀礼的なやりとりはやめて、真に差別をなくす立場から世系に部落を入れて、真摯に対応されたらどうかと思います。

またこの総括所見においても、「不適切で下品な言動、及び、インターネット上での、特に部落民に対して向けられた有害で人種主義的な表現や攻撃という事象が継続的に起きていることに懸念をもって留意する」とヘイトスピーチの問題が勧告されています。人種差別撤廃条約では第四条で、差別的な思想の流布や扇動を行う団体を違法化する、特に刑事罰をもって臨むという規定がありますが、この第四条（a）（b）項を日本政府は留保しています。人種差別撤廃委員会は、この留保の範囲内でもやるべきことをし、もしくは留保の撤回を検討すべきと日本政府に働きかけています。

そして、戸籍の問題も指摘されています。二〇〇八年に戸籍法が改正されましたが、その後も「戸籍制度の問題及びプライバシー侵害、特に部落民に関しての問題が続いていることについて懸念を改めて表明する」とあり、結婚差別や就職差別にかかわる差別目的のための戸籍制度の利用を禁止し、処罰措置を有するより厳格な法律を制定することを勧告しています。

部落問題にかかわっては、二〇〇二年の特措法の期限切れ以降の状況を、情報提供するよう求めています。特措法が期限切れになる際に示した、「人種差別撤廃条約の批准と実施」「人権救済の制度化」「人権教育の推進」という三つの条件について、それが十分に達成されていないと委員会から指摘を受けています。特に一九九〇年代以降、部落問題の全国調査が行われていない点に委員会は懸念を表明しており、再三にわたり実態調査の実施を求めています。

さらに、二〇一八年八月にまとめられた第一〇・一一回報告審査総括所見では、第一条の定義問題や戸籍の問題、特措法失効後の取り組みに関する情報の提供といった従来から指摘されている課題に加えて、二〇一六年に制定された部落差別解消推進法に関して、その実施のための措置とその影響についての情報提供、予算の提供、さらには雇用、住宅、結婚にかかわる差別を撤廃する努力の強化を勧告しています[11]。

また、近年これらに加え、条約機関への働きかけを最も活発にしているのが、女性差別撤廃条約です。部落解放同盟女性部がマイノリティ女性の皆さんとともに、非常に熱心に働きかけを行ってきたことによって、詳細な部落女性に対する複合差別の状況を委員会が把握するところになっています。二〇〇九年八月の女性差別撤廃委員会の第六回総括所見[12]では、まずマイノリティ女性の差別を撤廃するために暫定的特別措置の導入を含めた有効な処置を講じるよう、締約国に要請しています。意思決定主体にマイノリティ女性の代表を指名することも要請しており、複合差別問題の解決のために当事者の参画を高めるよう勧告しています。その他にも、前回求めたマイノリティ女性の教育、雇用、健康、社会福祉、暴力被害に関する情報がなかったので改めて提出することや、マイノリティ女性の状況に関する実態調査を実施するよう勧告しています。

さらに二〇一六年三月の女性差別撤廃委員会の第七回・第八回合同定期報告審査総括所見[13]では、広範多岐にわたる権利が十分に実現されていない状況を指摘されています。政治的および公的活動ならびに民間活動において、男女共同参画基本計画の策定により指導的立場にある女性の比率を三〇％にすると数値目標が掲げられましたが、そのなかにマイノリティ女性が少ないことは問題だと指摘しています。その他、教育や雇用においても複合差別があり、教育へのアクセスや雇用部門でのジェンダー統計の作成などが求められています。

②条約機関による「一般的意見・一般的勧告」

条約機関の「一般的意見・一般的勧告」は、さまざまな課題について多数作成されてきましたが、部落問題にかかわって重要なものは人種差別撤廃委員会による「世系」に関する一般的勧告二九[14]です。この文書は、人種差別撤廃条約第一条にいう「世系」に基づく差別を、「カースト及びそれに類似する地位の世襲制度に基づく差別」と解釈しており、この解釈をふまえて、人種差別撤廃委員会は、部落差別がこの形態の差別に含まれるとしています。そのうえで世系に基づく差別を撤廃するためのさまざまな取り組みを行うよう勧告しているわけで、たとえば「世系に基づく差別の明示的な禁止を自国の憲法に組み入れることを検討すること」「条約に従い、世系に基づくあらゆる形態の差別を禁止するために、立法を再検討し及び制定し又は修正すること」「現行の立法その他の措置を断固として実施すること」など、世系に基づく差別を禁止ないし撤廃するために立法行政その他の措置を実施するよう求めています。

一般的勧告二九は、人種差別撤廃委員会が人種差別撤廃条約を解釈適用することを念頭においてつくられたものですが、これがその他の条約機関ないしその他の国連機関のなかでも活用され、広がりを持つようになってきています。

Ⅲ　部落差別と特別手続

他方で、国連の人権機関（人権委員会及び人権小委員会、二〇〇六年以降は人権理事会及び諮問委員会）の特別報告者たちが、「世系に基づく差別」や「職業と世系に基づく差別」について調査、研究を行い、勧告を行ってきました。

これまで広く紹介されてきた文書としては、人権委員会の人種主義等に関する特別報告者ドゥドゥ・ディエンさんの日本訪問に関する報告書[15]（二〇〇六年）と、人権小委員会「職業と世系に基づく差別問題に関する特別報告者」横田洋三さん・鄭鎮星《チョンジンソン》さんの「職業と世系に基づく差別の効果的撤廃のための原則および指針草案[16]」があります。後者は、人種差別撤廃委員会の一般的勧告二九を土台にしながら、各国独自にそうした形態の差別があることを調査し、まとめたものです。内容の詳細は省きますが、「職業と世系に基づく差別を撤廃および防止するためにあらゆる必要な憲法上、立法上、行政上、予算上、司法上および教育上の措置をと」るべきとしたうえで、さまざまな権利を保障するよう求めています。差別の救済が今の日本の裁判では十分対応されていないことを考えると、この点は非常に重要だと感じています。

なお、その後も、二〇にのぼる特別報告者・独立専門家が「世系に基づく差別」との関連で、それぞれの任務の範囲内で研究を行っており、それらは、国際ダリット連帯ネットワーク（ＩＤＳＮ）が編纂しまとめています。これは膨大な資料集で、二〇一七年には第一〇版が公表されています[17]。これらの研究を丹念に読んで、現在の部落差別の状況におき換えると、どういうことがいえるか、またその勧告をどう活用できるか、検証する必要があると思います。

Ⅳ「世系に基づく差別に関するガイダンス・ツール」

二〇一七年三月、国連「人種差別とマイノリティ保護に関する国連ネットワーク」は、「世系に基づく差別に関するガイダンス・ツール」を取りまとめました[18]。このガイダンス・ツールは、国連が、各加盟国に対して開発援助や技術援助を提供する際に、世系に基づく差別の撤廃を目的として計画立案を行うことを意図した内部文書です。前述したように、世系に基づく差別については、これまでに人種差別撤廃委員会の一般的勧告二九や、人権小委員会の特別報告者による「原則および指針草案」などの文書が取りまとめられており、世系に基づく差別が存在する諸国に対して、その撤廃に向けた取り組みが勧告されてきました。しかし、インドや日本は、かたくなに部落やカーストに基づく差別に対する人種差別撤廃条約の適用を拒んでいますし、「原則および指針草案」に対しても非常に冷淡です。その意味でけ、国際人権保障の仕組みにおいて、世系に基づく差別の撤廃への取り組みは、あまり芳しい進展が見られず、膠着《こうちゃく》状態にあります。このガイダンス・ツールは、このような状況を打開する可能性を秘めています。

ガイダンス・ツールは、まず国連機関内で世系に基づく差別や、世系に基づく差別とジェンダーとの間の交差性（複合差別）に対処することについて十分理解を深めることが第一の目標です。目標のなかには当然ジェンダーの視点を適用するということ、そのうえで世系に基づく差別と闘うための主要な課題、優先事項を国連内の開発系機関できちんと整理し、当事者団体が参加ないし代表を確保することを求めています。

このガイダンス・ツールを理解するにあたって重要な概念は「人権を基盤とするアプローチ」です。これまで国連開発計画や世界銀行などが経済的な発展を支援する観点からいろいろなプロジェクトをやってきましたが、ともすれば人権状況の悪化につながることも指摘されてきました。それを防ぐために、開発援助の枠内でも人権を保障しようと二〇〇〇年代から提唱されてきた考え方です。これを世系に基づく差別にも適用しようということです。

ここでふれられているもので重要だと思うのは、複合的な要因を細分化していく必要があると述べているところです。これまでは属性情報として、女性か男性かという性にもとづく分析をされていたと思いますが、ここでは障害の有無や少年少女のデータ比較なども求めていて、多岐にわたる複合的な状況をさらに細分化する必要性を指摘しているのです。また、個別の権利についてそれぞれの国で達成できているかどうか、一般的な人権保障、自由権、社会権、司法の四つの分野でチェックできます。

現在の部落問題とのかかわりでいうと、特措法時代に達成できた課題、現在も残っている課題、特措法終了後、悪化してしまった課題を精査し、今後取り組むべき問題を浮き上がらせるために、このチェックリストを活用してはどうかと思います。このガイダンス・ツールは、必ずしも今の日本の状況にピッタリと合うものではないかも知れません。ただ、部落差別解消推進法の実施に当たって、このガイダンス・ツールが提示している手法をふまえて、今後の取り組みにつなげていくことが重要だと思います。そのためにもガイダンス・ツールを反差別国際運動（IMADR）の取り組みなどで紹介していきたいと思いますし、わかりやすいパンフレットなどをつくって取り組みに使っていただければと考えています。また、二〇一八年四月にはこのガイダンス・ツールを日本でどう実施していくのかをテーマに、国連人権高等弁務官事務所の職員と特別報告者、ダリット当事者と協議会を実施しました(19)。

おわりに

現在の到達点は、国際人権諸条約、とりわけ国際人権規約、人種差別撤廃条約、女性差別撤廃条約に関して、条約機関はNGOカウンター・レポートの内容を反映させつつ、部落問題に関する問題の指摘を、相当詳細に行うようになってきました。また、一般的意見・一般的勧告というかたちで、一般的な解釈基準をいくつか示し、条約全体を、部落問題をはじめとする「世系に基づく差別」に適用するよう求めています。さらに、人権理事会の特別手続において、多くの特別報告者が、世系に基づく差別を取り上げ、各々の任務の範囲内で、問題の分析と勧告を行うようになっています。既存の人権メカニズムに加えて、開発援助の仕組みのなかでも、世系に基づく差別の解決を目的とした援助が直接行われるようになりました。

今後の課題ですが、部落問題に関しては、「国際的実施措置」と「国内的実施」との回路が断絶しており、「建設的対話」があまり建設的でないという一般的な問題に加えて、人種差別撤廃条約の適用を認めていないという点（定義問題）と、人権小委員会による「職業と世系に基づく差別の効果的撤廃に関する原則および指針草案」がたなざらし状態になっているという点で、大きな困難に直面しています。この点を打開するためのガイダンス・ツールは、部落の生活実態の改善や、差別事象への効果的な対処、さまざまな権利の効果的保障を国際連合の開発プロジェクトを通じて実現しようとする点で、このデッドロック状態を打開する可能性を秘めていますが、経済的に「先進国」である日本に対して、開発系の諸機関が開発プロジェクトを実施するかどうかは難しいかも知れません。このことを考えると、国連で蓄積されてきたさまざまな勧告や、ガイダンス・ツールを用いて、ねばり強く状況の打開を図り続けていくことが重要だと思います。

注

1 申惠丰『国際人権法』（第二版）信山社、二〇一六年、三—二二頁

2 醍醐龍馬「マリア・ルス号事件をめぐる国際仲裁裁判—日本初勝訴への道」大阪大学法学部同窓会青雲会　平成二三年度懸賞論文結果報告、一—二二頁

3 寺木伸明、黒川みどり『入門被差別部落の歴史』解放出版社、二〇一六年、一九九頁

4 Human Rights Council, Report of the Working Group on the Universal Periodic Review, Japan, A/HRC/22/14, para.123.

5 Human Rights Council, Report of the Working Group on the Universal Periodic Review, Japan, A/HRC/37/15, para.160.205.

6 Human Rights Committee, Consideration of Reports Submitted by States Parties under Article 40 of the Covenant, Comments of the Human Rights Committee: Japan, CCPR/C/79/Add.28, 5 November 1993, para.9.

7 Human Rights Committee, Consideration of Reports Submitted by States Parties under Article 40 of the Covenant, Concluding observations of the Human Rights Committee: Japan, CCPR/C/79/Add.102, 19 November 1998, para.15.

8 Committee on Economic, Social and Cultural Rights, Consideration of Reports Submitted by States Parties under Article16

and 17 of the Covenant, Concluding observations of the Committee on Economic, Social and Cultural Rights, Japan, E/C.12/1/Add.67, para.13.

9 Report of the Committee on the Elimination of Discrimination against Women, 28th and 29th sessions, A/58/38, para. 365.

10 Committee on the Elimination of Racial Discrimination, Consideration of reports submitted by States parties under article 9 of the Convention, Concluding observations of the Committee on the Elimination of Racial Discrimination: Japan, CERD/C/JPN/CO/3-6, paras. 8, 13, 18-19.

11 Committee on the Elimination of Racial Discrimination, Concluding observations on the combined tenth and eleventh periodic reports of Japan, CERD/C/JPN/CO/10-11, para. 20.

12 Committee on the Elimination of Discrimination against Women, Concluding observations of the Committee on the Elimination of Discrimination against Women: Japan, CEDAW/C/JPN/CO/6, paras. 51-52.

13 Committee on the Elimination of Discrimination against Women, Concluding observations of the Committee on the Elimination of Discrimination against Women: Japan, CEDAW/C/JPN/CO/7-8, paras. 20-21, 30-35, 46-47.

14 The Committee on the Elimination of Racial Discrimination, General recommendation XXIX on article 1, paragraph 1 of the Convention（Descent）, 2002.

15 Report of the Special Rapporteur on contemporary forms of racism, racial discrimination, xenophobia and related intolerance, Doudou Diène, Addendum, MISSION TO JAPAN, E/CN.4/2006/16/Add.2.

16 Final report of Mr. Yozo Yokota and Ms. Chin-Sung Chung, Special Rapporteurs on the topic of discrimination based on work and descent, A/HRC/11/CRP.3.

17 The International Dalit Solidarity Network, CASTE DISCRIMINATION AND HUMAN RIGHTS: A comprehensive compilation of how caste discrimination and similar forms of discrimination based on work and descent have been addressed

by the UN treaty bodies, Universal Periodic Review, and the Special Procedures, tenth edition, July 2017, pp. 104-226.

18 ガイダンス・ツールの概要については、李嘉永「「世系に基づく差別に関するガイダンス・ツール」の意義」『部落解放』第七六一号、二〇一八年、九〇―九七頁

19 李嘉永「国際機関とのパートナーシップの構築を―世系に基づく差別撤廃のための国際協議会・国際シンポジウムの報告」『部落解放』第七五九号、二〇一八年、六六―七三頁

第四部　部落解放と人権の展望

現代資本主義をどうとらえるか

小野利明

はじめに

二一世紀の世界経済は、それまでの資本主義と比べても一層長期停滞の様相を呈しています。世界同時不況は一九九〇年代より周期的に繰り返されるようになり、回を重ねるごとに世界経済に与える影響は激甚になっています。先進資本主義国の高い失業率はさがる兆《きざ》しを見せていません。パートタイムや非正規労働者などの労働条件や賃金はまさに飢餓賃金と形容してもよいような様相を呈しています。事実日本では、学校給食が唯一の食事だという児童があらわれています。アメリカの統計では富裕層の上位一〇パーセントが富の七〇パーセントを占有し、下位層の五〇パーセントがその富の五パーセントを取り合っていると報じられています。貧富の格差の拡大は単にアメリカだけの現象ではありません。EU諸国でも、日本でも年々ひどくなるのを観察することができます。ほんの一握りの世界的な巨大独占資本は一国の経済規模を超えるような富を一企業で稼ぎ出していますが、その成果はいくら口を開けて待っていても労働者人民には滴り落ちてはきません。世界の石油を供給している中東では、石油という資源は中東の人びとを豊かにはしていません。中東で今も生み出されている難民は、第二次世界大戦時の総計を上回っています。彼らは日々の生存そのものが危機にさらされる生活を強要されています。この世界はいったいどのような構造になっているのでしょうか。このような苦境から脱出する道筋を見出すことができるでしょうか。この論考ではこのような現代資本主義の構造を考えていきます。

I　レーニン「帝国主義論」が主張したこと

一九一四年に始まった第一次世界大戦が長期化する様相を見せると、第二インターナショナル各国支部（二二カ国・二七社会党・傘下の労働組合員七四〇万人）は、この大戦を祖国防衛戦争と位置づけ、ナショナリズムに屈服してしまい、戦争に参加していく道を選択しました。一九一五年、この第二インターの動きに抗して、ごく少数のメンバーがスイスのツィンマーヴァルトで会議を開きました。ここに集まった活動家たちは、第二インターの「祖国防衛戦争容認」に反対する決議を採択しました。この会議を通して、「革命的祖国敗北主義」を主張したレーニンを中心とするツィンマーヴァルト左派は、会議に集まった第二インターの各国活動家たちに、徹底した戦争反対の立場を表明するよう強く訴えました。このレーニンの主張を敷衍《ふえん》したのが『帝国主義論』であり、一九一七年に出版されました。この著書は、「ロシア帝国の敗北をさらに進めて帝国主義戦争を内乱へ」「内乱からヨーロッパの帝国主義諸国の革命へ」という、レーニンの当時の革命戦略を資本主義の経済構造から基礎づける意図を持って書かれています。

『帝国主義論』は、二〇世紀初頭の資本主義を以下のように特徴づけています。イギリスの一八五〇年代を特徴づける自由競争資本主義は、競争の結果、資本の集積・集中を進めて独占資本主義へと転化しました。巨大な産業資本の集中の結果、産業資本と銀行資本の癒着が生まれ、一九世紀末には金融資本主義という新たな腐朽した資本蓄積の形態が現れました。この金融資本主義は、資本の輸出という形態が重要な働きをするようになり、英・仏・独のヨーロッパ列強は、植民地の地域的分割を極限にまで推し進めました。

一九世紀中葉の時点では、イギリス資本主義は紡績業を中心とした機械工業で圧倒的な生産力を誇っていました。マルクスは『資本論』第一巻でこの綿織物工業をモデルにして資本主義の典型を記述しています。そのイギリス資本主義をモデルにして、ドイツとアメリカは、一九世紀末には重化学工業への産業構造転換を果たして、イギリス資本主義を生産力で凌駕《りょうが》する勢いを示しました。一九世紀末のヨーロッパの資本主義列強は、鉄鉱石・石炭・石油などの工業原材料の確保と巨大な生産力を飲み込む市場を求めて、列強による植民地の争奪が不可避なものとなっていました。このような資本主義をレーニンは、金融独占に支配された国民国家による植民地分割が極限まで進んだ帝国主義ととらえています。

一九世紀末には列強による世界の領土的分割は完了していました。しかし、資本主義列強の不均等発展は、植民地の再分割の争い――帝国主義戦争――を不可避なものとしていました。こうした世界情勢をレーニンは、「資本主義は最高の段階に到達して、社会主義前夜の発達段階」にいたったと主張しました。レーニンのこの主張は、資本主義の発達段階論をふまえての資本主義の特徴づけでした。

この『帝国主義論』の「資本主義の最高の段階、社会主義の前夜」という資本主義の発達段階論について、その後の二〇世紀における資本主義の展開を見れば補足をする必要があります。

資本はその後も国境を越えて資本の蓄積を進め、文字通りグローバルな資本の搾取を可能にする市場をつくりだしました。マルクスは『資本論』を書いて資本主義を理念型として世界資本主義と性格づけ、労働者と資本家の階級対立が支配する世界として描きました。

レーニンの『帝国主義論』が出た一九世紀末から二〇世紀初頭の時代は、マルクスが『資本論』で描いた資本家階級が文字通り世界を支配するという理念が現実のものとなり、世界資本主義が現実のものとして現れてくる時代の始まりを画する時期と考えることができます。

二〇世紀の資本主義では資本は国境を越えて蓄積され、商品を地球の裏側までいきわたらせる世界市場が成立しました。その資本蓄積は過剰生産恐慌を生み出します。そして第一次世界大戦が帝国主義間戦争として始まり、それはレーニンが『帝国主義論』で記述した状況を呈することになります。

第一次世界大戦後の世界経済の活況は、二九年の世界恐慌をもたらしました。二九年恐慌の後、各国の景気は停滞状態が続くこととなり、第二次世界大戦へ突入していきます。第二次世界大戦はナチスの東方への侵略によって開始され、赤軍のベルリン解放によって終結することになりました。一九五〇、六〇年代はソビエト社会主義を後ろ盾にして中華人民共和国が成立し、東欧諸国の人民民主主義政権が成立しました。一九五九年にはキューバ革命が成立し、六一年にキューバは社会主義建設を宣言します。一九七五年には南ベトナムが解放されます。この時代、先進資本主義国でも労働者階級の運動がはっきりと姿を現すことになりました。この一九六〇年代はピケティが彼の著書（『二一世紀の資本主義』みすず書房、二〇一四年）で指摘しているように、労働者の実質賃金が上昇を続けた時代でもありました。アメリカではベトナム反戦運動が起き、黒人の公民権運動が姿を現してきます。そしてついに六四年には「公民権法」が成立しました。アジア、アフリカではラオス、カンボジア、アンゴラ、モザンビーク、エチオピア、アフガニスタン等々、いわゆる社会主義指向国家が生まれました。この一九六〇年代から七〇年代にかけて闘われた、労働者の階級的運動と社会主義建設の潮流が変化し後退し始めるのが、一九七一年のニクソン・アメリカ大統領による金ドル交換停止と、七四、五年恐慌そして八〇年代初頭のレーガン、サッチャー、中曽根の登場による新自由主義的政策の開始時期でした。この時代を経て、資本主義はそれまでのケインズ主義的政策をともなった、不況免疫的な資本主義からマルクスが『資本論』で記述したような恐慌を繰り返す資本主義へと転回していくことになります。ソビエト社会主義の崩壊は、世界の階級関係が圧倒的にブルジョア階級に有利に傾いていった時代の幕開けを示していきます。このソビエト社会主義の崩壊に直接つながる時代を今われわれは生きているということができます。

Ⅱ　現代資本主義の趨勢と特徴――カジノ資本主義

スーザン・ストレンジは一九八六年に『カジノ資本主義』（岩波書店、一九八九年）を発表しました。そこではアメリカの金ドル交換停止と変動相場制への移行が世界中で金融取引を爆発的に増加させ、資本主義が金融資本主義化して実体経済からかけ離れ、コンピューターの前でギャンブルをするようにマネーゲームが展開されるさまが描かれています。

『カジノ資本主義』が主張するように、現代資本主義は投機的、金融資本主義的傾向を強めています。二〇一六年の統計では世界のＧＤＰの総計はおおよそ七〇兆ドル、年間の世界貿易額は約一六兆ドルと見積もられています。この国民総生産を生み出すためには一日当たり五兆ドル（二〇一三年国際決済銀行）といった驚くべき額の為替取引が世界中で繰り返されています。この数字を見比べてみれば、一日当たりの為替取引の量がどれほど巨大なものであり、同時に実体経済の貿易額とどれほど乖離《かいり》した数字であるかがわかります。為替取引の量で実際の「モノ」の取引にともなう通貨交換が占める割合はごく少額です。為替取引の大半は投機的なものであり、自国資産と外国資産の期待収益率が一致するように為替レートを変化させるといった、「金利裁定」の仕組みにしたがって為替レートは変動すると考えられています。言い換えれば各国の債券価格、金利、為替レートは相互に依存して投機的に変動しているということができます。貿易額を左右する物価水準の変動は為替変動にとって二次的な影響しか及ぼさないとされているわけです。金融業者は「モノ」の貿易とは無関係に日々の株価や債券価格、金利水準の変動を利用して利ザヤを稼ぎその関数関係に為替も変動しているのです。

この現代資本主義の特徴を別の面から見てみましょう。世界のＧＤＰ、売上高ランキングを見ると、一〇〇位までのなかには国家や企業が混在しています。世界のGDP一位はアメリカですが、二〇位前後には小売業のウォルマートやGEが登場してきます。日本のトヨタも四〇位前後にはいつも位置づけられています。このようなランキング表では一〇〇位までの四〇パーセントは例年世界中の巨大独占企業、多国籍企業が名前を並べます。一国の国民総生産よりも大きな売上額を生み出す巨大独占企業は、現代では珍しくはないということなのです。これらの巨大企業は小売業や製造業で利益を生み出すだけではありません。彼らはその部品調達の網――グローバルサプライチェーン――を世界中に張り巡らせており、それを彼らは世界的な通信網によって管理しています。最も安い商品が最も早い物流システムに乗って調達されているのです。商品は巨大なコンテナ船――現代の最も重要な技術革新の一つといわれる――とトラック便を使ってジャストインタイムで配送されます。一方、多国籍企業の各地域の製造拠点間では、いわゆる企業内貿易が行われています。世界第二位の国民総生産を記録している中国を例にとると、中国の総貿易額の九〇パーセントは企業内貿易の性格を持っている、という調査もあります。したがって、多国籍企業にとって為替操作は、企業内貿易から利益を引き出す基本的なツールとなっています。彼らは部品調達の延長線上で為替を売り買いしそれをヘッジし、移転価格を利用して利益を出し、さらには各国の税制などの違いを利用して蓄積された内部留保を生み出しています。こうして生み出された内部留保はロンドンのシティなどの金融機関を通って、租税回避地の英領ケイマン諸島などのペーパーカンパニーに帳簿上蓄積されていることになります。また販売促進のための消費者ローンを自社内に持ち、世界での市場支配力を拡大するために、株式を使った敵対的企業買収などの企業合併や買収を日常的に繰り返しています。このような巨大独占、多国籍企業は地球大で金融取引を行い、投機を日常的に繰り返しているということができます。彼らにとっては株式であろうと、現実にある企業であろうと金融的操作の対象であり利益を生み出す通過点でしかありません。資本は国境を越えて大量生産システムを支配し、低賃金労働者を搾取して、その利潤を金融的に操作します。そうしてかき集められた利潤に向かって投機行為が行われます。こうして富はさらに一部のものに集中していく仕組みができあがることになります。これがカジノ資本主義といわれる資本主義の仕組みに他なりません。冒頭で示した巨額な為替取引は、このような背景を持っているということができます。現代資本主義は投機的様相を示しているといわれますが、その基礎には多国籍巨大独占企業の生態が存在していることを認識する必要があります。通常いわれるように、カジノ資本主義は実体経済から遊離したものではなくて、逆に世界的な巨大独占資本が生み出している金融現象であると認識する必要があります。多国籍企業こそこのようなカジノ資本主義の主要なプレーヤーなのだということができます。

Ⅲ　多国籍企業の主戦場―知的財産権

現代はメガ連携協定の時代だといわれます。ＴＰＰ（環太平洋経済連携協定）、ＴＴＩＰ（環大西洋貿易・投資パートナーシップ協定）などでの議論の柱を見ていると、現代の資本主義の特徴を鮮明に見ることができます。

現代資本主義は、一九六〇年代の資本主義のような重化学工業における「モノ」の生産が問題になるような世界ではありません。集積回路を組み立てたコンピューターで重要なところは、その電子回路や物理的機材そのものにあるのではありません。重要なのはコンピューターを動かすソフトなのであって、プログラムの中身をどのようにして企業が占有するのかという点が論点になってきます。さらにアメリカではさまざまな医薬品だけでなくて、医学的知見や数学的知識さえ特許の対象にしてしまっています。言い換えれば数学的知見さえ金儲けの種になるので、占有するということがまかり通る事態になっています。世界中の巨大独占資本のつばぜり合いは、そのような「知的財産権」を巡って争われているのです。こうして現代の技術革新の結果として、いわゆる「モノ」の生産からサービスへの価値の移転が起きているといわれています。このような流れを受けて、ＴＰＰやＴＴＩＰなどの「メガ経済連携協定」

では特許権の保護期間を巡って利害が衝突しています。たとえばエイズの治療薬では、アメリカの治療薬は年間七〇万円ほどの薬品代がかかるのに対して、インド産の代替え薬の場合、年間数千円で入手できるといった極端な価格差が生じています。もし特許期間が延長されたりしてインドがその治療薬の知的財産権を承認したりすると、そのとたんにアジア・アフリカの貧困なエイズ患者はたちまち死の淵《ふち》に立たされてしまうことになります。先進資本主義国の現代巨大独占企業の製品は、「知的財産権」に保護されていなければ極端に価格が下落してしまう製品や、簡単にコピー可能な商品によって構成されていることが特徴の一つになっています。また巨大独占が多国籍企業となってたくさんの国に資本を展開するため、国が独占企業の利益を侵害したときの損害賠償を規定するISDS協定の締結強要を巡って争いが生まれています。たとえばアメリカのシェブロン社は、アマゾン流域における石油開発で石油掘削時の汚泥などを川に流したため、流域住民に健康被害が出たとしてエクアドルの裁判所から操業停止と賠償金支払いを命じられました。しかしシェブロン社はその判決で逆に損害を与えられたとしてISDSを使ってオランダハーグにある常設仲裁裁判所に訴えて、損害賠償の判決を棄却させてしまいました。シェブロン社のようにISDSを使った訴訟はそのほとんどが、アメリカ企業が発展途上国の国家主権を侵害するかたちで使われている実態があります。

巨大多国籍資本は発展途上国の人民の生存権さえ侵害して、資本の収奪を進めているのが現実です。その利害を資本の側に立って積極的に条約としてかたちにしていく先兵を担っているのが、先進資本主義国とくにアメリカ合衆国なのだということができます。

Ⅳ　新自由主義の源流—惨事便乗型資本主義

カナダのジャーナリスト、ナオミ・クラインは二〇〇七年に『ショック・ドクトリン』（岩波書店、二〇一一年）を発表しました。ここで著者は以下のようにショック・ドクトリンを定義しています。資本主義国家は危機的状況を利用して民衆が茫然《ぼうぜん》自失している間に彼らを脅しつけ抵抗力を奪い、その間に急進的な市場原理主義的改革を実行し、改革による負担を民衆に押しつけています。

この特徴づけは、まさに惨事便乗型資本主義という日本訳がぴったりの定義です。この「惨事便乗型政策」の最初の試みは、一九七三年のピノチェットによるチリの反革命クーデターでした。この年ピノチェットは、一九七〇年に民主的に選出されたアジェンデ社会主義政権を、軍事クーデターを起こすことで銃剣によって圧殺しました。このとき文字通り政権を支持した民衆は、肉体を抹殺されることで抵抗力を奪われることになりました。アメリカのAT＆T社がこのクーデターを財政的に支援したということは、アメリカ公文書によっても今では明らかになっている事実です。さらに当時のニクソン大統領が戦略物資である銅の備蓄を大量に市場に放出して銅価格を引き下げ、チリの主要産業、銅鉱山に損害を与えてチリ経済を苦境に立たせて、ピノチェットのクーデターを側面から支えています。このような手法がその後の新自由主義的な政策に貫かれています。アメリカのレーガノミクスもこの手法を学んでいるということができます。

一九八一年レーガンは大統領になるや、当時の航空管制官のストライキに介入し、そのほとんどを解雇して、軍に航空管制をさせることで労働運動を正面から弾圧しました。このように、まず労働者に先制パンチを繰り出してから、その混乱に乗じて富裕層への減税、社会福祉予算の削減、労働法制の改悪などの経済政策が繰り出されてくるのが新自由主義的政策の常とう手段です。政府は、資本家、投機家の利益を代弁して、「大きな政府、福祉政策」に反対し、「民営化」を主張してすべての矛盾を民衆の肩に押しつける政策を繰り出してきます。われわれには、当時の中曽根内閣が日本のナショナルセンターである総評の屋台骨であった「国鉄労働組合つぶし」に狂奔したのは鮮明な記憶となって残っています。この延長線上に国鉄民営化がありました。この流れに連なるアベノミクスも、基本的にはこの新自由主義的な政策であるということができます。

V　七〇年代以降繰り返される恐慌

一九九〇年代以降ヨーロッパやタイのバーツ危機に見られるように世界資本主義は次々とミニバブルをつくりだし、それを金融危機というかたちで破裂させてきました。繰り返される金融恐慌をつくりだし、資本主義経済を一層不安定にしているのがカジノ資本主義なのです。

バブル破裂後の金融危機、財政赤字の沈静化には惨事便乗型の政策が展開されることになります。金融恐慌によって外国資本の債務返済に苦しむ発展途上国に乗り込んでくるのはＩＭＦと債券者団体です。彼らは債務国に対して型にはまった緊縮財政、賃金の引き下げ、福祉政策の切り捨てを要求してきます。そして債務は不況に苦しむ貧民のポケットから召し上げるという新自由主義的政策が展開されるのです。八〇年代から九〇年代にかけてこのお決まりの手法は、債権を持つ銀行にとって驚くほどの利益が上がる商売となりました。本来なら不良債権のデフォルトが宣言されて、債券の損害を貸し手と借り手がどのように損害を被るかが議論されるはずです。そこで両者が損害を折半するといった具合になると思いきや、ＩＭＦが乗り込んで、元本も利息も債務国家から取り上げることに成功したのです。このようにしてＩＭＦと世界銀行は、カジノ資本主義とショック・ドクトリンとを複合させて人民を収奪する効率的な手法を開発しました。このような文脈で八〇年代から九〇年代に生起した世界的な金融恐慌も発展途上国の人民を収奪する契機の役割を果たしているということができます。このようなことがレーガン、サッチャー、中曽根政権の登場以来、繰り返し、繰り返し行われてきたことなのです。

VI　資本主義に致命的なダメージを与えたリーマンショック

二〇〇八年恐慌と長引く経済停滞によって一層社会の停滞、貧富の格差の拡大が進んでいます。これまで先進資本主義国で安定した雇用条件を維持していた中間層の労働者階層が、長期の景気停滞によって没落し貧困層へ転落しています。先進資本主義国のいずれの国でもリーマンショック以降、実質賃金の低下が見られます。どの資本主義国においても大衆の不満は鬱積《うっせき》し、低賃金、不安定雇用が拡大しています。その結果、購買力が先進資本主義国ではいずれの国においても低下しています。まさにマルクスが『資本論』のなかで指摘したような労働者階級の「絶対的窮乏化」と呼んでもよいような現象が進行しているということができます。

リーマンショックはアメリカの低所得者層に住居購入のための利率の高いローンを貸し込むサブプライムローンの蔓延《まんえん》が引き起こしたものです。住宅供給会社は貧困層に高い金利で借金をさせ、その借金で家を買わせます。ローン返済が滞れば住居を差し押さえるという商売で儲けていました。このローンは債券として投資銀行に転売され、投資銀行は他の債権と混ぜることで安全度が高まるとしてシャッフルした金融派生商品をつくりだし、それを世界中の金融業者に転売しました。こうして住宅会社は運転資金を手に入れ、投資銀行は手数料を稼ぎました。ローンが返済できなければ購入した貧者が街頭に放り出されるだけで、住宅建設業者は空き家をリフォームして中古物件として再販売できます。銀行は新たな派生商品の種を仕入れられます。こうして家をたたき出されて街頭で夜を過ごす家族以外、誰も腹が痛まない仕組みになっていました。これが二〇〇〇年代の世界資本主義の景気を拡大していた根源でした。アメリカはこの好景気によって世界中の商品を飲み込み続けました。

しかし二〇〇七年には債権の焦げ付きが目につくようになり、市場に暗雲が漂いましたが、バブル最終期のカラ元気にはやし立てられて金融派生商品は世界的な低金利のなかで高い利子の割には安全な商品として世界中の銀行によって購入されました。この歯車が突然二〇〇八年に逆転します。金融恐慌が始まったのです。誰もが現金以外の取引を拒否しました。次に倒れる銀行はどこか皆が疑心暗鬼となりました。そのようななかで老舗の投資銀行である「リーマンブラザース」が、アメリカＦＲＢの必死のあっ旋にもかかわらず倒産したというニュースが世界を駆け巡りました。アメリカの失業率はすぐに一〇パーセントに跳ね上がり、世界貿易は収縮していきました。比較的金融派生商品には手を出していなかった日本の金融機関でしたが、世界貿易の収縮によって劇的に輸出が減少し、その結果、国内不況が深刻になりました。リーマンショックが世界恐慌へと展開していくその波及の速さは、一九二九年恐慌の比ではありません。瞬く間にリーマンショックは世界中を巻き込む大恐慌へと拡大していきました。その後の経過は周知の通りですが、日本銀行の異次元金融緩和が今も続いているのを見ればわかるようにリーマンショックの影響は今も続いています。

超低金利であるにもかかわらず経済成長率は低水準で推移し、労働者の賃金も停滞しているといった状況は世界中で続いています。これに対抗して世界中の政府は判で押したように構造改革を叫びます。しかしその中身を見てみれば、ほとんどが、第二次世界大戦後の好況下でのケインズ政策の成果でもあった組織労働者の上昇した名目賃金を押さえつけて切り下げ、労働法制を規制緩和の名のもとに改悪し、年金や社会福祉の水準を切り下げて大衆課税を進めるといった新自由主義的政策を展開しているに過ぎません。先進資本主義国の政府は、はっきりと資本の矛盾を労働者人民の肩に転嫁する政策を行っています。先進資本主義国でもＢＲＩＣＳ諸国でも、世界恐慌によって引き起こされている景気後退に対して驚くほど共通する金融・財政政策が、各国の政府から繰り出されているということができます。このような政策の累積は一層社会の購買力を低下させるだけであり、景気の停滞を打ち破ることはできないのは明らかです。

先ほど指摘したように、二〇〇八年アメリカで始まったリーマンショックは一瞬にして世界に波及しました。怪しげなサブプライムローンの焦げ付きを抱えて、がけっぷちに立たされた多くの銀行を「大きすぎてつぶせない」として国家が救済しました。私的な債務が国家債務に付け替えられたわけです。そして金融危機は国家債務の危機となり、矛盾が付け替えられただけでした。リーマンショック直後から始まったEU圏のギリシャの財政危機は国家債務の危機となりました。暴落し買い手のつかなくなったギリシャ国債は、高い利率がつけられて紙くず同然となってしまいました。しかしこのような国家債務の危機は、単にギリシャ一国で解決できるものではなくなっています。結局この問題はEU全体でギリシャの財政赤字を支え、EU中央銀行が最後の貸し手となって通貨ユーロをギリシャに注入し、ギリシャ国債を買い支えることで処理されて今日にいたっています。今後いつこのギリシャ危機が再発してもおかしくはありません。このギリシャの事例でも明らかなように、現代資本主義では、一国の財政問題も単にその国の問題として切り離して解決できないことを示しています。

二〇〇八年から二〇〇九年にかけて、世界貿易は縮小し先進資本主義国の総生産はすべてマイナスを記録しました。二一世紀の世界恐慌は、一九二九年の恐慌と違って、ほぼ同時に各国の景気を後退させています。このシンクロナイズした世界恐慌の現象は資本が国境を越えて拡大再生産を行っていること、世界中で資本が再生産されることで資本主義的生産様式が再生産される仕組みが確立していることを表しています。各国の恐慌がシンクロナイズし、各国政府の恐慌対抗策も類似した政策を展開しています。この二つの現象は、世界資本主義のメダルの裏表の関係になっています。また、資本は国家に依存し、また国家から利益を引き出しながら、国境を越えて資本を展開しています。二一世紀の資本主義はこのような特徴を持つ資本主義だといえます。現代においては、一言でいえば世界資本主義が成立し、互いに内部矛盾をはらみながら資本は国境を越えてグローバルに展開し、資本の再生産を繰り返しています。しかも資本の運動が生み出す矛盾は次々と姿を変えながら、解決することなく流動していくという顕著な特徴を持っています。

マルクスは『資本論』のなかで、あたかも市場と商品が支配する世界を設定して論を展開しました。それは当時のアダム・スミスや、リカードなどの主流派経済学である古典派の「市場によって需給が均衡している世界」から話を始めたということもできます。しかしその結論は、古典派とマルクスでは正反対のものになりました。一方の古典派から派生したワルラスやリストは、一般均衡にいたる楽観的な未来を想定し、他方マルクスは「絶対窮乏論」という結論にいたったのです。今の状況を見ればどちらが現実をつかみ取っているかは明瞭です。その違いはどこからくるのでしょうか。古典派経済学者は一般均衡論を基礎に数量的な均衡式を考えましたが、マルクスは商品と市場を出発点におきながら、『資本論』に「労働日」の章を設けて単純な所得分配論で考えるのではなくて、剰余価値の搾取という階級対立を基礎にして考えたところに決定的な違いが生じたのです。このように資本をとらえたからこそ、現実を鋭く見通すことができました。「絶対窮乏化論」という概念は底の浅い政治的プロパガンダではありません。それはマルクスが階級対立という最もラジカルな歴史的現実から生み出した重要な概念です。

ピケティが膨大なデータを集めて論証しているように、貧富の格差拡大はブルジョア経済学者も否定しようのないものですが、それは自然現象ではありませんし、さらにいえば、非道徳的な守銭奴である、金融機関のディーラーやファンドマネージャーが収奪しているからでもありません。もちろん現代資本主義はこのような収奪ともいえる金融投機が行われている時代であることは否定できません。しかしマルクスが『資本論』で明らかにしたように、資本による搾取こそがその格差拡大の真の原因であることを強調する必要があります。資本がつくりだす剰余価値の私的取得こそがこのような残忍な格差拡大、そして社会の停滞腐朽現象の根本的原因であることは、いくら強調してもしすぎるものではありません。

このような二一世紀初頭の長期停滞と資本主義の腐朽現象の出発点は二〇〇八年恐慌でした。この世界恐慌の原因を連鎖的な金融危機、投機的なマネーの常軌を逸した混乱にある、ととらえる見方が支配的です。しかしこの点でもマルクスから学ぶことは根本的に重要です。二〇〇八年恐慌も「資本の蓄積が困難となり過剰資本となった過剰生産恐慌」ととらえるべきだと主張したいのです。二〇〇八年恐慌についてオバマ政権は野放図な投資銀行の投機行為がこの金融混乱の原因であるとして、さまざまな金融機関への規制を強化しました。このときは日ごろ政府の介入を極端に嫌う新自由主義派の理論家たちも、こぞって宗旨を変えて金融機関への中央銀行からの資金注入を渇望し、それと引き換えに銀行の規制強化に同意しました。二〇〇九年以降、世界の帝国主義諸国はこぞって超のつく金融緩和を実行し続けています。オバマにいわせれば、とにかくこの世界恐慌も資本主義の病的現象であり、その患部を取り除き厳格なルールのもとにおけば、また正常に資本主義は回り始めるというわけです。

Ⅶ　解決しない資本の矛盾

マルクスはオバマのようには考えませんでした。マルクスは恐慌を「資本蓄積の矛盾の爆発」ととらえましたが、それをD・ハーヴェイ（『〈資本論〉入門』作品社、二〇一一年。『資本の〈謎〉』作品社、二〇一二年）の考えを使って表現してみると、マルクスの考えた「資本の運動」をハーヴェイは次のように表現しています。

資本は商品になり貨幣になり生産設備になり、そしてその内部に互いに矛盾した二重性を持つ。使用価値と価値、具体的有用労働と抽象的人間労働、さらには労働過程と価値増殖過程、等等。その矛盾が展開して、言い換えれば弁証法的な運動の力となって次々と変態していく。そのとどまることを知らない流動のなかで価値を増殖させていく流動状態の過程＝資本の価値増殖過程そのものが資本の本性である。

この流動状態を阻害する障害が資本主義自体にはさまざまに存在し、この阻害を解決しようとすれば別の阻害要因に直面するというやっかいなメカニズムこそ、資本主義が本質的に抱えている矛盾だと指摘します。この阻害要因は、競争と参入障壁、労働力不足や労働組合による利潤の圧縮、過小消費と有効需要不足、さらにはブルジョアイデオロギーなど多岐にわたって存在します。

このようにハーヴェイはマルクスを理解しています。私がハーヴェイを評価するのは、こうした諸要因のどれか一つを究極の資本主義の矛盾として指摘するのではなく、これらの諸矛盾がある種の悪循環を形成するとした点にあります。日本のマルクス主義経済学の恐慌論に関する論争の核心は、何か単一の本質的要因を見つけ出すという方向へずれていってしまっています。このような単一の原因究明作業は党派的レッテル貼りに役立つだけで、現実のダイナミックな資本の運動とそれがつくりだす矛盾を解明することにはつながりません。

また、過剰生産恐慌という性格は世界恐慌が資本の運動そのものから生まれてくることである以上、資本の廃絶以外に過剰資本を解消する方法がないことを明瞭に表現する特徴づけであって、この特徴づけを使わないで済ますことはできません。このような恐慌の把握の仕方は、資本制的生産様式を理解するとき階級的観点の具体的表れと理解することができます。したがってこの性格づけを手放すことはできません。

Ⅷ　中国の台頭で資本主義は新たな段階へ

一九七四、五年恐慌のあと、先進資本主義国のG7の会議によって世界経済が支配される時代がありました。その後日本とアメリカ、EUによる三極構造によって世界資本主義を説明する時代もありました。しかし今は中国が世界第二位のGDP生産高を占めるようになり、中国を含む、いわゆるG20の会議が開かれて、さらにBRICSの世界経済に占める役割が大きくなってきています。世界の対立軸が大西洋から地球大へと拡大しているということができます。また中東やサハラ、北部アフリカそしてウクライナなど資源や市場を巡るアメリカ、NATOによる帝国主義諸国の戦争政策が拡大して、第二次世界大戦以降、最も多くの難民が生じています。この大量の難民は、人間としての最低限の生存条件さえ保証されていないという危機的状況が生まれています。これら、今日の帝国主義が生み出している戦争についても地政学的理解ではなくて、資本の運動から理解していくといった階級的歴史観に立った視点が不可欠です。この論考のなかで最近の資本主義を理解するためのキーワードをいくつか取り上げてきました。しかし現代資本主義を理解するうえで一番重要なことは、マルクスがその主著『資本論』のなかで丁寧に語ったように「階級的歴史観」を堅持して日々生起する社会の事象を理解していくことです。

おわりに―人間の尊厳と朝田理論

現代日本の資本主義にとって部落差別の温存は、階級支配に必要不可欠な社会的装置の一つではないかと思います。部落差別の起源が資本主義以前にあるとしても、歴史的に形成された差別意識は資本主義世界のなかであらたな役割を持たされることになります。ブルジョア支配に必要な「相対的過剰人口」「産業予備軍」の存在を許容するイデオロギーとして、部落差別は有効なイデオロギー装置の役割を果たしています。ハーヴェイも指摘しているように、このようなイデオロギーは現実の資本の生産――再生産を円滑に進めるうえで必要不可欠な装置となっています。

貧者は能力が劣っているから貧者なのであってそれは運命であるという社会ダーウィニズムの考えや、自己責任論を擁護し社会にまき散らすうえで部落差別意識の温存は、資本にとって好都合な意識であります。このようなイデオロギーに侵されていることに無自覚だと、みずからの困窮を社会の矛盾と結びつけて考えず、自己の出自や無能力のせいにしてみずからの尊厳を失っていきます。こうして資本に無批判で、資本に従順な労働者が育ってくることになります。このように市民の考えを方向づけるうえで差別意識の温存は好都合です。長期停滞下の資本主義社会では弱者は一層分断され、個人の内にこもっていき、一層他者への寛容の意識を失っていきます。あの神奈川県相模原市での障碍者施設の大量殺人事件などは、その典型的なものと考えられます。このような陰惨な事件は報道されているだけでも続発していて跡を絶ちません。貧困へと一層落ち込んでいく人びとにとっては、部落の存在は自分たちの不満のはけ口となる弱者がいることになり、このような不満のはけ口があることは支配階級にとって都合がよいのは明らかです。このような階級支配の基礎的装置として部落差別が存在しています。この点を部落解放同盟元中央執行委員長である朝田善之助が「部落差別の本質」として「部落民は主要な生産関係から排除されてきた」と鋭く指摘しています。この主張は次のように理解できます。

部落民を主要な生産関係から排除し、部落民を底辺労働者に押し込めて、一般の労働者と対立させ、そのような状態に押し込められている部落民にも、対立する労働者にもその現状に疑問を持たせない、差別観念に無自覚な状態にしておく。そのような状況を打ち破るために、階級的観点を堅持して闘わなければならない。このように朝田理論を理解することができます。この主張はまさに資本主義の階級支配の本質を射抜いています。朝田が主張する部落差別の現象形態は、右のような資本主義の文脈のなかで理解するとき、部落差別の本質を浮かび上がらせ、それに立ち向かう強力な武器になり、理論的解明の導きの糸となると考えられます。

支配階級の労働者への評価は、友永健三が彼の著書『部落解放を考える』（解放出版社、二〇一五年）のなかで引用している三浦朱門《みうらしゅもん》文化庁長官の教育観が典型的に示しています。

「できん者はできんままで結構。……無才には、せめて実直な精神だけでも養っておいてもらえばいいんです」と三浦は主張します。また友永はこうも引用しています。経済同友会の櫻井修・住友信託銀行相談役（当時）の言葉として「本来、大企業が生き残るためには、どういう形であるべきか。トップの能力が重要なのは無論だが、そのトップを支える極めてブリリアントな幹部要員、参謀本部が必要です。ほんの一握りでいいが、人柄がよいなんてことでなく、徹底的に勉強してきた人間でなければならない。……あとはロボットと末端の労働ですが、賃金にこれほど差があるのでは、申し訳ないけれど東南アジアの労働力を使うことになるでしょう」（三一四～三一五頁）。

彼ら支配層の観点を一言でいえば、労働力は利潤を生み出すための「モノ」であって、「人間」ではない、というようにいうことができます。この非人間的な観点は社会ダーウィニズムや、自己責任論の考え方にも内包されている考え方です。資本の生産過程であれ、流通過程であれ、資本制的生産様式のあらゆる場面で、資本の考えている労働者に対する扱いは利潤を上げるうえでの手段であって、労働者の側から「われわれは「モノ」ではない、人間として扱え」という要求が常に生まれてくる契機をあらゆる局面で持っています。

社会はその構成員による協業と分業によって維持されています。しかし資本制的生産様式では、個々の労働の成果は市場において価値：交換価値を認められたもののみが社会的必要労働であると認められて市場を通過し、その商品の使用者にわたっていきます。市場では商品は価値を証明する必要はありますが、使用価値は問題ではありません。資本主義的生産を進める力は社会に必要な使用価値をつくりだすところには存在しません。利潤の私的所有こそが、不断に拡大する利潤を生み出すことのみが資本主義的生産を進めていく原動力です。極端にいえば資本の生産と再生産を支える剰余価値が生み出せる、言い換えれば利潤が実現するのならば、理念的には、この人間の共同体を維持するための使用価値などただの一つもつくりださなくても、資本主義は資本の拡大再生産をめざして運動できるのです。集団的に人間が生きていく社会生活のための資材をつくりだすことは、資本主義の生産にとって本質的なことではないのです。

このように人間社会の共同体が必要とする生産力と、資本主義がつくりだす生産力の間には原理的に根本的な矛盾が存在しています。この矛盾が資本制的生産様式に内在する根本的な矛盾であります。この問題から現代の恐慌や、長期停滞や、格差の問題が生じてきます。これが筆者の主張です。利潤を基礎にして社会の生産力を組み立てるのではなく、利潤を媒介することなく共同体を維持していくのに必要な財をつくりだす生産力につくり替えることが、資本主義の矛盾を最終的に揚棄していく道であるということができます。

近代になって、このような共同体をつくろうとする試みは幾度も歴史上姿を現しました。一七九二年のフランス革命、一八四八年の中央ヨーロッパの三月革命、一八七一年パリコミューン、そして一九一七年レーニンによるロシア革命、そしてソビエト社会主義連邦が七〇年の間生き続けました。このソビエトがさまざまな試みを行い失敗を重ねましたが、一貫して「生産手段の私的所有を断固として認めなかった」事実は強調しておく必要があります。

このような現実の歴史過程のなかで人びとは格闘し、ユートピア思想が生まれ、社会主義思想が生み出されてきました。われわれもその長い歴史過程のなかにいる一人であることをこの論考で主張しているつもりです。

「部落差別解消推進法」

―内容、制定の経過、評価、議論、課題について―

友永健三

はじめに

自民、公明、民進三党の議員提案による部落差別の解消の推進に関する法律（以下「部落差別解消推進法」と略）が、二〇一六年一二月九日参議院本会議において賛成多数で可決・成立、一二月一六日公布・施行されました。

この機会に、この法律の内容、制定の経過、評価、議会での論議、今後の課題等について述べます。

Ⅰ　「部落差別解消推進法」の概要

この法律の正式名称は、部落差別の解消の推進に関する法律です。法律の構成としては、一条から六条までの条文と附則から成っています。

第一条は「目的」、第二条は「基本理念」、第三条は「国及び地方公共団体の責務」、第四条は「相談体制の充実」、第五条は「教育及び啓発」、第六条は「部落差別の実態に係る調査」が規定されています。

附則では、「この法律は公布の日から施行する」とされていますが、先に述べたように、一二月一六日に公布・施行されました。

なお、衆議院の法務委員会と参議院の法務委員会では、附帯決議がつけられています。

以下、それぞれの条文を紹介します。

①部落差別が許されないものであることを明確にした第一条

第一条（目的）では、「この法律は、現在もなお部落差別が存在するとともに、情報化の進展に伴って部落差別に関する状況の変化が生じていることを踏まえ、全ての国民に基本的人権の享有を保障する日本国憲法の理念にのっとり、部落差別は許されないものであるとの認識の下にこれを解消することが重要な課題であることに鑑み、部落差別の解消に関し、基本理念を定め、並びに国及び地方公共団体の責務を明らかにするとともに、相談体制の充実等について定めることにより、部落差別の解消を推進し、もって部落差別のない社会を実現することを目的とする」と定められています。

ここでは、「現在もなお部落差別が存在」していることが明確にされるとともに、「情報化の進展に伴って部落差別に関する状況の変化が生じていること」が指摘されています。これは、インターネット上で部落差別情報が蔓延《まんえん》している状況などをふまえたものです。

次いで、「日本国憲法の理念にのっとり、部落差別は許されないものであるとの認識のもとにこれを解消することが重要な課題である」と謳《うた》われていますが、法律の文言として「部落差別は許されないものである」ことが明確にされたことは画期的な意義があります。

そして、この法律に定められたことを推進することによって「部落差別のない社会を実現することを目的とする」と規定されています。

②部落差別解消の必要性に対する国民の理解の深化を求めた第二条

第二条（基本理念）では、「部落差別の解消に関する施策は、全ての国民が等しく基本的人権を享有するかけがえのない個人として尊重されるものであるとの理念にのっとり、部落差別を解消する必要性に対する国民一人一人の理解を深めるよう努めることにより、部落差別のない社会を実現することを旨として、行われなければならない」と定められています。

ここでは、部落差別のない社会を実現するためには「部落差別を解消する必要性に対する国民一人一人の理解を深めることが」最も重要な課題であることが強調されています。

この法律では、「国民の責務」に関する規定はありませんが、第二条（基本理念）に国民への期待が盛り込まれています。

③部落差別解消のための国、地方公共団体の責務を規定した第三条

第三条（国及び地方公共団体の責務）では「国は、前条の基本理念にのっとり、部落差別の解消に関する施策を講ずるとともに、地方公共団体が講ずる部落差別の解消に関する施策を推進するために必要な情報の提供、指導及び助言を行う責務を有する。

2　地方公共団体は、前条の基本理念にのっとり、部落差別の解消に関し、国との適切な役割分担を踏まえて、国及び他の地方公共団体との連携を図りつつ、その地域の実情に応じた施策を講ずるよう努めるものとする」と規定されています。

ここでは、部落差別の解消のために、国及び地方公共団体が、基本理念にのっとった施策を講ずる責務があることが定められています。このうち、国については、国自体の責務とともに、地方公共団体に必要な情報提供、指導及び助言を行う責務があることとされています。また、地方公共団体については、国との役割分担、国や他の地方団体と

の連携、その地域の実情に応じた施策を講じるように努めることとされています。

なお、国に対しては義務規定、地方公共団体に対しては努力規定になっていますが、二〇〇〇年四月から施行された地方分権の推進を図るための関係法律等の整備等に関する法律（「地方分権一括法」）をふまえたことが背景にあります。

④相談体制の充実を求めた第四条

第四条（相談体制の充実）では「国は、部落差別に関する相談に的確に応ずるための体制の充実を図るものとする。
2　地方公共団体は、国との適切な役割分担を踏まえて、その地域の実情に応じ、部落差別に関する相談に的確に応ずるための体制の充実を図るよう努めるものとする」と定められています。
部落差別を解消していくうえで、相談体制を整備することは重要な役割を果たしますが、第四条では、国、地方公共団体双方に対して、「的確に応じるため」「体制の充実を図る」ことを求めている点が注目されます。これらの文言が盛り込まれた背景には、現状においては、部落差別を解消していくことに役立つ相談体制が不十分であるとの認識があります。

⑤部落差別解消のための教育、啓発の推進を明確化した第五条

第五条（教育及び啓発）では「国は、部落差別を解消するため、必要な教育及び啓発を行うものとする。
2　地方公共団体は、国との適切な役割分担を踏まえて、その地域の実情に応じ、部落差別を解消するため、必要な教育及び啓発を行うよう努めるものとする」と規定されています。
周知のように、人権教育・啓発の推進にかかわっては、二〇〇〇年一二月に人権教育及び人権啓発の推進に関する法律（「人権教育・啓発推進法」）が制定されています。にもかかわらず、「部落差別解消推進法」の第五条で、教育・啓発の推進が盛り込まれた背景には、「人権教育・啓発推進法」の施行以降、教育・啓発が人権全般に拡大した反面、

部落問題の位置づけが大幅に後退してきていることへの反省があります。

⑥部落差別解消推進のための施策に役立つ実態調査の実施を求めた第六条

第六条（部落差別の実態に係る調査）では「国は、部落差別の解消に関する施策の実施に資するため、地方公共団体の協力を得て、部落差別の実態に係る調査を行うものとする」と謳われています。

いかなる施策であれ、その施策を効果的に推進していくためには実態調査が不可欠です。したがって「部落差別解消推進法」においてもそのための規定が盛り込まれています。

Ⅱ 「部落差別解消推進法」の評価

次に、「部落差別解消推進法」の評価について述べます。

《「部落差別解消推進法」の評価できる点》

「部落差別解消推進法」には、評価できる点と問題点とがあります。評価できる点としては、以下の諸点をあげることができます。

①「部落差別の解消の推進」を名称としていることです。従来存在していた法律は、「同和対策」や「地域改善対策」等の名称を使用していましたが、今回制定された法律は、「部落差別」という名称を使用しています。なお、憲政史上、部落差別という用語が使用されたのはこの法律が初めてです。

②「現在もなお部落差別が存在」していることを認め、「部落差別は許されないものであるとの認識」を明確にしたことです。部落差別の現状について、一部に解消されたとのとらえ方がありますが、この法律は、この考え方を否定しています。また、部落差別の不当性を明確に規定している点も重要です。

③国と地方公共団体に、「部落差別に関する相談に的確に応ずるための体制の充実」を求めていることです。部落差別を解消していくうえで、部落差別の被害者に対する相談がきわめて重要です。この法律は、この面の現状が不十分であるとの認識から、国と地方公共団体に、体制の充実を求めています。

④国と地方公共団体に、「部落差別を解消するため、必要な教育及び啓発」を行うことを求めていることです。部落差別を解消していくうえで、教育・啓発は大きな役割を果たします。二〇〇〇年一二月から「人権教育・啓発推進法」が施行されていますが、他の差別問題や人権全般にテーマが広がった反面、部落問題が取り上げられなくなっていることの反省から、この規定が盛り込まれたのです。

⑤「部落差別の解消に関する施策の実施に資するため、地方公共団体の協力を得て、部落差別の実態に係る調査」を実施することを国に求めていることです。部落差別の解消を推進していくためには、実態調査が不可欠です。このため、この法律でも、国に実態調査を実施することを求めています。

《「部落差別解消推進法」の問題点》

一方、問題点としては、以下の諸点をあげることができます。

①部落差別の被害者の効果的な救済のための新たな機関（人権委員会）の設置の必要性までふみ込んでいないことです。一九九六年五月に出された地域改善対策協議会意見具申、二〇〇一年五月に出された人権擁護推進審議会答申では、人権侵害（部落差別を含む）に効果的に対処するために新たな救済機関（人権委員会）の設置を求めていましたが、今回の法律には、これに関する規定は盛り込まれていません。

②悪質な部落差別に対する法的規制の必要性までふみ込んでいないことです。二〇〇二年三月末に「特別措置法」が終了しましたが、その後も悪質な差別事件があいついでいます。このため、各方面から差別に対する法的規制の必要性が指摘されていますが、今回の法律は、この面の規定までふみ込んでいません。

③当事者を含む学識経験者の参画を得た審議会の設置に関する規定が含まれていないことです。この法律は、国に実態調査の実施を義務づけていますが、実態調査の内容や結果を分析し今後の施策の方向を明らかにするためには、審議会の設置が望まれますが、このための規定が含まれていません。

《「部落差別解消推進法」の特徴と全体的評価》

この法律の特徴は、従来あった「特別措置法」とは異なり、期限は定められておらず、部落差別が解消されるまで効力を持ったものである点です。

なお、この法律は、評価できる点と問題点の両面を持っていますが、部落差別の現状をふまえたとき、総じて、部落差別を撤廃するうえで大いに役立つものであるということができます。

Ⅲ 「部落差別解消推進法」制定にいたる経過

この法律の制定には、以下に述べるような経過がありました。

《法案提出までの経過》

二〇〇二年三月末で、部落問題にかかわった「特別措置法」は終了しました。しかしながら、それ以降も部落差別が存続しているため、各方面から法律の制定に向けた取り組みが粘り強く展開されてきました。

とりわけ、悪質な差別事件が多発している実情を受けて、被害者の救済に焦点を当てた取り組みが盛り上がり、二〇〇二年三月には、「人権擁護法案」が国会に上程されましたが、メディア規制等が含まれていたことなどもあり、翌年一〇月の衆議院解散で廃案となりました。その後も、「人権委員会設置法案」の取りまとめなども行われましたが、法律の制定にはいたりませんでした。

この間、戸籍謄本等の大量不正入手事件、不動産売買をめぐる差別事件、インターネット上での悪質な部落差別情報の多発、「全国部落調査・復刻版」の販売予告事件の発覚といった事態があいつぐなかで、今回の「部落差別解消推進法案」がとりまとめられるところとなっていきました。

《「部落差別解消推進法」制定につながった和歌山県集会》

二〇一五年一一月一六日、東京で「人権課題解決に向けた和歌山県集会」(実行委員長：二階俊博・自民党総務会長)が開催されました。この集会は、部落解放同盟和歌山県連合会などの努力で、和歌山県の自民・公明・民主(当時)各党、和歌山県、それと部落解放同盟和歌山県連などを構成団体として開催されたものです。ここで稲田朋美・自民党政務調査会長(当時)を招いて講演してもらっています。その講演のなかで稲田政調会長は「包括的な法律は、安倍内閣は考えていない。個別法で考える」、「部落差別に関しても、インターネット上で問題が起きているとか、戸籍謄本の不正入手とか、不動産の売買をめぐる差別があると聞いたので、それに対して何らかの対処をしなければいけないと思っている」と述べています。

この和歌山県集会が、「部落差別解消推進法」の制定に大きな役割を果たしました。

《「部落差別解消推進法案」の策定過程》

この法案の提案者の一人である自民党の山口つよし衆議院議員が、ホームページに法案が提出された経過を、「二〇一六年に入り、二階俊博総務会長の強い意向を受けて(中略)党内に「部落問題に関する小委員会」が設置され、委員長には私が、そして事務局長には門博文衆議院議員が就き、法務省及び各種団体、また有識者からヒアリングを重ね、立法事実の有無を確認し、この度、法案をまとめるに至った」と述べておられます。

法案の具体的な策定経過については、表1の通りです。

表1　法案の具体的な策定過程（いずれも2016年）

3月10日	自民党内に部落問題に関する小委員会の設置　法務省からヒアリング
3月17日	自由同和会からヒアリング
3月24日	部落解放同盟からヒアリング
4月7日	元総務庁地域改善対策協議会委員　稲積謙次郎さんからヒアリング
4月14日	元総務庁地域改善対策室長　炭谷茂さんからヒアリング
4月21日、26日	「部落差別の解消の推進に関する法律案」の審議
4月28日	「部落差別の解消の推進に関する法律案」の法案審査
5月13日	自民党政調審議会及び総務会で了承
	自民党と公明党の政策責任者会合において案文が正式に了承
5月17日	民進党NC（政策決定機関）で法案了承
5月18日	民進党法務部門会議で法案了承
《国会提出から可決成立までの経過》	
「部落差別解消推進法案」の国会提出から可決成立までの経過は、以下のとおり	
第190回（常会）	
5月19日	衆議院へ法案提出（提案者：二階俊博他8名）
5月20日	衆議院法務委員会での趣旨説明
5月25日	衆議院法務委員会での審議　清水忠文（共産）による質問
6月1日	衆議院法務委員会で継続審議に
第192回（臨時会）	
9月26日	衆議院法務委員会へ付託
10月28日	衆議院法務委員会で審議　神谷昇（自民）、藤野保史（共産）、木下智彦（日本維新の会）による質問
11月16日	衆議院法務委員会　藤野保史（共産）反対討論の後採決、起立多数で可決、附帯決議を採択
11月17日	衆議院本会議で起立多数で可決
11月30日	参議院へ付託
12月1日	参議院法務委員会での趣旨説明、西田昌司（自民）、有田芳生（民進･新緑風会）、小川敏夫（民進・新緑風会）、佐々木さやか（公明）、仁比聡平（共産）、高木かおり（日本維新の会）、糸数慶子（沖縄の風）、山口和之（無所属）による質問。同法律案について参考人の出席を求めることを決定
12月6日	参議院法務委員会　参考人：部落解放同盟中央本部書記長西島藤彦、京都産業大学文化学部教授灘本昌久、全国地域人権運動総連合事務局長新井直樹及び弁護士石川元也から意見を聴いた後、各参考人に対し、西田（自民）、有田（民進･新緑風会）、佐々木（公明）、仁比（共産）、高木（日本維新の会）、糸数（沖縄の風）、山口（無所属）による参考人への質問
12月8日	参議院法務委員会　西田（自民）、有田（民進）、仁比（共産）による質問、仁比（共産）反対討論の後採決、挙手多数で可決。附帯決議を採択
12月9日	参議院本会議　賛成多数で可決成立（賛成220、反対14）

Ⅳ　国会で議論された主な内容

「部落差別解消推進法案」をめぐって、活発な議論が展開されました。このうち主な議論として交わされた、①今日の部落問題のとらえ方、②「特別措置法」終了の評価、③「部落差別」の定義、④「部落差別解消推進法」の制定と差別の解消、⑤実態調査の内容、⑥部落差別が解消された姿をめぐって、について紹介します。

《今日の部落問題のとらえ方》

法案に反対する議員からは、「今日の部落問題は、江戸時代までの古い身分制度の名残です。一部の地域が社会的差別を受けていたものであり、部落問題とは、封建時代の悪習であり、遺物です」「かつて差別されたところはあるか知れないけれども、今はそんなことはない」との指摘がなされました。

しかしながら、今日の部落問題は、単なる封建時代の遺物ではありません。歴史性を持った近現代社会の社会問題です。歴史的、社会的に周りから被差別部落として見られている地域は存在していますし、その地域とそこで暮らす人、その地域の出身者に対する差別は今日なおも存在しています。「部落差別解消推進法」の提案者は、後者のとらえ方をしています。

《「特別措置法」終了の評価をめぐって》

法案に反対する立場からは、二〇〇二年三月末で「特別措置法」が終了したことは、基本的に部落差別が解消されたことを意味しており、新たな法律を制定する必要性はないとする質問が出されました。

これに対して、「部落差別解消推進法」を提案した議員からは、「特別措置法」の終了は、部落差別が解消されたことを意味するものではないこと、具体的には、その後も、結婚差別が生起していること、インターネット上での部落差別情報が流布されていること、「全国部落調査・復刻版」の販売予告事件などが生起していることが紹介され、この法律の制定が求められているとの回答が行われました。

《「部落差別」の定義をめぐる議論》

「部落差別解消推進法」には、部落差別の定義が盛り込まれていません。この点に関する質問に対して、法案の提案者側からは、①今回の法律は特別の事業実施や処罰をともなったものではないこと、②（同和対策審議会答申以降の）長年にわたる取り組みで部落差別に関しては、身分階層構造にもとづく差別であるとして国民のなかに一定の共通理解があること、③厳格な定義をおかないほうが今後予想される新たな形態で生じてくる部落差別に対処できることなどの理由で、定義が不要であるとの答弁が行われています。

《「部落差別解消推進法」の制定と差別の解消》

「部落差別解消推進法」は差別を固定化するものではないかとの質問も出されました。これに対して、提案者側からは、部落差別は現存しており、この法律は差別の解消に役立つものであるとして、以下のような、具体的な事例が示されました。

①インターネット上の部落差別情報に影響されることを防ぐことに役立ちます（この点は、子どもや若者に関しては特に重要）。
②「特別措置法」終了後、自治体職員のなかに見られる部落出身者からの相談に関して対応しなくともよいとする現状を改めることに役立ちます。
③「特別措置法」終了後、学校教育や市民啓発で部落問題があまり取り上げられなくなっている現状を改めることに役立ちます。
④結婚差別についても表面化していないものが少なくないが、これらの差別撤廃に取り組むことに役立ちます。

《実態調査の内容》

「部落差別解消推進法」第六条では、国による実態調査の実施が規定されていますが、ここで規定されている実態調査とはどのような内容を想定しているのかとの質問も出されています。

これに対して提案者側からは、①インターネット上に見られる部落差別情報、②結婚差別に代表される部落差別の実態などを調査することを想定しているとの答弁がなされています。

《部落差別が解消された姿をめぐって》

また、部落差別が解消された姿をどうとらえるかという点でも基本的な違いがあると思われます。この法律に反対する論者は、「部落や部落差別をあえて顕在化しない」「学校教育や市民啓発等でも取り上げない」という立場です。けれども、インターネット上で部落の所在地や部落出身者の氏名や住所等が流布されている現状を直視したとき、この立場では部落差別は解消されません。「部落が存在していても、部落出身者であることを明らかにしても差別されない社会をつくりだすこと」「部落をなくすのではなく、部落差別をなくすこと」が必要なのではないでしょうか。そして、このような社会を構築していくためには「部落差別解消推進法」を活用した取り組みが求められているのです。

Ⅴ 「部落差別解消推進法」の施行をふまえた今後の課題

「部落差別解消推進法」施行をふまえた、普及・宣伝、地方自治体や国での今後の取り組みの課題について述べます。

《各方面での「部落差別解消推進法」の普及・宣伝》

二〇一六年は、四月に障害を理由とする差別の解消の推進に関する法律（「障害者差別解消法」）、六月に本邦外出身者に対する不当な差別的言動の解消に向けた取組の推進に関する法律（「ヘイトスピーチ解消法」）、一二月に「部落差別解消推進法」が施行されました。

これらの三法を比較したとき、「部落差別解消推進法」が施行されたことは、メディアがあまり取り上げなかったこともあって、ほとんど知られていない現実があります。

このため、各方面でのこの法律の普及・宣伝がきわめて重要な課題です。具体的には、ポスターやリーフレットの作成、学習会や研修会の開催、機関紙・誌での特集、ウェブサイトでの情報提供などが効果的です。

《「部落差別解消推進法」をふまえた自治体としての取り組み》

この法律では、地方公共団体の責務が謳われています。このため、各自治体で、この法律が施行されたことをすべての議員や職員に周知徹底することが必要です。具体的には、議員研修や職員研修でこの法律を取り上げることが求められます。

そのうえで、各自治体としてこの法律をどのように具体化していくのかの検討が、議会での議論も含めて速やかに行われる必要があります。

とりわけ、①部落差別解消推進に向けた相談体制の見直しをふまえた充実（市の窓口や隣保館での相談等）、②部落差別解消推進に向けた教育・啓発面での見直しをふまえた新たな方策の策定（学校教育や社会教育、住民啓発等）、③部落差別解消推進に役立つこれまで実施した調査の国への提供（生活実態調査や意識調査等）が、求められます。

また、この法律の制定をふまえた、部落差別撤廃・人権条例を制定していない自治体での条例制定に向けた検討の開始、すでに部落差別撤廃・人権条例を制定している自治体における条例の見直しや計画の改定等も重要です。とりわけ、この点は、「部落差別解消推進法」では、地方公共団体に対する規定が努力規定になっていることを考慮したとき重要です。

《「部落差別解消推進法」をふまえた国としての取り組み》

この法律では、国の責務が明確に規定されています。このため、すべての政府職員にこの法律が施行されていることを周知徹底することが求められます。

また、すべての府省庁において、この法律の制定を受けた今後の具体的な施策が実施される必要があります。

さらに、国会においてもこの法律の具体化に向けた議論が求められます。

とりわけ、①部落差別解消に向けた相談体制の見直しと充実（法務省：結婚差別やインターネット上での差別、厚生労働省：就職や職場での差別や隣保館の活用、総務省：インターネット上での差別、国土交通省：不動産売買をめぐる差別など）、②部落差別解消に向けた教育・啓発面での見直しをふまえた新たな方策の策定（文部科学省：学校教育と社会教育、法務省：啓発、厚生労働省：企業内公正採用選考人権啓発推進員など）、③部落差別解消に役立つ実態調査の速やかな実施が、行われる必要があります。

Ⅵ 「部落差別解消推進法」の施行をふまえた相談体制の充実

次に、「部落差別解消推進法」の第四条で規定されている「相談体制の充実」について述べます。

《一九九三年の同和地区生活実態等把握調査結果から見る相談体制の問題点》

一九九三年総務庁地域改善対策室が実施した同和地区生活実態把握等調査結果では、回答者のおよそ三人に一人が被差別体験ありと回答していましたが、そのときの対応を複数回答で尋ねたところ、「黙って我慢」が四六・六％、「身近な人に相談」が二二・四％、「相手に抗議」が二〇・二％でした。

一方、「市役所等に相談」が三・一%、「法務局・人権擁護委員に相談」が〇・六%、「弁護士に相談」が〇・四%、「警察に相談」が〇・三%など、公的機関等への相談はきわめて低い数値でした。ちなみに、「民間団体に相談」は四・五%でした。

《一九九六年六月地域改善対策協議会意見具申での相談に関する指摘》

このような実態をふまえ、一九九六年五月に出された地域改善対策協議会意見具申では、人権侵害の救済について「残念ながら今なお同和関係者に対する人権侵害が生じている。（中略）現行の体制では被害の簡易迅速な救済という観点からはなお十分なものとは言えない」と問題点を指摘しました。

そのうえで、今後の方向としては、「あらゆる人権侵害に対して、事実関係の調査や被害の救済等を含め簡易迅速かつ有効適切な対応が図られるよう、各国の取組み等国際的な潮流も視野に入れ、現行の人権擁護制度を抜本的に見直し、二一世紀にふさわしい人権侵害救済制度の確立を目指して鋭意検討を進めるべきである」と提言しました。

《二〇一六年三重県名張市市民人権意識調査結果から見る相談体制の問題点》

二〇一六年八月、三重県名張市で市民の人権意識調査が実施されました。このなかで過去五年間で人権侵害をされたことがあると回答した人に、対応を複数回答で尋ねたところ、「何もせず、がまんした」が四〇・九%で最も多く、「家族や友人など身近な人に相談した」が三九・八%、「相手に抗議した」が二二・七%、「勤務先の上司や学校の先生などに相談した」が一四・八%となっています。

一方で、「市の窓口に相談した」は五・七%、「県の機関の相談窓口に相談した」が三・四%、「人権擁護委員に相談した」、「警察に相談した」、「弁護士に相談した」が各二・三%など、公的機関等への相談はきわめて低い数値でした。なお、「NPOなどの民間の窓口に相談した」は三・四%でした。

この調査結果を見ると、調査対象者や回答の選択肢などで相違はありますが、一九九三年の同和地区生活実態把握等調査とあまり変わらない結果が示されているといっても過言でないと思われます。

《的確な相談体制の充実で求められること》

以上に紹介した人権侵害に対する相談状況を直視するとともに、「部落差別解消推進法」第四条では、国と地方公共団体に「部落差別に関する相談に的確に応ずるため体制の充実を図る」ことを求めていることをふまえたとき、当面以下の諸点の取り組みが必要です。

①各方面で実施されている部落差別にもとづく人権侵害にかかわる相談の見直しを行うことです。

②相談窓口に関する情報（所在地や電話番号など）を、国、自治体、人権センター等のホームページや広報紙、商業新聞やテレビをはじめ、さまざまな媒体を通じて積極的に提供することです。

③被差別部落の住民にとって最も身近な総合相談機能を持っている隣保館（名称は総合センターなど多様）での総合相談に関する広報を強化することです。

④各方面で部落差別にかかわる人権相談に対応する担当者の増員を図るとともに、部落問題、人権問題や相談の技能に関する研修を強化することです。

⑤部落差別にかかわる相談機関（公的機関だけでなく民間を含む）のネットワークを構築し、情報交換や連携を強化することです。

⑥部落差別にかかわる相談を集約し、分析を行い、今後の相談体制の充実、部落差別解消推進に役立つ施策に反映させることです。

Ⅶ 「部落差別解消推進法」の第五条の活用について

次に、「部落差別解消推進法」の第五条で規定されている「教育・啓発」の意義と活用について述べます。

《「部落差別解消推進法」の教育・啓発にかかわった条文》

第五条は、きわめて簡潔な規定となっています。周知のように、二〇〇〇年一二月には「人権教育・啓発推進法」が制定され、この法律にもとづき国はもとより多くの自治体で「人権教育・啓発」を推進していくための計画が策定されてきています。このなかには、部落差別をはじめとしたさまざまな差別の撤廃や人権侵害の払拭のための計画が盛り込まれています。このため、一部には「部落差別解消推進法」の第五条の有効性に関して疑問を抱く人びともおられます。

《学校教育や社会教育などで部落問題が取り上げられなくなっている》

しかしながら、学校教育や社会教育、さらには市民啓発や職場研修などで部落問題が取り上げられなくなっている現状があることに留意する必要があります。

たとえば、二〇一六年八月に三重県名張市で実施された「人権についての名張市民意識調査」結果報告書では、「同和教育・啓発の経験」を見たとき、表に示したような結果になっています。

この表を見ると、二〇〇四年度と二〇一六年度を比べたとき、「同和教育・啓発の経験」は、小学校から職場まで、すべての分野で、減少していることがわかります。

表2 「人権についての名張市民意識調査」

	2016年度	2004年度
小学校で受けた	28.9%	29.4%
中学校で受けた	25.6%	32.4%
高等学校で受けた	11.5%	21.5%
大学で受けた	2.6%	5.1%
住民講座で受けた	8.3%	17.0%
職場研修で受けた	16.1%	20.8%

その理由としては、二〇〇二年度末で、同和対策にかかわった「特別措置法」が期限切れを向かえたことが、あたかも部落差別が解消されたかのような受け止め方がされていることが考えられます。

《「部落差別解消推進法」の第五条を活用した取り組みを》

しかしながら、「部落差別解消推進法」の第一条で規定されているように、「現在もなお部落差別が存在するとともに、情報化の進展に伴って部落差別に関する状況の変化が生じている」現状があることを直視したとき、改めて人権教育・啓発の重要な柱に部落差別解消のための教育・啓発を位置づけることが求められます。このための根拠として、第五条が重要な役割を果たします。

《人権教育の重要な柱として部落差別解消推進教育・啓発を位置づけること》

「部落差別解消推進法」の制定をふまえた教育・啓発の課題としては、以下の諸点をあげることができます。

①学校教育や社会教育、市民啓発や職場研修で部落問題がどのように位置づけられているかの見直しを行うことです。
②各方面で実施されている人権教育・啓発の重要な柱に部落差別解消推進を位置づけることです。
③このため、人権教育の推進にかかわった計画を見直し、改定すること（未策定の場合は策定すること）です。
④各方面で、カリキュラムを策定しテキストを整備することです。
⑤各方面で部落差別解消推進教育・啓発を担える人材を養成することです。
⑥大学で部落差別解消に役立つ講座を設置し、教職等に携わる学生には必修にすることです。
⑦インターネット等を部落差別解消推進に役立つように活用できるための教育・啓発を強化することです。

Ⅷ 「部落差別解消推進法」の第六条の活用について

ここでは、「部落差別解消推進法」の第六条で規定されている「部落差別の実態に係る調査」の活用について述べます。

《第六条で求められている実態調査》

第六条では「国は、部落差別の解消に関する施策の実施に資するため、地方公共団体の協力を得て、部落差別の実態に係る調査を行うものとする」と謳われています。

国会での議論やこの法律の趣旨を考慮したとき、少なくとも、①インターネット上での部落差別情報、②結婚差別に代表される部落差別事件、③部落差別に対する相談、④部落差別解消推進にかかわった教育・啓発、の状況に関する実態調査が求められています。

このうち、③、④にかかわってはすでに述べてきましたので、ここでは、とりわけ深刻なインターネット上の部落差別情報の状況の実態調査に関して必要最低限の指摘を行います。

《インターネット上で氾濫している部落差別情報》

近年インターネット上で部落差別情報が氾濫している状況があります。

そのなかでもとりわけ部落差別を助長、誘発するものとしては、①部落の所在地、とりわけ都府県別や全国の部落の所在地に関する情報、②被差別部落出身者や部落解放運動関係者の名前や住所、電話番号などに関する情報、③結婚の相手が被差別部落出身者でないかどうか、住宅の取得にかかわって購入予定物件が被差別部落内に建てられたものでないかなどを確認するもの、④社会を驚かせた事件が発生した際、その事件の加害者や被害者が被差別部落出身者だと一方的に決めつける情報、などがあります。

《六条に係る有識者会議が設置され検討が開始》

インターネット上の部落差別情報の氾濫に対処するために、「部落差別解消推進法」の第六条を受けて法務省は、公益財団法人人権啓発推進センターに実態把握と対応方策の検討を委託しています。

具体的には、同センター内に、「六条に係る調査の内容、手法に関する有識者会議」が設置され、民間運動団体等からのヒアリングが実施されています。六名の委員の顔ぶれを見ると人権問題やインターネットに精通した学識経験者が中心です。

この有識者会議での調査と検討が重要な役割を果たすものと思われるのが、少なくとも以下の諸点の調査なり検討が行われる必要があります。

①インターネット上の部落差別情報の現状把握
②法務省・総務省や自治体等公的な機関で行われている対応状況
③プロバイダーをはじめとする民間での対応状況
④インターネット上の部落差別情報に関する裁判の判例
⑤諸外国、とりわけヨーロッパ諸国でのインターネット上での人権侵害情報に対する対応状況

なお、部落差別の解消を推進していくうえで、部落の生活実態調査が必要ですが、今回制定された法律や国会での論議のなかでは、この点が盛り込まれていません。このため、国に対して生活実態調査の実施を迫りながら、当面、①隣保館を活用した調査、②国勢調査を活用した調査（和歌山県や大阪府等では実施）、③各地区や各都府県連で大学や研究者と連携した調査、④自治体に働きかけた調査等を実施していくことが必要です。

Ⅸ 「部落差別解消推進法」施行一年の主な動向

「部落差別解消推進法」が公布・施行されて一年が経過しましが、以下に、筆者が把握した、この一年間の各方面の主な動向を紹介します。

《各省からの「法」制定の通知》

「部落差別解消推進法」が制定されたことに関する通知が各省から関係方面に出されています。以下に主なものを列挙します。

・東京法務局人権擁護部第三課からの都道府県・区市町村人権擁護事務担当課あて事務連絡
・文部科学省生涯学習政策局社会教育課長名等での各都道府県教育委員会担当事務主管課長等あての通知
・総務省総合通信基盤局電気通信事業部消費者行政第二課からの一般社団法人電気通信事業者協会等四団体あての依頼文
・厚生労働省職業安定局長名の各都道府県労働局長あての通知
・国土交通省土地・建設産業局不動産業課長名による公益社団法人全国宅地建物取引業協会連合会会長等あての依頼文

また、二〇一六年の一月二三日、通常国会でも、衆議院本会議において二階俊博議員による代表質問で、政府としてのこの法律についての基本姿勢が問い質され、安倍晋三首相から「部落差別のない社会を実現することは重要な課題」「法律の趣旨をふまえて、今後とも、差別の解消に向けてしっかりと対処してまいりたい」との答弁がありました。

《実態調査にかかわった動向》

「部落差別解消推進法」第六条に規定された実態調査にかかわって、「同和問題についての調査に対する照会」として各地方法務局人権擁護課長から各市区町村人権擁護事務所管課長あてに依頼文が出され、三六都道府県四六二市区町村が回答しています。

また、法務省は、公益財団法人人権教育啓発推進センターに第六条にかかわった取り組みの委託を行い、同センター内に「六条に係る調査の内容、手法に関する有識者会議」(六名)が設置され、関係団体からのヒアリングなどが実施されています。

なお、有識者会議の検討結果実施すべきとされた調査内容は、以下の四点です。①法務省の人権擁護機関が把握する差別事例の調査、②地方公共団体(教育委員会を含む)が把握する差別事例の調査、③インターネット上の部落差別の実態に係る調査、④一般国民に対する意識調査。

《地方自治体での取り組み》

「部落差別解消推進法」公布・施行以降、地方自治体レベルでもさまざまな取り組みが展開されています。

たとえば、兵庫県では、二〇一七年二月二三日の本会議において岸本かずお議員による代表質問のなかで「部落差別解消推進法」に関する質問があり井戸敏三知事から「県民の理解と認識を深めるためのリーフレット等の啓発資料の作成を行い、強化いたします」等の答弁がありました。

また、三重県においては、県の職員や市町の首長を対象とした研修で「部落差別解消推進法」が取り上げられています。

さらに特筆すべき取り組みとして、二〇一六年一二月二二日に、兵庫県たつの市では、「部落差別解消推進法」の制定を受けた「たつの市部落差別の解消の推進に関する条例」が全国に先駆けて制定されています。その後、愛知県津島市、福岡県小郡市や飯塚市、兵庫県加東市、大分県豊後大野市と玖珠町《くすまち》で「部落差別解消推進法」の制定を受けた条例の制定や改定が行われています。

《民間団体での取り組み》

民間団体としてもさまざまな取り組みが展開されていますが、部落解放・人権政策確立要求中央実行委員会では、五月と一〇月の二回にわたって、東京で中央集会が開催され、来賓として共産党を除く政党代表の参加があり、この法律の具体化に取り組むことが表明されています。また、中央集会終了後、「部落差別解消推進法」の具体化を求めて法務省をはじめ関係各省との交渉が持たれています。

さらに、二〇一七年一一月、大阪で開催された部落解放研究第五一回全国集会でも、「推進法」の具体化をテーマにした全体講演が行われました。

この他、「部落差別解消推進法」の紹介と活用を呼び掛けた出版物としては、部落解放同盟中央本部編『Q＆A部落差別解消推進法―積極的活用のために』、奥田均編著『ガイドブック　部落差別解消推進法』（いずれも解放出版社、二〇一七年）が発行されています。

《一二月一六日を「部落差別解消推進を考える日」（仮称）に》

「部落差別解消推進法」は、これまであった「特別措置法」のように、期限が限られていません。部落差別が解消されるまで有効な法律です。このため、この法律が公布・施行された一二月一六日を「部落差別解消推進を考える日」（仮称）として、各方面で現状を見つめ直し、今後の方向を確認し合う取り組みが求められているのではないでしょうか。

おわりに

二〇一八年は、日本国憲法が施行されて七一年になります。憲法一四条には、「すべて国民は、法の下に平等であって、人種、信条、性別、社会的身分又は門地により、政治的、経済的又は社会的関係において、差別されない」とあります。この条文の「社会的身分」には、部落差別も含まれています。憲法では、「差別されない」と書かれているのに、いまだ差別をされ続けている現状があります。憲法のこの規定を実行するためには法律が必要になります。その法律が「落差別解消推進法」なのです。

実は、一九八五年五月から部落問題の根本的な解決に役立つ「部落解放基本法」の制定に向けた運動が展開されてきました。それが今回、一〇〇パーセント完全なものではありませんが部分的に実現したと思います。筆者は、この法律ができたときに「伏流水《ふくりゅうすい》」ということばを思い出しました。富士山の頂上に降った雨が何十年もかけて潜流し、麓《ふもと》に涌き水として溢《あふ》れ出すのと同じで、一九八五年から取り組まれてきた運動が無駄ではなかったのです。

今回の「部落差別解消推進法」ができたから部落差別が解消されるのではなく、この法律を活用して部落差別の解消をめざして相談体制を充実し、教育・啓発を積極的に推進しなければなりません。また、インターネット上の差別情報をはじめとした差別事件の実態調査の早期実施を求めていかねばなりません。そして審議会を設置し、そこでの審議をふまえて、効果的な救済に役立つ人権委員会を設置するための法律の制定や悪質な差別に対する法的規制を実現しなければなりません。

この法律の制定をふまえて、国や自治体はもとより、市民一人ひとり、各団体や学校等が部落差別解消推進に向けて、現状を見つめ直し、何ができるのかの議論を巻き起こすことが求められています。

部落差別解消推進法の制定と相談体制の整備について

内田博文

Ⅰ　部落差別解消推進法の制定・施行と相談体制の充実

二〇一六年一二月、部落差別解消推進法が制定・施行されました。制定に当たってのポイントの一つは、内閣が提出する閣法ではなく超党派の議員立法として上程・可決されたことです。同じ法律でも、閣法と議員立法では性格を異にします。閣法の場合は各省庁で起案して閣議にかけ、国会に上程するというかたちをとります。予算をつけたり、ポストをつけたりするような法案は、事前に財務省や総務省の承認をとる必要があります。しかし、議員立法の場合は、その手続きをとらずに議員の方々が国会に上げるので、予算やポストはその後の問題になります。

もう一つの違いは、閣法の場合は内閣が提案して、国会で総理大臣あるいは各担当大臣が趣旨説明をします。この説明が立法者意思になります。法律が施行された場合の解釈や運用の基準は、国会における大臣答弁が一つの目安になります。これに対して、議員立法の場合は、提案された議員の方の国会での説明が、解釈や運用の目安になります。

今回の部落差別解消推進法は、共産党を除く全党派が賛成して可決成立しました。両院で附帯決議が上がっておりますが、問題なのは参議院のほうで、今後運用に当たっては参議院の附帯決議[1]がどのように取り扱われるのかが気になります。

施行後の法務省の動きですが、自治体がこれまで実施した「実態調査データ」の収集をしたとされています。有識者会議を設置して、法の謳《うた》う「実態に係る調査」について検討し、国が調査を行うことなどを決定したとも聞いています。[2]もう一つは表記の点で、従来は「同和」という言葉を使ってきましたが、「部落差別などの同和問題」とか「同和問題（部落差別）」という表記に改めるようにという指示が出されたと聞きおよんでいます。法律ができたことで、各自治体でも部落差別禁止条例（仮称）を制定する動きが進んでいるようです。

Ⅱ　部落差別解消推進法の意義と内容

法律が「部落差別」の存在を認めたことで、これまでの水掛け論に終止符が打たれました。「部落差別」の存在を前提とした対策を実施することが、国・自治体には求められます。同法については「同対審」答申を法規範化したという評価もされています。この法律はいわゆる時限立法ではなく、「部落差別」の解消まで存続されます。もう一つの意義は、全国民・全地域が対象になったことです。

この法律の三本柱は、「教育・啓発の充実」「相談体制の整備」「実態調査の実施」です。「部落差別」の定義規定は見送りになりました。これに対する提案者の国会での説明は、「部落差別」の存在とその内容についてはすでに国民的理解がある、定義規定をおくと「新たな差別事象」に対応できない、被害実態調査にもとづいて「部落差別」の内容を確認し顕在化していくという三つの理由があげられました。インターネット上の差別事象に対応できないので、むしろ定義規定をおかないほうが柔軟に対応できるという説明です。

部落差別解消推進法の前にヘイトスピーチ解消法や障害者差別解消法ができています。ヘイトスピーチ解消法については理念法なので実効性がないという疑問の声もありました。しかし、法律ができたことの意義は少なくないものがあります。警察による事前規制や、自治体が集会場所を提供しないなどの効果が見えてきています。部落差別解消推進法もとても短い条文ですが、それを最大限に活用していくことが望まれます。

Ⅲ　相談体制の整備に当たっての課題

法律では相談体制の整備・充実が謳われていますが、新しい相談体制についてはまったく規定がおかれていません。とりあえずは現在の相談体制を活用して、より充実させていくかたちにならざるをえないと思います。現状は法務省人権擁護機関の相談体制がありますが、「部落差別」問題だけにしぼった相談体制はなく、一般の人権相談での対応です。全国の法務局・地方法務局の相談窓口と、全国約一万四〇〇〇人が配置されている人権擁護委員への相談という二つのチャンネルがあります。ただ、人権擁護委員に相談すると、法務局・地方法務局へいきますので、基本的には一つです。

日本は人権関係の法整備が遅れており、多くは法律で規定されていません。相談の処理についても、法務省の人権侵犯事件調査処理規程(3)（平成一六年法務省訓令第二号）で行われます。国際的に通用する法律をきっちりつくって、相談や調査・救済することが求められます。

処理規程による措置の内容は、①被害者等に対し、関係行政機関又は関係のある公私の団体への紹介、法律扶助に関するあっせん、法律上の助言その他相当と認める援助を行うこと、②被害者等と相手方又はその者を指導し、若しくは監督する者（以下「相手方等」という。）との関係の調整を行うこと、③人権侵犯による被害の救済又は予防について、実効的な対応をすることができる者に対し、必要な措置を執ることを要請すること、④相手方等に対し、その反省を促し、善処を求めるため、事理を説示すること、⑤相手方等に対し、人権侵犯をやめさせ、又は同様の人権侵犯を繰り返させないため、文書で、人権侵犯の事実を摘示して必要な勧告を行うこと、⑥関係行政機関に対し、文書で、人権侵犯の事実を通告し、適切な措置の発動を求めること、⑦刑事訴訟法（昭和二三年法律第一三一号）の規定により、文書で告発すること、となっています。

「部落差別」にかかわる事案は、法務省人権擁護局が決裁をして全国各地の法務局・地方法務局に指示をするかたちになっています。「確信犯」に対しては通告、告発で対応するとなっていますが、もっとふみ込む場合は法律で規定する必要があります。今後の課題です。

部落差別禁止条例などを制定している自治体は、その条例にもとづいて相談体制をつくって対応していただければと思います。大阪府の場合は「大阪府部落差別事象に係る調査等の規制等に関する条例[4]」で相談窓口の措置を定めています。福岡県の場合は「福岡県部落差別事象の発生の防止に関する条例[5]」で相談窓口の措置を規定しています。

相談体制の整備に当たってのポイントは、①部落差別被害の本質と特徴の理解の徹底、②部落差別被害の的確な防止と救済、③相談者の心理に配慮した相談体制の整備・充実、④基本方針及び基本計画の策定、⑤「審議会等」の設置です。

Ⅳ　部落差別被害の本質と特徴

差別被害の連鎖はよく指摘されていることです。大阪の部落解放・人権研究所で「差別禁止法の調査研究」にかかわっています。そこでマイノリティ当事者の差別被害の実態調査をして、共通の特徴を学びました。差別被害は本人だけでなく、家族やその他の関係者にも連鎖していきます。差別意識を持っている人の意識が、次の世代にも連鎖している傾向にあります。あるマイノリティ問題が、別のマイノリティ問題に連鎖したりする傾向もあります。このような連鎖の問題も差別被害の本質と特徴を考えるうえで重要です。

もう一つは、自分を責める差別被害者がいることです。本当は社会の側に問題があるにもかかわらず、差別と被害の因果関係を知らない被害者がいるからです。これには、新自由主義による自己決定・自己責任論の影響もあると思われます。

語りたいが語れない差別被害があります。語ることによってさらに社会的バッシングを受けるのではないかという不安感や、話してもわかってもらえないのではないかという不信感のためです。

部落差別被害というのは特定の個人に対する人権侵害という側面に加えて、公共危険犯という側面もあることに留意が必要ではないでしょうか。「基本的人権の尊重」主義に対する脅威、あるいは「民主主義」に対する脅威、あるいは「平和主義」に対する脅威という側面も持っているということです。特にヨーロッパではそういう観点で整理をしていますが、日本は差別被害に対しては司法で対応できていると政府は説明しています。差別被害を個人的法益に対する侵害というかたちでの押さえ方をしているから、名誉棄損《きそん》罪で対応できるというのです。公共危険犯という側面をあまり意識していない、もしくは意識的に捨象しているといえます。被害の本質を明確に指摘していかなければなりません。

刑法では個人的法益、社会的法益、国家的法益を区別していて、犯罪を個人的法益に対する罪、社会的法益に対する罪、国家的法益に対する罪と整理しています。

たとえば、甲さんが家族の使うキャッシュカードを甲さん名義で申請して取得した場合、詐欺罪で実刑判決が出ています。組織犯罪にそのカードが回って不正利用される恐れがあり、金融秩序を乱す恐れがあるからという理由なのです。詐欺罪は本来、個人的財産に対する罪なのに、組織犯罪対策に使われる傾向にあります。犯罪の世界では公共危険犯が強調されています。最近では震災窃盗は単なる窃盗ではなく社会秩序を揺るがすので、きわめて厳しい刑罰で臨むべきという考え方が出始めています。治安維持の分野では、個人的法益に対する罪を社会的法益に対する罪にする動きがあります。

これに対し、差別被害については個人的法益が強調されています。差別被害の持っている公共性という側面にもっと焦点を当てた相談や対応が必要です。繰り返しになりますが、日本では人権侵害の分野では社会的法益、国家的法益という発想が弱いので、そこを強調していくことが必要だと思います。

マイノリティ当事者の被害実態調査をしたときに、当事者団体の人から「被害を受けたけど、それが差別によって起こっているということを学んでいなかったので、自覚できなかった」というご指摘をいただきました。このご指摘からわかることは、加害者のみならず差別被害者に対しても教育・啓発が大切だということです。差別と被害の因果関係を学び、自覚を持たなければなりません。

国はマイノリティ間に分断を入れてくることもあるので、連帯していくことはとても重要なことです。他の被差別問題と連帯することの大切さを教育・啓発を通じて知る必要があります。

相談にこられた人にこういった点も含めてお話しするなかで、救済につなげなければなりません。

V　救済方法の多様性

相談にこられた場合、ただ相談に乗って終わるのではなく、救済や再発防止につなげられるかが非常に大切です。出口の問題は、相談に対応するときの大きなポイントです。どういう出口があるのか、どういう出口を望んでおられるのかを意識しながら、相談に応じていかなければなりません。

救済にはいくつかの方法があって、まずは制裁型救済方法というのがあります。犯罪として処罰する、あるいは民事罰で不法行為として損害賠償を科す。行政罰という行政処分もあります。いずれも裁判などで救済するという方法です。

ただ、刑事罰、民事罰の場合、個人的法益に対する侵害を想定しているのが現在の日本の状況です。差別被害の場合、もっぱら名誉棄損罪や侮辱罪が使われます。刑法では名誉棄損罪や侮辱罪は個人的法益となっています。ドイツなどに見られる公共危険犯には当てはまりません。そのために不十分な対応に終わりかねません。民法の場合でも刑法の名誉棄損罪を念頭において不法行為の問題が論じられます。差別被害のうちの公共的な部分が差別被害として認定されないので、それに対する救済などがしてもらえないという問題が残ります。

国際的に有名なのはドイツ刑法典一三〇条[6]の民衆煽動罪です。明らかに公共危険犯として位置づけられています。「在特会」事件に関しては、二〇一三年一〇月七日に京都地裁で画期的な判決（資料1）が出ました。人種差別撤廃条約を根拠にするなどかなりふみ込んだ部分はありますが、この判決も名誉棄損罪という個人的法益を念頭においた判決です。

特定の個人への差別被害が認定された場合には、不法行為による損害賠償請求が認められるようになりましたが、具体的に特定の個人、団体に対する具体的な差別被害が認定できない場合、不法行為による損害賠償を命じることは今の日本の法律や裁判所ではできません。

この場合、相談にこられた人にどういうゴールがあるかを説明して、どういう改善を図っていくのかは大きな課題だと思います。

ドイツのような法規定をつくるというのも検討課題かと思いますが、制裁型救済方法については限界があります。民事裁判の場合の限界は、被害に遭《あ》った人が提訴しないと被害救済されない、原告が基本的には証拠の収集をしなければならない、訴訟費用を負担しなければならない、時間がかかる、訴訟をすることで社会的バッシングを受けることも場合によっては起こるかも知れないなどです。勝訴しても被害救済が一部だけという限界があります。また、過去の個別被害として認定されるので、現在進行形の被害や未来の被害は裁判の対象から外されます。裁判所は過去のものしか扱えないからです。勝訴判決が出ても、そういう問題が残されます。

刑事裁判にも限界があります。証拠収集は検察官がしますが、起訴便宜主義が採られているため起訴するかどうかは検察官の裁量次第です。有罪証拠があっても起訴猶予にして構わないのです。罪刑法定主義の壁もあります。類推解釈は許されません。「疑わしきは被告人の利益に」の原則もあります。刑

資料1　京都朝鮮学校襲撃事件 判決

平成25年10月7日京都地裁　一部引用

「もっとも，例えば，一定の集団に属する者の全体に対する人種差別発言が行われた場合に，個人に具体的な損害が生じていないにもかかわらず，人種差別行為がされたというだけで，裁判所が，当該行為を民法709条の不法行為に該当するものと解釈し，行為者に対し，一定の集団に属する者への賠償金の支払を命じるようなことは，不法行為に関する民法の解釈を逸脱しているといわざるを得ず，新たな立法なしに行うことはできないものと解される。条約は憲法に優位するものではないところ，上記のような裁判を行うことは，憲法が定める三権分立原則に照らしても許されないものといわざるを得ない。」「したがって，わが国の裁判所は，人種差別撤廃条約2条1項及び6条の規定を根拠として，法律を同条約の定めに適合するように解釈する責務を負うが，これを損害賠償という観点からみた場合，わが国の裁判所は，単に人種差別行為がされたというだけでなく，これにより具体的な損害が発生している場合に初めて，民法709条に基づき，加害者に対し，被害者への損害賠償を命ずることができるというにとどまる。」

資料2　韓国の国家人権委員会（2001年5月）

1. 国家人権委員会法第19条により以下の業務を遂行する。
○人権に関する法令・制度・政策・慣行の調査・研究及びその改善に必要な事項に関する勧告または意見の表明
○人権侵害行為に対する調査と救済
○差別行為に対する調査と救済
○人権状況に対する実態調査
○人権に対する教育及び広報
○人権侵害の類型・判断基準及びその予防措置等に関する指針の提示及び勧告
○国際人権条約への加入及びその条約の履行に関する研究と勧告または意見の表明
○人権の擁護と伸長のために活動する団体及び個人との協力
○人権と関連する国際機構及び外国の人権機構との交流・協力
○その他に人権の保障と向上のために必要だと認める事項
2. 委員会会議の議決は特別の規定のない限り、在籍委員の過半数の賛成で成立する。
3. 委員会は、国会が選出する者が4人（常任委員2人を含む）、大統領指名の者が4人、大法院長指名の者が3人の計11人の委員（任期3年）で構成される。そのうち委員長（長官級）は1人、常任委員（次官級）は3人おり、4人以上は女性でなければならない。

＊ハンセン病問題を国家人権委員会の勧告で解決

事裁判では、処罰範囲をしぼり込む必要があるために、処罰の網から漏《も》れる場合が少なくなく、逆に野放しになってしまうというマイナス面もあります。なによりの問題は、犯人を処罰しても被害者の直接的な救済にはならないことです。真の名誉回復も困難で、再発防止は刑事裁判では対象外におかれるという問題もあります。

近時は、民事裁判を利用した現代型訴訟というのが行われています。民事裁判での勝訴判決を「武器」にして議会に新立法を迫る、あるいは法律改正を迫る、行政に対して新たな政策を迫る、あるいは政策変更を迫る裁判です。このような訴訟のことを現代型訴訟と呼んでいます。ハンセン病国賠訴訟やC型肝炎訴訟などもその一例です。ただ、現在までのところ、原告が勝訴するのはごく一部です。

もう一つの救済方法としては、理解促進型救済方法というのがあります。加害行為をしている人に「あなたの行為は加害行為に当たり、気づいていないのかも知れませんが、重大な人権侵害ですよ」と十分理解してもらうことで、当事者間の関係調整を図り、再発防止と救済を行っていくという方法です。

この場合の利点は、柔軟な対応が可能なこと、被害当事者の負担が少ないことです。残された課題としては、実効性のある個別人権教育・啓発が本当に実施できるのか、再発防止につながるのかということです。

ご承知の通り、パリ原則に基づく国内人権機関が、一九九三年の国連総会で採択されました。その意義としては、政府、議会および権限を有する他のすべての機関に対する意見、勧告、提案および報告の提出を求めていること、条約の効果的な実施を促進・確保すること、人権教育・研究のためのプログラム策定の援助、などがあげられています[7]。また、準司法的機能も持っており、この機能を活用するという方法も考えられます。

ちなみに、韓国では同国内人権機関として国家人権委員会というのが設置されており、ハンセン病の問題については訴訟ではなく、国家人権委員会の勧告によって問題解決が図られました。当事者の負担が裁判の場合より少なくなったという報告（資料2）がなされています。

国内人権機関の設置について日本が国連からたび重なる勧告を受けていることは、皆さんよくご承知だと思います。法務省は二〇一一年に政務三役の声明でパリ原則に基づく人権救済機関を設置するという方針[8]を出しましたが、現在のところ、今の政治状態もあって設置は実現していません。

Ⅵ　相談者の心理に配慮した相談体制の整備・充実

現在、法務省の人権相談は基本的には相談者がくるのを待って、そこで話を聞いて対応するというスタンスです。これに対しては、そういう「待ち」の相談窓口ではなく、アウトリーチ型の相談窓口がとても重要だと指摘されています。これも一つの課題ではないかと思います。アウトリーチ型の相談窓口にする場合、どういうかたちが一番いいのかという検討も当然必要になります。

相談のなかにはかなり専門的な知識が必要な場合もあります。この専門家をどう配置するのか、あるいは専門家にどういうかたちで要請するのかも課題です。専門家のほか、身近で安心して話せる人が配置されることによって、より充実した相談になるということで、チームによる相談ということも検討されなければなりません。

相談者の不安の除去と出口の整理も必要です。相談者はいろいろな不安を持ちながら相談にきますので、心理状態に十分配慮しなければなりません。どうしたいのかという明確な意思を持って相談にくる人ばかりではないので、相談のなかで自分の気持ちが整理できるよう手伝う必要もあります。

重要なのは当事者参加と相談機関の中立性・公平性の確保です。

相談から救済につなぐうえで大切なのは、タイプに応じた対応です。部落差別解消推進法では、立法事実として心理的差別と実態的差別ということが提案者から説明されました。個人が対象なのか集団が対象なのかという問題も出てきます。

同じような相談、事例に関しても、本人の経験によって出口に差が出てきます。これは私自身の経験ですが、ハンセン病の差別被害の調査をしたとき、入所者の半分の人が療養所は「天国」だといい、半分の人は「地獄」だといいました。同じ療養所での生活でも、当事者の気持ちや表現には違いがある場合があります。言葉の奥にある、相談にくる人の真に求めているものは何かを理解する必要があります。

Ⅶ　相談体制の現状と課題

現在の国の機関は、名誉棄損など個人的なものを念頭においた相談体制です。これを、単に個人的な問題だけでなく社会的な問題でもあるという理解にもとづいた相談体制へと整備していくことも課題です。

もう一つの課題は、先にも述べましたように、現在は相談者にきてもらうことを前提にした相談体制になっていますが、なかなかこられない人もいるので、アウトリーチ型の相談体制を整備していくことです。そして、出口があいまいなままの相談体制では相談者は不安なので、出口をしっかり提示し、また、現在は法律が十分ではないので、出口にいろいろな選択肢を増やしていくことも必要だと思います。

自治体の相談窓口にきた事案が、必要であるのに国の相談機関には回らないとか、その逆の事例もあるので、国と自治体、さらには民間の相談機関との間で、個人情報に十分配慮しながら連携を図っていくことも課題です。

部落差別被害の本質・特徴を、相談窓口担当者などに周知・徹底していくことが早急に必要となります。個人的な問題としてだけ扱うと、相談者の気持ちに対応できないことになります。出口について本人の要望を十分に把握したうえで、相談から救済につなぐのも当面の課題です。

中・長期的課題は、相談体制の見直しです。訓令ではなくきちんと法律を整備して、その法律にもとづいて予算や人材をつけ、相談体制をつくっていくことです。実態調査をふまえて、その結果を相談に反映しながら、専門家を養成し、相談のスキルアップや内容の充実を図っていくための研修体制をきちんとつくらなくてはなりません。日本の場合、まだまだ出口が十分でない側面があります。特に確信犯への対応をどうするのかが課題です。

この法律は、「相談体制の整備」「教育・啓発の充実」「実態調査の実施」という三つの柱がありますが、それぞれがバラバラで動くのではなく、連携を深めることが何よりも大切です。審議会などを設置して基本方針や基本計画を策定し、一つをうまく連携させていくことが必要だと思います。

注

1　「部落差別解消推進法」参議院附帯決議 http://www.moj.go.jp/content/001211042.pdf

2　法務省は公益財団法人人権啓発推進センターに実態把握と対応方策の検討を委託し、同センター内に六名からなる「有識者会議」が設定され、民間運動団体等からのヒアリングが実施されています。

3 法務省「人権侵犯事件調査処理規程」(平成一六年法務省訓令第二号) http://www.moj.go.jp/content/000002021.pdf

4 大阪府「大阪府部落差別事象に係る調査等の規制等に関する条例」http://www.pref.osaka.lg.jp/houbun/reiki/reiki_honbun/k201RG00000022.html

5 福岡県「福岡県部落差別事象の発生の防止に関する条例」http://www.pref.fukuoka.lg.jp/uploaded/life/255148_52483029_misc.pdf

6 金尚均「ドイツにおけるヘイトスピーチ対策」二〇一七年九月、ヒューライツ大阪 https://www.hurights.or.jp/archives/newsletter/section4/2017/09/post-29.html

7 国家機関(国内人権機関)の地位に関する原則(パリ原則) https://www.hurights.or.jp/archives/institutions/post-1.html ヒューライツ大阪HP

8 法務省政務三役「新たな人権救済機関の設置について(基本方針)」平成二三年八月 http://www.moj.go.jp/content/000077694.pdf

日本国憲法と人権思想
―日本国憲法第一四条と部落差別解消推進法―

丹羽雅雄

はじめに

一九四七年五月三日施行の日本国憲法は、二〇一七年で七〇年となり、同年の五月三日に安倍首相が二〇二〇年に「新しい憲法が施行される年にしたい」という発言をし、とりわけ憲法第九条にふみ込みました。はじめは憲法改正規定を変えようとしたけれど難しいということで、集団的自衛権の行使容認決議、平和安全法制を強行し、次の段階として憲法第九条の改正問題が出てきました。公明党を巻き込み、民進党の勢力を分断する政治的駆け引きのなかで、憲法第九条一項二項はそのままにし、三項ないし二項の二を入れるというかたちで、自衛隊条項を明記するといっています。その流れを前提に、話をしたいと思います。

Ⅰ　世界史のなかの日本国憲法の制定と人権思想

「戦後レジューム」とは何か、それは戦後憲法秩序の体制です。ポツダム宣言は、第二次世界大戦がファシズム・

軍国主義と自由と民主主義との戦いとして展開された性格を反映し、日本における軍国主義勢力の除去と戦争遂行能力の破砕、戦争犯罪人の処罰、侵略と植民地支配の清算、とりわけ「日本国政府ハ日本国国民ノ間ニ於ケル民主主義的傾向ノ復活強化ニ対スル一切ノ障礙ヲ除去スベシ　言論、宗教及思想ノ自由並ニ基本的人権ノ尊重ハ確立セラルベシ」を日本政府に要求しました。ポツダム宣言で問われたのは、一八九五（明治二八）年の台湾割譲以降の歴史そのものであり、神権天皇制軍国国家体制とアジア二〇〇〇万人、日本人三一〇万人の被害と犠牲の意味でした。

もうひとつの「戦後レジューム」の原点は、日本国憲法の制定です。日本国憲法制定の経緯は、ＧＨＱ（連合国軍総司令部）から憲法改正の告知が一九四五年一〇月二五日に出され、幣原《しではら》内閣は憲法問題調査委員会（松本委員会）を設立します。このとき四原則として、一番目に天皇統治権の維持をかかげましたが、毎日新聞によってスクープされ、ＧＨＱが知ることになります。そして憲法改正要綱（松本案）を提出しますが、マッカーサーは民政局長ホイットニーに①天皇制は国民の意思、②戦争放棄、③封建制の終了という三原則を指示します。これのポイントは、軍国主義天皇制の解体と封建制の終了です。そして、マッカーサー草案を日本に手交しました。この草案には「すべての自然人は、法の前に平等（第一三条）である」「外国人は、法の平等な保護を受ける（第一六条）」とあります。

日本政府は、憲法改正草案を内外に発表し、一九四六年四月に衆議院総選挙（初の女性選挙権行使）が行われ、第一次吉田内閣が誕生します。そして内閣法制局高官の佐藤達夫等によって、マッカーサー草案第一六条の削除と、第一三条「すべての自然人」を「すべての国民」へと変更したのです。

ここで私が述べたいのは、憲法英文第一四条は「All of the people」と書いてあるので、世界の人は日本国憲法が「日本国民のための人権規定」であると判例や政府が解釈しているとは思っていないのです。また、民間でも憲法草案が策定され、現憲法にいたるわけです。

今、押しつけ憲法だといって憲法改悪が進められようとしています。しかし、日本国憲法は、戦前の植民地支配、侵略戦争の遂行、敗戦という歴史的背景のもとで、戦後世界人権法秩序のなかでも先進的な国際的な憲法規範であり、当時のアジア民衆と日本民衆の法規範意識を体現したものなのです。

Ⅱ　日本国憲法の基本原理としての人権思想

（1）外見的立憲主義から主権在民の立憲主義へ

明治憲法の発布までには自由民権運動が展開され、三〇におよぶ憲法草案がつくられました。明治憲法はフランス人権宣言からちょうど一〇〇年後で、伊藤博文らはドイツのプロイセン憲法を学んだのです。これは著しく世襲君主制が強い憲法で、天皇制を有する大日本帝国においては適切だろうということで、これを持ってきました。これをいわゆる「外見的立憲主義」といいます。

この明治憲法は、天皇主権と臣民の権利義務の規定があります。臣民には、兵役・教育・納税の三大義務（兵役と納税は憲法明記）が課され、緊急勅令や戒厳令、非常時大権が書かれていることです。軍事の統帥権は天皇が持っていて、教育勅語、軍人勅諭というかたちをとり、教育と軍事が一体的なものでした。

大正デモクラシーにおいて、自由と民主主義的な潮流が起きましたが、これはロシア革命が大きく影響しています。そのなかで、水平社の設立や労働運動、民衆運動、女性解放運動が展開されます。しかし、〝昭和〟に入って軍国主義が台頭し、「国体論」、治安維持法が猛威を振るっていきます。治安維持法は朝鮮半島にも適用され、議会・司法・立法が大政翼賛というなかで統合され、戦争遂行国家に突入するのです。そして、日本は敗戦し、ポツダム宣言のあと現在の憲法が制定されていきました。

(2) 立憲主義としての日本国憲法

そうして制定された日本国憲法は、主権在民を基礎に、「個人の尊厳」を憲法の基本価値(人権思想)におき、この個人の尊厳を守るために、近代立憲主義の基本原理である人権保障と権力分立を規定しました。それは侵略と植民地支配、敗戦という歴史の深い反省のうえで成り立っているのです。また、立憲主義憲法は、人びとが国家権力の濫用を防止し、国家機関に対する命令規範でもあります。そして人権保障は、人権獲得の闘いの歴史の成果であり、不断の努力が必要です。

準憲法といわれる教育基本法と労働基準法は、日本国憲法とほぼ同時期にできたことから見ても、人権と教育というのは両輪です(戦前は軍事と教育の統合)。

(3) 国連の創設と世界人権宣言の採択

世界人権宣言は、「すべての人間は、生まれながらにして自由であり、かつ尊厳と権利とにおいて平等である」と謳い、その後の国際人権法へと発展しました。憲法は第九八条二項において、条約を遵守しなければならないとしています。条約は、法律より上位の規範として、法律は条約適合的に解釈すべしとされなければならないのですが、これまで裁判所は条約を重視してきませんでした。最近は、さすがにこれではマズイとなって、若い裁判官をヨーロッパに研修に行かせたりして、少しずつ良くなってきています。世界共通の基準である、人権の普遍性、平等性、不可譲性、不可侵性、不可分性、相互依存性、複合性を遵守すべきです。とくに複合性は重要になっています。

Ⅲ　日本国憲法体系の変容

人権思想のゆらぎは、占領時代の憲法体系を占領法体系が上位したことです。一九四七年後半から冷戦構造が始まり、公務員の争議権の剥奪やレッド・パージ、警察予備隊が発足し、一九五〇年に朝鮮戦争が始まると、警察予備隊は保安隊に移行します。一九五四年に設立された自衛隊と憲法第九条の議論は、当然ここから始まります。一九五二年四月二八日にサンフランシスコ講和条約が発効されると、旧植民地出身者の日本国籍が通達によって一方的に喪失され、安保条約を締結して、沖縄の施政権は米軍政へ譲渡されます。

一九五四年の鳩山内閣時代に「押しつけ憲法論」が始まり、明治憲法への復古主義的な改憲の動きが出てきます。公共の福祉による人権の外在的制約や血族的共同体の保護尊重など、いわゆる「血の理論」です。

革新勢力が国会議席の三分の一を確保することで、改憲の動きは止まりました。しかし、破防法、保安隊から自衛隊へ、憲法調査会をつくるなど着々と環境整備がなされていきます。一九六〇年、安保大闘争が起こり、岸内閣が打倒されると、今度は経済ということで高度経済成長に展開していきます。ただし、一九七八年に日米ガイドラインができ、極東の安全を維持するためにと、沖縄に米軍基地機能が集中します。そのなかで、自由と平等、人権を求めるさまざまな運動が起こってきます。一九六五年の同対審答申もその反映のひとつです。

東西ドイツの壁、ソ連が崩壊し、冷戦体制が崩れると、新自由主義経済が拡大します。経済界や読売新聞などによる改憲試案の動きは、一九九五年の村山談話と一九九七年の日本会議の発足と時期を同じくしています。教科書問題が出てきて、自虐史観という攻撃がなされ、改憲をもくろむ国会議員と宗教系右翼団体が一緒になった、ある意味では一九九七年は歴史修正主義の転換点と私は理解しています。

第 6 段階（2005 年 10 月〜 2012 年 4 月）―日米安保から新たな日米同盟（日米軍事一体化）への再編

2005.10　日米同盟：未来のための変革と再編とトランスフォーメーション
　→個別自衛権と集団自衛権行使の有機的・一体的行使へ
　自民党の新憲法草案公表

2006.5.1　日米同盟の再編強化（日米安保協議会最終報告書）
　米軍再編と日米軍事同盟の再定義―地球規模の展開へ（日米ロードマップ発表（2+2））

2006.9.26〜07.9　第 1 次安倍政権発足、教育基本法改定（愛国心を盛り込む）

2006.12　防衛庁から防衛省へ

2007.1　在日特権を許さない市民の会結成

2007.5　国民投票法成立（2010.5 施行）

2007.9.29　沖縄・教科書検定歴史の改ざん抗議 11 万人集会

2009.1.20　オバマ政権の誕生

2009.1.28　海上自衛隊のソマリア沖派兵決定

2009.3　北朝鮮ロケット発射と国内 MD システムの稼働

2009.6　新防衛計画の大綱基本方式へ

2009.8.31　自公政権から民主党連立政権へと交代
　民主党政権による普天間基地問題の変遷→「非戦闘地域」「周辺事態」「後方地域支援」

第 7 段階（2012 年 4 月〜現在）―明文改憲への動向と集団的自衛権行使、戦争法制の確立

2012.4　自民党「日本国憲法改正草案」発表

2012.8　第 3 次アーミテージ＝ナイレポート（地理的範囲の拡大、ペルシャ湾と南シナ海への自衛隊派遣、陸海空の共同作成体制の強化、集団的自衛権行使、平和憲法の改定）

2012.12　第 2 次安倍政権の発足
　米国の新世界戦略（北東アジア重視）と領土問題を利用した沖縄・南西諸島への自衛隊基地の新設・強化と日米軍の一体化
　対中国の武力行使を想定した「日米共同作成計画」の策定

2013.10.3　日米安全保障協議委員会（2+2）開催―新ガイドライン見直しへ

2013.12.4　国家安全保障会議発足

2013.12.6　特定秘密保護法制定（防衛、外交、テロ、スパイ）

2013.12.17　国家安全保障戦略、新防衛計画大綱、中期防衛計画大綱を閣議決定

2014.4.1　「防衛装備移転三原則」閣議決定

2014.5.15　安保法制懇の報告書の提出

2014.7.1　集団的自衛権行使容認の閣議決定

2014.10.8　日米両政府　日米防衛協力のための指針（新ガイドライン）中間報告
　まとめ→「切れ目のない安全保障法制の整備」

2014.12.24　第 3 次安倍政権の発足

2015.4.27　安倍政権の新・新「日米ガイドライン」の指定合意―地球規模での米軍支援
　「平時から有事までの切れ目のない軍事協力」―地理的、時間的、空間的制約なし

2015.5.15　安保関連法案国会提出

2015.9.19　同法案衆議院本会議強行採決後、参議院本会議の再強行採決

2015.10.1　防衛装備庁発足

2016.11　南スーダン派遣自衛隊に新任務付与（駆けつけ警護、宿営地の共同防護）

2017.5.3　安倍首相―2020 年憲法第 9 条改憲施行発言と共謀罪新設の国会審議

2017.6.15　共謀罪（組織的犯罪処罰法改定）の成立

日米安保体制の変遷

第１段階（1945 年 8 月 15 日～ 1952 年 4 月 19 日）―連合国総司令部の日本占領

1945.3 ～同 8　沖縄戦と日本の敗戦

1947.5.3　日本国憲法施行

1947.9.22　天皇メッセージ「軍事占領希望」

1952.4.19　民事局長通達による旧植民地出身者の国籍喪失

第２段階（1952 年 4 月 28 日～ 1960 年 1 月 18 日）―日本の主権回復と旧安保条約、沖縄と旧植民地出身者の切り捨て

1952.4.28　サンフランシスコ講和条約（第３条）による米軍政への沖縄の施政権譲渡（第２次琉球処分）
日米安保条約締結（旧）、旧植民地出身者の日本国籍喪失（同化と排除）

1953.1　自治庁の国民投票法案検討
在沖米軍「土地収用令」公布・施行―本土の米軍基地縮小と沖縄米軍基地の拡大

1954.6　警察予備隊―保安隊から自衛隊創設へ

1956.6　沖縄の「島ぐるみ闘争」

第３段階（1960 年 1 月 19 日～ 1978 年 11 月 28 日）―日本の軍備増強と領域内での日米共同軍事行動

1960.1.19　日米安保条約の改定（新）―第５条安保（領域内共同作戦行動）、第６条安保（極東の国際平和と安全のための便宜供与）との関係

1963　三矢研究（有事法研究）

1965.2　米軍の北爆開始

1972.5.15　日本への沖縄返還と米軍基地の存続、自衛隊の進駐（第３次琉球処分）
日米安保第５条、第６条、地位協定の適用、核持ち込み密約

1978.6　防衛庁「有事法制の研究」（81 年第１分類（国）、84 年第２分類（自治体）完成）―第３分類（民間への有事法―2004 年国民保護法へ）

1978.11.28　旧ガイドライン安保（極東有事を共同作戦の対象）―対ソ連有事

第４段階（1989 年～ 1996 年 4 月 16 日）―極東有事の際の日米共同作戦

1989　冷戦構造の終焉

1991　湾岸戦争（ペルシャ湾掃海艇の派遣）

1992　PKO 協力法成立（カンボジア国連 PKO）

1993 ～ 1994　北朝鮮核開発疑惑・危機

1995.9.4　米軍兵士の少女暴行事件と８万 5000 人集会

第５段階（1996 年 4 月 17 日～ 2005 年 9 月）―周辺事態における日米軍事協力

1996.4.17　日米安保共同宣言（アジア・太平洋有事への日米共同対処）

1997.9.23　新ガイドラインの行政合意と「周辺事態における日米軍事協力」―朝鮮有事

1999.5.24　周辺事態法案などの国会成立―「非戦闘地域」「周辺事態」「後方地域支援」

1999　国旗・国歌法、通信傍受法、組織犯罪対策法制―衆参「憲法調査会」設置

2000.11　船舶検査活動法の成立

2001.9.11　アメリカでの同時多発攻撃事件（テロとの戦争）

2001.10.29　テロ特措法等３法成立―中近東、インド洋へ海上派兵

2001.12.7　PKO 協力法改定―PKF への参加

2002.9.17　日朝首脳会談と拉致事件―日朝ピョンヤン宣言

2003.6.6　武力攻撃事態法等の有事関連３法案成立―武力攻撃予測事態への対処

2003.8.1　イラク復興支援特措法―イラクへ地上派兵

2004.9.17　国民保護法施行（有事７法律）

2004.12.10　防衛計画大綱の閣議決定―米陸軍第一軍団司令部の座間移転

二〇〇一年にアメリカ同時多発テロが起き、テロ特措法など個別法が多立法化されると、明文改憲に向けた動きも活発になってきます。二〇〇五年に自民党「新憲法草案」の策定と憲法改正手続法が成立し、愛国心を謳う教育基本法が改定されます。第一次安倍政権のときです。それから二〇一二年四月二七日、自民党が「日本国憲法改正草案」を出して、同年一二月に第二次安倍政権が発足します。安倍政権ができた途端に、高校無償化法から朝鮮学校の子どもたちの排除が始まります。

テロとの戦争と新自由主義経済による国際的な人権思想のゆらぎがあり、各国に極右政党が台頭しだし、排除と分断が叫ばれるようになります。ポピュリズム、ヘイトスピーチが吹き荒れ、米国トランプ大統領の誕生など、極右政党が権力を握るようになりました。これらは多民族・多文化の共生社会と対峙《たいじ》するものです。

Ⅳ　平和憲法の空洞化としての日米安保体制の変遷と自衛隊の海外派兵の動向

日米安保体制の変遷は年表形式にして表（三四四頁〜三四五頁に掲載）にしました。二〇一二年から現在までの、第七段階のみ説明します。

第七段階は、自民党が「憲法改正草案」を発表した二〇一二年四月からです。その直後に第三次アーミテージ＝ナイレポートが出されます。リチャード・アーミテージという人は日本通で、アメリカのアジア安全保障の中心人物ですが、地理的範囲の拡大と、地球規模での展開における日米共同作戦を日本政府に求めます。そして、集団的自衛権行使や平和憲法の改定などがこのレポートに書かれています。このアメリカの要請を受けながら、第二次安倍政権が発足し、「戦後レジュームからの脱却」「積極的平和主義」がアベノミクス経済政策と合わせて展開していきます。国家安全保障会議の発足、特定秘密保護法の制定、新防衛計画大綱、中期防衛計画大綱を閣議決定、安保法制懇の報告書提出、集団的自衛権行使容認の閣議決定、そして二〇一四年一二月、第三次安倍政権が発足し、新「日米ガイドライン」で地球的規模での米軍支援に合意します。

そこから安保関連法を強行採決し、防衛装備庁発足、武器輸出と軍事産業の育成拡大、南スーダン派遣自衛隊の新任務、これは安保関連法の実効化です。最後に出てきたのが共謀罪です。

V　自民党「日本国憲法改正草案」の特徴と各条項の特色

自民党「憲法改正草案」の最大のポイントは前文です。前文というのはその憲法の理念を書いています。現憲法では、「われらは、全世界の国民が、ひとしく恐怖と欠乏から免かれ、平和のうちに生存する権利を有することを確認する」、それから「政府の行為によつて再び戦争の惨禍が起ることのないやうにすることを決意し」と書かれています。しかし、二〇一二年四月二七日決定（同二八日公表）された自民党「憲法改正草案」は全面的に書き換えられて、「日本国は、長い歴史と固有の文化を持ち、国民統合の象徴である天皇を戴く国家」と明記され、天皇中心の国家像を前面に出して、立憲主義を否定しています。

そして第一章で、天皇を元首とし、国旗および国歌を憲法に規定し、義務規定を明記します。第二章は安全保障で、集団的自衛権を含むことを当然の前提とし、国防軍をおくと書いてあります。

人権問題で重要なのは第三章です。現憲法では、第一一条「国民は、すべての基本的人権の享有を妨げられない。この憲法が国民に保障する基本的人権は、侵すことのできない永久の権利として、現在及び将来の国民に与へられる」、そして第一二条「この憲法が国民に保障する自由及び権利は、国民の不断の努力によつて、これを保持しなければならない。又、国民は、これを濫用してはならないのであつて、常に公共の福祉のためにこれを利用する責任を負ふ」

とあります。しかし、「改正草案」には「自由及び権利には責任及び義務が伴う事を自覚し、常に公益及び公の秩序に反してはならない」と書いてあります。つまり人権は公益及び公の秩序によって外在的に制約されます。大阪人権博物館が、橋下市長によって「公益性なし」という一言でつぶされようとしているのと同じことです。

また第九章九八条は、有事法で、明治憲法時代にもあったのですが、外部からの攻撃や大規模な自然災害などで内閣総理大臣が緊急事態宣言をした場合、人権が停止されます。

第一〇章は憲法改正の手続きですが、現行の三分の二から過半数の賛成へと緩和されています。これは、国民主権のしばりを強くかけているものを、やわらかくしようということです。

次に第一一章の最高法規ですが、現憲法の第九七条「この憲法が日本国民に保障する基本的人権は、人類の多年にわたる自由獲得の努力の成果であつて、これらの権利は、過去幾多の試錬に堪へ、現在及び将来の国民に対し、侵すことのできない永久の権利として信託されたものである」を全面削除しています。そして「改正草案」一〇二条で、すべての国民はこの憲法を尊重しなければならないと命令しています。立憲主義憲法は国家をしばるものですが、改正草案は国民をしばるものへと質的に変わっています。

Ⅵ　日本国憲法と平等原則

明治憲法で平等に関するものは、公務就任資格の平等を規定した一九条ひとつしかありません。日本国憲法は、第一四条一項、二項、三項、第一五条三項、第二四条、第二六条、第四四条と平等原則の徹底化がはかられています。第一四条は法の下の平等、第一五条は公務員の普通選挙、第二四条は両性の合意のみにもとづく婚姻、第二六条は等しく教育を受ける権利、第四四条は選挙の関係と、みなさんご存じだろうと思います。

法の下の平等の第一四条ですが、まず個人の人権であると同時に、人権の総則的規定です。自由と平等の二つの理念は深く結び合って身分制社会を打破し、近代立憲主義を確立する最も重要な柱です。一九世紀から二〇世紀の初めにかけては、形式的平等でした。市民とは互換性があり、相互に売主になったり買主になったりする、そういう法的主体なのだから、ある法律をつくって形式的な平等で対応すればいいという考え方です。ところが資本主義の高度な発展によって、経済的弱者・社会的弱者が生まれてきます。そうすると実質的平等をつくらなくてはいけない、けれど事実上は不平等であるということで、二〇世紀は社会福祉国家論が出てきます。これを結果の平等といいます。ただし、結果の平等も完全に平等になるわけではなく、法の下の平等を考えるとき、法律がすべて絶対的だということではなく、内容を問うということです。立法者を拘束する、だから違憲立法審査権が司法に認められているのです。平等かどうかは絶対的でなく相対的であり、人びとは事実や性格などが違うのだから差異を前提として、その差異の取り扱いが不合理な差別にあたるのかどうか、客観的・合理的に判断しようということです。

日本はこの議論が弱かったのですが、五〇年前くらいから芦部信喜さんという憲法学者がアメリカの合憲性判断基準を日本に紹介し、緻密な合憲性判断基準が議論されだしました。

〝人種、信条、性別、社会的身分又は門地〟をどう見るか。一つの考え方は、それに違反する場合、違憲の疑いがあり、違憲でないのなら国や行政が立証しなさいというものです。しかしこれはなかなか裁判では通用しませんので、原則として第一四条一項後段は不合理であり、厳格な合理性の基準が必要です。立法目的がやむにやまれぬ必要不可欠のものでなくてはいけない、こういう考え方です。だから、人種差別禁止法ができると、差別されたといえば、差別していないという側が立証責任を負うと転換されるのですから重要なのです。

後段事由以外の差別の場合は、立法目的と立法目的を達成する手段の二つの側面から合理的に判断されます。精神的事由に関する差別の場合はより厳しい基準に、しかし経済的事由のような差別の場合は緩和された基準ということです。

信条には宗教だけでなく、思想なども入ります。社会的身分は、一般的には、人が社会において一時的ではなく占める地位で自分の力では脱却できず、事実上ある種の社会的評価をともなっているものです。だから被差別部落の人びとへの部落差別は、社会的身分として裁判上では概念として当てはめているのです。問題なのは、国あるいは行政や立法が差別行為・差別立法をしたときに、きちんとした判断ができるのかです。

部落差別解消推進法は理念法ですが、部落差別は許されないと書いてあります。たしかに禁止規定などはありません。

障害者差別解消法には、法の目的に「すべての障害者」から始まり、「不当な差別扱いの禁止」「合理的配慮義務」が明記されています。一九七〇年に基本法ができたのですが、このときは理念法なのです。国連で障害者権利条約が採択されて、二〇一一年に改正基本法で差別禁止が明文化され、二〇一六年にこの法律は国連の権利条約締結に向けた国内法整備の一環として施行されました。

部落差別解消推進法も、ヘイトスピーチ解消法とともに、人種差別撤廃条約の国内実施のための、差別禁止法の整備と位置づけないといけません。障害者差別解消法で私が感心したのは附帯決議です。ここには障害女性や障害児に対する複合差別のことまで入っているのです。とくに言いたかったのは、この法律の成立には当事者団体とそれを支援・連帯する人びとのねばり強い長期の運動の成果であるということです。「法を知らなければ、差別は繰り返される」がメインスローガンです。全国一六カ所でパレードを行い、「法は育て、監視し、働きかける」と知らせていったわけです。

部落差別解消推進法の可能性については、『ガイドブック 部落差別解消推進法』（解放出版社、二〇一七年）に書いたので読んでください。最後に言いたいのは、差別解消推進法の実効化運動のなかからこそ、被差別当事者にとって普遍的に共通する法規範、とりわけ「規制と被害者の救済」、それを担う人権委員会の設置などの人権法制度の構築が実現しうるということです。法律的にも社会実態的にも、きちんと研究し運動を進めないといけないと思います。

以上

部落解放論の新たな創造への問題提起
―部落解放同盟綱領の変遷と現綱領からの考察―

谷元昭信

Ⅰ　新たな部落解放論への問題意識

（1）部落差別の実態変化に対する歴史的認識

①近代から現在にいたる部落差別解消過程の変遷

部落差別問題は、自由と平等を原理とする近代社会である明治以降においても、不当に存在しつづけている近現代日本における重大な社会問題です。明治以降、今日までの一五〇年間における部落差別の解消過程を歴史的に俯瞰《ふかん》すると、四つの段階に時期区分できると思います。

第一段階は、明治維新（一八六八年）から終戦（一九四五年）までの時期で、部落差別はあってあたりまえの「社会的容認」の状態と特徴づけることができます。第二段階は、終戦から同対審答申（一九六五年）までの時期で、部落差別はいけないがあっても仕方がないという「社会的黙認」の状態です。第三段階は、同対審答申から特別措置法失効（二〇〇二年）までの時期で、やっと部落差別撤廃に向けて本格的な法制度が整えられ始めて、部落差別は許されないという「社会的指弾」の状態が現出します。第四段階は、特別措置法失効から部落差別解消推進法制定（二〇一六年）までの時期で、部落差別撤廃に向けての混乱した政策やそれに逆流するような確信犯的差別事件が横行するという「社会的混沌」の状態になりました。

現在は、部落差別解消推進法制定という事態のもとで、部落差別撤廃がどのように進んでいくのかという「新たな状態」に立ちいたっており、第五段階の時期に入ってきているといえます。

②部落差別解消過程に関する基本認識

今日段階で明確にしておかなければならないことは、部落差別問題は基本的には解消の方向に向かっていますが、いまだ部落差別が厳存しているという事実を共通認識しておくことです。

その意味では、「部落差別は基本的に解消した」という認識も、「部落差別は依然として厳しい」という認識もともに現実を軽視・無視した謬見《びゅうけん》であることを確認しておくことが大事です。何らかの政治的意図を持った結論から「現状認識」を提示するのではなく、現実を客観的に直視することから実効力のある部落問題解決への課題と政策を導き出すことができる現状認識が何よりも求められています。

そこでは、現在の部落差別の実態として、どの領域においてどのような形態での差別が残っているのかを明らかにしていくことが必要であり、その前提として、解決されてきた実態は何かということを明確にしておくことも不可欠です。同対審答申が提示した「実態的差別と心理的差別の悪循環」論では、部落差別の部分的実態をとらえることはできても、全体像を把握することはできません。

すなわち、同対審答申がいう実態的差別とは「同和地区住民の生活実態に具現されている差別」であり、差別の結果である格差として現象している低位・劣悪な部落の生活実態をとらえているにすぎず、部落差別を生み出し再生産する原因である社会構造の実態的差別の領域が欠落していると言わざるをえません。あわせて、心理的差別も「人々の観念や意識のうちに潜在する差別」と規定され、差別する側の「観念や意識」を問題にしましたが、差別される側の自尊感情の損傷やトラウマ・スティグマといった心理的差別の領域が欠落・軽視されていたのではないかと思います。

少なくともこのような領域を網羅したかたちで、部落差別の実態の全体像が認識されなければ、部落差別の問題解決にかかわる精確な解消度合いを語ることはできません。その意味では、一九九三年に政府による全国的な部落実態調査が行われて以降、四半世紀もの長い間全国実態調査が行われていない事態は、大きな問題であると言わざるをえません。

この際、行政調査の実施を求めるとともに、隣保館実態調査や国勢調査の活用方法を検討することとか、当事者みずからの力で実態白書運動を行い、民間による調査活動を展開する姿勢をつくりだすことも重視することです。

③一九八〇年代半ば以降の部落差別実態の劇的変化の実相

一九七〇年代から全国的に展開された同和行政は、低位・劣悪といわれた部落の実態を大きく改善してきました。一九八〇年代半ば以降には劇的ともいえるほどの実態変化が起こってきていることは事実です。

この「劇的変化」の実相が何であったかということをしっかりと見きわめておくことが必要です。それは、部落問題解決に向けた課題が何であるかを把握すると同時に、部落解放運動が依拠すべき求心力がどこにあるかをしっかりと解析するうえでも重要なことであるからです。

思うに、同和行政の戦略的課題は、同対審答申の「実態的差別と心理的差別の悪循環論」という実態認識にもとづき、「同和地区住民の生活実態に具現されている差別」としての低位・劣悪な生活環境の改善による格差の是正を図れば、「人々の観念や意識のうちに潜在する差別」は解消していくというものであり、環境改善事業に大規模な予算が投入されてきたことは周知のとおりです。

ところが、大幅な環境改善事業が進んだにもかかわらず、部落差別は解決の兆《きざ》しを見せないという事態に直面し、政府は一九八六年の地対協意見具申で、的外れな国策の反動的転換を見せるのです。すなわち、環境改善事業が大きく進捗したにもかかわらず、部落問題が解決しないのは「新たな要因」があるとし、それは部落解放同盟の糾弾と自治体の主体性の欠如であるとしたのです。この見解は、部落差別実態の全体的領域を認識することなく部分的領域にとどまった判断からくる一知半解の謬見・暴論であり、部落解放運動に対する攻撃の矛先を向けようとする政治的思惑からくるものでした。

劇的変化ともいえるほどの実態変化は、低位・劣悪な生活環境という領域において主に生じた変化ですが、あわせて教育・就労面での改善策が部落内の階層構造の変化をもたらした側面も看過できません。

今日段階で、一九八〇年代半ば以降に生じてきている部落差別実態の「劇的変化」の実相が何であるのかを精確に把握することは、部落解放運動にとって避けることのできない喫緊の課題であると思慮します。この「劇的変化」に正面から向かい合うことができていないことが、部落解放への明確な展望を示しきれず、部落解放運動の求心力や組織力の低下という事態に的確に対処でききれていない状況をつくりだしていると思います。

(2) 部落差別実態の劇的変化に対する全体的実態把握の認識・方法論の確立

①同対審答申の実態認識論を超える認識・方法論の確立

一九九三年の政府による全国部落実態調査は、政府調査の最後の調査となっており、それ以降本格的な調査は実施されていません。「九三年調査」は、さまざまな政治的思惑も絡む困難をともなうものでしたが、抽出調査による本格的なものでした。しかし、この調査も同対審答申の実態認識論を踏襲した「部落生活実態調査」と「国民意識調査」を柱としたもので、前述してきたように、部落差別実態の全体像をとらえるには限界がありました。

このような実態調査のあり方に対して、部落差別の全体的実態把握の認識論・方法論のあり方が部落解放同盟の中央理論委員会のなかでも議論が行われ、「五領域」からの実態把握の必要性が論じられるようになってきたのです。

②「五領域」論による部落差別実態の全体的把握

今日段階では、部落差別実態を客観的・全体的に把握するためには、「五領域」論をふまえることが大切であり、この認識にもとづいて実態調査の方法論が再検討されるべきだと考えています。部落差別の実態認識における同対審答申の限界を超える「五領域」論とは、次のような五つの領域から部落差別実態をとらえることです。第一の領域は、「同和地区住民の生活実態に具現している差別」(実態的被差別)です。第二の領域は、「被差別当事者の心的損傷としての差別」(心理的被差別)です。第三の領域は、「人びとの観念や意識のうちに潜在する差別」(心理的差別)です。第四の領域は、「社会的仕組みによって温存・助長されている差別」(実態的差別)です。第五の領域は、「表出した人権侵害としての差別」(差別事件)です。

同対審答申は、第一と第三の領域において部落差別実態をとらえようとしましたが、明らかに部分的であり全体像をとらえるには限界があったということです。部落差別実態の全体像をとらえるには、少なくともこれらの五つの領域において、部落差別の現れ方を把握する必要があります。そのことによって、部落差別がどの領域において問題解決が進んでいるのか、あるいは課題が残されているのかという客観的な判断が可能になると思います。

その意味では、今日段階では、第一の領域での問題改善は相当に進んできましたが、第三の領域ではまだ多くの課題が残されており、第二・四・五の領域では取り組みが決定的に不十分だということです。そのことが、部落問題を今日においても解決できない主要な要因なのです。

③差別の現れ方に関する「五形態」論からの差別認識

同時に重要なことは、国際的にも認知されている差別の現れ方に関する「五形態」の指標を熟知して、これと関連づけながら部落差別実態を明らかにしていくことが重要です。

第一の形態は、差別的意図を持ったあからさまな取り扱いの違いや言動による「直接差別」です。第二の形態は、差別的意図の有無にかかわらず結果として不当な取り扱いになっている「間接差別」です。第三の形態は、法律や制度による排除・差別という「制度的差別」です。第四の形態は、侮辱的な意図からではなくとも過去の統計データによる合理的判断から見て結果として当事者の集団や個人に対する累積的な不利益が生じている状態を示す「統計的差別」です。第五の形態は、差別は許されないとしながらもそれを具体化するための当然の配慮が欠如していることによる「合理的配慮の欠如による差別」です。

今後、部落差別実態を論じるときには、以上のような「五領域・五形態」にもとづく実態認識と調査方法論の確立によって、部落差別問題解決への具体的課題を提示していくことが何よりも重要です。新たに制定された部落差別解消推進法に明記された「実態調査」の実施を実効力あるものにするためにも不可欠の課題です。

(3) 新たな部落解放論創造に向けた研究テーマ

これからの新たな部落解放論を創造するためには、まず何よりも精確な部落差別実態の全体像を把握することをはじめとして、次のような研究テーマが必要になってくると思います。

第一に、「五領域・五形態」論にもとづき、部落差別実態の精確な全体像を明らかにしていくことです。このことが、新たな部落解放論創造への大前提になっていくことは自明の理です。さらに、「五領域・五形態」の差別実態認識論を深めて、生活環境や部落内階層分化など激変した部落差別実態の全体像をつかみきる認識論・方法論を確立していくことです。

第二に、部落差別問題を現代社会の関係論のなかで位置づけていくことです。そこでは、歴史的な差別思想の複合的意識である「社会意識としての部落差別意識」の問題、部落差別を温存・再生産していく「社会構造」の問題、そしてこれらの社会意識・社会構造とどう向きあっていくのかという個々の「人間の存在証明の格闘方法」の問題という「三つの問題側面」から位置づけていくことが重視される必要があります。

第三に、現代の部落差別問題に直結してくる部落差別起源論を多角的に究明していくことです。文献史学は言うに及ばず、社会学、民俗学、宗教学、人類学など多角的な知見を活用しながら、賤民制度の歴史を明らかにするなかで、部落差別の起源を探っていく丁寧な作業が必要であり、あわせて「差別の論理」がいかなる意味においても合理的根拠を持たないことを論証していくことです。

第四に、部落問題が解決した状態とその状態をつくりだしていく条件は何かという明確な指標を策定・提示する作業を深めていくことです。これは、部落差別解消度合いを客観的に見きわめると同時に、部落解放運動の到達点と残された課題を常に意識化していくうえで不可欠の作業です。この指標を的確に示していくことが、部落解放運動の求心力や原動力が何であるかを適切につかみ取る作業と表裏一体であると考えます。

第五に、部落解放運動を歴史的・社会的に位置づける論考を深めることです。それは、日本や世界における社会運動との関係で位置づけ直してみることであり、部落解放運動の存在意義をきちんと再評価していく作業です。とりわけ、今日的に力点をおかなければならないのは、「民主主義運動としての部落解放運動」のあり方を、民主主義の根源性から問い直し、部落解放運動の広がりと深まりの方向性を探究して、部落問題解決に向けての真の「社会連帯」をつくりだしていく展望を明らかにしていくことです。

Ⅱ　部落解放同盟の綱領変遷の概括的特徴

（1）戦後部落解放同盟の綱領変遷

①部落解放同盟は全国水平社・部落解放全国委員会の後継組織

新たな部落解放論を創造するという以上のような問題意識のもとに、戦後部落解放同盟の綱領がどのように変遷してきたのかを概括的に見ておきたいと思います。

周知のように、部落解放同盟は、一九五五年に部落解放全国委員会から改称して誕生しました。終戦直後の一九四六年に結成された部落解放全国委員会は、戦前の一九二二（大正一一）年に結成された全国水平社が一九四二年に戦時下で法的に消滅した事態に対して、全国水平社の運動を再建するものでした。その意味では、部落解放同盟は、戦前の全国水平社、戦後直後の部落解放全国委員会の運動を直接的に継承したものです。

全国水平社創立大会の宣言は、あまりにも有名です。「吾が特殊部落民よ団結せよ」ではじまり、「此際吾等の中より人間を尊敬する事によつて自ら解放せんとする者の集団運動を起せるは、寧ろ必然である」と水平社運動の基本精神を語り、「呪はれの夜の悪夢のうちにも、なほ誇り得る人間の血は、涸れずにあつた」とみずからの存在を誇り、「人の世に熱あれ、人間に光あれ」と輝かしい人間社会の到来を希求して結びとしました。

このとき、綱領として掲げられたのは、「一、特殊部落民は部落民自身の行動によつて絶対の解放を期す。一、吾々特殊部落民は絶対に経済の自由と職業の自由を社会に要求し以て獲得を期す。一、吾等は人間性の原理に覚醒し人類最高の完成に向つて突進す。」という三項目です。水平社運動は、差別と戦争に抗らい輝かしい足跡を残しますが、国家総動員体制による戦争政策に翻弄《ほんろう》されながら、結果として戦時体制に協力するかたちで、一九四二年一月に法的消滅の道をたどります。決して忘れてはならない痛恨の歴史でした。

一九四五年八月の終戦直後の一〇月に部落解放運動再建に向けた「志摩会談」が持たれ、一九四六年二月に「全国部落代表者会議・部落解放人民大会」が開催され、部落解放全国委員会が結成されます。このときには、一一項目におよぶ「行動綱領」や「宣言」「決議」が採択されています。とりわけ、宣言では、「日本帝国主義の敗戦により凶暴野蛮なる軍国主義的・封建的専制支配は終焉を告げ、人民解放の輝かしい時代は来た。今日こそ部落民衆が完全に解放される絶好の機会である」との時代認識のもとに、「かくの如き軍国主義的・封建的資本主義体制こそ、われわれを差別と搾取との二重の圧迫の下に呻吟せしめている社会的根拠である」との部落差別の存続根拠に関する認識を示し、「今日こそ固く大同団結し、さらに民主主義勢力と結盟して、蹂み躙られた正義と自由と生活を人民の手に奪還し、愛と希望に充ちた平和にして豊かなる社会を建設しなければならない」との展望を打ち出しています。その後、部落解放全国委員会では、第三回大会で六項目の「基本綱領」、第七回大会で七項目の「綱領」、第一〇回大会で部落解放同盟への改称にともない「部落解放同盟綱領」へと綱領が変更されていきます。

②部落解放同盟綱領の変遷過程

《部落解放同盟への改称》

一九五五年の部落解放第一〇回全国大会において、「部落解放全国委員会」は「部落解放全国同盟《ママ》」に名称を変更します。この大会において『名称変更について』の運動方針では次のような認識が示されています。戦後の水平社運動の再建にあたって「なぜ、われわれがこの再出発にあたって、全国水平社という伝統ある名称をうけつがなかったのか。それは、全国水平社の組織形態では、戦後の新しい情勢に即応し、差別に対する部落大衆の、多種多様な不平・不満を闘いに組織して、部落解放運動を発展させることが、できなかったからである」とし、水平社時代に提起された「部落委員会活動」を継承して、「この委員会活動を推進する単一の大衆組織として、部落解放全国委員会が結成されたのである」と部落解放全国委員会の結成の意義を指摘しました。しかし、「部落解放全国委員会は、規約にも明らかなように、大衆組織であるにもかかわらず、組織内部においてさえ、性格についての意見が一致せず、機関あるいは精鋭主義のグループであるかのような、誤った組織方針を出したことさえあった。そのために、運動が多くの困難な試練にぶつかったことは、第七回大会において、自己批判したとおりである」とその活動と組織名称の限界を提示します。この認識に立って、「そこでわれわれは、結成十周年の大会において、名称を「部落解放全国《（マヽ）》同盟」とあらため、名実共に部落大衆を動員し、組織し得る大衆団体としての性格を明らかにして、そして真に全部落民団結の統一体として、解放闘争を飛躍的に拡大発展せしめるべきである」として、部落解放同盟へと改称し現在にいたっています。もう一つ留意しておくべきことは、当時は、部落解放運動を「民族解放民主革命の有力な一翼」と位置づけていたことです。

《一九五五年綱領》

一九五五年の改称時における「部落解放同盟綱領」では、短い前文のなかで、「全国に散在する六千部落、三百万の部落民は長い間の封建的身分差別と、戦後アメリカ帝国主義者による植民地支配・搾取によって、失業と貧乏のどん底に追いこまれている」。「われわれは、この差別と貧乏の悪循環を断ち切り、そのどれい的生活から解放されるために、全国三百万部落民の団結と統一を促進し、当面、次の要求をかかげて闘う」とし、二〇項目の要求を列挙しています。

《一九六〇年綱領》

一九六〇年の部落解放同盟第一五回全国大会では、綱領の全面改正が行われ、いわゆる「六〇年綱領」が承認されます。現在にいたる綱領体裁の原型ともいうべきものです。その前文では「全国に散在する六千の部落三百万の部落民は、身分的差別と階級的搾取のために屈辱と貧困のどん底につきおとされている。日本国民は基本的人権と政治的自由を完全に保障されておらず、勤労大衆は低賃金、低生活にしばりつけられているが、その底辺におさえつけられているのが部落民である。部落民は今日なお居住・就職・教育・結婚などの市民的権利と自由すら侵害されている」との現状認識のもとに、「アメリカ帝国主義に従属する日本の独占資本は、日本の民主化をくいとめる反動的意図のもとに部落に対する差別を利用している。それ故に現在では独占資本とその政治的代弁者こそ部落を差別し圧迫する元凶である」と部落差別の存続理由を分析し、「部落の解放なくして民主主義はありえない」との方向性を示し、「部落民はいくつかの階級に分かれているが全体としては一つの身分階層として共通の利害と共通の意識の紐で結ばれている。したがって部落解放運動は全部落民を包含するものであるが、その中心となるのは部落の労働者、農・漁民である」と部落解放運動が依拠すべき階層を明示しています。続けて、「要求と活動の基準」として、四つの分野において六一項目の要求が列挙されています。

《一九七一年「三つの命題」の確立》

一九七一年の部落解放同盟第二六回全国大会は、戦後部落解放運動の理論的・実践的深化をふまえて、いわゆる「三つの命題」を運動方針のなかで確立します。「三つの命題」とは、「部落差別の本質」、「部落差別の社会的存在意義」、「社会意識としての部落民に対する差別観念」であり、その内容は次のように規定されています。

部落差別の本質は、「部落民が市民的権利の中でも、就職の機会均等の権利を行政的に不完全にしか保障されていない、すなわち、部落民は、差別によって主要な生産関係から除外されているということである。これが差別のただ一つの本質である」としました。

部落差別の社会的存在意義は、「部落民に労働市場の底辺を支えさせ、一般勤労者の低賃金、低生活のしずめとしての役割を果たさせ、政治的には部落差別を温存助長することによって、部落民と一般勤労者とを対立させる分裂支配の役割をもたされている」としています。

社会意識としての部落民に対する差別観念は、「その差別の本質に照応して、日常生活化した伝統の力と教育とによって、自己が意識するとしないとにかかわらず、客観的には空気を吸うように一般大衆の意識のなかに入り込んでいる」としました。

この「三つの命題」は、実質的な綱領的文書として、同対審答申の具体化運動である行政闘争の理論的支柱の役割を果たし、部落解放運動を飛躍的に発展させていく原動力となりました。

しかし、日本の高度経済成長のもとで進展した同和行政によって、部落差別の実態は大きく変化しはじめ、一九八〇年代になると「三つの命題」と「現実の差別実態」との乖離が認識されてきます。

《一九八四年綱領》

一九八四年の部落解放同盟第四一回臨時全国大会で、二四年ぶりに綱領の全面改正が行われます。この綱領改正は、前年の第三八回全国大会で提起され、二年間の大衆討議の末に採択されたものです。

「八四年綱領」の前文では、「全国に散在する六千部落、三百万の部落民は、前近代社会から今日に至るもなお階級搾取とその政治的支配の手段である身分差別によって、屈辱と貧困と抑圧の中に呻吟させられている」との現状認識が示され、「このような状況において部落民は、今日もなお就職・居住・教育・結婚などの市民的権利と自由が侵害され、農村では土地所有から、都市では近代的で安定した職場からしめだされている。そして、部落の伝統的な産業は大資本に圧倒され、壊滅的打撲をうけている」としています。

特徴的なことは、「身分差別が階級的搾取の手段」であるとして、身分と階級の統一的把握の必要性が強調されていることです。さらに、「独占資本とそれに奉仕する反動的政治体制、すなわち帝国主義・軍国主義こそ、部落を差別し圧迫する元凶としなければならない」と差別存続の根拠を提示しています。

さらに、「部落解放運動は反核・平和と人権・民主主義のための広範な国民運動の一環であり、統一戦線の一翼である」と運動の性格を規定し、「部落民はいくつかの階級、階層に分かれているが、全体として独占資本の搾取と圧迫をうけており、ひとつの社会的な身分階層として、部落差別から生まれる共通の利害と感情の絆で結ばれている。したがって、部落解放運動は、全部落民を包含するものであり、その中心となるものは部落の労働者・農漁民である」と運動の依拠すべき中心階層を規定しています。続けて、「要求項目」が四つの分野において五九項目にわたって提示されています。

ただ、「八四年綱領」も、大きく変化しはじめた部落差別の実態認識において、「六〇年綱領」や「三つの命題」の枠から突き抜けることはできず、要求項目では現実的な政策が部分的には提示されたものの、「三つの命題」の焼き直し的綱領にとどまったと思います。

《一九九七年綱領》

一九九七年の部落解放同盟第五四回全国大会で、綱領の全面改正が行われ、短い「前文」と一三項目の「基本目標」とで構成された簡素なものとなります。同時に、大会直後に中央理論委員会の名において「部落解放同盟基本文書（案）」が綱領の解説・補強文書として提示されます。「九七年綱領」は、従来の綱領とは趣を一変させたものです。

四〇〇〇字余りの「前文」では、「ふるさとを隠すことなく、自分の人生を自分で切り拓き、自己実現していける社会、人びとが互いの人権を認め合い、共生していく社会、われわれは部落解放の展望をこうした自主・共生の真に人権が確立された民主社会の中に見いだす」との展望を提示し、「わが同盟の組織は「人間を尊敬する事によって自ら解放せんとする」部落大衆の組織体であり、差別と闘うすべての人びととの連帯をめざす大衆団体である」と組織性格を明示し、「全国水平社の歴史と伝統を継承し、部落差別を糾弾し、人権施策の確立を求め、すべての差別と闘う。また、部落差別を支えるイエ意識や貴賤・ケガレ意識と闘い、差別観念を生み支える諸条件をうちくだき、世界平和と地球環境を守り、人権文化を創造する」とし、「われわれは自力自闘の精神を鼓舞し、「世界の水平運動」と「自主・共生・創造」の旗を高く掲げ邁進する」と運動の方向性を示しています。

「基本文書（案）」は、明治以降の部落差別解消過程と部落解放運動の重要事項にかかわって歴史的に概括したものであり、分析の基本的な視点が提示されていますが、結局、案文のままで成文化されることはありませんでした。

(2) 綱領変遷の概括的特徴

①伝統的階級史観にもとづく現状分析と展望提示

部落解放同盟へと改称した「五五年綱領」から「八四年綱領」までは、部落差別問題の存続根拠や問題解決への展望などを、若干の違いはあるものの基本的には伝統的な階級史観にもとづいて提示してきました。

比較検討を容易にするために一覧表にしてその特徴を概括してみます。

綱領	差別の存続根拠	実態の現状認識	運動性格と展望	運動の依拠階層
55年	■長い間の封建的身分差別と戦後アメリカ帝国主義による植民地支配・搾取	■失業と貧乏のどん底	■差別と貧乏の悪循環を断ちきり、そのどれい的生活から解放 ■民族解放民主革命の有力な一翼（「名称変更について」）	
60年	■身分差別と階級搾取 ■現在では独占資本とその政治的代弁者こそ部落を差別し圧迫する元凶	■屈辱と貧困のどん底 ■部落民は、今日なお居住・就職・教育・結婚などの市民的権利と自由が侵害	■部落の解放なくして民主主義はありえない	■部落解放運動は全部落民を包含するものであるが、その中心となるのは労働者、農・漁民
84年	■前近代社会から今日に至るもなお階級的搾取とその政治的支配の手段である身分差別	■屈辱と貧困と抑圧の中に呻吟 ■部落民は、今日もなお就職・居住・教育・結婚などの市民的権利と自由が侵害	■部落解放運動は、反核・平和と人権・民主主義のための広範な国民運動の一環であり、統一戦線の一翼	■部落解放運動は、全部落民を包含するものであり、その中心となるものは部落の労働者、農漁民

②従来の綱領体裁を大きく改変させた「九七年綱領」

「九七年綱領」は、従来の綱領において伝統的階級史観が色濃く投影されてきた「差別の存続根拠」や「実態の現状認識」にはふれず、「運動の性格と展望」を中心に記述され、大きく改変した体裁をとります。

一九八〇年代半ばから激変しつづける部落実態の現実、一九九〇年前後からのソ連邦の崩壊と東西冷戦構造の終《しゅう》焉《えん》、一九九六年の地対協意見具申で示された「特別対策から一般対策による同和行政の展開」という方向転換への移行期に直面して、部落解放運動の性格や展望を指し示すことによって、新たな部落解放運動の方向性を明示しようとしたところに特徴があります。

そこでは、一九九〇年前後から提起されてきた「第三期の部落解放運動」の方向性を体現しようとする綱領として、重要なキーワードが登場してきます。「自己実現」、「自主・共生」、「人権文化」、「自力自闘」、「世界の水平運動」等々です。

もっとも特徴的なことは、「部落差別を支えるイエ意識や貴賤・ケガレ意識と闘い、差別観念を生み支える諸条件」というかたちで部落差別の存続根拠を示し、従来の綱領で明示されてきた「階級的搾取」という表現が姿を消したことです。率直にいえば、ソ連邦や東欧社会主義の崩壊という事態を目の当たりにして旧来の階級史観に対する認識の揺らぎから生じた動揺的表現でした。そのような状況のもとで、部落解放運動が長い年月をかけて培ってきた経験知から、「われわれは部落解放の展望をこうした自主・共生の真に人権が確立された民主社会の中に見いだす」との方向性を提示しています。

ここで、もう一つ確認しておきたいことは、戦後部落解放運動の綱領では、若干の表現の違いはあれ、いずれも「民主主義」を部落解放運動の基本性格に位置づけていることであり、民主主義の実現のなかに部落解放の展望を見いだしていることです。

③「二〇一一年綱領」と「解説基本文書」で提起したこと

「二〇一一年綱領」は、二〇〇六年の一連の不祥事に対する深刻な反省から、部落解放運動の再生を図るために、運動や組織のあり方を抜本的に変革しようという問題意識から検討され策定されたものです。その意味では、「急場ごしらえの綱領」であり、水平社一〇〇年に向けた「過渡的な綱領」であるといえます。

別言すれば、水平社一〇〇年を契機として、部落解放運動の新たなあり方を大胆に確定していくための問題提起をした「綱領」であり、その問題意識が「部落解放同盟綱領解説のための基本文書」によく表れています。

第一の特徴は、社会主義のもとでのみ部落解放が達成できるとの旧来的伝統的な階級史観の暗黙の了解からの脱皮を図ることを念頭に書き上げられていることです。「解説基本文書」において、「部落問題の解決は、現在の日本社会の政治経済体制のもとでも原理的には可能であることを明確に踏まえることが、運動展開にとっては重要である」との認識がそれを示しています。この認識は、「民主主義のあり方と実現可能性」を中心に今後さらに理論的究明を要するものであり、真摯な議論が求められるところです。

第二の特徴は、部落差別の存続根拠を「階級的搾取」という本質還元論的な短絡的主張から脱却し、「社会意識」、「社会構造」、「人間存在の証明方法」などの側面から多角的に分析し、現実的な差別撤廃への具体的で総合的な課題を明示し、新たな部落解放論を再構築しようとしていることです。

そのことが、綱領において「現在の部落差別問題とは、自由と平等を原理とする近現代社会でも、前近代から引き続く長い歴史の中でつくられてきたケガレ観的浄穢思想、血統主義的貴賤思想、家父長的家思想などにもとづく差別意識やそれを温存・再生産する明治以降の新たな社会構造や法制度の下で再編された部落差別の存在によって、被差別部落に属するとみなされる人びとが、人間の尊厳や市民的権利（職業・教育・結婚・居住の自由などの基本的人権にかかわる根幹的権利）を不当に侵害されている許し難い社会問題である」との規定です。

第三の特徴は、前記の部落差別問題とは何かの規定にもとづいて、部落解放運動の性格を社会連帯実現の運動として押し出していることです。すなわち、「部落解放運動は、部落差別の不当性を糾弾し、排除なき社会参加をかちとり、差別・被差別の関係を克服していく社会連帯を実現する運動である」とし、「部落解放同盟は、差別を生み出し支える社会的背景を根本から改革していく闘いを推しすすめる。さまざまな差別の複合性や共通性に立脚し、あらゆる差別を許さない社会意識と社会構造をつくりだし、差別から自由な人間変革をかちとることによって、差別・被差別の壁を乗り越えた国内外の社会連帯と協働の力で部落解放の実現をめざすものである」としています。

第四の特徴は、従来の綱領のなかでは言及されることがなかった「部落解放が実現された状態」やそのための「条件」、その条件をつくりだすための「基本目標」をはじめて具体的に提示したことです。

すなわち、「部落解放が実現された状態とは、部落民であることを明らかにしたり、歴史的に部落差別を受けた地域が存在していても、何らの差別的取り扱いや排除・忌避を受けることなく人間としての尊厳と権利を享受し、支障なく自己実現ができる社会環境になることである」としています。

その状態をつくりだすための条件として、「人間としての尊厳と安心できる人間らしい生活の確保」、「人権の法制度の確立」、「人権教育・啓発の徹底による人権文化の確立」、「差別撤廃への必要な積極的是正措置をとることができる行政機構の確立」、「共生の権利の承認が根づいた地域社会・共同体の創出」を趣旨とする五つの条件が提示されています。

そして、そのような条件を実現していくために、紙面の関係で列挙することはできませんが、一三項目の基本目標が設定されています。もちろんこれらの基本目標は、今後の運動の進展のなかで、精査・加除していく努力が継続されることが必要です。

Ⅲ　水平社創立一〇〇年に向けた大胆な運動転換の議論

（1）激変した部落差別実態の精確な把握にもとづく運動展開

①部落差別実態激変の特徴と実相

部落解放運動の進展と同和行政の実施によって、部落差別の実態は大きく様変わりをしてきたことは事実です。一九八〇年代半ば頃には、「激変」といってもいいほどの様相を見せはじめます。生活環境の低位劣悪性は大幅に改善され、不安定雇用の就労と低所得という常態化した事態もかなりの改善が図られてきました。高校・大学進学率の向上にともない若年層を中心に安定雇用層が出現してきました。

このような変化は、ある意味では、部落差別の全体的特徴として語られてきた「差別と貧困」の一体化した状態が部分的な現象になりつつあることを示唆していました。このような変化の流れを受けて、一九九六年の地対協意見具申は、「同和行政における特別対策の終了と一般対策の活用による継続的展開」の新方向を打ち出してきたのです。

このことは、長年の部落差別の結果としての不利益な状態に対する積極的な是正という特別措置を終了して、差別撤廃に向けた一般施策の活用による同和行政を継続するというものであり、部落差別を温存・助長する原因を解決していくという政策転換へと舵《かじ》を切ったものだと理解しておく必要があります。少なくとも、運動体はそのような理解に立って、政策立案を図っていく必要がありました。

しかし、残念ながら、運動体も行政も新たな政策転換への真摯な対応ができず、「三三年間の特措法時代」の手法に拘泥《こうでい》した状態から抜けきることができなかったといえます。そのことが、二〇〇二年三月末の「特別措置法」失効後の同和行政の混乱や運動体の弱体化を引き起こし、二〇〇六年の一連の不祥事へとつながっていくことになります。

一九九六年の地対協意見具申による同和行政の政策転換の提言から二〇〇二年の特措法失効までの五年間の間に、部落差別実態の激変の実相は何かという真剣な分析とそれに対応する新たな部落解放運動の方向性を模索する大衆的作業を徹底的に行うべきでした。

現在時点から考えると、個人的には、その作業が脇におかれ、「部落解放基本法」や「人権侵害救済法」の制定という中央段階での法制定闘争に執着しすぎたきらいがあったのではないかという若干の自省もあります。

②日本社会の階級構成の変化と地域内階層分化への着目

今後の運動を展望するにあたって、部落差別実態の激変の実相を精確に認識するとともに、それにともなって着実に進行している地域内階層分化の実態に注目しておく必要があります。それは、部落解放運動の依拠すべき階層が何処なのかという問題にも直結し、求心力を持続させるための重要な指標になるからです。長い間、部落解放運動の中心になるのは地域内の「労働者、農漁民」層という認識が、今日においても妥当なのかということです。

橋本健二さんは、『新しい階級社会　新しい階級闘争—「格差」ですまされない現実』（光文社、二〇〇七年）のなかで、資本主義社会では「資本家階級と労働者階級への二極分化が進む」とするマルクス的見解は現実味を失い、現在社会では複雑な「重層的搾取関係」による「新しい階級社会」が現出していると指摘しています。すなわち、「「新しい階級社会」では、マルクスが指摘したように資本家階級が被雇用者全体を搾取する一方で、資本家階級とともに新中間階級が労働者階級を搾取し、さらには資本家階級とともに労働者階級まで含んだ正社員全体が、派遣社員・請負社員・フリーターなどのアンダークラスを搾取するという、重層的な搾取関係が成立している」と現代日本の階級構造を分析しています。その意味では、五つの階級が存在するとして、資本家階級（従業員が五人以上の会社や商店などを経営する人びと＝五・四％）、新中間階級（被雇用者のうち専門職、管理職、そして管理職につながるキャリアを持つ男性事務職の人びと＝一九・五％）、旧中間階級（自営で農林漁業や商工業などを営む人びと＝一六・三％）、正規労働者階級（資本主義社会の最大多数を占める人びと＝三六・七％）、アンダークラス（正規労働者階級の下に位置する非正規雇用の労働者の人びと＝一二・一％）をあげています。

このような日本社会の階級構成の変化にともない、部落内での階級・階層構成はどのように変化してきたのかをとらえておく必要があります。残念ながら、その全体像を明らかにできるような調査資料は存在しません。しかし、部分的な地域実態調査などの傾向から見えてくることは、貧困一色で塗りつぶされてきた部落の実態も、今日では「貧困層（下層）」「安定層（中下層）」「富裕層（中層・上層）」の三つの階層分化が生じてきており、「安定層（中下層）」のボリュームがかなりの率になってきていることはまぎれもない事実です。また、都市部落などにおいては富裕層・安定層の流出と一般貧困層の流入による人口移動が頻繁化しているところもあり、農漁村部落などでは若者流出の過疎化現象が顕著になっています。

この日本社会の階級構成の変化や地域内の階層分化の実態をさらに詳細に把握し、部落解放運動が依拠すべき階層と要求課題をつかみ取ることが喫緊の課題です。

③部落差別に固有の課題に対する精査と協働課題の整理

そのときに、部落差別問題を解決するにあたっての固有の課題は何なのかということと部落差別で苦しんでいる人びとと同様に、困難を抱えている他のマイノリティや貧困層の人びととの共通課題を整理し、部落解放運動が独自にすすめる闘いと他の困難を抱える人びとと協働ですすめる闘いのあり方を考えていく必要があると思います。

すなわち、差別の結果によってもたらされる不利益・困難な課題は、多くのものが他の人たちと協働で解決していくものが多いということです。就労・教育・福祉・生活などでは共通の課題がほとんどの部分で重なり合うことに着目していくことが大切であり、ネットワーク的な協働の闘いをすすめていくことが大事あり、「逆差別」的な意識を乗り越えていくために不可欠の取り組みです。

では、部落差別に固有な課題、別言すれば、部落解放運動が独自にすすめなければならない取り組みとは何かということです。それは、「部落差別する理由（歴史性・社会性）」と「歴史的集住性に特徴を持つ地域性」の二つではないかと考えます。そうであるとすれば、この二つの課題に対する闘いこそが、部落差別に固有の課題であり、部落解放運動の独自課題であるといえます。

「部落差別する理由」については、日本社会において「差別する論理」がどのように形成されてきて今日どのように機能しているのかということに焦点をあてた解明が必要であり、それをふまえた「部落差別をする論理」を解体していく取り組みが重要です。この取り組みなくして、部落差別問題を解決することは困難であり、「部落差別をされてきた起源と歴史」を語るだけでは決定的に不十分です。そのような研究成果のうえに立って、部落問題を解決していくための教育・啓発の中身をつくりあげていくことです。まさに、道徳教育や人権教育の充実した内容を創造していく大事な取り組みであると思います。

同時に、「部落差別する理由」によって、人間としての尊厳を奪われた差別被害者個人に対して「尊厳を回復」するための救済・支援システムを創出していく取り組みが重要になってきます。

「歴史的集住性に特徴を持つ地域性」については、部落差別問題が、長い歴史的過程のなかで、居住地域を限定され集住させられてきたという事実によって、地域と人が一体化して差別されてきたという特性です。これは、日本社会においてはアイヌ差別と共通するところがありますがその他の差別とは大きく異なるところです。今日においても「胸を張って故郷を名乗ることができない現状」をつくりだしてきているところです。

この現状を打破するためには、一部に存在するような「分散論」などによって集住的な部落の存在を消滅させることではなく、「部落」であっても差別したりされたりすることのない社会関係を創出していくことです。そのためには、「部落」を安心と安全が確保された快適な生活空間につくりあげていくことが不可欠であり、「人権のまちづくり」運動の展開が重要です。人権のまちづくり運動を持続可能なものにしていくためには、地域住民自身が参加と自治にもとづく地域経営に習熟するとともに、「まちづくり推進支援法」（仮称）制定などによる法制度を整えていくことも大切です。

（2）新たな運動展開への大胆な改革論議

①運動のあり方

今後の部落解放運動のあり方を考えると、部落差別に固有の独自課題を追求することを大切にしながら、外に打って出る協働課題を重視して社会連帯の土壌をつくりだしていくことが部落問題解決への重要な鍵になっていきます。

そのときに、部落内の階層分化をふまえた課題別・要求別の運動をつくりだしながら、それぞれの個別の課題・要求ごとに「外」とつながる協働化への運動のあり方を真剣に模索していくことです。

部落差別問題を克服していく戦略的課題として、「人権のまちづくり」推進運動、「人権教育・啓発」推進運動、「人権の法制度」確立運動を展開していくことです。

②組織のあり方

前述のような運動を展開していくには、従来のような中央集権的組織のあり方から脱却して、地域の独自性・創意性を重視して、地域を基盤にしながらも地域外の人ともつながりを強化していくネットワーク型組織（分節型統合組織）に転換していく必要があります。

同時に、「部落差別問題の克服を中心に社会連帯を実現する」目的に賛同する人は、誰でも参加することができる組織にしていくことが求められます。その場合の参加対象者は、部落内居住のあらゆる階層の人びと、部落外転出の安定層・富裕層の人びと、部落内転入の一般貧困層の人びと、部落外の一般共感層の人びとなどです。

あわせて大事なことは、過去のさまざまな経緯のもとで分断・分裂していった人たちを再統一していくことができる組織にしていく姿勢を鮮明にすることです。部落内の分断状況を克服していく取り組みのなかから、日本全体の社会的分断状況を克服していく反差別・人権の統一戦線を展望する嚆矢《こうし》的取り組みができる組織へと飛躍させることです。

③名称のあり方

このような運動と組織のあり方を思い描くと、組織名称のあり方も検討する必要があります。部落解放運動は、全国水平社（一九二二年〜一九四二年／約二〇年間）、部落解放全国委員会（一九四六年〜一九五五年／約一〇年間）、部落解放同盟（一九五五年〜現在／約六〇年間）と名称を変更してきました。

部落解放同盟という名称は六〇年以上にわたって使用され、社会的にも定着したものになってきており、個人的にも深い愛着を感じる名称です。しかし、新たな部落解放運動を展開するという断固とした意思表示を部落内外に示すためには、思い切って組織名称を変えるという勇断が必要であると思います。「名は体を表す」です。

個人的には、「水平的社会連帯の実現をめざす全国協議会」（略称「連帯」）などの名称が思い浮かびますが、今後の新しい部落解放運動を担うに相応しい名称論議を全国的に深めていく必要があります。

（3）民主主義の問い直しから部落解放論の再構築

①第三段階の民主主義の課題

部落解放運動は、「綱領」の変遷を見てもわかるとおり、一貫して「民主主義」を運動の根底においてきました。しかし、今日、「民主主義」が混乱した理解のもとで危機的な状況にあります。

はっきりさせておかなければならないことは、民主主義は「生成―発展―死滅」をたどる概念であるということです。民主主義の歴史は、古代ギリシア型民主主義（紀元前六世紀～四世紀）として生成した第一段階、近代西欧型民主主義（一七世紀～一八世紀）というかたちで発展した第二段階、さらに世界的な共通価値として発展を続け今日にいたっています。

問題は、自由と平等という民主主義の基本理念のもとに、不自由・不平等という現実的実態を不問にして、基本理念にもとづく法制度をつくりだしてきたが故に実質的な「差別」と「排除」をともなってきたこと、同時に権力関係を前提にした統治形態としての民主主義であるが故に必ず何らかの「抑圧」を内包してきたことです。古代ギリシアにおける民主主義は、市民団（戦士）の枠内だけの自由と平等であり「奴隷制に寄生した制度」であり、近代西欧型民主主義は、国民国家を前提にした国民の枠内だけの「自己責任にもとづく制度」でした。

もちろんこれらの問題は、時代の制約に負うところが大きいのですが、不自由・不平等の現実に対しては、民主主義の理念からの異議申し立てが常に行われ、自由と平等の実質化を図っていくという取り組みが続けられ、民主主義の内実を発展させてきたのです。これが民主主義運動です。部落解放運動は、その具体的実践の実行者です。

現在、民主主義は第三段階に入ってきているといわれます。すなわち、第二段階以降、自由主義との二人三脚でその概念を豊かに膨らませてきた民主主義ですが、「民主主義の欠損」ともいうべき衆愚政治、大衆迎合、寡頭政治、多数の横暴などという負の側面も散見されるとともに、二一世紀になって急速に進展するグローバル化社会、高度情報化社会、多文化共生社会などの事態に直面し、国民国家の枠組内の限界が顕現化してきています。

このような近代民主主義（第二段階の民主主義）の持つ問題点や限界を乗り越えて、もう一度民主主義の理念から新しい社会をつくり直していこうというのが、第三段階の民主主義といわれるものです。

②民主主義を貫く根本思想

第三段階の民主主義を考えるうえで、民主主義とは何かという根本思想・理念をしっかりとふまえたうえで、そこに立脚した今日的な民主主義のあり方を追求していくことが何よりも大事になってきます。その意味では、部落解放運動が果たしてきた歴史的役割は大きなものがあります。それは、部落解放運動が長年の差別との闘いにおいて、一貫して民主主義の根本思想を実現していこうとしてきた貴重な経験を持っていることです。

民主主義の本質は何かといえば、それは人民主権です。人民主権を成り立たせる前提の大原則は、人民間平等（人類平等）です。これが、民主主義の根本思想であり、理念です。

この根本思想・理念は、「人類平等の原則にもとづく共同の利害が目的」とする一般意志（ルソー）という考え方に立って、「自由の権利は平等の原則から必然的に出てくる」ものとして、「一般意志だけが民主主義の原則」として定義されます。

この根本思想・理念から、「平等の原則を侵害する自由の権利は制限される」という今日的原則を堅持すべきだと思います。部落解放運動は、みずからの闘いの体験を通して、「表現の自由は大切だが、差別する自由はない」というかたちで、民主主義の根本思想を主張し続けてきているのです。この根本思想に対する考え方が、民主主義と自由主義との決定的な違いであり、「平等観」における際立った相違です。

この相違は、今後の人権政策や福祉政策、教育政策など人間の生き方にかかわる政策において政策論争として現れてくることは必至であり、部落解放運動の揺るぎない立ち位置をしっかりと定めておく必要があります。

③民主主義の実現のなかに部落解放を展望

部落解放運動にとって、第三段階の民主主義運動の最先端を切り拓く気概を持って、真の民主主義を実現していくことによって部落解放を展望するという取り組みを推し進めていくことが歴史的・社会的役割であると思います。揺るぎなき反差別・人権確立の内実をつくりあげるのは、民主主義実現への道です。

その方向性を明確に設定するのは、水平社一〇〇年が契機です。それに向けて、綱領・規約の全面改正の作業に今から着手することが喫緊の課題です。

なお、本稿は、二〇一五年七月の第一回部落解放論研究会での問題提起をもとに加筆したものですが、紙面の関係がありますので、詳細は拙著『冬枯れの光景―部落解放運動への黙示的考察』上下巻（解放出版社、二〇一七年）をお読みいただきたいと思います。

以上

差別と人権　展望二〇一七

―部落解放同盟第七四回全国大会・部落解放同盟大阪府連合会第六四回大会が訴えた方向とは―

赤井隆史

はじめに

部落解放同盟の全国大会が二〇一七年三月に、そして部落解放同盟大阪府連大会を四月に開催しました。そこでの議論を説明し、私なりの意見を少し含めて報告したいと思います。

大阪はご存じのとおり橋下維新が登場して以降、部落解放同盟も労働組合ともども厳しい冬の時代を向かえています。大阪人権博物館も裁判になっていますが、大阪市内の部落では解放会館や隣保館といった公的施設が一斉になくなりました。これほどの変化がわずか七、八年の間に起こり、部落のまちの様相を急激に変えたのです。

われわれも、特措法時代のような状況がいつまでも続くとは思っていませんでしたから、公設置民営型の隣保館の議論をしたり、同和対策で採用された現業の公務員の改革をしようと議論してきたことも事実です。しかし、結局手つかずのまま橋下維新が出てきて、根こそぎつぶされたのです。このとき私は、早く決めてチャンスがあるうちに動かないと、ひどい目に遭《あ》うと痛感したことを覚えています。

「隗《かい》より始めよ」ということで、いろいろ議論はありますし、改革したあとのことはわれわれも心配ですが、九〇〇館を切っている全国の隣保館の改革も、どこかでふみ出さなければならない時代にきていると思います。

I　差別撤廃への「仕組みづくり」

二〇一六年一二月に「部落差別解消推進法」が成立しました。「部落差別解消」という文言が憲政史上初めて入った画期的な法律で、議員立法だからこんな名称にできたのだと思います。しかし、中身は正直スカスカで、差別に対する救済も、差別を禁止する規定も存在しません。でも、国として部落差別は許されない社会悪であると謳《うた》った理念法ですので、部落解放同盟もそれなりに評価をしました。

ただし、部落解放同盟への補助金の復活とか、同和対策華やかしいころのような要求をするところも一部には出てきており、運動内に同床異夢のような状況が生まれています。この法律をめぐって過度の期待をすることがないよう、全国的に整理をする必要があります。ただし、法律があるかないかでいえば、あったほうがいいわけで、この法律を活用することが非常に重要だと思います。

またなにが人権侵害にあたるのかの判断について、第三者機関でやられると自民党は嫌なわけで、これに対しては反対するところに自民党の本質が見えると思います。そして憲法改正へのリスクヘッジ、つまりこの間の障害者差別解消法、ヘイトスピーチ解消法、部落差別解消推進法をつくって、同時に憲法改正をやろうとしているわけで、素直に喜ぶばかりではなく、こういった点も危惧しないといけないだろうと思います。

では、その課題を認識したうえで、われわれ民間としてはなにができるのか。一つにこの間、在日コリアのメンバーなどともずいぶん議論をしたうえで、人種差別撤廃サポート基金を立ち上げました。大阪で五〇〇万円の基金をつくり、人権侵害に遭われた方の裁判費用などの助成といった「救済」をしようというものです。今は大阪だけですが、これを全国的な取り組みにできればいいと思っています。これは部落差別解消推進法の民間での補完的な運動のひとつです。

二つには、差別を「規制」する条例の制定です。先日、福岡県議会で、知事が条例の検討をするといったようですが、こういった動きにも注目しながら、大阪でも法律を補完する条例の申し入れをやっています。

三つには、被差別当事者の「ちからあわせ」です。現在、先ほどあげた三つのマイノリティの法律ができましたが、このあとLGBTとアイヌの法律の議論があります。これはよく考えたら個々の違った法律であって、マイノリティの乖離政策だという人もいます。ただ、これらの法律を並べて見れば、人権侵害の救済もなければ、差別の規制もないわけで、今後の課題は一致しています。これでお茶を濁《にご》されないよう、ネットワークを組んで、法律の充実・強化を求めていくような運動を展開しないといけません。一九七〇年代に狭山事件で労働組合と共闘してきたように、二一世紀の新しい運動としてマイノリティ間の連携が、われわれの時代には求められていると思います。その仕掛けづくりが必要です。

Ⅱ　まちづくりへの挑戦

部落の実態調査は、本来ならば行政がすべきだと部落差別解消推進法にも書いてあるのですが、自分たちでも地域の現状を把握しようということで、二〇一七年に入って大阪府連をあげて実態調査をやりました。この「生活と暮らしのアンケート調査」に答えてくれた協力者は、全体で五〇〇〇世帯を超えました。ただこの数字は、五〇〇〇世帯のうち四〇〇〇世帯が協力してくれた支部があれば、五〇〇〇世帯のうち三〇〇〇世帯の回収率という支部もあり、部落の現状のすべてを表しているわけではありません。しかし、部落解放同盟に期待をして協力してくれた世帯が、大阪四七地区のなかで五〇〇〇世帯あったと見ていただいたらいいと思います。

このアンケート調査でわかるのが、一つは六五歳以上の高齢化率が五六・五％と高くなっています。ご存じのように大阪は都市型部落ですので、環境改善にもちいた手法は公営住宅政策を採りました。このことによって、今はもうマンションのような立派な住宅ですが、応能応益の家賃制度によって働き盛りの若い世代や所得の高い人は住めなくなって、部落から出ていかざるをえません。そのため高齢化率も、大阪全体の高齢化率とは比較にならないほどきわめて高くなっています。ひとり暮らし世帯も四三・七％とこれもきわめて高く、当然のことながら高齢者のひとり暮らしも多くなっています。

次に居住年数を聞きました。生まれたときから部落に住んでいると答えたのが三一％、そして転入者は四〇・五％を占めています。転入者は、同市内ではなく市を超えて入ってきていると思います。ただこの数字も、大阪市内の部落ではもう少し高くなっていると思われます。

そして次にありがたい数字ですが、ここに住み続けたいと答えた人が七二・七％と、これはどの部落でも高い数字となっています。部落解放同盟のアンケートに協力してくれた人という限定はあると思いますが、ここにわれわれがやっている運動の可能性や希望が見えたように思います。

生活保護率は一〇・五％で、これは地域差がありますが、驚いたのは、収入二〇〇万円未満が四七・一％いるのです。これは高齢化率が高いので、おのずとこうなったのだと思いますが、つまり部落は高齢化、貧困化しているのです。逆に見るといくら年を取ろうが、貧しかろうが、厳しい生活をしていても地域を離れたくない、住み続けたいと思う、ここに部落のいいところがあるのかなと思いました。五〇〇〇世帯の調査で何がわかるのか、といわれるとそれまでですが、調査をして見えてきたのはこういう実態です。

ここにもう一つ深刻化しているのが、部落の空洞化の問題です。公営住宅政策を採ったときに、これまで商売をしてきた人のために、一階部分に店舗付き住宅をつくってきましたが、いまはどこもシャッターだらけです。同時に部落のなかにたくさんあった公的施設が閉鎖され、柵で入口を封鎖されています。また、松原市には屠場がありましたが、これも閉鎖されて二年が経過しました。松原支部は圧倒的に食肉関連の従事者が多かったわけですが、屠場の火が消えてしまい、まちは厳しい時代を向かえています。そして、行政が手のひらを返したような態度を取るようになりました。とくに今問題になっているのは、同和奨学金の返還問題です。同和奨学金は最後の五年間、給付から貸与制になりました。そのときにわれわれは大闘争をやって、「実害のない措置」を勝ち得ました。これは貸与された奨学金の返還を免除するという措置です。このとき大阪府は府議会にかけて承認を得ましたが、大阪市は怠慢で、議会に諮らずに要綱というかたちで対処しました。これが今、この要綱は無効だとして当時の奨学生たちに返還を迫っているのです。われわれはこれは不当だとして、今裁判に打って出ています(注)。ただ、大阪府連も当時は返さなくてもいいと説明してきましたし、行政のほうからも同様の説明をしてもらい、奨学生を部落解放運動に結集させてきた経緯があります。裁判の結果がどうなろうとも、なんともいえない、われわれも反省させられるような閉塞感を持ちます。

また、各支部幹部に対する住民の態度も変わりました。正直、今、誰が支部長をやっているのかわからないという住民が多くなりました。これらのことを、私は部落の空洞化というふうに表現しました。

新しく公営住宅の空き家に入ってくる新住民は、今までの歴史的経過を継承してくれません。そのため、自治会に入るとか、まちの取り組みに参加するとか、月一回の清掃に出てこないというモラルを守らない人も現れています。入ってくる人がいるということは、出ていく人がいるわけで、それが実態調査でもふれた若い層になっています。

社会的排除が集中しているまち、それが部落といわれていますが、社会的困難をかかえた人びとを寄せつける部落の磁場とは何でしょうか。アンケートでは七二・七%の人が住み続けたいといっているわけで、その理由として考えられるのが、①公営住宅政策を採ったことで低所得者の人が住みやすい、②隣保館や支部事務所など気軽に悩みを聞いてもらえるところがある、③部落には多くの社会福祉法人やNPO法人があることから、身近なところにサービス提供者が存在している、ということではないでしょうか。こんな人の痛みがわかる地域、決して排除しない包摂型地域が、社会的困難をかかえた人を引き寄せているのだと思います。

では、厳しい実態や困難という現実をどう変えていったらいいのでしょうか。これには、自分たちで雇用をつくりだし、ムラを変えるという発想が必要だと思います。これまでは、同和対策などで公務員採用をして、その公務員が現場の隣保館や同時に支部事務所を運営するという方法が採られてきました。しかし、反動化した行政においては、辞令一枚で異動せざるをえません。そうなると自分たちで自前の専従者をかかえて、自前の事務所を持って運動していかなくてはなりません。しかし、部落解放同盟中央本部も大変な時期に、とてもじゃないけど一つの支部が数人の専従をかかえて運動を回していくことは厳しいと思います。

そこで公と民の間にある考え方、営利を目的としないけれど、社会的課題に取り組むNPO法人や社会的起業を立ち上げ、みずから雇用をつくりだそうと提案したのが「一支部一社会的起業」というスローガンです。今やっているのは、認定NPO法人ふーどばんくOSAKAの実践であり、新たなNPO法人など社会的起業の立ち上げを推進・支援する(株)HRCコンサルティングを東大阪市に設立しました。また、部落の一六の社会福祉法人からなるネットワーク組織「つばめ会」を発足しました。次にしたいのは、二〇を超える部落のNPO法人のネットワーク化です。

こういう方針をあげると、運動と事業の分離は大原則で、部落解放運動は事業に手を出すなと批判されそうです。たしかにそうかも知れませんが、しかし、もうなにもせずに箸と茶碗はついてきません。自分たちで雇用をつくりださないと、とてもじゃないけれど今の時代を生き抜くことはできないと思います。だから、今、大阪府連の職員の多くは、国の公的な事業を調べて、企画書を書いてエントリーするという仕事をしています。五〇〇万円や一〇〇〇万円の事業を取って、厳しい部落の実態をどう変えようか、日々努力しているところです。

Ⅲ　ひとづくりへの挑戦

若い世代を見ていると、二四時間・三六五日部落解放運動オンリーという人はもういないと思います。私の子どももいろいろなグループを持っていて、中学校のときの友だちのグループがあったり、趣味のサークルのグループ、大学のときのグループ、そのなかの一つとして部落出身というグループがあります。自分が部落に生まれ育ったということをあまり意識せずに、自由に生きていますが、ひょっとしたら結婚のときにお父さんの職業がバレるかも、ぐらいの不安はあるかも知れませんが、ずっと悩んでいるかといえばそんな時代ではない気がします。若い人のなかには部落のアイデンティティがつねに真ん中にありません。そうするとこれからの運動は、「子育て、教育」「仕事、働き方」「暮らし」などのキーワードを軸に、「ひとにやさしいまちづくり」を約束事として、イベントやフォーラムのような仕掛けがつくれないかと思っています。今、青年部から三〇代の子を中心に、教育の討論会や食品ロス問題など、いくつかのイベントを部落解放同盟を名乗らずにやっています。いろいろなテーマで輪が広がってきていることは確かです。

東日本大震災の被害について、今村雅弘復興相が「まだ東北でよかった」と発言して辞任しましたが、その後その発言に関連して、Twitter などのSNSで「#東北でよかった」などのハッシュタグつきのつぶやきが次々と投稿されています。ハッシュタグ（#）をつけることで、共通の話題として盛り上がるらしいのですが、こういうような発想を部落解放運動にも試みてはどうかと思います。部落ならではの良いところを伝え、輪を広げ、発信していくという仕掛けが、魅力ある部落解放運動ではないでしょうか。

どういうことか補足をしますと、『週刊朝日』に橋下徹市長の出自の問題が書かれたとき、部落解放同盟は糾弾に取り組みました。また土地差別調査事件のような、デベロッパーが部落の土地を調査し、差別的な報告をしていたことに対する糾弾や、最近では鳥取ループ・示現舎裁判に取り組んできましたが、どうも若い子があまり怒りや共鳴を示さないのです。なぜなのかは、差別が見えにくくなっているのか、私たちの伝え方の問題かも知れませんが、出自が暴かれるという差別に対して怒らないのです。

そのかわり、部落解放全国青年集会などにいくと思うのですが、若い子は非常に仲がいいのです。大阪の子もみんな仲がいいし、出会ったらすぐにＬＩＮＥの交換をして、まったくケンカをしません。それで何を話しているのか聞いてみたら、さいぼしがおいしいとか、〇〇部落のおでんはおすすめといった食文化の話や、おまえの部落は何があるとか、うちの部落はこんな文化があるとか、要するに郷土に対して非常に愛情を持って交流しているのです。「生活と暮らしのアンケート調査」の数字と同じで、やっぱり若い子らもこれからも部落に住み続けたいという意識を持っているのだと思いました。

ではそれを、部落解放同盟のような強面で闘う集団ではなく、むしろネットワーク化してあげたらもっと違う力を発揮して、部落の良さを発信するのではないかと思うのです。水平社の時代のような露骨な差別が日常的にある世の中とは違ってきているわけですから、もっと緩やかで、もっと約束事が低い運動が、若い世代の運動になってくるのかも知れません。

そうすると、部落解放同盟のような綱領と規約で若い世代はついてくるのかと考えたとき、現実の問題として、抜本的な見直しが求められてくるのではないでしょうか。

一方で、出自を暴かれるという部落差別は、部落外に住んでいる人のほうが敏感に感じています。二年ほど前に中学校の同窓会をやったのですが、私は西成ですから、中学校の生徒はほぼ部落の子です。約一〇〇人集まったうち、今も部落に住んでいたのは私を含む一〇人ほどでした。そうすると約九〇人は部落から出て生活しているのですが、心配事は子どもの結婚です。何人かが私のところにきて、「実は娘に（部落の出身を）いうてないねん」「相手の親に告げたほうがいいのかな」「自分の嫁にもいうてない」と非常に気にしています。親が部落に住んでいるから、身元調査をされたらすぐにわかるわけです。このときに思ったのは、部落から出ていっている人のほうが差別に敏感で、部落に住んでいる人は鈍感だということです。それがムラのありがたさかも知れませんが、今、部落外に住んでいる人にとっては、暴かれる可能性のある差別なのです。

しかし、部落解放同盟の綱領・規約を見たら、部落から出ていった人をネットワークできるようにはなっていません。規約上は可能かも知れませんが、地域に根差した組織ですから現実的には無理です。この出ていった人たちと連携できないかと思っています。つまり、部落問題に悩む人の圧倒的多数は部落外にいるわけで、ここととつながれるような組織にしないと次の運動を担う勢力はつくれません。

まとめにかえて

部落には貧困と社会的排除が渦巻いています。この問題には、NPO法人や社会的起業で雇用をつくりながら、地域の人が少しでも幸せに暮らせるような事業に取り組むことです。

また、部落の困難者を助け合うための〝共済〟や〝生協活動〟と、地域を元気にするための〝まつりごと〟という三位一体の活動が求められています。

同時に、差別と闘う部落解放同盟型組織と、緩やかにつながるネットワーク型社会運動、加えて共済型地域助け合い運動という三つの仕掛けが求められています。そして部落外に出た人たちとつながれる部落解放運動も意識しないといけません。この三つの仕掛けを、今一つでやっている部落解放同盟がどう分離してやっていくのか、もしくは一つの組織で三つの仕事をかけもちながら、部落解放同盟を名乗るのか、水平社一〇〇年を迎える二〇二二年までのあと四年でこの問題に答えを出さなくてはなりません。
いろいろなことは議論しながら進めますが、タイミングを逸したら運動は停滞すると最初にもふれた通りです。さまざまな人たちのお知恵も借りながら、実行していきます。

注

奨学金裁判については、二〇一七年五月、被告当事者一七名に対し、返還期限を迎えた奨学金総額並びに遅延損害金の支払いを命じる不当判決が出され、一七名は即座に控訴を行い、第二回控訴審公判において裁判長より和解協議が提案されました。双方弁護団による協議が進められ、和解協議をふまえた一七名の被告当事者による集会を開催するとともに、裁判の和解をふまえた「府連見解」を発信し、被告当事者の生活破壊を防ぎ、支援する「カンパ」を提案し、取り組みました。

奈良県連がめざす「両側から超える」部落解放運動とは何か

伊藤 満

はじめに

部落解放運動の方向性についての部落解放同盟奈良県連合会（以下、奈良県連）の議論は、一九九七年に「両側から超える・第一部」としてB５判八頁、一九九九年に「両側から超える・第二部」としてA４判二五頁にまとめてきました。第二部については単なる学習資料ではなく、奈良県連の機関会議でも提起をし、実はそれほど活発な議論にはならなかったのですが、合意を取ったかたちになっています。ただ、奈良県連としてこれを承認したからといって、現実の運動がそう変わったわけではなかったのです。そこで同盟員にもっと理解をしてもらおうと、二〇一五年三月に、数人で執筆を分担し、検討を加えて出したのが、『討議資料テキスト「両側から超える」部落解放運動を進めるために』です。

このテキストで、二〇一五年に奈良県連組織内でかなり議論をしました。たとえば奈良県連の幹部研修会や、市町村単位の協議会で学習したり、こちらから各支部に出向いて議論をしたりしました。

二〇一六年の部落解放研究第五〇回全国集会（奈良大会）で、地元報告をしましたが、一時間の報告の半分を「両側から超える」について話をさせてもらいました。「両側から超える」は、奈良県連がどんな運動をめざすのかという内容でまとめていますが、部落解放同盟全体への問題提起を含んでいます。具体的な取り組みなどは奈良県連について書いていますが、全国的にも取り組みの参考にしてもらえればとの思いを持って書かれたものです。

Ⅰ　「両側から超える」部落解放運動議論の背景

まず、この議論を行った背景ですが、一つ目は、県内においては先行して部落史の見直しが行われてきたということがあります。上野茂さん（元全国隣保館連絡協議会会長）や奈良県連前書記長の辻本正教さんの先行研究をふまえて、奈良県同和問題関係史料センターの「奈良の部落史」の研究のなかで、従来の見方を変えるべき点が明らかになってきたというのが、「両側から超える」の背景のひとつになっています。

二つ目に、二〇〇二年に一連の特別措置法が切れ、「第三期の部落解放運動」というような新しい方向性を明らかにする必要があったからです。実はもっと以前から糾弾闘争、行政闘争に続く「第三期の部落解放運動」を明らかにする必要が意識され、その内容について「共闘の時代」という提案や、「支部自慢・ムラ自慢の運動」の展開だという提起がされましたが、なかなか全体の方針とはなりえませんでした。結論からいうと、「両側から超える」でも、今後の運動の柱を共同闘争とまちづくり運動であると考えており、基本的な方向は同じだと思っていますが、なぜそうなるのかについて十分議論されなかったと思います。

私は四〇歳まで桜井市の隣保館に在職し、その後奈良県連に入りました。「両側から超える」の最初の議論には参加していないのですが、奈良県連に入る前から部落解放運動の問題点を強く意識するようになっていました。たとえば、地域のなかで隣保館の重要性が強調されていましたが、「お隣りがゴミ出しの日を守らないから隣保館が何とかしてくれ」とか、「放し飼いの犬をつかまえてくれ」など、本来自治で解決すべき問題を、行政責任のようにとらえて要請されることが多かったのです。

地区改良事業で公園ができても、行政責任として、公園の草刈りや掃除を行政の職員に求め、自分たちが使う地域の公園を自分で管理するということにはなっていませんでした。加えて、行政に要求してもモノが取れる時代ではなくなると、部落解放同盟から離れていく人が出てきました。最近では高齢化の問題が指摘され、若い層が部落解放運動にかかわってこなくなりました。すべてが部落解放同盟に原因があることばかりではありませんが、運動から離れる人が顕著になってきました。

ところが、そういう状況を前にしても、運動方針の根本的な議論が起こってきませんでした。「両側から超える」をまとめるときに感じたのは、部落解放同盟の多くの人がどう考えていて、どう変革していきたいのか、議論がないのでわからないのです。個々の取り組みを進めるのはわかりますが、方向性としてどこをめざしているのかがよくわからず、推測しながら書いている部分が多くあります。

三つ目に、二〇〇六年に京都・大阪・奈良で部落解放同盟の不祥事が起こります。奈良での不祥事は、部落解放同盟奈良市協の役員で古市支部の支部長が病欠で八年間働かずに給料をもらい、スポーツカーで市役所に行き、行政職員に圧力を加えたという事件でした。本人からすると、診察を受け、薬も飲み、診断書を出して病欠しており、合法的に職員としての権利を行使したという言い分もあるわけですが、問題になったのは、このような個人の倫理観の背景に、部落解放同盟の体質があるのではないか、ということでした。この総括はかなり真摯に行いました。外部識者による「提言委員会」を組織して、十数回にわたる議論をお願いし、この事件に対する考え方だけでなく、部落解放運動のあり方や、部落解放運動と行政の関係のあり方などについて議論をしていただきました。部落解放同盟の「告発主義」的な傾向、部落差別を絶対化する傾向がこういう事件に象徴的に表れていたと思っています。

こうした経過を経て「両側から超える」は議論されてきました。

Ⅱ 「両側から超える」部落解放運動のポイント

(1) 部落史の見直し

一九八〇年代から奈良ではすでに、「両側から超える」の端緒となる部落史研究が進んでおり、先に述べたように、下之庄《しものしょう》歴史研究会の上野茂さんの「異能者論」や、奈良県連前書記長の辻本正教さんの「ケガレ」の研究などが行われています。こうした研究を反映して一九九一年には奈良県教育委員会編集の『同和教育の手引き三四集』が発行され、そこでは「「部落史の見直し」と教育内容の創造」というテーマで特集が組まれています。

①政治起源説から社会起源説

歴史観の見直しの一つは、「政治起源説から社会起源説」についてです。これは近世政治権力創出論の見直しで、被差別部落は徳川幕府がつくりだしたものではなく、中世にはすでに被差別部落として集落を形成していたことが確認できるということです。つまり、被差別部落は政治権力によって突如つくられたものではなく、社会のなかで生まれ、民衆のなかで異なる存在ととらえられ、畏怖され、忌避、排除されてきた、そしてそのような状況を政治権力が制度的に追認し、利用したと考えるべきだということです。こうした考え方を、政治起源説に対して社会起源説と呼んでいます。

このことは、被差別部落に対する差別は、政治権力の問題であると同時に、民衆のなかにある差別意識の問題であり、これに対する研究や取り組みが必要だということを意味します。

社会起源説というと、行政責任をあいまいにすると考えられがちですが、一つ目は、憲法に保障されている法の下の平等や、最低限度の文化的生活を保障しなければならないということ、二つ目には、明治四（一八七一）年の「解放令」によっていきなり職業的特権を剥奪され、税を課すことによって、過酷な生活を強いられてきたという経過があります。とりわけ松方デフレ以降、被差別部落の生活はいっそう深刻になったのですが、このことについては行政責任が問われなければならないと思います。

②「悲惨史観」の克服

二つは、いわゆる「悲惨史観」「貧困史観」の見直しです。被差別部落は形成されてから現在まで、ずっと貧困であったわけではないということです。このことは、貧困と差別を分けて考える必要があるということを示しています。

③「格差是正による差別意識解消論（以下「格差是正論」）」の誤り

三つは、「格差是正論」の誤りです。これに関連するのが一連の特別措置法による同和対策事業三三年間の総括ですが、同和対策審議会答申は、実態的差別が心理的差別を生み、したがって実態的差別がなくなれば心理的差別はなくなるととらえています。私たちはこれを「格差是正論」と呼んでいますが、現実はそのような結果にはなっていません。環境面が大幅に改善されたにもかかわらず、差別はあいかわらず根強く存在しています。本来、差別は「する側」の問題であって、「される側」の状況がどうであるかに関係なく行われるものです。三三年間にわたって行われた同和対策事業は、差別的政策によって劣悪な状況におかれた被差別部落の生活を改善するためには大きな意義がありましたが、差別意識の解消をもたらすものではなかった、ということになると思います。

（2）差別とは何か……差別論

①自尊感情と差別

「差別とはどのようなものか」ということついて、部落解放運動内での理論的な蓄積はさほど行われていません。社会学や社会心理学の差別論を調べてみると、部落解放同盟内で議論できるほど簡単にまとめている人はいないのです。そこで乱暴なのを承知のうえで、非常に単純化して次のようにまとめてみます。

自尊感情という言葉は、自己肯定感とか尊厳値という言葉とほぼ同じ意味で使います。人は自尊感情なしでは生きることはできません。人が何らかの理由で劣等感を抱いたときに、自分より劣ると思われる他者を見下して劣等感から回復する必要があります。こうした行為が差別であるというように考えることができます。

生きるためには自尊感情が必要で、それを維持するために差別が必要であるとするならば、差別は「必要悪」かという話になります。差別はそれほど人間の生活から切り離しにくく、その差別をなくすためには日常不断の努力が必要であるということになります。

また、序列的な価値観のなかでは、劣等感が生じやすく、つまり差別が生じやすくなるという背景があります。今日の新自由主義の状況のもとでは特にそうです。

自尊感情がしっかりとしていて、容易に劣等感に陥ることが少ない人ほど、差別を必要としません。また多様な価値観が認められる社会であるほど、序列的でないために劣等感を感じることが少ないのです。つまり差別に頼る必要が少なくなれば良いと考えることができます。これが私たちが、多様性を承認する社会をめざさねばならない理由です。

「代償行為としての差別」として昔からいわれていることですが、人権教育のなかでは、すでにこうした視点から、自尊感情の大切さや「多様性の承認」が重要視されています。

②差別の連鎖

さらに、ここから次のような疑問が生じます。自尊感情が傷つけられるほど差別に頼らざるをえなくなるのであれば、差別され、自尊感情を傷つけられている被差別部落の人びとは差別を必要とするのではないか、ということです。残念ながら、そういう現実が確かにあると思います。被差別者同士が蔑《さげす》み合う現実、差別の連鎖という状況があり、反差別運動が他の差別の課題を軽視し、抑圧してしまう危険性もすでに指摘されているところです。

(3) 部落差別の特徴……部落差別論

部落差別を考える際に、差別とはどのようなものであり、そのなかで部落差別はどのような特徴を持つのか、あるいは部落差別を考えるなかで、差別一般に普遍化できる内容は何なのかを考える必要がありますが、私たちの議論はなかなかそのようには進んできませんでした。

今述べた差別論のうえに立って、部落差別とはどのようなものかということを考えたとき、部落差別は、村落共同体の成立のなかで生じてきたといういわゆる「共同体論」、そして「ケガレ意識」、「境界論」といったアプローチで部落差別を解明する必要があると思います。ただし、私たちは差別をする人たちが、このような難解な問題を理解して差別していると考えているわけではありません。部落に対する差別意識がどのようなものであるかということを把握するために、この点を解明しなければならないと考えています。

(4) 運動の方向について

次に運動の方向についてです。部落差別は、もともと地域共同体を単位とした差別であるということは承認いただけると思います。だから部落解放運動も被差別部落の支部を基本として運動を展開しているわけです。先の差別についての検討のなかで述べた「個人」を地域共同体におき換えて考えたいと思います。日本社会のなかの個人は、共同体への帰属意識によって支えられている部分が大きいといわれます。つまり、個人の自尊感情を保持するために、地域共同体の自尊感情、つまり「地域アイデンティティ」の確立が重要となると思います。

①部落解放のイメージ

まず、部落解放のイメージについてですが、部落解放同盟は二〇一一年の綱領改正で、明確に従来の体制転換による部落解放から、現体制での部落解放という考え方に転換しています。私もこれに賛成で、人びとは独裁体制を含むような社会変革を望みませんし、社会は議会制民主主義を通じた漸進的な改革によって変化していくと考えます。それを社会民主主義と呼ぼうが、組織された資本主義と呼ぼうが、あまり関心はありません。そういう社会のなかで、不断の努力によって少しずつ差別が小さくなっていくような、差別解消のイメージを持つべきではないかと思います。

そうすると、少しずつ差別がなくなっていく長い期間に、被差別部落の人びとは差別に抗いながらどう生きるのかということになります。そこで「地域アイデンティティ」が重要になります。自分の住む地域に誇りと愛着を持ち、それを心の拠《よ》り所として、差別に対峙《たいじ》する、あるいは部落外の人たちと共同の取り組みを展開することができるのではないかと思います。奈良県連では、その「地域アイデンティティ」を「差別の痛みを知る、人に優しいまち」という言葉で表し、相互扶助、社会的包摂、自治と自己決定の共同体をめざすまちづくりに取り組みたいと考えています。

②社会の動向とまちづくり

しかし、こうしたまちづくりは何も被差別部落だけに必要なのではありません。今、社会全体において「共同体の空洞化」が進み、人間関係が希薄になり、個人が孤立することによって、不登校、引きこもりなど、さまざまな社会問題が生じています。

特に共同体への依存度が高いといわれてきた日本社会では、「共同体の空洞化」によって依拠するところを失った個人が、みずからの存在意味を見失ったり、社会規範を逸脱する危険性が高いといわれています。共同体には、共同体規制といわれる制裁や、排除がともないますが、そうした排除的傾向に注意しつつ、「共同体の再生」を模索すべきではないかと考えています。

奈良県では毎年開催している人権・部落解放研究集会で、こうした問題を取り上げてきました。たとえば、自立生活サポートセンター「もやい」の湯浅誠さんを二〇〇八年一〇月に招いて基調講演をしていただきましたが、その年の暮れに、湯浅さんのいう通り大量の「派遣切り」が行われ、年越し派遣村が開設されました。湯浅さんは、「社会の溜《た》め」がなくなり、たった一回の失業でホームレスにならざるをえない状況が生まれていると語られています。「社会の溜め」がなくなるというのは、まさしく「共同体の空洞化」を指しています。

近年、生産年齢人口の減少によって、不況が慢性化し、税収が減る一方で、高齢化によって福祉に関する費用が膨らみ、財政危機が慢性化しています。国は「地方分権」の名のもとに、その負担を地方に転嫁しようとしています。しかしつまるところ、行政施策のみでは地域社会を支えきれなくなり、住民の自助、共助に頼らざるをえなくなります。

こうした経過のなかで、地方の比重が高まり、地域の取り組みが重要になっています。まちづくりを積極的に担うなかで、地域アイデンティティの確立をめざすとともに、被差別部落の生活擁護に責任を持って対応することが部落解放運動の使命ではないかと思うのです。

Ⅲ　まちづくりの具体的展開

以上のような問題意識に立って、どのように「まちづくり」を展開するのか考えます。

①生活課題に対応した取り組み

まず、「相互扶助の共同体をめざす」という観点から、被差別部落住民が直面している課題に対する取り組みを行わねばなりません。

高齢者にかかわる取り組みとしては、配食や昼食サービス、高齢者世帯の見守り活動があります。また、大型店舗の出店によって近所の個人商店が淘汰《とうた》され、「買い物難民」になっている高齢者に対応する必要があります。

子どもや子育て世帯にかかわる取り組みでは、各支部に「子ども食堂」の展開を呼びかけており、現在一二支部で実施しています。奈良県では従来、解放子ども会活動をベースとして児童館が建設されてきました。しかし、行政施策化することによって、地域の子どもたちへのかかわりが職員に限定され、歳月とともに活動が形骸化し、一般の学童保育と同様の内容になっています。

地域アイデンティティという観点からすると、地域の人たちによって担われる活動が介在してこそ、子どもたちのなかに、地域に守り育てられてきた、という意識が育まれ、大人になってからそれを地域に返す、という循環が可能になるのだと思います。そのような観点からも、単に行政施策を引き出せばこと足りるというものではありません。

昨今、若い世帯が孤立して子育てを行わねばならず、かつてのように同居家族や近所の人に助けを求められる状況にはありません。また、ひとり親家庭や「こどもの貧困」にかかわる課題もあり、子ども食堂は子育て世代と接触し抱えている課題を引き出すには、格好の活動だと思います。ひとり親家庭、特に母子家庭に、子どもに野外活動を体験させたいという要望が多く、夏休みの野外活動を行った事例もあります。

②自治の強化

奈良県内の比較的人口の多い被差別部落は、明治前後から草場権に関連した産業が起こり、従事者が外から流入してきた経過があります。産業の発達とともに、人口が増え階層分化が起こりますが、こうした経緯が業主への依存を強め、自治機能を弱体化させたのではないかと思われます。

行政的にいえば地区を代表する機関は自治会であり、自治会との連携なしに地区の事業を進めるのは困難になっています。かつては同和対策事業が部落解放同盟への結集軸となり、地区世帯の過半を占め、地区の方向をまとめることができましたが、今日では自治会との協力関係なしに、めざすまちづくりを実現することはできません。

もとより「自治は民主主義の学校である」といわれるように、自治活動を通じて住民が地域の意思決定に参加し、その実現のためにみずから努力するということをめざす必要があることも意識したいと思います。そのことが、部落解放運動の「告発主義」的傾向の克服につながるのではないかと思います。

③地域史の共有と伝統行事の復活

地域アイデンティティにとって地域史を明らかにすることは重要です。地域の先人達が苦労してムラをつくり営んできたわけですから、その歴史のうえに私たちが暮らしているということを実感できるようにしなければなりません。これまでの取り組みのなかで発掘されてきた歴史を活用し、地域史の共有を図る取り組みが必要です。その際、語る歴史が「悲惨史観」「貧困史観」に偏らないよう配慮する必要があります。

また、秋祭り、大とんど、盆踊りなど、地域の伝統行事の復活や、住民を結集できるような新しい地域行事の実施などもアイデンティティ形成には有効だと思います。

このことと関連して、自分が差別を受けているということを知らない被差別部落の若者が増えているという問題があります。かつては補充学級や家族、地域の年長者から聞いて自分の立場を知ることができましたが、現在はそのような状況にはありません。差別事件で初めて部落出身であることを知る、ということが起こりかねないのです。

個人情報の問題や、親からのクレームの可能性があり、従来のように出身者の被差別の認知を学校が中心になって担うことは困難になっています。また地域アイデンティティにかかわる問題を、学校だけに委ねておくわけにはいきません。その方法については運動の側から早々に提案し、学校、保護者の協力を求めたいと思っています。また、地域史のテキスト・教材の作成と家庭への配布、それをもとにした「地域史を語る集い」の開催と、保護者への参加の呼びかけなど、運動として行うことを構想しています。

④校区における「まちづくり」

一般的に少数者のアイデンティティ確立のためには、たとえ数は少なくとも（多ければ少数者にはならないのですが）周囲の他者の承認が必要だといわれています。部落解放運動は長年の取り組みのなかで、少なからず被差別部落や部落解放運動への理解者、協力者を得てきました。また、そうした人たちが退職などによって地域社会に根をおろし、社会教育、高齢者対策や子育て支援、地域おこしなどに活躍されています。これまで部落解放運動は、そうした人たちとの連携を怠ってきたのではないかと思います。

大阪市立大学の池上知子さんは偏見の除去について、それぞれ（マイノリティとマジョリティ）の集団が立場の違いを明確にしながら、共通の目標に向かう取り組みが有効である、という実験結果を示されています。認知神経科学者の中野信子さんも同様のことを書いておられます。そのような視点からも、被差別部落と周辺地区とが、校区のまちづくりにおいて切磋琢磨《せっさたくま》し、積極的に連携すべきだと思います。

奈良県内のまちづくりの先進支部では、社会福祉協議会やボランティア協会、周辺地区の子ども食堂、民生児童委員や生活学校などとの交流と協力関係が活発化しています。

Ⅳ　差別意識払拭のために

①「規制」と「理解・共感」

差別意識払拭のためには、もう少し差別意識についての全体的な議論が必要で、大きな戦略のもとに糾弾闘争のあり方が考えられねばならないと思います。

差別意識に対する取り組みは、ａ差別意識を押さえ込む、つまり「規制」すること、ｂ「理解・共感」を得ること、の二つに大別できると思います。

ａの差別に対する規制とは、意図的な差別扇動を押さえ込んだり、社会の規範をつくることで、法規制による取り組みを指します。ｂの「理解・共感」については、教育・啓発や、交流・接触によって、部落差別の歴史を含めて被差別部落が「異なる」にいたった経過を理解し、差別的偏見をなくすこと、そして相互扶助と人権確立を願う被差別部落の姿に共感を持ち得る状況をつくることです。

糾弾闘争はこのａ、ｂの両方にかかわるものであり、そのあり方は、個々の差別事件についての目標をどう設定するかによります。ａとｂ、「規制」と「理解・共感」は時として矛盾します。規制によって差別は潜在化して、理解と共感を得るための議論が難しくなるという状況が起こります。逆に規制が弱いと差別が表面化しやすくなり、部落民にとって非常に生きにくい状況が生まれます。

これにかかわってもう少し述べると、部落に対する差別意識は、部落外の地域共同体に潜在しているということが、奈良では確認できるのです。これらの共同体は、被差別部落を排除することによって共同体意識を保ってきた経過があり、地域共同体の会合などの際に、被差別部落の話題が出され、呆《あき》れ、嘲笑することで共同体意識が確認されたりします。通常、こうした話題が外部に漏《も》れることはなく、指摘されることがないのです。

タブーとされ、潜在している差別意識は、顕在化させてこそ死滅させることが可能になりますが、これは糾弾闘争を考える際に考慮されなければならない問題だと思います。

②糾弾闘争の課題

過去の糾弾闘争は差別の存在を組織内外に知らしめたり、組織力を示したり多分に政治的意図を含んでいたために、個人の意識変革には効果的ではない面が多々あったのではないかと思います。差別者の意識を変えるためには、その人の心理を理解し、相手もまた自分の心理が理解されたうえでの指摘だと感じる必要があります。しかし心理状態とは常に矛盾を孕《はら》むもので、差別意識だけ持っている人も、完全無欠の人権意識の人もいません。私たちはそうした心理に対する理論的蓄積が弱いうえに、大衆的糾弾においては単純化、図式化して参加者に提示する必要があるのです。そのため、差別者であることを認めさせることに主眼がおかれます。こうした状況のなかで、意識変革が効果的に行えるのかは、検討の余地があります。

一方、差別事件によっては、つまり意図的で扇動的な差別に対する糾弾・異議申し立ては、私たちの存立基盤であり、生命線であることを改めて確認しておく必要があります。

おわりに

先にも述べましたが、奈良県下の都市型部落では、以前からの生活安定層の転出と生活困難層の転入に加えて、近年では同和向け公営住宅の一般施策化や、地区内での建売住宅の販売が転入を増加させています。一方、山間の被差別部落では転出による人口減少が顕著となり、中学生以下の子どもがいないところも増えています。地域の「共通感情」の弱まりと部落の分散化が進み、部落解放運動の基盤ともいうべき地域アイデンティティ再生の課題にそれほど時間的余裕はなくなっています。

しかし私たちの被差別部落は、旧来からの住民はもとより、部落外からの転入者や部落外への転出者、その二世、三世をも含めた人びとの、心の拠り所として存在すべきではないかと考えます。そしてそのように存在し続ける道を模索しなければならないと思います。

そのためにも、拙稿に率直なご意見をいただければ幸いです。

現在の部落差別をどうとらえ、部落解放をどう考えるか

友永健三

はじめに

あらゆる社会問題について、その問題の解決を図ろうとすると、まず、その問題が生じてきた原因を解明する必要があります。そのうえで、その原因を取り除くための方策、つまりその問題を解決するための方策を見出すことが不可欠です。

部落問題についても、この原理が当てはまります。ただ、この問題は、歴史に深く根差した問題であるだけに、原因の究明についてもさまざまな考え方が示されていますし、それに応じてさまざまな解決の方策が示されてきています。

本稿は、こうした事情をふまえつつ、明治維新以降、また第二次世界大戦以降、さらには二一世紀の今日において何故に部落差別が存在しているのかについての諸説を紹介するとともに、現時点における解決の方策を示すものです。

また、部落が解放された姿とは、どのような状態を指すものであるのかについても私なりの考えを述べたいと思っています。

Ⅰ　現在の部落差別は「封建遺制」か？

(1) 封建遺制というとらえ方

水平社以来九六年を経ても、なぜ部落差別がなくならないのか、部落差別は封建社会の問題なのに、近代社会になった明治以降もなぜ部落差別がなくなっていないのか、という問題は重要なテーマです。部落解放同盟の運動に反対する共産党系の人たち、全国地域人権運動総連合（「全国人権連」と略）の人たちの考え方は、部落差別は基本的に封建遺制という考え方です。身分差別は前近代社会において見られるものであって、近現代社会においては基本的にはそれは存在せず、存在していたとしても遺制、残りかすにすぎず、時間的な経過とともに消滅していく、という考え方です。そして、全国人権連の人たちは、部落解放同盟が部落差別を残しているのだと批判をしています。たとえば、全国人権連の前身である全国部落解放運動連合会（「全解連」と略）の丹波正史書記長（当時）は、「部落問題解決の道筋」のなかで、次のように語っています[1]。

私どもは、部落問題は近世の封建的身分制の下で最下層に置かれていた賤民身分の問題であり、それが明治維新後も国民の一部が封建的身分制の残り物のために歴史的、地域的に差別を受けてきた。そして不当な人権侵害を受け、経済的、社会的、文化的に低位な生活を強いられた。そして近代、あるいは現代における社会問題であると定義しています。

この問題は同一民族内の封建的身分差別の残り物の問題であって、人種や民族の問題ではないのだと考えています。

そのうえで、現在の被差別部落民と被差別部落の現状について、次のように語っています。

しかし今では部落民は結果的に過去の遺物になっている。過去の言葉となり、歴史的に死滅しつつある言葉といっても間違いありません。

では、部落と呼ばれている地域が以前のような原型をとどめているのかどうか。大きくは環境も変わったようだが、同じではないかと考えておられるかもしれません。しかし現実には部落と呼ばれた枠組みが崩壊してきているのが今日の状況です。

今、部落といわれている地域は解体過程にあり、しかも九〇年代に入ってから急速に起きているということ。一〇年後には解体してしまったということを誰もが認めざるを得ないような状況になるといっても言い過ぎではないということを報告して終わりにしたいと思います。

(2) 前近代の身分差別の否定

たしかに明治四(一八七一)年に「賤民制廃止令(解放令)」が出され、権力や地域社会によって強いられていた役負担が廃止されました。明治以前の「えた」身分の人には役負担がありました。一種の労働税のようなものです。斃《たお》れ牛馬の処理、犯罪を犯した人を逮捕したり処刑するときの実務的な仕事、牢屋《ろうや》の掃除といった仕事などです。大阪の渡辺村では大坂城の太鼓の革の張替えなどもやっていました。そういう役負担を権力や地域社会から命じられていました。

それらが「賤民制廃止令(解放令)」によってなくなり、世襲化されてきた職業も大きく変化しました。また、結婚や社会的交際、居住地などに関する法的規制も廃止されました。さらに、第二次世界大戦後、憲法において差別が否定され、平等が規定されました。こうしたことから、全国人権連の人たちがいうように、部落差別は基本的にはなくなってきたという考え方が出てきているのです。

(3) 部落差別は解消されていない

ところが、現実はどうでしょうか。部落差別の現状を直視したとき、全解連の丹波書記長が語った「今、部落といわれている地域は解体過程にあり、しかも九〇年代に入ってから急速に起きているということ。一〇年後には解体してしまったということを誰もが認めざるを得ないような状況になるといっても言い過ぎではない」といった状況ではありません。

丹波書記長が主張した「一〇年後」とは、二〇〇八年のことですが、それから一〇年も経過した二〇一八年現在、全国に多くの被差別部落は現存していますし、さまざまな面で部落差別の実態が存在しています。現実とは冷徹なもので、主観的な理論は見事に打ち砕《くだ》かれているのです。

部落差別の現実を見たとき、差別意識はなくなっていません。二〇一〇年に大阪府が府民の人権意識調査を実施しましたが、それを見ると、部落問題理解に関する意識は、後退してきている現実があります。

また、結婚、就職、学校選択、不動産取得などをめぐる差別事件、戸籍謄本《とうほん》等の不正入手事件や部落地名総鑑の新たな発覚などさまざまな分野で差別事件が生起していますし、大量差別はがき投書事件やインターネット上での差別情報流布事件などが後を絶たない実態があります。

さらに、「特別措置法」時代に改善されてきた部落の人びとの生活、教育、就労などの実態面で、ふたたび後退してきている現状があります。

私の地元の大阪市の住吉地区でも二〇〇九年に労働実態調査をしましたが、部落解放運動が盛り上がっていた世代である三五歳から六五歳までの年齢層の生活実態は、平均よりは少し良いという結果が出ています。なぜかというと、運動によって、特に公務員に採用されてきたからです。ところが、六五歳以上の高齢者と三五歳以下の若い人びとの実態は平均より落ち込んでいます。非常にはっきりしています。他の地区でもそういう傾向になっていると思います。(2)

なお、二〇一六年一二月に、部落差別の解消の推進に関する法律（「部落差別解消推進法」）が制定されましたが、この法律の第一条の目的には「この法律は、現在もなお部落差別が存在するとともに、情報化の進展に伴って部落差別に関する状況の変化が生じていることを踏まえ、（以下略）」と、部落差別が現存していることが明記されています。この点は、部落差別の存在を否定する論者に対する決定的な反撃になっています。

Ⅱ　部落差別が存続している原因に関する諸説

(1) 日本社会が重層的な社会だから

では、なぜ明治維新以降も部落差別があるのでしょうか。いろいろな説があります。

一つ目は、日本社会が重層的な社会だからという説です。重層的というのは、古いものを壊さずに、そのうえに新しいものを積み重ねていくということです。そういう特色が日本社会にあるということです。

たとえば、一橋大学の教授であった中村政則さん（一九三五〜二〇一五年）は、次のように述べておられます。(3)

私のいう「速度」の問題は、さまざまな領域を貫く特質であり、日本人の精神風土、思考様式にまで影響を与えている。あまりに変化が激しい社会は、前の時代の課題を未解決のまま先に進んでしまうから、問題は常にウヤムヤのうちに累積されてしまう。この〝なしくずし型の近代化〟は明治以来の日本の特徴であり、原理原則をあいまいにする精神的土壌も、こうしてつくられたのであった。

私は、戦後改革を「現代化・近代化・前近代残存」の三層の重層的改革として捉える立場に立つから（第五章「占領改革と戦後民主主義」参照）、すべてを「企業社会の論理」「資本主義的原理の過剰貫徹」から解こうとする立場には批判的である。むしろ、ここでは一九八〇年代の日本には「プレモダン、モダン、ポストモダンの三層構造」が存在するという富永健一の見解に注目したい。

だとするならば、日本社会の変革の展望は、おなじく「三層の重層的課題」を含まざるをえないであろう。日本社会に依然として残る①「前近代性」を克服し、「資本の過剰貫徹」によって歪められた、②「日本的近代」、③「日本的現代」を変革するという「三層の重層的課題」を、われわれは背負っているのだ。

①の最大のテーマは、天皇タブーを無くし、前近代的保守政治の病巣（派閥・金権政治、地方利益誘導政治・『土建国家ニッポン』＝「上役の命令は絶対」）を克服することである。

②③では、何よりも過剰な日本的競争社会からの脱皮を図ることが急務であろう。

中村教授は、①の最大のテーマとして、天皇タブーをあげられていますが、部落差別の撤廃もこの課題に位置づけられると思われます。

(2) 日本人は、「世間体」を気にして生きているから

二つ目は、日本人は、「世間体」を気にして生きているからという考え方があります。確かに、日本人には、物事を判断するとき、みずからが、それが正しいか正しくないかを考えて判断するのではなく、周りを見て、多くの人びとがそうするであろうと思われる考え方に沿って判断するという傾向が強いと思われます。

たとえば、自分の子どもが結婚する際、相手が被差別部落の出身者であった場合、自分自身はさほど反対ではなく

とも、家族や親せき、さらには世間の目を気にして「反対する」事例が少なくない現状があります。この点に関して一橋大学の学長でもあった阿部勤也さん（一九三五〜二〇〇六年）は、次のように述べておられます[4]。

日本の歴史の中では、古いものが堆積し、整理されることがない。しかし、同時に新しいものもどんどん入ってくる。人々の眼は新しいものに注がれるので、古いものは見えなくなることがある。しかし古いものは消え去ることなく生き続けており、私たちの行動を規定しつづけている。序章で触れたケガレについても同じことがいえる。ケガレを生む意識構造は、一見消え去ったかのように見える。しかし私達の日常の行動に示されているように決して消え去ってはいないのであり、呪術的な関係が私たちの行動を規定しているのである。被差別部落の問題についても、差別の問題だけを取り出して論じようとする姿勢からは解決の糸口は見つからないだろう。問題の根底にも世間の意識がある。差別の問題は私達の日常生活の中に根を持っているのであり、そこに眼を向けねばならないのである。

（3）天皇制が存在しているから

三つ目は、天皇制が存在しているからという考え方です。これは、部落解放同盟の松本治一郎元委員長（一八八七〜一九六六年）や『橋のない川』を書かれた住井すゑさん（一九〇二〜一九九七年）の考え方が典型的です。

なぜかというと、天皇は選挙で選ばれるわけではなく、天皇家に生まれた直系男子しかなれません。生まれながら尊い存在であるという考え方を前提にして天皇制は成り立っています。人間のなかに生まれながらにして尊い存在を認めるならば、必ず生まれながらにして賤《いや》しい人を生み出します。それは、物事の存在のありよう、それを反映した人間の認識の構造からそうなります。たとえば、一枚の紙でも表と裏があります。紙を薄くはがしてもやはり表と裏ができます。表と裏は切り離されません。同じように、生まれながらにして尊い存在を認めたならば、必ず生まれながらにして賤しい存在が生まれてきます。それが部落差別だというのが、松本元委員長や住井さんの考え方です。

松本元委員長による部落差別と天皇制の関係については、「天皇制と部落差別の関係を論じようとするとき、戦前から戦後にかけて部落解放運動の人格的象徴となった松本治一郎氏による「貴族あれば賤族あり」という言葉に行きつきます。「天皇に対するいわれなき尊敬こそ、部落民に対するいわれなき差別の根源であります」と彼は語りました。これが、大衆運動として唯一、天皇制の廃止を綱領に掲げ続けている部落解放運動の基盤にあります」と解説されています(5)。

また、住井さんは、天皇制と部落差別との関係について次のように述べておられます。

> 糾弾する相手が間違っているケースがあるわね。しかし一番大きな糾弾をしなくてはならないのがある。それは〝天皇〟という言葉ではないかと思うんです。天皇という言葉を残していて部落という言葉を無くそうとしても不可能です。
>
> 天皇のひとことで何百万もの人が戦場に送られ、国費のうち何千億、何兆円のお金が使われ、戦争になったわけでしょう。天皇という身分差別が残っていけば、同じく制度として賤民が残る。ものごとの相対性というのはそのことなんです(6)。

(4) 近代化の原理自体が差別を生むから

四つ目は、明治維新以降の近代化の原理自体が差別を生むという考え方です。たとえば、大阪大学名誉教授のひろたまさきさんなどの考え方です。

この考え方によれば、古いものが残っているから部落差別があるのではなく、日本が近代国家として発展し、成長していく過程で部落差別がつくりだされてきたということです。具体的には、明治維新以降の日本の近代化の原理は、学歴偏重主義、衛生思想、さらには優生思想にもとづいて行われ、その結果、教育も満足に受けられず、不衛生な状況におかれた人びとの集団を排斥するという風潮が強まっていきました。そういう人びとのなかに被差別部落の人びとが含まれるわけです。近代化の原理自体が部落差別を生み出したという考え方です。

ここで、ひろたさんの主張を少し紹介しておきましょう。

三十年ほど前までは、近代の差別は封建遺制によるものだという見解が大勢を占めていました。それは、あのあまりにも不合理な十五年戦争は日本社会の封建的な性格によるもので、だから近代的な欧米に負けたのだという反省の仕方と関係しています。部落差別も女性差別も封建的なものだから、近代化が徹底すれば解決されるというのです。明治維新は絶対主義的変革であって、封建的諸関係を残した半封建的な社会をつくりだしたという講座派の歴史観によるところ大であります。私もこれに圧倒的な影響を受けました。今この議論に深く立ち入る余裕はありません。ただ、反封建的な関係が後々まで残されたことは確かでありますが、それが差別の主な原因だというわけにはいかないのではないかというのが、私の反省であります。現代にも残る差別はそれで説明できないのではないか。つまり、明治以降の文明化=西洋化こそが、新しい差別を生み出していったのではないかと考えたのです。(7)

このような基本的な視点から、具体的な説明が行われていますが、紙面の都合で衛生思想と部落差別の関係について述べておられるところを引用しておきます。

伝染病と差別の問題でさらに重要なことは、貧民街、ことにスラムが、恐怖の対象になったことです。先に見ましたように、コレラは罹病者《りびょうしゃ》の七割が死ぬという恐ろしい病気でしたから、その発生・伝染の源と見られた悪臭・汚穢《おえ》の地域が危険視され、スラムはひときわ危険な場所とみなされたのでした。また、貧民は衛生に無知だから危険だという言説がいきわたります。(中略)スラムはここに死をも招くおそろしい伝染病の震源地という姿で立ち現れます。そして、そこに住む人間は無知で不潔で、道徳的にも劣った犯罪者の巣窟《そうくつ》というイメージが作られていくのです。安保則夫『ミナト神戸コレラ・ペスト・スラム』（学術出版社、一九八九）や小林丈広『近代日本と公衆衛生』（雄山閣、二〇〇一）は、このような社会意識の形成とともに、被差別部落が貧民部落と見なされて清潔法の対象になった例を挙げています。その部落は他の部落とさして違っていたわけでもないのにかつての「エタ部落」だということで、スラムのように見なされたのでした。部落民はあらたな危険という表象をいわれもなく背負うことになります。人々はその地域を避けるようになり、そこに住む人々を恐怖と警戒と軽蔑の眼で見つめるようになります。つまり近代文明は日本にも西洋社会と同じように、貧民街ことにスラムについて伝染病の震源・伝染の地域というイメージをつくり、他の地域から差別する制度や視線をつくりだしていったのです。(8)

(5) 主要な生産関係から除外されてきたから

五つ目に、部落解放同盟はどう考えてきたかというと、朝田善之助元委員長（一九〇二〜一九八三年）が中心になってまとめた考え方があります。今日、部落解放同盟の同盟員でも朝田元委員長を知らない人が増えてきましたが、朝田さんの『新版　差別と闘いつづけて』（朝日選書、一九七九年）という本を読めばよくわかります。(9)朝田さんが中心になってまとめた考え方は次のようなものです。

部落の人びとが、差別によって主要な生産関係から除外されてきた、すなわち、差別によって市民的権利、とりわけ就職の機会均等が不完全にしか保障されなかったから部落差別が存在しているという考え方です。明治期以降の部落の仕事は、都市部落では下駄・靴の製造や直し、行商、土木建設作業員、道路工事や鉄道軌道敷設作業員などの雑業が圧倒的に多く、時代の中心的な仕事から排除されています。農村部落では多くが小作で、自作農は少数です。これを社会科学的な言葉でいえば「主要な生産関係から除外された」ということになります。

そのうえで、朝田元委員長は「三つの命題」を提起しました。一つ目はいまいいました、「部落差別の本質」としての主要な生産関係からの除外、二つ目は、「部落差別の社会的存在理由」です。ここでは、部落差別は、政治的には分裂支配の道具、経済的には超過利潤の源泉であるということです。たとえば一般の小作農民は、あまりにも条件が悪いと小作料をあげてくれといってきます、そうすると地主は、もっと低い小作料でも部落の小作農民はやらせてくれといっているぞと回答するのです。この結果、一般の小作農民は、引き下がらざるをえなくなります。こうして地主は、通常よりも多く利潤を得られることになります。これが超過利潤です。三つ目は、「社会意識としての差別観念」です。部落差別の意識は個人の意識ではなく、ひろく一般的に社会で通用している意識であるということです。

部落解放同盟としては、それ以降、基本的にこの考え方でやってきました。「三つの命題」に代表される部落差別のとらえ方は、いまでも有効性を失っていない考え方だと思われますが、この考え方がまとめられたのは一九六〇年代の初頭です。それから五〇年余が経っています。この間、日本も世界も大きく変化してきています。一つは、社会主義が崩壊したということです。その社会主義が崩壊してしまいました。朝田元委員長は、最終的には社会主義でないと部落差別はなくならないという考え方でした。その社会主義が崩壊してしまいました。われわれの世代でも多くの人びとは、部落解放を社会主義との関係で考えていました。朝田元委員長が解放理論をまとめていった時代は、将来的には社会主義を指向していたわけです。その社会主義が崩壊したというのは大きな変化です。

もう一つは、グローバル化が急速に進展し、資本主義が大きく変化してきているという点です。

このような、部落差別をとりまく世界と経済の大きな変化のなかで、部落差別のとらえ方も変化させていくことが求められています。

（6）アンダークラスが形成されてきているから

六つ目に、アンダークラスが形成されてきているからという考え方があります。『資本論』を著したカール・マルクス（一八一八〜一八八三年）の考え方は、資本主義が発展すれば、中間層が分解して資本家階級と労働者階級に二極化し、ごく少数の失業者、不安定就労者などの産業予備軍が生まれるというものでした。

ところが、今日の資本主義は、この予測とはかなり異なった様相を呈しています。

たとえば、早稲田大学の橋本健二教授によれば、二〇一二年就業構造基本調査をもとに分析すると表1のようになっていると指摘しておられます。

具体的には、資本家階級（従業員規模が五人以上の経営者・役員・自営業者・家族従業者）は二五四・四万人（四・一％）、新中間階級（専門・管理・事務に従事する被雇用者〈女性と非正規の事務を除外〉）は一二八五・五万人（二〇・六％）、労働者階級（専門・管理・事務以外に従事する被雇用者〈女性と非正規の事務を含める〉）は三九〇五・九万人（六二・五％）、旧中間階級（従業先規模が五人未満の経営者・役員・自営業者・家族従業者）は八〇六・〇万人（一二・九％）となっています。

このうち、労働者階級については、正規労働者が二一九二・五万人

表1　現代日本の階級構成

（万人）

	合計	男性	女性
資本家階級	254.4（4.1%）	194.3（5.4%）	60.1（2.2%）
新中間階級	1285.5（20.6%）	866.9（24.2%）	418.5（15.6%）
労働者階級	3905.9（62.5%）	1980.9（55.4%）	1925.0（71.9%）
正規労働者	2192.5（35.1%）	1454.3（40.7%）	738.1（27.6%）
パート主婦	784.8（12.6%）	―	784.8（29.3%）
不正規労働者（パート主婦以外）	928.7（14.9%）	526.6（14.7%）	402.1（15.0%）
旧中間階級	806.0（12.9%）	533.3（14.9%）	272.6（10.2%）
合計	6251.8（100.0%）	3575.5（100.0%）	2676.3（100.0%）

出典）「平成24年就業構造基本調査」より算出。四捨五入のため、合計は100%にらない場合がある。

（三五・一％）、パート主婦が七八四・八万人（一二・六％）、非正規労働者〈パート主婦以外〉が九二八・七万人（一四・九％）となっています。

この労働者階級について、「労働者階級内部で正規労働者と非正規労働者が異質性を増し、労働者階級全体が二つに分裂しはじめているという、大きな構造的変化」が生じているとして、正規労働者と非正規労働者の個人年収、世帯年収、貧困率に関して二〇〇五年と二〇一五年を比較した表2を掲載しておられます。

表2　分裂する労働者階級

		2005 年	2015 年
個人年収（万円）	男性・正規	408.8	428.1
	男性・非正規	237.4	213.0
	女性・正規	280.6	295.9
	女性・非正規	158.3	163.9
世帯年収（万円）	男性・正規	571.7	609.9
	男性・非正規	460.7	383.8
	女性・正規	687.1	701.1
	女性・非正規	356.0	302.8
貧困率（％）	男性・正規	8.2	6.0
	男性・非正規	33.3	28.6
	女性・正規	9.5	6.8
	女性・非正規	46.8	48.5

出典）SSM調査データより算出。20-59歳。

そのうえで、「これまでの労働者階級は、資本主義底辺に位置する階級だったとはいえ、正規労働者としての安定した地位を持ち、製造業を中心に比較的安定した雇用を確保してきた。これに対して激増している非正規労働者は、雇用が不安定で、賃金も正規労働者には遠く及ばない。しかも次章でみるように、結婚して家族を形成することが難しいなど、従来ある労働者階級とも異質な、一つの下層階級を構成しはじめているようである。労働者階級が資本主義社会の最下層の階級だったとするならば、非正規労働者は「階級以下の存在」、つまり「アンダークラス」と呼ぶのがふさわしだろう」（中略）「アンダークラスの登場によって、日本の階級構造は大きく転換しつつある。これまで現代社会は、一方に旧中間階級、他方に資本家階級―新中間階級―労働者階級が三層に積み重なるという、四階級構造から成り立っていた。ところが労働者階級の内部に巨大な分断線が形成されることにより、資本主義セクターにはより大きな落差を含み込む四層構造に転換した。こうして日本社会は、従来の四つの階級に加えて、アンダークラスという新しい「階級」を含む、五層階級構造へと転換したのである。これを「新しい階級社会」と呼ぶことにしよう」と分析しておられます[10]。

橋本教授が最下層に位置するとしたアンダークラスのなかに、フリーターの若者や単身の女性、さらにはさまざまな被差別者が含まれるのです。

（7）グローバル化のもとで、貧富の差が拡大し排除セクターが拡大するから

七つ目に、グローバル化のもとで、貧富の差が拡大し排除セクターが拡大するからという考え方があります。一九九〇年代に入り、グローバル化が進行し、アメリカが主導する新自由主義経済が世界を席巻しています。この結果、世界は、豊かな国と貧しい国に分岐してきていますし、豊かな国も含めてそれぞれの国のなかでも豊かな少数の人びとと多くの貧しい人びとに分裂してきています。しかも、このような構造が継続するなかで、それぞれの階層で世襲化が生じてきています。

図　世界の3層構造

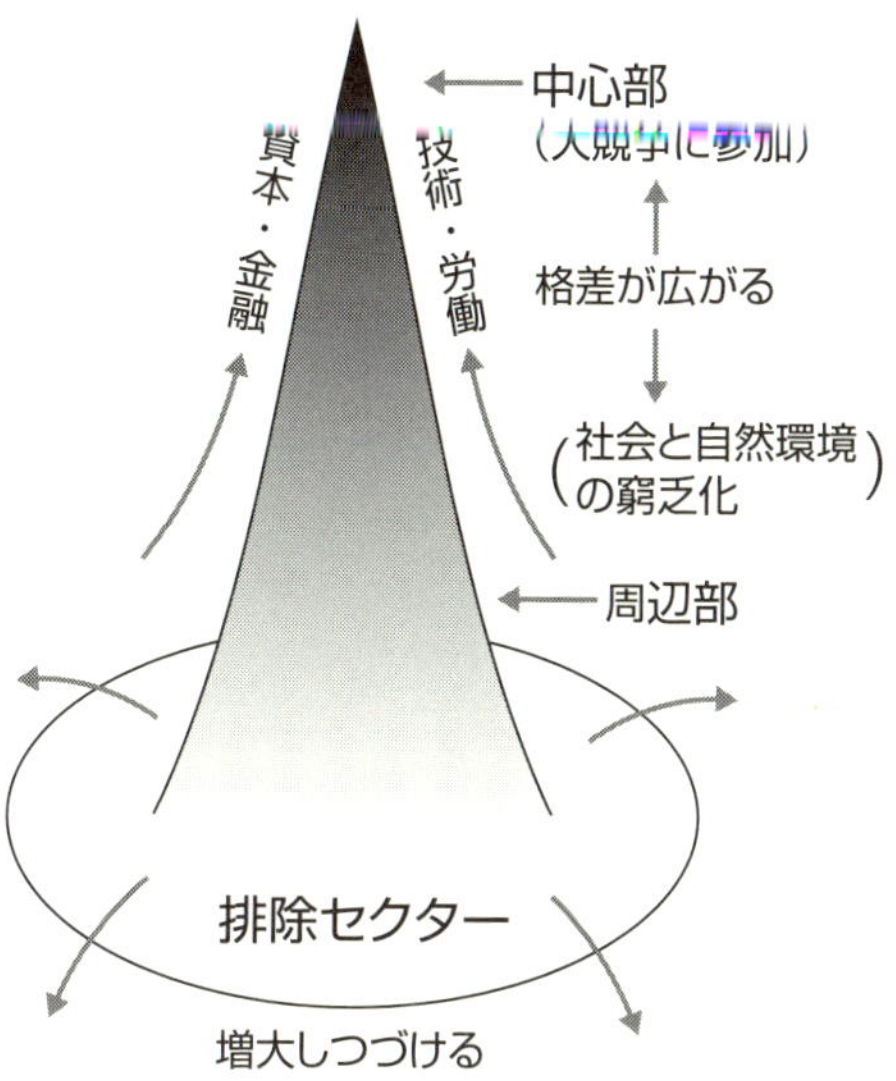

『解放新聞中央版』第1852号より

反差別国際運動（ＩＭＡＤＲ）の武者小路公秀副理事長（当時）は、このようなグローバル化が進行している状況のもとで、マイノリティが周縁化されるとともに民族排外主義が強まっているとの分析をしておられます。

グローバル化というのはつぎのような構造を持っ

ている。

一つは、大競争に参加している中心部で、そこに資本、技術、労働と金融が国境を越えて集中する。それにはアメリカ、日本の先進工業地帯およびEU、多国籍企業が含まれる。その周辺部では、社会と自然環境の窮乏化が進行する。そこには、中小企業や農業が含まれる。その外縁には、グローバル経済の利益を受けられない、下請けや孫請けにもなれず、それに搾取され、排除されている人びとがいる。それが排除セクターだ。こういう三層の構造を持っている（図　世界の3層構造　参照）。

排除セクターには、例えば移住労働者がいる。彼らは利用されながら差別を受けている。また、資源などの関係で土地を奪われている先住民も含まれる。女性への差別も排除セクターの大きな部分を占める。

周辺部では、生き残るためには人を踏み台にしても、という考え方が広がる。例えば、移住労働者に対して、もともといる人びとが、彼らがくるから仕事がなくなる、ということで排除する。それが、国の政策としてでてくる、ということになる。それがもともと存在する差別を活性化することにもなる。国内で差別されている人びととの人権を守ることは二の次になる。競争に参加するほうが大切だ、ということになる。ネオナチや日本での自由主義史観などの動きも、それだ。

また、女性や第三世界の人びとの人身売買のグローバル化、麻薬汚染やブラックマネーなど犯罪のグローバル化もすすんでいる。

だから、グローバル経済というのは、成長を導きだすが、それは中心部にお金や技術や労働力が集まるということで、周辺、周縁部との格差は広がりつづける。そして、排除セクターが増えつづけるという構造をもっている(11)。

武者小路副理事長の分析にあるように、近年ヨーロッパでは、移民とロマに対する差別が強まり迫害を受けていますし、日本でも在日特権を許さない市民の会（「在特会」）などから在日コリアンや被差別部落の人たちが攻撃されています。

（8）ふたたび、「優生思想」にもとづく主張が語られるようになっているから

八つ目は、ふたたび「優生思想」にもとづく主張が語られるようになってきているからという考え方があります。世界的に競争が激化してきている状況のもとで、ふたたび、人間は生まれながらにして優秀な遺伝子を持っているものとそうでないものとがいるのだという「優生思想」が支配層のなかに影響を持ってきています。

このような考え方は、生まれたときから人間を階層化するもので、部落差別の撤廃を困難にするだけでなく、被差別マイノリティの抹殺を主張する極右勢力の台頭をもたらす危険性を秘めています。

日本の支配層のなかでの「優生思想」に影響された主張について、ジャーナリストの斎藤貴男さんは、次のような事例を紹介しておられます。

一人は、経済同友会の教育問題を提言する責任者でもあった櫻井修・住友信託銀行相談役（当時）によるもので、私大職員を対象とした研修会での「これからの大学教育に対する期待」と題した講演の一部です。

本来、大企業が生き残るためには、どういう形であるべきか。トップの能力が重要なのは無論だが、そのトップを支える極めてブリリアントな幹部要員、参謀本部が必要です。ほんの一握りでいいが、人柄がよいなんてことでなく、徹底的に勉強してきた人間でなければならない。

それからマネジメントのプロと大量のスペシャリスト集団。これも一括採用した正規社員たちの中から企業が育てればよいなどという生半可なものではなくなっている。現時点で必要な人材を、その人材が要求する金額で採るとなれば契約職員のような形になって、これだけでも新規一括採用は崩れるしかないのです。

あとはロボットと末端の労働ですが、賃金にこれほど差があるのでは、申し訳ないけれど東南アジアの労働力を使うことになるでしょう。そういたしますと、学生諸君には参謀本部入りを目指して大企業にチャレンジするなどとんでもない話。マネジメントのプロなりスペシャリストになってもらわなくてはならないのです。(12)

もう一人は、文化庁長官や教育課程審議会の会長も歴任した三浦朱門《みうらしゅもん》（作家）さんの次のような証言を紹介しておきます。


学力低下は予測し得る不安と言うか、覚悟しながら教課審をやっとりました。いや、逆に平均学力が下がらないようでは、これからの日本はどうにもならんということです。つまり、できん者はできんままで結構。戦後五十年、落ちこぼれの底辺をあげることばかり注いできた労力を、できる者を限りなく伸ばすことに振り向ける。百人に一人でいい、やがて彼らが国を引っ張っていきます。限りなくできない非才、無才には、せめて実直な精神だけでも養っておいてもらえればいいんです。(13)


以上、明治維新以降、現在においても、部落差別が現存している原因なり理由について、諸説を紹介してきました。これ以外にも検討すべき説があると思われますが、今後の研究課題にしたいと思います。(14)

これまで紹介してきた諸説をふまえ、今後さらに研究を深めていく必要があると思われるテーマとしては、以下の諸点をあげることができると思われます。

一点目は、現在存在している部落差別に、どの程度、どのようなかたちで、前近代の被差別民、とりわけ「えた」身分に対する差別が影響を及ぼしているのか。

二点目は、現在の日本資本主義、国家独占資本主義と部落差別の関係をどのようにとらえるのか。

三点目は、社会主義が崩壊し、新自由主義経済が世界を席巻しているもとで、部落差別がどのような影響を受けているのか。

Ⅲ　現在の部落解放運動のとらえ方

現在の部落差別が何故に存在していて、どうすれば差別を撤廃できるかについて、研究は研究として継続していくことが必要ですが、大衆運動としては、現時点でのとらえ方のもとに差別撤廃の展望を指し示すことが求められています。

全国水平社以来の歴史を受け継ぎ、今日、被差別部落はもとより日本社会において大きな影響力を持っている部落解放同盟は、二〇一一年三月、東京で開催された第六八回全国大会で綱領を改正し、現在の部落差別問題を以下のように規定しています(15)。

現在の部落差別問題とは、自由と平等を原理とする近現代社会でも、前近代から引き続く長い歴史の中でつくられてきたケガレ観的浄穢思想、血統主義的貴賤思想、家父長的家思想などにもとづく差別意識やそれを温存・再生産する明治期以降の新たな社会構造や法制度のもとで再編された部落差別の存在によって、被差別部落に属するとみなされる人びとが、人間の尊厳や市民的権利(職業・教育・結婚・居住の自由などの基本的人権にかかわる根幹的権利)を不当に侵害されている許し難い社会問題である。

部落差別撤廃のための幾多のとりくみがなされ、被差別部落の低位劣悪な生活環境などが大きく改善されてきたが、今日もなお部落差別は現存している。とりわけ、二一世紀初頭前後からの新自由主義路線の台頭のもとで日本社会の格差は拡大し、部落差別撤廃へのとりくみは逆流現象を引き起こし、差別身元調査や土地差別事件、さらにインターネットでの差別書き込み事件など「顔の見えない陰湿で巧妙な差別」が横行している。

そのうえで、部落差別が現在の社会のもとで果たさせられている役割につても、次のように述べています。

部落差別が存在することによって、部落民が社会的に排除され、孤立させられていると同時に、支配秩序維持のための政治的分断機能や超過利潤追求の経済的搾取機能、民衆の不安・不満をそらす安全弁としての社会的統合機能の役割を果たさせている。

次いで、部落解放が実現された状態についても、以下のように規定しています。

部落解放が実現された状態とは、部落民であることを明らかにしたり、歴史的に部落差別を受けた地域が存在していても、何らの差別的取り扱いや排除・忌避を受けることなく人間としての尊厳と権利を享受し、支障なく自己実現ができる社会環境になることである。

そして、部落解放が実現された状況をつくりだすための条件として以下の諸点を掲げています。

部落が解放された社会環境や状態をつくりだすためには、憲法の基本精神の具体化を通じて次のような条件を整えることが必要である。

第一の条件は、部落民の人間としての尊厳が確保され、人間らしい生活を安心して営むことができていることである。

第二の条件は、部落差別の禁止や差別の再発防止、差別被害の救済などにかかわる法制度が整備されていることである。

第三の条件は、国際的な人権基準などを踏まえた人権教育・啓発が社会の隅々までいきわたり、差別を許さない人権文化が確立されていく基盤整備ができていることである。

第四の条件は、差別撤廃・平等化実現への公的な行政責任が明確にされ、必要な差別撤廃への積極的な是正措置をとることができる行政機構の確立がはかられていることである。

第五の条件は、共生の権利の承認が根づいた新たな地域社会・共同体が創出され、人と人との豊かなつながりの構築が実現されていることである。

Ⅳ　国連・人種差別撤廃委員会のとらえ方

近年国連でも、日本の部落差別やインドなどのカースト制度にもとづく差別（ダリット差別）が重要な人権問題として取り上げられるようになってきています。

具体的には、人種差別撤廃条約の履行監視を担っている人種差別撤廃委員会では、日本の部落差別やインド等のダリット差別を、同条約第一条に規定している「世系（descent）」に基づく差別としてとらえ、差別撤廃のための方策を提言しています。

また、国連人権小委員会（現在の国連人権理事会諮問委員会の前身）は、これらの差別を「職業と世系に基づく差別」ととらえ、差別撤廃に向けた「原則と指針案」を取りまとめています。

ここでは、前者の取り組みを紹介しておきたいと思います。

人種差別撤廃委員会は、二〇〇二年八月、人種差別撤廃条約の第一条に規定している「世系」に関する一般的勧告二九を採択していますが、このなかで、世系に基づく差別の特徴を以下のようにまとめています[16]。

当該集団の存在は、次のすべてまたはいくつかのものを含むさまざまな要素を基礎として認識しうる場合がある。世襲された地位を変更することができないか、またはそれが制限されていること。集団外の者との婚姻について社会的に強制される制約があること。住居および教育、公的な場所および礼拝所、ならびに食料および水の公的供給所の利用における隔離を含む、私的および公的隔離。世襲された職業または品位を傷つけるもしくは危険な作業を放棄する自由が制限されていること。債務奴隷制に服していること。けがれまたは不可触という非人間的な理論に服していること。ならびに、人間の尊厳および平等に対する尊重が一般的に欠けていること。

そのうえで、人種差別撤廃条約なり、一般的勧告二九では、世系に基づく差別を撤廃するために、以下に紹介するような六つの方策を講じることが必要であるとしています。

(1) 差別を法律で禁止すること

差別は人を死にも追いやる酷い反社会的な行為です。現に結婚差別等によって幾人もの部落の青年がみずからの命を絶ってきた歴史があります。また、命を絶たないまでも心に深い傷を負っている人は少なくありません。したがって、部落差別行為を法律で禁止する必要があります。しかしながら、日本では、部落差別行為は基本的には法律で禁止されていません。差別に対する法的規制の必要性は、一九六五年八月の「同対審」答申でもすでに指摘されていたことでもあります。人種差別撤廃条約や諸外国の差別禁止法を参考に、日本においても早急に差別を法律で禁止する必要があります。

(2) 差別の被害者を効果的に救済すること

差別は、差別を受けた人びとに多大な被害を与えます。このため救済が必要です。救済のための最終的な機関として裁判所があります。しかしながら裁判所に裁きを求めるには、基本的にはお金が必要で、判決が出るまでかなりの時間がかかります。また、裁判に訴えた人が被害を法律にもとづき立証する必要があります。このため、差別を受けても泣き寝入りをする人が少なくありません。この点を補うものとして、独立性と専門性を備えた人権委員会などをつくり裁判以外の方法で救済を図る必要があります。現在、日本では、法務局や人権擁護委員等によって救済が図られていますが、さまざまな問題があります。このため、当面「部落差別解消推進法」の第四条を受けて的確な相談体制の充実を図るとともに、早急に「人権侵害救済法」（仮称）を制定し、独立性と実効性を備えた人権委員会を設置する必要があります。

（3）劣悪な実態を特別措置で改善すること

これまで部落は、仕事がないか、あったとしても不安定な仕事しかないという状況におかれていました。また、義務教育すら受けることができなかった人びとも少なくありません。さらに、劣悪な住環境のもとに住むことを余儀なくされてきました。これらは、差別の結果もたらされたもので、一般的な施策では解決されませんでした。このため、部落差別撤廃に向けて一九六九年以降「特別措置法」にもとづく特別措置が実施されてきましたが、これは差別をなくすために必要な施策であったのです。しかしながら、特別措置はいつまでもつづけられるべきものではありません。その目的が達成されたならば廃止されることが必要です。この考えから二〇〇二年三月末で「特別措置法」にもとづく特別措置が基本的には終了しました。これからは、一般施策を活用して部落差別の実態の改善が行われる必要があります。その際、現行の一般施策で部落差別の実態を改善することが困難な場合は、一般施策に工夫をしたり、新たな一般施策を創設したりすることも必要です。

なお、特別措置の廃止の仕方は、かつて、義務教育段階での教科書無償が、まず最初に部落で実現し、やがてすべての児童・生徒に拡大していったように、特別施策を一般施策にすることによって廃止するという方向が望まれます。

（4）差別観念を教育・啓発で払拭すること

差別観念は、自然に放置すればなくなるというものではありません。差別観念は、生活の折にふれ時にふれ、口から口へと伝えられていくものだからです。このため、教育、啓発を積極的に実施することによって差別観念の払拭を図る必要があります。国際的には二〇〇五年一月から「人権教育のための世界プログラム」が取り組まれていますし、日本では二〇〇〇年一二月に「人権教育・啓発推進法」が公布・施行されています。今後、「世界プログラム」やこの法律等を活用した人権教育・啓発の計画的な推進が求められています。

その際、これまでの同和教育や部落問題に関する啓発の成果をふまえ、人権教育・人権啓発を創造していくことが必要ですが、同和教育なり、部落問題に関する啓発を重要な柱としてしっかりと位置づけていくことが求められています。なお、この点は「部落差別解消推進法」が第五条で、部落差別解消推進のために国と地方公共団体に教育と啓発の推進を求めていることを考慮したとき重要です。

(5) 独自性を認め共生していくこと

かつて南アフリカ共和国で存在していたアパルトヘイト(人種隔離政策)は、あからさまな差別です。しかしながら、戦前日本が朝鮮を植民地支配した際、日本語の使用や神社への参拝を強制したりした同化政策も裏返しの差別です。差別を撤廃していくためには、それぞれの集団が持つ独自性(歴史や文化)を尊重し共に生きていくこと、連帯していくことが必要です。

このためには、部落解放文化祭等で部落の文化を継承発展させていくことや、部落が良くなるとともに隣接地域も良くなるような人権尊重のまちづくりが今後きわめて重要な取り組みとなっています。

人権尊重のまちづくりを推進していく際に、「特別措置法」三三年間の成果である隣保館等を活用して、部落と部落の隣接地域との交流をつくりだしていく活動が重要です。また、福祉や教育をテーマにした部落を含む小学校区域または中学校区域全体を視野に入れた人権のまちづくりが求められています。

(6) 部落問題解決を困難にしている法制度の改廃

部落問題の解決を困難にしている法制度の改廃も、重要な課題です。具体的には、戸籍制度があげられます。現行の戸籍制度は、イエ単位に編成されていること、系譜をたどることができること、本籍地（戸籍がおかれているところという意味以外に先祖の出身地をたどることができるという意味を持っている）をともなっていることから部落問題の解決を困難にしています。また、戸籍謄本等の入手に際して本人の同意を得なければならないというルールが法律で明記されていないといった問題があります。

早急に、戸籍法等を改正し、戸籍謄本等をとられた本人に通知がいく制度（登録型本人通知制度）をすべての市区町村で導入するとともに、個人を単位とした戸籍制度に変更することが求められています。

V 「部落が解放された姿」とは

最後に、部落が解放された姿というのをどうとらえるのか、ということについて述べておきたいと思います。

この点に関して、全国人権連の人たちの考え方は、もう部落、部落というな、部落をばらばらにして部落がわからない状態にすればよい、つまり、部落を消すことによって部落を解放するというものです。

私は、このような考え方は、まちがっていると思います。

私は、歴史的に差別を受けていた部落が存在していたとしても、部落出身者が部落出身であることを明らかにしても、差別されることのない社会をつくることが、「部落が解放された姿」だと考えています。

このように考えるのはなぜかというと、少なくとも次に述べるような五つの理由があります。

第一に、集落としての部落は簡単になくならないという理由です。たとえば、私が所属している大阪市内にある住吉の部落の歴史は、住吉大社との関係から、一二〇〇年末頃ぐらいまでさかのぼれます。当然、住んでいる人の出入りがあり、混住は進んでいても、集落そのものはなくなっていません。大阪でも、存在が不明確になった部落はありますが、このような例は、それほど多くはありません。[17]

第二に、お正月やお盆に、ふるさとに帰り、お墓参りをするといった風習は簡単になくならないという理由です。私の地区でも夏に盆踊りをすると、東京などに出ていっている人も帰ってきます。お正月やお盆の風習は薄れてきてはいても、なくなることはないと思います。

第三に、日本の歴史を教えるときに、江戸時代の身分制度や明治以降の水平社の創立、水平社創立宣言を教える必要があるという理由です。日本の歴史から、江戸時代に「えた」「ひにん」と呼ばれていた人びとがいたということを消すことはできません。水平社ができたということも消せません。日本の最初の人権宣言とも呼ばれている水平社創立宣言を教えなければならないと思います。教えると、部落はどこにあるのか、だれが部落の出身者なのかとかいった問題は出てきますが、それには、きっちりと対処すればよいわけであって、やはり教えなければなりませんし、歴史を消すことはすべきではありません。

第四に、部落や部落解放運動の歴史を明らかにし、文化を継承・発展させようとする取り組みが各地で存在していることです。

第五に、戸籍制度が存在していること、土地差別調査事件があいついでいること、電子版「部落地名総鑑」が存在していること、インターネット上で部落の所在地一覧が流布されていること、を理由としてあげることができます。特に、電子版「部落地名総鑑」の存在やインターネット上で部落の所在地一覧が流布されていることは決定的です。「部落地名総鑑」が電子情報になったわけです。電子情報はいったんインターネット上で流布されると完全に消し去ることはきわめて困難です。今や部落の名前と所在地は知ろうと思えば、それほど苦労なしに知ることができる状況になってしまっているということです。

ということは、部落を隠したいと思っても、すでにわかってしまっているわけです。「部落地名総鑑」が電子情報になって流されてしまった現状においては、部落を隠すことは不可能です。だとするならば、部落を隠すのではなく、部落であるということが明らかになったとしても差別されない社会をつくるしか道はないのです（言うまでもなく、インターネット上で部落の所在地が流布されていることに対しては、部落差別を助長・誘発するためプロバイダなどの仲介業者に削除要請をすることや掲載者に抗議することは必要です）。

以上の考え方は、私は、障がい者の解放運動から学んだ考え方です。障がい者に対する差別に反対している人たちは、障がいそのものをなくすことを求めているわけではありません。障がいを個性ととらえ、障がい者に対する社会の差別意識と物理的なバリアの撤廃を求めているのです。障がい者の解放運動は、障がいをなくす運動ではなく、障がいがあることによる差別をなくす運動なのです。

このことから学ぶならば、部落解放運動は部落をなくす運動をしているのではなく、部落差別をなくす運動をしているわけです。

部落を隠したり消したりするのでなく、部落差別の不当性を社会的に明らかにし、部落差別の撤廃を求めていくという方向は、全国水平社創立宣言が主張した方向でもあるのです。

おわりに

本稿を閉じるに当たって、差別というものは、一見平穏で、何の問題もないように見えていても、局面が変われば急速に悪化することがあるという点を読者の皆様に注意を喚起しておきたいと思います。

私がこのことを学んだのは、故斎藤恵彦先生からです。先生は、東京外国語大学で国際人権法を教えておられ、一時国連の人種差別撤廃委員会の事務局も経験された方です。斎藤先生は、人種差別撤廃条約の場合、締約国は、条約締結後一年以内、その後は二年以内に報告の提出を求めていることを説明された際、「人種差別というものは、一見平穏で何の問題もないように見えていても、何かの出来事をきっかけに、急速に悪化することがあるためです」と解説されました。

具体的な事例としては、かつてのユーゴスラビアでの民族対立と内戦の勃発や、昨今の日本におけるヘイトスピーチやヘイトクライムの急激な増加をあげることができます。

もう一つの斎藤先生から学んだ教訓に満ちた話としては、人種差別の法的禁止にかかわったものです。日本政府は、人種差別撤廃委員会に提出した報告のなかで、この件に関して「法律で禁止しなければならないほど深刻な事態はわが国には存在していない。そのような状況が生じてくれば、その時点で検討したい」と述べていました。これに対して斎藤先生は、「人種差別に基づく深刻な事態が生起してしまうと、それを禁止する法律を制定することはきわめて困難になる。それほど深刻化していない時期にこそ、そのような事態を生じさせないために差別を禁止する法律を制定することが必要だ」といわれたのです。

ヘイトスピーチに象徴される日本の現状を直視したとき、斎藤先生が残された一連の教訓から学ぶことは少なくないと思います。

二〇二二年の全国水平社創立一〇〇周年を四年先に迎えようとしている今日、なぜ部落差別が今日もなお存在しているのか、その原因は何か、どうすればこの差別を撤廃することができるのか、部落が解放された姿をどのように考えるのかの議論が高まることを期待したいと思います。

注

1 全解連書記長　丹波正史（九八／一〇）「部落問題解決の道筋」http://homepage3.nifty.com/na-page/11-1.html

2 『二〇〇九年住吉地域労働実態調査　報告書』大阪市立大学文学部社会学研究室、二〇一〇年三月

3 中村政則『経済発展と民主主義』岩波書店、一九九三年、二二六～二二八頁

4 阿部勤也『「世間」とは何か』講談社現代新書、一九九五年、二五六～二五七頁

5 『松本治一郎対談集　不可侵不可被侵』部落解放新書、一九七七年、一一頁

6 住井すゑ／福田雅子『水平社宣言を読む』解放出版社、一九八九年、一七九頁

7 ひろたまさき『差別からみる日本の歴史』解放出版社、二〇〇八年、二四四～二四五頁

8 同上、一五四頁

9 朝田善之助『新版　部落差別と闘いつづけて』朝日選書、一九七九年

10 橋下健二『新・日本の階級社会』講談社現代新書、二〇一八年、七六～七八頁

11 武者小路公秀「人権フォーラム21」代表に聞く『解放新聞中央版』第一八二二号、一九九八年一月五日

12 斎藤貴男『機会不平等』文芸春秋、二〇〇〇年、二二三～二二七頁

13 同上、四〇頁

14 たとえば、神戸大学名誉教授で部落問題研究所理事長等を歴任された杉之原寿一さんは、「要するに、現代日本の国家独占資本主義体制のもとでは、部落差別の社会的・物質的基盤は存在しなくなっているが、それにもかかわらず部落差別が今日なお完全な解決をみるに至っていないのは、部落差別が単に封建的な身分差別の残存物としてのみ、つまり放置しておいても自然に解決する遺物としてのみ存在しているのではなく、国家独占資本主義の全体構造を補強・強化する手段として利用されているためである」と述べておられる点は注目に値する指摘だと思われる。（杉之原寿一『現代部落解放運動の理論』社団法人兵庫部落問題研究所、一九八九年、二一

八頁）

15　二〇一一年三月に改正された部落解放同盟の綱領については、http://www.bll.gr.jp/guide-koryo2011.html　参照

16　人種差別撤廃委員会による一般的勧告二九については、http://www.hurights.or.jp/archives/opinion/2002/08/post-3.html　参照

17　二〇〇二年三月末で、一連の「特別措置法」終了しました。その後、同和地区に建てられていた公営住宅等の入居方式が一般公募に変更されているところが少なくありません。この結果、部落が分散させられるおそれがあります。一般公募では、もともとその地区に住んでいた人で、何らかの理由で他の地域で暮らしていた人が、再びその地区の公営住宅に入りたいと思っても入れない場合が出てきています。東日本大震災の反省から人びとの「絆」の重要性が叫ばれていますが、まさに地域のつながりが大事だということです。このため同和地区に建てられている公営住宅についても、地域のつながりを大事にするという観点から、もともとその地区に住んでいた人で、何らかの事情で他の地域で暮らしていて、再びその地区に住み続けたいという人、あるいはその地区出身の若者が、ともに住み続けることができるような住宅政策にしていくことが求められています。

なお、この点に関して二〇〇七年九月、国土交通省住環境整備室から「公共賃貸住宅団地における高齢時代に対応した適切なコミュニティバランスの確保について」と題した文章が出されています。このなかでは、同和対策にかかわった「特別措置法」の終了が同和問題解決に向けた取り組みの放棄を意味するものではないことを指摘したうえで「同和対策特別措置法等に基づく特別対策の実施により住宅の大部分が公共賃貸住宅であるような地区における公共賃貸住宅団地は、適切なコミュニティバランスを維持することが困難になりつつある公共賃貸住宅団地の典型例であることから、長年にわたる施策の成果が損なわれることのないよう、周辺地域との一体性にも配慮しながら必要に応じ適切な一般対策を実施することにより、高齢社会に相応しいコミュニティバランスが確保された団地として再生することが重要である」と指摘し、具体的な対策としては「高齢親世帯と子供世帯との近居の促進」、「子育て世代の優先入居」、「みなし特定賃貸住宅の活用」などが紹介されています。

第10回研究会　2017年１月29日（大阪人権博物館　第１研修室）

真宗と部落差別／**阪本 仁**

部落問題におけるリバタリアン的差別解消論を批判的に検討する／**野口道彦**

第11回研究会　2017年３月26日（大阪人権博物館　第１研修室）

ユダヤ人、「ジプシー」、河原者の「人種化」をめぐって／**竹沢泰子**

現代資本主義をどうとらえるか／**小野利明**

第12回研究会　2017年５月21日（大阪人権博物館　第１研修室）

近代の地域社会と部落差別―文化・伝統・天皇制／**井岡康時**

差別と人権　展望2017―全国大会・府連大会が訴えた方向とは／**赤井隆史**

第13回研究会　2017年７月23日（大阪人権博物館　第１研修室）

結婚差別問題と家族―部落問題研究と家族社会学の視点から／**齋藤直子**

日本国憲法と人権思想―日本国憲法14条と部落差別解消推進法／**丹羽雅雄**

第14回研究会　2017年９月24日（大阪人権博物館　第１研修室）

戸籍と人権―戸籍法改正と事前登録型本人通知制度／**二宮周平**

人種差別撤廃条約と人種差別撤廃基本法／**師岡康子**

第15回研究会　2017年11月19日（大阪人権博物館　第１研修室）

仏教の歴史に隠された差別戒名／**木津 譲**

隣保事業の歴史と現状、今後の課題／**中尾由喜雄**

第16回研究会　2018年１月28日（大阪人権博物館　第１研修室）

部落差別解消推進法の制定と「相談体制」の整備について／**内田博文**

部落差別の撤廃と国際人権システム／**李嘉永**

第17回研究会　2018年３月25日（大阪人権博物館　第１研修室）

「部落差別解消推進法」を武器に／**奥田 均**

近年の「新聞と部落問題」／**戸田 栄**

部落解放論研究会第1期（2015年7月～2018年3月）報告記録一覧

＊タイトルは報告当時のものです。なお、やむをえない事情で、今回の書籍化にともない掲載できなかった報告もあります。

第１回研究会　2015年７月19日（大阪人権博物館 第４研修室）

現在の部落差別をどうとらえ、部落解放をどう考えるか？／**友永健三**

部落解放同盟綱領の変遷と現綱領の課題／**谷元昭信**

第２回研究会　2015年９月27日（大阪人権博物館 第４研修室）

魅惑的に錯乱させる部落民アイデンティティ／**朝治 武**

歴史研究から見た部落差別／**寺木伸明**

第３回研究会　2015年11月29日（部落解放同盟大阪府連合会浪速支部）

大阪府における同和地区実態把握と社会的排除地域析出の試み―2010年国勢調査から／**内田龍史**

大阪市内12同和地区（55町丁）の「社会階層」的位置を測る／**島 和博**

第４回研究会　2016年１月24日（大阪人権博物館 第１研修室）

意識調査にみる法期限後の「変化」―同和・人権教育の視点から／**阿久澤麻理子**

近現代日本における部落問題の位相―近代性（モダニティ）と社会的差別の関係性をめぐって／**吉村智博**

第５回研究会　2016年３月27日（大阪人権博物館 第４研修室）

北原泰作と同対審「答申」、「国民融合論」／**手島一雄**

部落（史）研究の「学」としての進歩と退行について／**上杉 聰**

第６回研究会　2016年５月29日（大阪人権博物館 第４研修室）

今日における部落問題解決の方途―カムアウトの必要性／**住田一郎**

「特別措置法」終了後の部落問題に関する差別事件の動向／**本多和明**

第７回研究会　2016年７月24日（大阪人権博物館　第４研修室）

〈身分・差別・観念〉の構造―「〈身分〉にかかわる意識調査」をもとに考える／**畑中敏之**

部落差別の解消に関する法案（「部落差別解消法案」）について／**友永健三**

第８回研究会　2016年９月25日（大阪人権博物館　第４研修室）

インターネットと部落差別―暴き・晒される部落（部落民）／**川口泰司**

〝部落解放〟という困難―出自と誇りを考える／**角岡伸彦**

第９回研究会　2016年11月20日（大阪人権博物館　第１研修室）

現代の部落問題と人種主義／**黒川みどり**

奈良県連が目指す「両側から超える」部落解放運動とは何か／**伊藤 満**

第3部　部落解放の多様な課題

中尾由喜雄（なかお・ゆきお）
1989（平成元）年、全国隣保館連絡協議会事務局長（～1993年）、2002（平成14）年、全国隣保館連絡協議会会長（～2011年）、2011（平成23）年～全国隣保館連絡協議会／常任顧問・事務局長。

二宮周平（にのみや・しゅうへい）
1951年横浜市生まれ、松山育ち。立命館大学法学部教授、法学博士。専攻は、家族法・ジェンダー法。著書して、『家族法（第５版）』（新世社、2018年）、『18歳から考える家族と法』（法律文化社、2018年）など。

阪本 仁（さかもと・じん）
1967年、鳥取県生まれる。2002年７月、真宗大谷派（東本願寺）同和推進本部　本部要員となる。2008年７月、解放運動推進本部　本部委員となり、現在にいたる。

朝治 武（あさじ・たけし）
1955年生まれ。大阪人権博物館（リバティおおさか）館長。主な著書に『水平社の原像』（解放出版社、2001年）、『アジア・太平洋戦争と全国水平社』（解放出版社､2008年）、『差別と反逆―平野小剣の生涯』（筑摩書房、2013年）などがある。

李嘉永（り・かよん）
大阪歯科大学講師、反差別国際運動（IMADR）特別研究員。専攻は国際法・国際人権法。現在、国際人権諸条約及びEU差別撤廃指令の解釈・適用の研究を進めている。

第4部　部落解放と人権の展望

小野利明（おの・としあき）
1948年大阪市生まれ。大阪大学工学部卒業後、大阪府立高校数学教員として勤務。職場で日教組傘下の組合員となり組合活動を定年退職時まで担う。著書に『リーマンショック以降』（績文堂、2016年）がある。

友永健三（ともなが・けんぞう）
一般社団法人部落解放・人権研究所名誉理事、反差別国際運動（IMADR）顧問、公益財団法人住吉隣保事業推進協会理事長、著書に『部落解放を考える　差別の現在と解放への探求』（解放出版社、2015年）などがある。

内田博文（うちだ・ひろふみ）
1946年大阪府生まれ。1969年京都大学法学部卒業。1971年京都大学大学院法学研究科修士課程卒業（法学修士）。現在は九州大学名誉教授。専攻は刑事法学。近著に、『法に触れた少年の未来のために』（みすず書房、2018年）などがある。

丹羽雅雄（にわ・まさお）
弁護士。現在、大阪弁護士会貧困・生活再建問題対策本部長代行、すべての外国人労働者とその家族の人権を守る関西ネットワーク（RINK）代表、外国人人権法連絡会共同代表、移住者と連帯する全国ネットワーク副代表など。

谷元昭信（たにもと・あきのぶ）
1951年岡山県生まれ。大阪市立大学法学部中退。部落解放同盟中央書記次長就任など部落解放運動一筋に活動。反差別国際運動（IMADR）結成に参画。現在、大阪市立大学、関西学院大学の非常勤講師。

赤井隆史（あかい・たかし）
1962年生まれ。1985年部落解放同盟大阪府連合会青年部長、1994年大阪府連執行委員、1996年中央本部中央委員、1998年大阪府連書記次長、2002年中央本部中央執行委員、2008年大阪府連書記長、2015年中央本部書記次長、2016年中央本部財務委員長、大阪府連執行委員長。

伊藤 満（いとう・みつる）
1955年生まれ、奈良県桜井市在住。部落解放同盟中央執行委員・奈良県連合会書記長。フライフィッシング歴32年。

執筆者略歴

第1部　歴史から探る部落問題

寺木伸明（てらき・のぶあき）
1944年滋賀県生まれ。1972年大阪大学大学院文学研究科博士課程単位取得満期退学。現在、桃山学院大学名誉教授。全国部落史研究会代表。著書に『近世被差別民衆史の研究』（阿吽社、2014年）など。

畑中敏之（はたなか・としゆき）
1978年、大阪大学大学院文学研究科（史学専攻）前期課程修了。1978年～1993年、大阪府立高等学校教員（社会科）。1993年～現在、立命館大学教員。

上杉 聰（うえすぎ・さとし）
1947年、岡山県生まれ。上智大学哲学科卒。高校教師を経て1975年に大阪市内の被差別部落に居住、部落史研究を開始。1982年以後、関西大学、大阪市立大学などで部落史の通史を担当。著書に『明治維新と賤民廃止令』ほか。

井岡康時（いおか・やすとき）
1954年生まれ。奈良県立高等学校教諭、奈良県立同和問題関係史料センター勤務を経て、現在天理大学・同志社大学等非常勤講師。近現代の部落史、地域史を研究。

黒川みどり（くろかわ・みどり）
早稲田大学第一文学部日本史学専攻卒業。博士（文学）。静岡大学教員。『近代部落史』（平凡社、2011年）、『創られた「人種」』（有志舎、2016年）、『竹内好とその時代』（共編、有志舎、2018年）など。

木津 譲（きづ・ゆずる）
大阪人権博物館元理事。

第2部　部落と部落差別の現在

内田龍史（うちだ・りゅうし）
大阪市立大学大学院文学研究科後期博士課程修了、博士（文学）。現在、尚絅学院大学総合人間科学部現代社会学科教授。専門は社会学。主編著に『部落問題と向き合う若者たち』（解放出版社、2014年）など。

本多和明（ほんだ・かずあき）
1954年生まれ。大阪大学人間科学部卒業。社団法人部落解放研究所（のち部落解放・人権研究所に名称変更）職員、電子・人権図書資料室職員、2014年退職。『全国のあいつぐ差別事件』編集担当。

住田一郎（すみだ・いちろう）
1947年大阪市内の被差別部落住吉に生まれる。高校大学を通じて、部落問題研究クラブで活動。卒業後、地域での部落解放運動に参加、現在にいたる。この間、大学で非常勤講師（「人権教育論」）を務める。

川口泰司（かわぐち・やすし）
1978年愛媛県の被差別部落に生まれる。現在、（一社）山口県人権啓発センター事務局長、部落解放同盟山口県連合会書記長。主な著書に『ハートで挑戦、自己解放への道』（解放出版社、2006年）、『ネット上の部落差別と今後の課題』（共著、部落解放・人権研究所、2018年）など。

戸田 栄（とだ・さかえ）
毎日新聞の大阪社会部、広島支局長を経て、編集委員。国民健康保険法の改正を導く「無保険の子」救済キャンペーンで新聞協会賞。「原爆と部落差別と―広島・福島町での聞き取りから」（部落史研究第２号）など。

部落解放論の最前線―多角的な視点からの展開―

2018年12月20日　初版第1刷発行

編著者　朝治 武　谷元昭信　寺木伸明　友永健三

発売元　株式会社 解放出版社
大阪市港区波除4-1-37 HRCビル3階 〒552-0001
電話 06-6581-8542　FAX 06-6581-8552
東京事務所
東京都文京区本郷1-28-36 鳳明ビル102A 〒113-0033
電話 03-5213-4771　FAX 03-5123-4777
郵便振替 00900-4-75417　HP http://www.kaihou-s.com/

装　丁　森本良成

印　刷　株式会社 太洋社

ISBN978-4-7592-1034-7　NDC361.86　436P　21cm

障害などの理由で印刷媒体による本書のご利用が困難な方へ

本書の内容を、点訳データ、音読データ、拡大写本データなどに複製することを認めます。ただし、営利を目的とする場合はこのかぎりではありません。

また、本書をご購入いただいた方のうち、障害などのために本書を読めない方に、テキストデータを提供いたします。

ご希望の方は、下記のテキストデータ引換券（コピー不可）を同封し、住所、氏名、メールアドレス、電話番号をご記入のうえ、下記までお申し込みください。メールの添付ファイルでテキストデータを送ります。

なお、データはテキストのみで、写真などは含まれません。

第三者への貸与、配信、ネット上での公開などは著作権法で禁止されていますのでご留意をお願いいたします。

あて先
〒552-0001 大阪市港区波除4-1-37 HRCビル3F 解放出版社
『部落解放論の最前線』テキストデータ係

テキストデータ引換券
『部落解放論の最前線』
1034